충북대학교 법학전문대학원 총서 11

로스쿨
형법세미나 I

-총 론-

이 승 준 저

진 원 사

이 책은 충북대학교 법학전문대학원 법학연구소의
지원에 의하여 출판되었음

머 리 말

교육을 통한 법률가의 양성이라는 목표로 로스쿨이 개원한지 3년이 지났다. 필자가 경험한 바로는 원대한 목표를 위해 아직도 노력해야 할 부분이 곳곳에 산재해 있다. 그렇지만 법률교육의 수요자와 공급자 모두 힘을 합한다면 다양한 전문지식을 가진 법률가들에 의한 양질의 사법서비스 제공이라는 본래의 취지를 달성할 수 있을 것이라고 낙관해 본다.

형법의 경우, 대개 로스쿨에서 일반이론을 배우고 그 다음 개별범죄론을 배우는 순서로 되어 있다. 그리고 형법연습이나 형법세미나 등의 과목으로 일반론적 지식을 심화한 후 최종적으로 형사종합연습 또는 형사사례종합 등으로 응용의 과정을 거치게 된다. 그런데 필자가 주위의 법전원생들을 통해 느낀 점은 형법의 경우 범죄체계론에 기초한 체계적인 틀의 완성이 필수적임에도 불구하고, 암기에 급급하여 3학년이 되어서도 종합적으로 사례의 결론을 도출해내기에 부족한 면이 많다는 사실이다.

여기에 본서의 집필의도가 있다. 형법일반이론과 개별범죄론을 통해 기초지식을 습득한 후, 본서와 같은 연구 심화과정을 거침으로써 앞서 배운 지식들의 체계와 위치를 확인하고, 그를 통해 종합적인 형법의 틀을 완성하도록 하는 것이다.

법학은 주어진 사실관계를 법이론에 기초한 논리적 사고과정을 거쳐 문제를 합리적으로 해결하는 것이 그 임무이다. 이를 위해서는 끊임없는 법적 사유를 위한 훈련이 필요하다. 본서는 형법총론에서 반드시 알아야할 주제를 18개로 나누고, 개별 주제에 다시 필수 판례를 제시하여 연구문제를 풀어보고 그에 대한 솔루션을 찾아봄으로써 추상적인 형법이론이 실제 사례에서 어떻게 적용되어야 하는지, 적용과정에서 문제점은 없는지 있다면 그 해결은 어떻게 하여야 하는지를 학습자 스스로 탐구할 수 있도록 만들었다. 자기주도적 리갈마인드 형성을 위해 단계적으로 편제를 구성하였다.

본서의 출간으로 인해 또 하나의 수고를 법전원 재학생들에게 주는 것 같지만, 본서를 통해 조금이나마 형법을 보는 안목이 넓어지고 법무석사에 걸맞은 사고능력을 갖출 수 있기를 바란다. 냉철한 분석력과 비판적 사고는 졸업 이후 변호사로서 요구되는 첫 번째 요건이다. 최근 로펌에서 신입 변호사들에게 판례에 대한 비판적 분석과 대안을 강조하는 것은 당연한 흐름이라고 하겠다. 수험적합성이 떨어지는 본서가 적어도 이러한 새로운 흐름에 법학전문대학원생들이 뒤처지지 않도록 조금이나마 기여할 수 있기를 바란다.

이 책이 출간될 수 있도록 도와준 충북대 법학전문대학원에 감사의 마음을 전한다. 또 가정에 충실하지 못한 남편으로 늘 미안한 마음을 아내에게 전하며, 아들 은성이와 어머니, 그리고 하늘에 계신 아버지께 감사함을 표한다. 그리고 교정은 물론 수요자의 입장에서 충실한 조언을 아끼지 않은 충북대학교 법학전문대학원의 구승모 법학전문석사와 조훈희 법학사에게도 진심으로 고마운 마음을 전하며, 가슴 따뜻한 법률가가 되기를 진심으로 기원한다.

2012. 봄에

저 자

본서의 활용방법

독자를 위해 이 책의 활용법에 대해 밝혀 두고자 한다. 본서는 기본적으로 도입판례, 쟁점, 연구과제, 참고자료(관련판례, 참고문헌), 학습과제, 솔루션, 심화문제의 순으로 작성되어 있다.

따라서 독자는 위의 순서에 따라 책을 독파하여 가면 된다. 먼저 도입판례를 통해 형법의 주요 주제에 대해 문제의식을 가지고, 주어진 쟁점과 연구과제를 통해 개별 판례에서 문제되고 있는 구체적 논점과 형법이론적 논쟁의 고찰을 통해 형법총론과 각론의 지식의 조각들을 종합하고 체계화시켜야 한다.

그리고 나서 참고자료와 솔루션을 통해 학습자 본인의 문제 해결이 바르게 이루어 졌는지 재검토하여야 한다. 그리고 최종적으로 학습과제를 통해 추가적으로 정리해야 할 부분을 스스로 보충하여야 한다.

마지막으로 주제에 따라 주어진 심화문제의 답안을 직접 작성하여 봄으로써 형법의 주요 주제가 실제 문제로 현출되는 상황과 그 답안의 작성을 경험해 봄으로써 최종적으로 문제해결능력을 배양하여 변호사시험 대비의 한 과정으로 활용하여야 할 것이다.

본서를 한번만 봐서 모든 내용이 이해된다면 더 이상 볼 필요가 없을 것이다. 그러나 형법일반이론의 완벽한 이해가 뒷받침되지 않는다면 1회독만으로는 이해가 되지 않을 것이다. 따라서 본인이 열독하고 있는 교과서를 참조하여 반복해서 읽는다면 그 다음에는 본서를 책장 한편에 치워두어도 충분할 것이다.

법학은 두뇌로만 하는 것이 아니다. 스스로를 절제할 줄 아는 마음으로 꾸준히 노력할 때 비약적 학습효과가 나타나는 것이 법학임을 명심하고, 반복 또 반복을 통해 형법을 정복해 나가기를 바란다. 형법은 단편적 지식의 조합이 아니라, 오랜 기간 동안 누적되어온 지혜의 산물이라는 점을 잊지 않기를 당부한다.

〈참고문헌〉

김성돈, 형법총론(제2판), 성균관대 출판부, 2011.

______, 형법각론(제2판), 성균관대 출판부, 2010.

김일수·서보학, 형법총론(제11판), 박영사, 2008.

____________, 형법각론(제7판), 박영사, 2009.

박상기, 형법총론(제8판), 박영사, 2009.

______, 형법각론(제8판), 박영사, 2011.

손동권·김재윤, 새로운 형법총론, 율곡출판사, 2011.

손동권, 형법각론(제3개정판), 율곡출판사, 2010.

신동운, 형법총론(제2판), 법문사, 2009.

______, 신판례백선 형법총론(제2판), 경세원, 2011.

오영근, 형법총론(보정판), 박영사, 2008.

______, 형법각론, 박영사, 2008.

이재상, 형법총론(제7판), 박영사, 2011.

______, 형법각론(제7판), 박영사, 2010.

임 웅, 형법총론(제3정판 보정), 법문사, 2011.

______, 형법각론(제3정판 보정), 법문사, 2011.

정성근·박광민, 형법총론(제5판), 삼영사, 2011.

____________, 형법각론(제4판), 삼영사, 2011.

한국형사판례연구회(편), 형사판례연구(1)～(18), 박영사.

위의 문헌들이 없었다면 본서는 출간되기 어려웠을 것이다. 필자의 능력 부족으로 정확한 인용과 표기가 이뤄지지 못하였음을 미리 밝힌다.

목 차

1. 형법의 임무

도입판례

■ **대법원** 1991. 6. 11. **선고** 91도788 **판결** 【사기,특정경제범죄가중처벌등에관한법률위반】

【판시사항】

아파트를 분양함에 있어 아파트 평형의 수치를 다소 과장하여 광고를 한 사실은 인정되나 분양가 결정방법, 분양계약 체결의 경위 및 최종대금의 절충과정 등 제반 사정에 비추어 볼 때 위 과대광고가 기망행위에 해당하지 않는다고 본 사례

【판결요지】

아파트를 분양함에 있어 아파트 평형의 수치를 다소 과장하여 광고를 한 사실은 인정되나 분양가 결정방법, 분양계약 체결의 경위 및 최종대금의 절충과정 등 제반 사정에 비추어 볼 때 위 광고는 그 거래당사자 사이에서 매매대금을 산정하기 위한 기준이 되었다고 할 수 없고, 단지 분양대상 아파트를 특정하고 나아가 위 아파트의 분양이 쉽게 이루어지도록 하려는 의도에서 한 것에 지나지 않는다고 하여 위 과대광고가 기망행위에 해당하지 않는다고 본 사례.

【참조조문】

형법 제347조, 특정경제범죄가중처벌등에관한법률 제3조

【전 문】

【피 고 인】 피고인

【상 고 인】 검사

【변 호 인】 변호사 김익보 외 1인

【원심판결】 서울고등법원 1990.12.14. 선고 90노3002 판결

【주 문】

상고를 기각한다.

【이 유】

상고이유를 판단한다.

원심판결 이유에 의하면, 원심은 피고인이 이 사건 아파트를 분양함에 있어 판시와 같은 과대광고를 한 사실은 인정되나 한편 그 거시증거에 의하여 인정되는 이 사건 아파트에 대한 분양가 결정방법 각 분양계약체결의 경위 및 그 최종대금의 절충과정 등 판시 제반사정에 비추어 볼 때 피고인이 일반에게 한 판시광고는 그 거래당사자 사이에서 매매대금을 산정하기 위한 기준이 되었다고 할 수 없고 단지 분양대상 아파트를 특정하고 나아가 위 아파트의 분양이 쉽게 이루어지도록 하려는 의도에서 한 것에 지나지 않는다고 할 것이므로 피고인이 위 아파트의 분양과정에서 그 평형의 수치를 다소 과장하였다 하더라도 그와 같은 과대광고 자체에 따른 책임을 지는 것은 별론으로 하고 이를 기망행위에 해당한다고는 할 수 없고 달리 피고인의 기망행위를 인정할 증거가 없다고 판시하여 무죄를 선고한 제1심판결을 그대로 유지하였다.

기록에 비추어 볼 때 원심의 위와 같은 사실인정을 함에 거친 증거의 취사선택관계는 정당한 것으로 수긍이 가고 또 원심이 인정한 사실관계를 전제로 하여 판시 과대광고 행위를 기망행위로 보지 아니한 원심의 판단도 정당하다 할 것이고 거기에 소론과 같이 채증법칙을 어겨 사실을 오인하거나 사기죄의 법리오해 또는 판단유탈의 위법이 있다 할 수 없다. 논지는 이유없다.

이에 상고를 기각하기로 하여 관여 법관의 일치된 의견으로 주문과 같이 판결한다.

대법관 최재호(재판장) 윤관 김주한 김용준

쟁 점

- 형법의 임무와 개입
- 형법과 정의
- 과장·허위광고와 사기죄의 기망행위
- 형법의 보충성

연 구

1. 형법의 임무는 무엇인가? 그리고 어떠한 사회적 상황에서 형법이 개입하여야만 하는가?

2. 형법의 개입이 정의로운가? 그렇다면 무엇이 정의인가?

3. '사람을 기망하여 재물의 교부를 받거나, 재산상의 이익을 취득한 경우' 징역 또는 벌금형을 받게 된다. 이 경우 어느 정도의 기망이 되어야 형법상 처벌되는 행위인가? 민법 제2조의 신의칙과의 관계하에서 생각해 보시오.

4. 과장광고와 허위광고에 대한 형법상의 규정이 있는가? 없다면 각각의 개념을 어떻게 이해하여야 하는가? 양자를 단계적인 개념으로 이해할 수 있는가?

5. 과장, 허위광고가 단순히 민사상 손해배상으로 종결지을 수 있는가? 아니면 형사처벌까지 필요한 것인가?

6. 다른 법률과 달리 형법이 보충적으로, 최종적으로 개입하여야 하는 이유는 무엇인가?

참고자료

■ 관련 판례

1. 변칙세일과 기망행위(대판 1992.9.14, 91도2994)

일반적으로 상품의 선전, 광고에 있어 다소의 과장, 허위가 수반되는 것은 그것이 일반상거래의 관행과 신의칙에 비추어 시인될 수 있는 한 기망성이 결여된다고 하겠으나 거래에 있어서 중요한 사항에 관하여 구체적 사실을 거래상의 신의성실의 의무에 비추어 비난받을 정도의 방법으로 허위로 고지한 경우에는 과장, 허위광고의 한계를 넘어 사기죄의 기망행위에 해당한다고 할 것이다. 한편 현대산업화 사회에 있어 소비자가 갖는 상품의 품질, 가격에 대한 정보는 대부분 생산자 및 유통업자의 광고에 의존할 수밖에 없고 이 사건 백화점들과 같은 대형유통업체에 대한 소비자들의 신뢰(정당한 품질, 정당한 가격)는 백화점들 스스로의 대대적인 광고에 의하여 창출된 것으로서 이에 대한소비자들의 신뢰와 기대는 보호되어야 한다고 할 것인바, 이 사건에 문제가 되고 있는 위와 같은 변칙세일은 진실규명이 가능한 구체적 사실인 가격조건에 관하여 기망이 이루어진 경우로서 그 사술의 정도가 사회적으로 용인될 수 있는 상술의 정도를 넘은 것이어서 사기죄의 기망행위를 구성한다고 하지 않을 수 없으며, 위와 같은 변칙세일이 소비자들의 그릇된 소비심리에 편승한 것이라거나 소비자들도 나름대로 가격을 교량하여 물품을 구매하였을 것이라는 점은 기망행위의 성립에 아무런 영향이 없다.

2. 상품광고와 기망행위 (대판 2007.1.25, 2004도45)

매도인이 매수인에게 토지의 매수를 권유하면서 언급한 내용이 객관적 사실에 부합하거나, 확정된 것은 아닐지라도 연구용역 보고서와 신문스크랩 등에 기초한 것인 경우, 사기죄에 있어서 기망행위에 해당한다고 보기 어렵다.

3. 과장·허위광고와 기망행위 (대판 2008.10.23, 2008도6549)

부동산 관련 업체가 지방자치단체의 특정 용역보고서만을 근거로 확정되지도 않은 개발계획이 마치 확정된 것처럼 허위 또는 과장된 정보를 제공하여 매수인들과 토지매매계약을 체결한 사안에서, 사기죄가 성립한다.

4. 혼인빙자간음죄 위헌결정 (헌재 2009.11.26, 2008헌바58)

이 사건 법률조항의 경우 입법목적에 정당성이 인정되지 않는다. 첫째, 남성이 위력이나 폭력 등 해악적 방법을 수반하지 않고서 여성을 애정행위의 상대방으로 선택하는 문제는 그 행위의 성질상 국가의 개입이 자제되어야 할 사적인 내밀한 영역인데다 또 그 속성상 과장이 수반되게 마련이어서 우리 형법이 혼전 성관계를 처벌대상으로 하지 않고 있으므로 혼전 성관계의 과정에서 이루어지는 통상적 유도행위 또한 처벌해야 할 이유가 없다. 다음 여성이 혼전 성관계를 요구하는 상대방 남자와 성관계를 가질 것인가의 여부를 스스로 결정한 후 자신의 결정이 착오에 의한 것이라고 주장하면서 상대방 남성의 처벌을 요구하는 것은 여성 스스로가 자신의 성적자기결정권을 부인하는 행위이다. 또한 혼인빙자간음죄가 다수의 남성과 성관계를 맺는 여성 일체를 '음행의 상습 있는 부녀'로 낙인찍어 보호의 대상에서 제외시키고 보호대상을 '음행의 상습없는 부녀'로 한정함으로써 여성에 대한 남성우월적 정조관념에 기초한 가부장적·도덕주의적 성 이데올로기를 강요하는 셈이 된다. 결국 이 사건 법률조항은 남녀평등의 사회를 지향하고 실현해야 할 국가의 헌법적 의무(헌법 제36조 제1항)에 반하는 것이자, 여성을 유아시(幼兒視)함으로써 여성을 보호한다는 미명 아래 사실상 국가 스스로가 여성의 성적자기결정권을 부인하는 것이 되므로, 이 사건 법률조항이 보호하고자 하는 여성의 성적자기결정권은 여성의 존엄과 가치에 역행하는 것이다.

결혼과 성에 관한 국민의 법의식에 많은 변화가 생겨나 여성의 착오에 의한 혼전 성관계를 형사법률이 적극적으로 보호해야 할 필요성은 이미 미미해졌고, 성인이 어떤 종류의 성행위와 사랑을 하건, 그것은 원칙적으로 개인의 자유 영역에 속하고, 다만 그것이 외부에 표출되어 명백히 사회에 해악을 끼칠 때에만 법률이 이를 규제하면 충분하며, 사생활에 대한 비범죄화 경향이 현대 형법의 추세이고, 세계적으로도 혼인빙자간음죄를 폐지해 가는 추세이며 일본, 독일, 프랑스 등에도 혼인빙자간음죄에 대한 처벌규정이 없는 점, 기타 국가 형벌로서의 처단기능의 약화, 형사처벌로 인한 부작용 대두의 점 등을 고려하면, 그 목적을 달성하기 위하여 혼인빙자간음행위를 형사처벌하는 것은 수단의 적절성과 피해의 최소성을 갖추지 못하였다.

이 사건 법률조항은 개인의 내밀한 성생활의 영역을 형사처벌의 대상으로 삼음으로써 남성의 성적자기결정권과 사생활의 비밀과 자유라는 기본권을 지나치게 제한하는 것인 반면, 이로 인하여 추구되는 공익은 오늘날 보호의 실효성이 현격히 저하된 음행의 상습없는 부녀들만의 '성행위 동기의 착오의 보호'로서 그것이 침해되는 기본권보다 중대하다고는 볼 수 없으므로, 법익의 균형성도 상실하였다.

결국 이 사건 법률조항은 목적의 정당성, 수단의 적절성 및 피해최소성을 갖추지 못하였고 법익의 균형성도 이루지 못하였으므로, 헌법 제37조 제2항의 과잉금지원칙을 위반하여 남성의 성적자기결정권 및 사생활의 비밀과 자유를 과잉제한하는 것으로 헌법에 위반된다.

■ 참고문헌

이완규, "사기죄에 있어서 편취의 범의", 형사판례연구 (4), 한국형사판례연구회, 박영사, 1996.

안경옥, "사기죄에 있어서의 기망행위", 형사판례연구 (5), 한국형사판례연구회, 박영사, 1997.

이승준, "과장·허위광고와 사기죄의 기망", 형사법연구 제21권 제1호, 한국형사법학회, 2009.

학습과제

1. 기망행위의 개념과 종류에 대하여 정리해 보시오.

2. 형법의 탈윤리화, 비범죄화의 개념에 대해서 정리해 보시오.

솔루션

1. 형법의 임무는 법익보호, 사회윤리적으로 가치있는 행위의 보호, 인권보장, 사회보호에 있다. 그런데 이러한 가치들은 형법이 아닌 다른 법률, 예컨대 행정법, 민법 등에 의해서도 보호될 수 있다. 여기서 형법의 개입은 사회생활에 불가결한 법익의 보호가 다른 수단에 의해 불가능한 경우로 제한되어야 한다. 즉 범죄로 인한 다수 피해의 발생 및 확대, 피해의 사회 문제화 및 사회적 논의 전개, 입법적 결단의 단계를 통해 그 사회의 가치관에 따라 형사정책적으로 판단된 후, 다른 법률에 의해서는 문제상황이 해결될 수 없을 때에 최종적으로 형법이 개입하여야 한다.

2. 정의는 법철학의 가장 근본적 문제로 형법의 개입에 기준을 제시해 줄 수 있다. 정의의 개념에 대해 고대에는 '각자에게 그의 몫을 돌리려는 항구적 의지(Ulpianus)라고 하는 등 형평의 관념에서 출발하여 자연철학의 시대, 법=정의의 소크라테스, 인간 이성에 기반한 공동생활 속에서 분수를 지키는 것으로 본 플라톤을 거쳐, 아리스토텔레스에 이르러 윤리학의 견지에서 사회적 도덕으로 이해되었다. 중세에는 카톨릭신학의 일부로 발전되어 토마스 아퀴나스는 일반적 정의와 특수적 정의로 나누어 아리스토텔레스의 평균적 정의와 배분적 정의를 재해석하였다. 근세에는 인간중심주의에 기초한 자연법적 정의로 칸트는 평등의 원리로 파악하여 응보적 형벌을 정의의 실현으로 보았다. 현대에 와서는 롤즈의 '공정으로서의 정의'가 주창되어 평등한 자유의 원리, 격차원리, 공정한 기회균등의 원리 등에 의해 규범적 논의의 새로운 장을 전개하였다.

   정의는 이처럼 논자에 따라 달리 파악될 수 있으며, 명확하게 정의내리기 어렵다. 그런데 형벌권은 '실력없는 정의는 무기력이고, 정의없는 실력은 폭력'의 원초적 모습을 보여준다. 따라서 형법에서 정의란 형벌의 정당성이 범죄자, 피해자, 일반 국민사이에 삼각 균형을 이루는 것이라고 볼 수 있다. 이 점에서 대상판결의 피고인의 과장광고도 사기죄로의 의율을 통한 형벌권의 발동이 과연 정의에 부합하는가의 관점에서 논의되어야 한다.

3. 기망행위에 대해 우리 형법은 정의를 내리고 있지 않다. 여기서 기망행위의 개념에 대해 허위의 의사표시에 의하여 타인을 착오에 빠뜨리는 일체의 행위라는 견해가 일반적이다. 그리고 그 기준은 신의칙을 들고 있다. 대법원도 기망행위에 대하여 재산상의 거래관계에 있어서 서로 지켜야 할 신의와 성실의 의무를 저버리는 것으로서 모든 적극적 또는 소극적 행위라고 정의하고 있다. 그러나 형벌권의 발동을 가져오는 사기죄에서의 기망행위의 기준으로, 경험칙상

일반인이 착오에 빠질 수 있는 정도로 거래상 신의칙에 반하는 정도라는 척도는 단순히 민사상 일반원칙으로서의 신의칙과 그에 반하는 기준의 제시에 불과한 것으로 사기죄의 발동요건으로는 부족하다고 하지 않을 수 없다.

4. 사기죄의 기망행위는 명문으로 그 내용이 정의되어 있지는 않지만, 사실뿐만 아니라 가치판단도 대상에 포함된다고 할 것이다. 독일의 경우 형법 제263조는 명문으로 기망행위의 대상을 사실로 한정하고 있으나, 우리 형법의 경우 명문의 규정이 없어 견해 대립이 발생한다. 순수한 가치판단 내지 의견은 경험칙에 의해 확정된 결론이 아니라 개인적·주관적으로 해석될 수 있는 것이므로 기망행위의 대상에서 제외함이 타당하다. 그러나 가치판단과 사실주장이 명확히 구분지어 지는 것은 아니며, 가치판단도 사실주장을 포함할 수 있으며 경우에 따라서는 내적 사실과 유사하게 보일 수도 있다. 따라서 가치판단이 사실주장을 포함하는 경우에는 기망의 대상이 되며, 사실주장과 가치판단의 구별은 기망행위의 내용이 구체적으로 증명할 수 있는 객관적 의미내용을 포함하고 있는지에 따라서 판단해야 할 것이다.
   이러한 맥락에서 사실과 가치판단의 한계영역에 위치하고 있는 과장·허위광고가 기망행위로 인정될 수 있는가에 대해서도 견해가 대립될 수밖에 없다. 구체적으로 살펴보면 과장·허위광고에 대해, 신의칙에 따라 기망행위성을 부정하는 입장, 허위광고만을 신의칙에 따라 판단하는 입장, 사회상규에 위배되지 않는 정당행위로 위법성을 조각하는 입장 등이 있다. 과장·허위광고는 '과장 〈 허위'라는 이해에서 단계적 개념으로 볼 여지도 있다. 이렇게 이해할 경우 허위에 이르러야 기망행위가 성립할 수 있게 된다. 그러나 과장광고와 허위광고는 단계적 개념이 아니라 각각 기망행위로 인정될 수 있다. 과장과 허위의 문언적 의미에 기초한다면 과장은 정도의 문제이며, 허위는 유무의 문제이기 때문이다. 따라서 과장의 정도와 허위의 내용에 따라 '과장 → 기망', '허위 → 기망'이 될 수 있다. 여기서 기망에 이르지 않는 정도의 광고 경우에는 사회적 상당성이 있는 행위로 구성요건해당성을 부정할 수 있을 것이다.

5. 과장·허위광고의 개념이나 처벌에 대해 형법은 침묵하고 있다. 여기서 과장·허위광고는 사실과 가치판단의 한계영역 문제로 추상적 기준만으로 기망행위 해당여부를 판단하기에 무리가 있다. 그런데 대법원은 이른바 백화점 변칙세일 사건인 참고판례 1에서 ① 거래에 있어서 중요한 사항에 관하여 ② 구체적 사실을 ③ 신의성실의 의무에 비추어 비난받을 정도의 방법으로 허위로 고지한 경우에는 기망행위가 되어 ④ 그 사술의 정도가 사회적으로 용인될 수 있는 상술의 정도를 넘은 경우에는 사기죄의 기망행위를 구성한다고 판단하였으며, 이후에

는 이러한 경향이 자리잡고 있다. 그런데 이러한 추상적인 기준만으로는 사기에 의한 법률행위의 취소와 손해배상청구 등의 민사소송과 동일한 기준이 되어 민사사건과 형사사건이 본질적 차이를 고려한 적절한 기준이 될 수 없다(백화점 변칙세일 사건의 민사판결인 92다55665 판결이 형사판결과 동일한 기준을 제시하고 있다).

여기서 과연 형법이 사기죄의 적용을 통해 개입할 영역이 어디인가를 '일반원칙이 구체화된 기준'에 따라 판단할 필요성이 생긴다. 일반원칙에 더하여 과장·허위광고의 기망행위성을 판단하는 구체적인 기준은 과연 어느 정도에서 과장, 허위광고에 대해 기망행위를 인정할 수 있을 것인지의 관점에서 소비자의 구매의사결정에 결정적이면서 실질적인 영향을 주었는가를 판단하는 척도로 다음의 세 가지 기준을 상정해 볼 수 있다. 이러한 기준은 대법원이 민사사건에서 취하고 있는 기준과의 차별화에서 출발하는데, 당해 광고로 인해 소비자의 재산권을 침해하면서 다른 상품 또는 용역에 대한 선택의 가능성을 박탈하고 그로 인해 소비자의 선택이나 행동에 영향을 미쳤는가가 판단의 핵심이 된다. 신의칙에 더한 구체적 기준은 불확실성, 비객관성, 오인가능성으로 이들이 인정될 수 있을 때에 기망행위로 판단될 것이다. 그리고 그 기준은 경제생활과 결부되어 비정상적 행동으로 사회적 행위자유에서 벗어나 소비자의 구매의사결정에 '결정적이면서 실질적인 영향'을 주었는가가 될 수 있을 것이다.

대상판결에서 대법원은 아파트 평형을 다소 과장한 과장광고가 '매매대금을 산정하기 위한 기준이 되었다고 할 수 없고 단지 분양대상 아파트를 특정하고 나아가 위 아파트의 분양이 쉽게 이루어지도록 하려는 의도에서 한 것에 지나지 않는다고 할 것'이라고 하여 기망행위가 아니라는 결론을 내리고 있다. 아마도 이러한 논리적 추론과정의 핵심은 '분양가 결정방법, 분양계약 체결의 경위 및 최종대금의 절충과정 등 제반 사정에 비추어 볼 때 피고인이 일반에게 한 판시광고는 그 거래당사자 사이에서 매매대금을 산정하기 위한 기준이 되었다고 할 수 없고'에서 보듯이, 피고인의 고의는 단순히 분양촉진을 위한 의사에 불과하였으며, 피해자의 재산상의 손해도 발생하지 않았다는 점에 있는 듯하다. 그러나 이러한 논리전개는 기망행위의 개념 자체를 오해한 것으로 재산상의 손해가 없더라도 기망행위가 인정될 수 있음을 간과한 것이다. 그리고 설사 과장광고를 한 피고인에게 사기죄의 성립을 부정하더라도 기망행위의 엄격한 판단, 즉 신의칙에 더한 불확실성, 비객관성, 오인가능성 등의 구체적인 기준의 제시를 통해 사회적 상당성이 있는 행위로 범죄의 성립을 부정하는 것이 보다 적절한 논리라고 할 것이다. 그리고 대상판결에서 지적한 대로 과장·허위광고에 대한 사기죄 구성요건의 정밀한 판단없이 추상적이고 포괄적인 태도를 취한 반성에서 과장·허위광고에 대한 주도적 흐름을 만들어 낸 참고판례 91도2994 판결이 나온 것이 아닌가 추측된다.

6. 형법은 국민의 기본권과 자유에 직접적인 영향을 미치는 법률이다. 따라서 간통죄, 혼인빙자간음죄처럼 성적 자기결정권이 지배하는 개인의 내밀영역에 형법이 과도하게 개입할 경우 과잉범죄화를 통한 범죄자 양산, 사회보호기능의 침해 등의 소지가 있다. 나아가 동산 이중매매에 대해 배임죄의 성립을 부정한 최근 2008도 10479 전원합의체 판결에서 보듯이 민사법 질서에 의해 보호가능한 경우에는 형법이 다시 개입하여 법질서간의 충돌을 불러일으키기 보다는 민사법의 원칙으로 해결하는 것이 바람직하다. 왜냐하면 형법은 국민에게 가장 강력한 제재인 국가 형벌권 행사의 기초이며, 모든 사회정책 및 법정책 가운데 가장 혹독한 수단이므로, 형법은 타인과 공동생활을 하는 인간의 삶에 있어 필수적이며, 형법이 아닌 다른 어떠한 방법으로도 보호될 수 없는 바로 그러한 법익을 보호할 경우에만 적용되어야 하기 때문이다(Heinz Zipf).

심화 문제

甲은 L백화점 상계점의 식품팀을 총괄하는 식품담당 차장으로 요즘 들어 날씨가 더워 고기가 잘 팔리지 않는 것을 고민하였다. 그러던 차에 정육팀 종업원인 X, Y등과 공모하여 위 백화점 지하 1층 식품판매장에서 사흘 전인 8. 4. 판매하다 남은 재고 정육상품(가공일이 같은 달 4. 또는 같은 달 5.로 표시)인 소천엽, 소양 등에 부착되어 있는 바코드와 비닐랩 포장을 벗겨낸 다음 다시 새로운 비닐랩으로 재포장한 후 그 위에 가공일을 8. 7.로 기재된 바코드와 백화점 상표를 부착하여 진열대에 진열하였다. 그리고는 입식광고판에 '폭탄세일'이라고 부착하여 진열대 앞에 세워 놓았다.

이에 피해자 A등은 마치 위 정육이 판매 당일 구입되어 가공된 저렴하면서도 신선한 상품인 것처럼 오인하여 소천엽 1개를 대금 2,440원에, 위 소양 1개를 대금 1,201원에 구매하는 등 甲은 1일 평균 10개정도 매일 25,000원 상당의 재고 물품을 2년여간 이런 식으로 처리하였다.

한편 다른 구매자들은 괜찮았으나, A는 소천엽을 먹고 식중독에 걸려 3일간 병원에 입원하였다.

1. 甲의 형사책임은 무엇인가?

2. 甲의 행위를 과장, 허위광고로 보지 않고 검사가 유죄를 주장할 수 있는 방법과 예상되는 결론은 무엇인가?

2. 행위의 주체

도입판례

■ **대법원** 1992. 8. 18. **선고** 92**도**1395 **판결**【공중위생법위반】

【판시사항】

가. 공소사실의 특정 정도

나. 공중위생법 제45조의 양벌규정과 면책조항의 규정취지

다. 법인이 종업원들에게 윤락행위알선을 하지 않도록 교육을 시키고, 또 입사시에 그 다짐을 받는 각서를 제출하게 하는 등 일반적이고 추상적인 감독을 하는 것만으로는 공중위생법 제45조 단서의 면책사유에 해당하지 않는다고 한 사례

【판결요지】

가. 공소사실의 특정은 공소의 원인이 된 사실을 다른 공소사실과 구별할 수 있는 정도로 그 일시, 장소, 방법 등을 적시하여 일응 특정하게 하면 족한 것이고, 그 일부가 다소 불명확하게 적시되어 있다 하더라도 그와 함께 적시된 다른 사항들에 의하여 그 공소사실을 특정할 수 있는 한 그 공소제기의 효력에는 아무런 영향이 없는 것이다.

나. 공중위생법 제45조의 규정은, 법인의 경우 종업원의 위반행위에 대하여 행위자인 종업원을 벌하는 외에 업무주체인 법인도 처벌하고, 이 경우 법인은 엄격한 무과실책임은 아니라 하더라도 그 과실의 추정을 강하게 하고, 그 입증책임도 법인에게 부과함으로써 양벌규정의 실효를 살리자는 데 그 목적이 있다.

다. 법인이 종업원들에게 윤락행위알선을 하지 않도록 교육을 시키고, 또 입사시에 그 다짐을 받는 각서를 제출하게 하는 등 일반적이고 추상적인 감독을 하는 것만으로는 공중위생법 제45조 단서의 면책사유에 해당하지 않는다고 한 사례.

【참조조문】

가. 형사소송법 제254조 제4항 / 나.다. 공중위생법 제45조

【참조판례】

가. 대법원 1991.10.25. 선고 91도2085 판결(공1991,2878), 1991.12.24. 선고 91도2495 판결(공1992,722), 1992.4.24. 선고 92도256 판결(공1992,1774) / 나. 대법원 1980.3.11. 선고 80도138 판결(공1980,12717)

【전　문】

【피 고 인】 피고인 주식회사

【상 고 인】 피고인

【원심판결】 대구지방법원 1992.5.14. 선고 92노187 판결

【주　문】

상고를 기각한다.

【이　유】

상고이유를 판단한다.

제1점에 대하여,

공소사실의 특정은 공소의 원인이 된 사실을 다른 공소사실과 구별할 수 있는 정도로 그 일시, 장소, 방법 등을 적시하여 일응 특정하게 하면 족한 것이고, 그 일부가 다소 불명확하게 적시되어 있다 하더라도 그와 함께 적시된 다른 사항들에 의하여 그 공소사실을 특정할 수 있는 한 그 공소제기의 효력에는 아무런 영향이 없는 것이다.

이 사건 공소장에 의하면, 각개의 공소사실을 별지 범죄 일람표로 하여 적시함에 있어 그 범행일시가 1991.2. 초순 02:00경, 혹은 같은 달 말 01:00경으로 다소 분명치 아니한 기재를 한 부분이 있기는 하나 그 밖에 범죄장소 및 범행수법

등을 구체적으로 명시하고 있으므로 이를 전체적으로 종합하면 각개의 공소사실은 모두 특정될 수 있다고 할 것이다.

같은 취지에서 이 사건 각 공소사실은 모두 특정이 되었다고 본 원심판단은 옳고, 거기에 소론과 같은 공소사실 특정에 관한 법리오해의 위법이 있다 할 수 없다.

논지는 이유 없다.

제2점에 대하여,

공중위생법 제45조에 의하면, 법인의 대표자나 법인 또는 개인의 대리인, 사용인 기타의 종업원이 그 법인 또는 개인의 업무에 관하여 제42조의 규정에 의한 위반행위를 한 때에는 행위자를 벌하는 외에 그 법인 또는 개인에 대하여도 동조의 벌금형에 처한다라고 양벌규정을 하면서 그 단서에 법인 또는 개인의 대리인, 사용인 기타 종업원의 부당행위를 방지하기 위하여 당해 업무에 대하여 상당한 주의와 감독을 한 것이 증명된 때에는 그 법인 또는 개인에 관하여는 예외로 한다라는 면책규정을 두고 있다.

이는 법인의 경우, 종업원의 위반행위에 대하여 행위자인 종업원을 벌하는 외에 업무주체인 법인도 처벌하고, 이 경우 법인은 엄격한 무과실책임은 아니라 하더라도 그 과실의 추정을 강하게 하고, 그 입증책임도 법인에게 부과함으로써 양벌규정의 실효를 살리자는 데 그 목적이 있다고 할 것인바(당원 1980. 3. 11. 선고 80도138 판결 참조), 이 사건에서 피고인 법인이 종업원들에게 소론과 같이 윤락행위알선을 하지 않도록 교육을 시키고, 또 입사시에 그 다짐을 받는 각서를 받는 등 일반적이고 추상적인 감독을 하는 것만으로는 위 법 제45조 단서의 면책사유에 해당할 수는 없는 것이다.

같은 취지에서 피고인의 면책주장을 받아들이지 아니한 원심의 조치도 수긍이 가고, 이를 위 법 제45조 단서의 해석을 그르친 위법이라 탓할 수 없다.

논지 역시 이유 없다.

그러므로 상고를 기각하기로 하여 관여 법관의 일치된 의견으로 주문과 같이 판결한다.

대법관 김주한(재판장) 최재호 윤관 김용준

쟁 점

- 법인의 범죄능력
- 양벌규정의 취지 및 형식
- 양벌규정과 면책조항

연 구

1. 양벌규정은 의의는 무엇인가? 개별 법률에 산재되어 있는 양벌규정을 유형화할 수 있는가?

2. 양벌규정과 법인의 범죄능력과의 관계는 무엇인가? 범죄능력을 부정하는 입장에 따르면 형벌능력을 어떻게 인정할 수 있는가?

3. 양벌규정에 법인 또는 자연인의 면책규정이 존재하는 경우를 도식화하여 과실책임으로 이해할 수 있는가?

4. 양벌규정에서 2009헌가18 판결의 의미는 무엇인가?

5. 2009헌가18 등 헌법재판소의 판결로 인해 양벌규정은 면책규정이 존재하는 유형으로 수렴하는 것은 아닌가? 이 경우 양벌규정의 법적 성질 논의는 무의미해지는 것인가?

6. 대상판결에서 과실을 추정하고, 입증책임도 법인에게 부과하는 것이 책임주의의 원칙에 위배되는 것은 아닌가?

참고자료

■ 관련 판례

1. 법인의 범죄능력(대판 1997.2.14, 96도2699)

관세법 제195조는 본문에서 "다음 각 호의 1에 해당하는 자의 사용인이 본인의 업무에 관하여 이 법에 규정한 벌칙에 위반되는 행위를 한 때에는 그 행위자를 벌하는 외에 본인도 처벌한다."라고 규정하면서 "1. 특허보세구역의 설영인, 2. 수출·수입 또는 운송을 업으로 하는 자, 3. 관세사, 4. 개항장 안 용달업자" 등을 열거하고 있을 뿐이고, 또 같은 법 제196조 본문에서는 법인에 관하여 별도로 규정하고 있는 점에 비추어 보면, 위 제195조에서의 "다음 각 호의 1에 해당하는 자"나 "본인"은 자연인만을 의미하는 것이고 법인은 여기에 해당하지 않는다.

2. 양벌규정의 취지(대판 1992.11.10, 92도2324)

중기관리법 제36조의 규정취지는 각 본조의 위반행위를 중기소유자인 법인이나 개인이 직접 하지 않은 경우에도 그 행위자와 중기소유자 쌍방을 모두 처벌하려는 데에 있으므로, 이 양벌규정에 의하여 중기소유자가 아닌 행위자도 중기소유자에 대한 각 본조의 벌칙규정의 적용대상이 된다.

회사 소유 중기의 관리를 사원이 담당하고 있다면 그 관리에 직접 관여하지 아니한 대표이사는 위 법 위반행위의 행위자라 할 수 없다

3. 수범자 확대규정(대판 1999.7.15, 95도2870 전합)

[다수의견] 구 건축법(1991. 5. 31. 법률 제4381호로 전문 개정되기 전의 것) 제54조 내지 제56조의 벌칙규정에서 그 적용대상자를 건축주, 공사감리자, 공사시공자 등 일정한 업무주(業務主)로 한정한 경우에 있어서, 같은 법 제57조의 양벌규정은 업무주가 아니면서 당해 업무를 실제로 집행하는 자가 있는 때에 위 벌칙규정의 실효성을 확보하기 위하여 그 적용대상자를 당해 업무를 실제로 집행하는 자에게까지 확장함으로써 그러한 자가 당해 업무집행과 관련하여 위 벌칙규정의 위반행위를 한 경우 위 양벌규정에 의하여 처벌할 수 있도록 한 행위자의 처벌규정임과 동시에 그 위반행위의 이익귀속주체인 업무주에 대한 처벌규정이라고 할 것이다.

4. 보건범죄단속에 관한 특별조치법 제6조 위헌제청(헌재 2007.11.29, 2005헌가10)

가. 재판관 이강국, 재판관 김종대, 재판관 민형기, 재판관 목영준의 의견
이 사건 법률조항이 종업원의 업무 관련 무면허의료행위가 있으면 이에

대해 영업주가 비난받을 만한 행위가 있었는지 여부와는 관계없이 자동적으로 영업주도 처벌하도록 규정하고 있고, 그 문언상 명백한 의미와 달리 "종업원의 범죄행위에 대해 영업주의 선임감독상의 과실(기타 영업주의 귀책사유)이 인정되는 경우"라는 요건을 추가하여 해석하는 것은 문리해석의 범위를 넘어서는 것으로서 허용될 수 없으므로, 결국 위 법률조항은 다른 사람의 범죄에 대해 그 책임 유무를 묻지 않고 형벌을 부과함으로써, 법정형에 나아가 판단할 것 없이, 형사법의 기본원리인 '책임없는 자에게 형벌을 부과할 수 없다'는 책임주의에 반한다.

나. 재판관 이공현, 재판관 조대현, 재판관 김희옥, 재판관 송두환의 의견

일정한 범죄에 대해 형벌을 부과하는 법률조항이 정당화되기 위해서는 범죄에 대한 귀책사유를 의미하는 책임이 인정되어야 하고, 그 법정형 또한 책임의 정도에 비례하도록 규정되어야 하는데, 이 사건 법률조항은 문언상 종업원의 범죄에 아무런 귀책사유가 없는 영업주에 대해서도 그 처벌가능성을 열어두고 있을 뿐만 아니라, 가사 위 법률조항을 종업원에 대한 선임감독상의 과실 있는 영업주만을 처벌하는 규정으로 보더라도, 과실밖에 없는 영업주를 고의의 본범(종업원)과 동일하게 '무기 또는 2년 이상의 징역형'이라는 법정형으로 처벌하는 것은 그 책임의 정도에 비해 지나치게 무거운 법정형을 규정하는 것이므로, 두 가지 점을 모두 고려하면 형벌에 관한 책임원칙에 반한다.

5. 건설산업기본법 제98조 제2항 위헌제청사건 (헌재 2010.7.29, 2009헌가18)

이 사건 법률조항은 법인이 고용한 종업원등이 업무에 관하여 구 법 제96조 제4호의 위반행위를 저지른 사실이 인정되면, 법인이 그와 같은 종업원등의 범죄에 대해 어떠한 잘못이 있는지를 전혀 묻지 않고 곧바로 그 종업원등을 고용한 법인에게도 종업원등에 대한 처벌조항에 규정된 벌금형을 과하도록 규정하고 있어, 법인이 종업원등의 위반행위와 관련하여 선임·감독상의 주의의무를 다하여 아무런 잘못이 없는 경우까지도 법인에게 형벌을 부과될 수밖에 없게 되므로 책임주의 원칙에 반하여 헌법에 위반된다.

■ 참고문헌

김유근, "양벌규정에 정한 개별적인 범죄방지(선임감독)의무의 위반행위의 범죄유형에 대하여", 형사법연구 제23권 제2호, 한국형사법학회, 2011.

이천현, "법인의 범죄주체능력과 형사책임", 형사법연구 제22권 특집호, 한국형사법학회, 2004.

학습과제

1. 양벌규정의 수범자 확대기능의 개념과 사례를 정리하시오.

2. 2005헌가10 판결의 의미를 생각해보고, 이후 면책조항이 신설된 법률들을 찾아보시오.

솔루션

1. 책임은 행위자의 타행위가능성에도 불구하고 불법으로 나아간 행위에 대한 법적 비난가능성을 의미한다. 그리고 이러한 책임 판단의 기본은 자유의지를 가진 사람을 전제로 하는 개념으로, 행위자의 행위를 평균인의 관점에서 판단대상으로 하는 행위책임이지 행상책임이 아니다. 따라서 책임판단의 전제가 되는 행위는 인간의 행위여야 하며, 외부적 행위로 의사에 의해 지배된 것이어야 한다. 결국 법인은 예외적인 경우이며 행위의 주체는 원칙적으로 자연인만을 의미하게 된다.

2. 양벌규정은 통상적으로 형벌법규를 위반한 자연인(대표자, 대리인, 사용인, 종업원 등)에 더하여 그와 불가분의 관계에 있는 법인도 함께 처벌하는 규정을 의미한다. 이러한 양벌규정은 형법이론상 행위능력이 없어 범죄주체가 될 수 없는 법인을 처벌하기 위해 도입된 이론구성이다.

   이와 같은 양벌규정은, 법인의 방지조치 해태의 과실책임을 근거로 처벌하는 유형(구 선원법 제148조 제1항 단서, 구 공중위생법 제45조 단서, 구 건축법 제57조)과, 종업원의 위반행위를 알면서 조치해태 또는 교사한 경우 공범책임을 근거로 처벌하는 유형(구 근로기준법 제115조 제2항, 구 선원법 제148조 제2항), 조직 구성원(종업원)의 위반행위를 행위자에 더해 무조건 처벌하는 유형(조세범처벌법 제3조, 환경범죄단속법 제10조)의 3유형으로 구분할 수 있다.

3. 범죄주체는 행위주체여야 하므로 그 전제로서 행위능력을 가져야 한다. 범죄능력은 인간 고유의 윤리적 판단을 통해 여타의 존재와는 질적으로 다른 도덕적 우월성과 그에 대한 의미의 이해를 요구하므로, 법인은 이러한 범죄능력을 인정하기 어렵다. 법인도 범죄의 주체가 될 수 있는가라는 범죄능력의 문제는 행위능력에 더해 책임능력까지 요구되는 개념이다. 여기서 법인도 처벌한다는 양벌규정은 법인의 범죄능력을 인정할 경우에는 문제되지 않지만, 부정할 경우 그 법인처벌의 근거로서 법적 성격이 논의되어야 한다.

   양벌규정의 법인처벌의 법적 성질에 대해서는 무과실책임설, 과실의제설, 과실추정설, 과실책임설, 부작위감독책임설이 주장되며, 대법원은 법인의 범죄능력이 부정된다는 전제에서(82도2595 전합), 무과실책임설(90도1219), 과실추정설(82도777), 과실책임설(77도412) 등으로 개별적 판단을 취하고 있다. 위의 견해 중 무과실책임과 거증책임의 전환을 인정하는 것은 책임주의와 '의심스러울 때에는 피고인의 이익으로'라는 원칙에 반하여 허용할 수 없을 것이다.

   대상판결에서 대법원은 '공중위생법 제45조의 규정은, 법인의 경우 종업원의 위반행위에 대하여 행위자인 종업원을 벌하는 외에 업무주체인 법인도 처벌하고, 이 경우 법인은 엄격한 무과실책임은 아니라 하더라도 그 과실의 추정을 강하게 하고, 그 입증책임도 법인에게 부과함으로써 양벌규정의 실효를 살리자는 데 그 목적'이라고 판시하여, 과거 보건범죄단속에 관한 특별조치법 제6조 위반 사건에서처럼 과실추정설을 취하고 있는 것으로 보인다. 그러나 이러한 입장은 앞서 지적한 바대로 책임주의, 비례의 원칙과 관련하여 문제가 있음을 부정할 수 없다. 구체적인 사실관계에서도 '피고인 법인이 종업원들에게 소론과 같이 윤락행위알선을 하지 않도록 교육을 시키고, 또 입사시에 그 다짐을 받는 각서를 받는 등 일반적이고 추상적인 감독'만으로는 면책사유에 해당할 수 없다고 하나, 이보다 구체적이며 직접적인 종업원에 대한 윤락행위방지 수단이 있는지 의문이다. 면책사유를 지나치게 엄격하게 해석한 것으로 판단된다.

4. 양벌규정의 수범자 확대기능은 행정형벌법규에서 금지규정의 준수의무 주체 내지 수범자가 법인이나 업무주로 한정되어 있고, '실제 행위자'를 처벌하는 규정을 두고 있지 않은 경우, 비신분범인 행위자에 까지 처벌을 확대할 수 있는가의 문제이다. 이에 대해서는 긍정설과 부정설의 견해대립이 있으며, 대법원은 구 건축법위반사건(95도2870)의 다수의견에서 긍정하는 입장에 섰다.

5. 최근 헌법재판소는 양벌규정에 대해 2개의 의미 있는 판결을 내렸다. 2005헌가10 판결과 2009헌가18 판결로, 전자는 개인 영업주에 대한 양벌규정(3유형)에 대한 판결로 과실책임설의 단초를 제시하였으며, 후자는 법인에 대해서도 이러한 입장을 재확인하였다는 점에 의미가 있다. 2005헌가10 판결은 영업주(개인)의 업무에 대해 종업원이 무면허의료행위를 하면 영업주의 책임유무와 관계없이 영업주도 보건범죄단속에관한특별조치법위반으로 처벌하는 것은 책임주의와 형벌의 비례성 원칙에 어긋남을 선언하였다. 2009헌가18 판결은 피용자의 행위와 관련하여 법인을 처벌하는 양벌규정에 대해서도 이러한 논리를 재확인해 주었다.

6. 최근 헌법재판소의 판결, 양벌규정이 면책규정이 없어(양벌규정의 유형 중 3유형) 책임주의와 비례성의 원칙을 침해하여 위헌이라는 판결이 나오면서 다수의 양벌규정이 '법인 또는 개인이 그 위반행위를 방지하기 위하여 해당업무에 관하여 상당한 주의와 감독을 게을리하지 아니한 경우에는 그러하지 아니한다'는 면책규정을 신설하는 방향으로 개정되고 있다. 그러나 이러한 개정의 방향은 법인처벌의 아무런 근거가 없던 규정에 처벌의 근거를 명확히 한다는 점에서는

의미가 있으나, 개별 법률의 특수성을 도외시한 채 일률적으로 면책규정만을 신설하였으며, 고의와 과실이 결합되는 체계론상의 오류를 내포하고 있다는 점에서 문제가 있다고 하겠다. 이 점에서 양벌규정의 문제의 근본적 해결로 형벌에서 과태료, 과징금 등으로 전환도 검토해 볼 필요가 있다.

심화문제

(주) 고구려건설 소속 현장소장 甲은 서울 서초동에서 노블리제 아파트를 책임하에 공사중이었다. 통상 현장소장은 대표이사인 乙의 포괄적 위임에 따라 시공 전반을 지휘, 감독하였으며 甲도 사정이 다르지 않았다. 그러나 근래 잦은 접대로 인한 음주로 건강이 좋아지지 않자, 아파트 뒤쪽 옹벽 공사 과정에서 시공과정과 시공방법에 착오가 발생하였음을 감지하지 못하였다. 그런데 10년만의 큰 태풍이 지나간 후 주변의 다른 아파트들은 피해가 없었으나, 고구려건설이 공사한 아파트에서는 옹벽이 내려앉으면서 아파트 1동이 기우는 사고가 발생하였다. 건축법 제57조는 위와 같은 경우 법인 외에 건축주 등 업무주만을 처벌하는 양벌규정을 두고 있다.

1. 검사는 甲을 처벌하기 위해 어떠한 주장을 하여야 하는가?

2. (주) 고구려건설에 범죄능력을 인정할 수 있는가? 양벌규정에 의해 처벌하는 경우 그 형사책임의 근거는 무엇인가?

3. 만일 대법원에서 건축법 제57조의 해석을 "건축주는 법인의 대표자"에서 "건축주에는 당해 업무를 실제로 행한 자도 포함된다"라고 변경하여 견해를 변경한 경우, 소급효금지원칙에 위배되지는 않는가?

3. 인과관계와 객관적 귀속

도입판례 1

■ **대법원** 1990. 10. 16. **선고** 90도1786 **판결** 【폭행치사,폭력행위등처벌에관한법률위반】

【판시사항】

피고인들로부터 폭행을 당하고 당구장 3층 화장실에 숨어 있던 피해자가 다시 피고인들로부터 폭행당하지 않으려고 창문 밖으로 숨으려다가 실족하여 사망한 경우 폭행과 사망 사이의 인과관계를 인정한 사례

【판결요지】

피고인들이 공동하여 피해자를 폭행하여 당구장 3층에 있는 화장실에 숨어 있던 피해자를 다시 폭행하려고 피고인 갑은 화장실을 지키고, 피고인 을은 당구치는 기구로 문을 내려쳐 부수자 위협을 느낀 피해자가 화장실 창문 밖으로 숨으려다가 실족하여 떨어짐으로써 사망한 경우에는 피고인들의 위 폭행행위와 피해자의 사망 사이에는 인과관계가 있다고 할 것이므로 폭행치사죄의 공동정범이 성립된다.

【참조조문】

형법 제17조, 제262조

【전　문】

【피 고 인】 피고인 1외 1인

【상 고 인】 피고인들

【변 호 인】 변호사 이세중 외 1인

【원심판결】 서울고등법원 1990.6.22. 선고 90노1044 판결

【주 문】

상고를 모두 기각한다.

상고 후의 구금일수 중 30일을 피고인 2에 대한 본형에 산입한다.

【이 유】

피고인들과 각 그 변호인들의 상고이유를 함께 본다.

원심판결과 원심이 인용한 제1심판결이 든 증거에 의하면 피고인들과 공동하여 피해자를 폭행하고 그 무렵 당구장 3층에 있는 화장실에 숨어 있던 피해자를 다시 폭행하려고 피고인 1은 화장실을 지키고, 피고인 2는 당구치는 기구로 문을 내려쳐 부수자 이에 위협을 느낀 피해자가 화장실 창문밖으로 숨으려다 실족하여 떨어짐으로써 사망한 사실을 인정할 수 있으므로 피고인들의 위 폭행행위와 피해자의 사망 사이에는 인과관계가 있다고 할 것이어서 원심이 이에 대하여 폭행치사죄의 공동정범으로 다스린 것은 정당하고 거기에 지적하는 바와 같은 법리의 오해나 채증법칙을 어긴 위법이 없다.

이 사건에 있어서와 같이 10년 미만의 징역형이 선고된 판결에 대하여는 양형이 부당함을 들어 적법한 상고이유로 삼을 수 없고 또 기록에 비추어 원심이 소년인 피고인들을 재판함에 있어서 소년법 제56조, 제57조, 제58조의 규정에 위반하였다고 보여지지 아니한다. 주장은 모두 이유 없다.

그러므로 상고를 모두 기각하고, 피고인 2에 대하여는 상고 후의 구금일수 중 일부를 본형에 산입하기로 관여 법관의 의견이 일치되어 주문과 같이 판결한다.

대법관 안우만(재판장) 김덕주 윤관 배만운

쟁 점

- 행위후의 사정과 인과관계
- 상당인과관계

- 객관적 귀속
- 결과적 가중범의 공동정범

연 구

1. 형법상 인과관계는 무엇을 의미하는가? 형법 제17조의 '죄의 요소되는 위험발생'과 '연결'은 어떻게 이해하여야 하는가?

2. 행위 후의 사정, 즉 폭행행위가 있은 후, 피해자가 이를 피하려다 致死에 이른 경우 인과관계가 인정되는가? 행위 후의 사정의 양상에 따라 결과가 달라지지는 않는가?

3. 인과관계에 대한 상당인과관계설과 다른 학설들의 차이점은 무엇인가?, 상당성은 개념은 명확한 개념인가? 상당인과관계설의 입장에 결론을 달리 볼 수는 없는가?

4. 결과적 가중범의 성립요건은 무엇인가?

5. 결과적 가중범에서의 인과관계 판단을 직접성과 예견가능성으로 이해할 수 있는가? 구체적인 기준은 무엇인가?

6. 피고인들의 형사책임은 무엇인가?

참고자료

■ 관련 판례

1. 강간 후 음독자살의 인과관계(대판 1982.11.23, 82도1446)

강간을 당한 피해자가 집에 돌아가 음독자살하기에 이르른 원인이 강간을 당함으로 인하여 생긴 수치심과 장래에 대한 절망감 등에 있었다 하더라도 그 자살행위가 바로 강간행위로 인하여 생긴 당연의 결과라고 볼 수는 없으므로 강간행위와 피해자의 자살행위 사이에 인과관계를 인정할 수는 없다.

2. 유기행위의 인과관계(대판 1967.10.31, 67도1151)

치사량의 청산가리를 음독했을 경우 미처 인체에 흡수되기 전에 지체없이 병원에서 위 세척을 하는 등 응급 치료를 받으면 혹 소생할 가능은 있을지

모르나 이미 이것이 혈관에 흡수되어 피고인이 피해자를 변소에서 발견했을 때의 피해자의 증상처럼 환자의 안색이 변하고 의식을 잃었을 때는 우리의 의학기술과 의료시설로서는 그 치료가 불가능하여 결국 사망하게 되는 것이고 또 일반적으로 병원에서 음독환자에게 위세척 호흡촉진제 강심제주사 등으로 응급가료를 하나 이것이 청산가리 음독인 경우에는 아무런 도움도 되지 못하는 것이므로 피고인의 유기행위와 피해자의 사망간에는 상당인과 관계가 없다 할 것이다.

3. 의사의 수술지연과 인과관계(대판 1984.6.26, 84도831)

피고인이 주먹으로 피해자의 복부를 1회 강타하여 장파열로 인한 복막염으로 사망케 하였다면, 비록 의사의 수술지연 등 과실이 피해자의 사망의 공동원인이 되었다 하더라도 피고인의 행위가 사망의 결과에 대한 유력한 원인이 된 이상 그 폭력행위와 치사의 결과간에는 인과관계가 있다 할 것이어서 피고인은 피해자의 사망의 결과에 대해 폭행치사의 죄책을 면할 수 없다.

■ 참고문헌

김성돈, "범죄유형별 인과관계 판단과 직접성", 형사판례연구 (13), 한국형사판례연구회, 박영사, 2005.

______, "인과관계판단과 과실판단의 분리", 형사판례연구 (11), 한국형사판례연구회, 박영사, 2003.

장영민, "인과관계의 확정과 합법칙적 조건설", 형사판례연구 (3), 한국형사판례연구회, 박영사, 1995.

학습과제

1. 인과관계를 인정한 판례군과 부정한 판례군을 정리해 보시오.

2. 판례에서 나타난 의사의 주의의무 위반 여부를 인정한 사례와 그렇지 않은 사례를 정리해 보시오.

솔루션

1. 인과관계는 형법 제17조에서 규정하고 있는데, 결과범에서 발생된 결과를 행위자의 행위에 의한 것으로 귀속시키기 위해 행위와 결과 사이에 필요한 불가분적 연관관계를 의미한다. 이는 우연에 의한 결과를 행위자가 책임지지 않도록 하기 위해 고안된 개념으로, 有無의 문제이며 사실판단적 성격을 띤다.
   '어떤 행위'와 '위험발생' 또는 '결과', '연결'의 의미와 이들 사이에 어느 정도의 밀접한 연관성이 있어야 하는가에 대한 해석에 대해 조건설, 원인설, 중요설, 상당인과관계설, 합법칙적 조건설 등이 주장된다. 이들 이론의 핵심은 인과관계의 확대를 책임주의로 제한하여야 하며, 그 방법론을 모색함에 공통점이 있다는 것이다. 조건설은 인과관계의 확대를 책임단계에서 제한하고, 상당인과관계설은 구성요건 단계에서 인과관계 개념 자체를 부정하여 제한하며, 합법칙적 조건설을 바탕으로 한 객관적 귀속이론은 원인의 범위를 객관적 귀속에 의해 수정한다.
   사실문제와 규범판단의 문제는 분리하는 것이 논리적이라는 관점에서 인과관계의 확정은 합법칙적 조건설 의해 판단하고, 그 중요성은 객관적 귀속이론을 따를 수 있다. 따라서 제17조의 '어떤 행위라도'는 '행위가 시간적으로 뒤따르는 외계의 변화와 연결되고, 그 행위와 합법칙적으로 결합되어 구성요건적 결과가 발생되었다 하더라도'로(인과관계), '죄의 요소되는 위험발생에 연결되지 아니한 때에는'은 '그 행위가 법률상 허용될 수 없는 위험을 창출 또는 증가하거나, 그 위험이 구성요건적 결과로 실현되지 않은 때'로(객관적 귀속) 이해할 수 있을 것이다.

2. 현재 대법원이 취하고 있는 상당인과관계설은 행위가 자연과학적 또는 합법칙적으로 결과를 야기하였는가뿐만 아니라, 이 행위가 지금까지의 일반적 경험법칙에 비추어 결과를 발생시키는 데 상당한가 또는 개연적인가 하는 상당성을 판단기준으로 삼고 있으며, 판단주체에 따라 주관적, 객관적, 절충적 상당인과관계설로 나뉜다. 따라서 동일한 결과도 판단주체에 따라 인과관계 판단이 달라질 수 있다.
   그리고 이때 상당성이라는 개념은 확률의 개념으로 개연성으로 이해되어 모호하다는 비판을 받고 있으나, 지금까지 누적된 판례의 판단대로라면 객관적 상당인과관계설의 입장에서 인과관계를 폭넓게 인정함으로써 나름의 원칙을 갖추었다고 볼 수도 있다.

3. '연결'의 문제인 객관적 귀속은 '죄의 요소되는 위험'인지, '위험발생에 연결'되는

지를 판단하게 된다. 전자는 행위로 인해 허용되지 않는 위험의 창출 또는 증대가 있었는지를, 후자는 ① 행위가 위험발생 또는 법익침해적 결과로 이어질 수 있는지를 일반인이 예견할 수 있는가라는 객관적 예견가능성, ② 적법한 행위를 하였더라도 동일한 결과가 발생했을 것인가라는 의무위반관련성, ③ 발생한 결과의 방지가 입법당시 규범의 보호목적내에 있는가라는 규범의 보호목적관련성을 판단하여야 하는 것이다. 이들 판단척도 중 의무위반관련성은 과실범과 부작위범에서, 규범의 보호목적 관련성은 과실범, 부작위범, 결과적 가중범에서 특히 의미가 있다.

4. 인과관계의 개념은 애초에 결과적 가중범에서 고의의 기본범죄와 과실에 의한 중한 결과에 대한 가중처벌이 때때로 발생한 불법에 비해 현저히 불균형적인 처벌을 가져오기도 하여 결과책임사상의 유물로서 책임주의에 위반된다는 비판을 받아왔고, 이러한 문제를 해결하기 위해 기본범죄와 중한 결과사이의 인과관계를 제한하는 방법으로서 상당인과관계설이 주장된 것에서 출발하였다.
이러한 결과적 가중범의 인과관계에 대해서는 중한 결과의 예견가능성만 있으면 족하다는 견해도 있으나, 행위자의 중한 결과에 대한 예견가능성이라는 과실과 다른 측면인 인과관계의 문제도 검토되어야 한다. 자연과학적 법칙에 의해 인과관계가 확정되고 나면 규범적 평가로서 객관적 귀속이 판단되어야 하는 것이다. 즉 일반인이 기본범죄가 있은 후 중한 결과의 발생이 통상적으로 예견할 수 있느냐라는 사후적 판단으로 객관적 예견가능성(행위자의 사전 판단인 주관적 예견가능성과는 구별되는 개념)이 있는지를, 기본범죄 행위가 결과발생에 이르는 과정에서 개입된 다른 중간행위의 영향을 받지 않고 지속적으로 연결되어야 하는지(직접성)을 판단하여야 한다. 이는 결과적 가중범이 기본점죄에 내포된 전형적 위험의 방지라는 규범의 보호목적관련성에서 발현된다.

5. 결과적 가중범에서 기본범죄는 중한 결과를 야기할 수 있는 전형적이며 일반적 경향이 있는 범죄여야 하므로 중한 결과가 행위 후의 제3자의 행위나 피해자의 행위라는 추가적인 사정이 개입된 경우에는 결과적 가중범이 제한받게 된다. 다만 제3자의 행위는 인과적 추진력의 정도에 따라 추월적 인과관계를 판단하여야 하며, 피해자의 행위는 자살인지 도망인지 여부와 개별 구성요건의 해석에 따라 판단할 수 있는데, 중한 결과가 기본범죄를 실행하는 '행위' 또는 그 '결과'에 의해 발생한 경우에는 직접성을 인정할 수 있을 것이다. 따라서 제3자의 고의행위나 중과실이 개입된 경우, 폭행이나 강도범행에서 피해자가 도주시 생명에 대한 위험이 없음에도 지나친 부주의를 하여 도망한 경우 등은 직접성을 인정하기 어려울 것이다(다만 감금, 강간, 상해 등과 같이 행위의 일부실현으

로 중한 결과의 원인이 될 수 있는 기본범죄의 경우 이를 피하려다 사망이라는 결과가 발생한 경우에는 직접성을 완화할 수 있을 것이다).

6. 결과적 가중범의 경우에도 가담형태에 따른 정범 또는 공범의 문제가 발생한다(상세한 논의는 6.결과적 가중범의 부분 참조). 과실범의 공동정범을 긍정하는 입장에서 중한 결과에 대해 과실이 있는 자 사이에는 성립된다는 견해와, 과실범의 공동정범은 부정되지만 기본범죄의 공동에서 행위반가치를 찾을 수 있으므로 중한 결과에 과실이 있는 경우 공동정범이 성립될 수 있다는 견해가 있으며, 과실범의 공동정범을 부정하는 입장에서 중한 결과에 대해 예견가능성이 있는 자만 동시범으로서 결과적 가중범이 성립한다는 견해가 있다. 과실범과 결과적 가중범은 다른 차원의 문제로 행위자 각각의 예견가능성 유무에 따라 동시범으로 판단하여야 할 것이다.

도입판례 2

■ **대법원** 2007. 10. 26. **선고** 2005**도**8822 **판결** 【교통사고처리특례법위반】[1)]

【판시사항】

선행 교통사고와 후행 교통사고 중 어느 쪽이 원인이 되어 피해자가 사망하였는지가 분명하지 않은 경우, 후행 교통사고와 피해자의 사망 사이에 인과관계를 인정하기 위한 요건 및 그 증명책임의 소재(=검사)

---

1) 본 건 사고장소는, 피고인 진행방향에서 보아 오른쪽으로 굽은 길이면서 약간 내리막길이었고 당시 비가 많이 내리는 중이어서 노면이 미끄러운 상태였다. 제1심 공동피고인은, "그레이스를 몰고 1차로로 시속 60~70㎞로 진행하였다. 커브길을 지나면서 앞선 차량들이 정체로 정지하고 있는 것을 발견하고 순간 당황하여 제동하는 순간 빗길에 미끄러져 중앙선을 침범하였다."고 한다. 피고인은, "옵티마를 몰고 1차로를 시속 60~70㎞로 피해차량과 약 30~40m 거리를 두고 운전하였다. 제1심 공동피고인의 그레이스 승합차가 중앙선을 침범해오는 것을 보고 급히 제동을 하였다. 피해자의 포터화물차는 제동을 하지 못한 채(브레이크 등이 들어오지 않음) 제1심 공동피고인의 그레이스 승합차와 충돌하였고, 피해자의 포터화물차가 뒤로 튕겨져 나오는 것으로 보였으며 약 2~3초 후에 피고인 차량이 피해 차량을 추돌하였다. 에어백이 작동하지 않았으므로 충돌 당시 속도는 40㎞/h라고 생각한다."고 하였다. 사고 후 제1심 공동피고인의 그레이스 승합차와 피해자의 포터화물차는 각 중앙선을 넘어 반대편 도로의 끝까지 밀려가 정지하였고, 피고인의 옵티마 승용차는 충돌 지점에 그대로 정지하였다. 정지 위치로 보아, 제1심 공동피고인의 그레이스 승합차는 좌회전을 하면서 과도하게 핸들을 왼쪽으로 조작하는 바람에 중앙선을 넘게 되었고 피해자의 포터화물차 앞부분에 오른쪽 뒷문부분을 들이받혀 반시계 반향으로 회전하면서 반대편 도로 밖 수로까지 튕겨 나가 도로쪽을 향해 정지한 것으로 보인다. 피해자의 포터화물차는 제1심 공동피고인의 그레이스 승합차가 중앙선을 넘어오는 것을 보고 충돌을 피하기 위해 중앙선이 있는 쪽으로 핸들을 조작하면서 앞부분으로 제1심 공동피고인의 그레이스 승합차 뒷문부분을 들이받았고 진행하던 속도 및 피고인의 옵티마 승용차의 추돌력에 의하여 그대로 진행하여 반대편 도로 2차로까지 진행하여 도로 바깥쪽을 향해 정지한 것으로 보인다.
차량 사진에는, 제1심 공동피고인의 그레이스 승합차는 피해자의 포터화물차에 오른쪽 뒷부분을 들이받혀 차 모양 자체가 크게 일그러질 정도로 큰 충격을 받았음을 알 수 있고, 피해자의 포터화물차는 제1심 공동피고인의 그레이스 승합차와 부딪힌 전면 부분은 차체가 심각하게 손상되면서 찌그러져 든 반면 피고인의 옵티마 승용차가 추돌한 뒷부분은 적재함 아래쪽의 번호판과 후미등이 손상된 정도였으며, 피고인의 옵티마 승용차는 본네트와 전조등이 손상된 정도였다.
사체검안서를 작성한 의사는, "피해자가 응급실에 도착하였을 때 이미 사망한 상태였다. 이마 쪽에 10㎝ 정도 삼각형 형태로 안쪽 뼈가 보일 정도의 상처가 있었으나 뼈가 함몰된 상태는 아니었고 피부가 벗겨져 있었다. 오른쪽 무릎에 상당히 심한 관통 손상(피부가 찔려서 벌려진 상태)이 있었다. 외관상 흉부에는 아무 손상이 없었고 갈비뼈 분쇄나 긁힌 흔적조차 없었지만 119구조대원 말이 피해자를 발견했을 때 운전자 좌석에 가슴이 끼어 있었다고 하기에 두부손상과 가슴 충격으로 사망하였다고 생각하였다. 판단하기에 이마가 이 정도 벗겨져서는 순간적으로 죽지 않을 것이라고 생각을 했고 오히려 흉부손상으로 인해서 숨을 쉬지 못했을 것이라는 생각을 했고 두 경우 다 가능했기 때문에 흉부손상과 두부손상으로 기록을 하였다. 머리

【판결요지】

선행 교통사고와 후행 교통사고 중 어느 쪽이 원인이 되어 피해자가 사망에 이르게 되었는지 밝혀지지 않은 경우 후행 교통사고를 일으킨 사람의 과실과 피해자의 사망 사이에 인과관계가 인정되기 위해서는 후행 교통사고를 일으킨 사람이 주의의무를 게을리하지 않았다면 피해자가 사망에 이르지 않았을 것이라는 사실이 증명되어야 하고, 그 증명책임은 검사에게 있다.

【참조조문】

형법 제17조

【참조판례】

대법원 1990. 12. 11. 선고 90도694 판결(공1991, 513), 대법원 1996. 11. 8. 선고 95도2710 판결(공1996하, 3632)

【전　문】

【피 고 인】 피고인

【상 고 인】 검사

【원심판결】 광주지법 2005. 10. 27. 선고 2005노486 판결

【주　문】

상고를 기각한다.

손상은 사망에 이를 정도까지는 아니지 않느냐는 생각이 들었고, 가슴에도 별다른 이상이 없었다. 운전석과 운전대 사이에 낀 것 자체가 호흡을 하기가 힘들었을 것으로 생각한다. 순간적인 충격에 의해서 가슴에 공기가 차면서 숨을 못 쉬는 경우도 있을 수는 있다. 이미 사망한 상태여서 구체적으로 검사는 하지 않았다. 선행사고 또는 2차사고 중 어떤 사고로 인해 사망을 한 것인지는 거의 구별이 불가능하다. 경우에 따라 다르기 때문에 일반적으로 이렇다, 저렇다 판정을 할 수가 없다. 제가 판단을 한다면 앞에서 충격한 것이 더 강하게 위해를 가할 것 같고 뒤에서 충격을 하는 것은 목이 젖혀지면서 대부분 목 부분이 충격을 많이 받는다. 뒤에서 충돌하는 것은 속도와는 다른 방향이므로 정면으로 충돌하는 것이 충격량이 더 클 것이라고 생각한다."고 진술하였다. 사체검안서에는 직접사인이나 중간사인 기재 없이 선행사인으로 두부손상, 흉부손상이라고만 기재되어 있을 뿐이다. 제1심 공동피고인은 경추부, 흉요추부 염좌 등으로 23일간, 피고인은 흉부좌상, 요추부 염좌 등으로 17일간 입원치료받았다.

【이 유】

상고이유를 판단한다.

선행 교통사고와 후행 교통사고 중 어느 쪽이 원인이 되어 피해자가 사망에 이르게 되었는지 밝혀지지 않은 경우 후행 교통사고를 일으킨 사람의 과실과 피해자의 사망 사이에 인과관계가 인정되기 위해서는 후행 교통사고를 일으킨 사람이 주의의무를 게을리하지 않았다면 피해자가 사망에 이르지 않았을 것이라는 사실이 입증되어야 하고(대법원 1990. 12. 11. 선고 90도694 판결, 대법원 1996. 11. 8. 선고 95도2710 판결 등 참조), 그 입증책임은 검사에게 있다.

원심은 피고인의 과실행위로 인하여 피해자를 사망에 이르게 하였다고 단정할 증거가 없다는 이유로 이 사건 공소사실에 대하여 피고인에게 무죄를 선고하였는바, 위 법리와 기록에 비추어 보면 원심의 판단은 정당하고, 거기에 과실범의 인과관계에 관한 법리오해 등의 위법은 없다.

나머지 원심의 판단에 대하여 다투는 취지의 주장은 결국 사실심인 원심의 전권에 속하는 증거의 취사선택과 사실의 인정을 탓하는 취지의 것으로서 모두 받아들일 수 없고, 달리 원심판결에 판결에 영향을 미치는 채증법칙 위반 등의 위법은 보이지 않는다. 상고이유는 모두 받아들이지 아니한다.

그러므로 상고를 기각하기로 하여 관여 법관의 일치된 의견으로 주문과 같이 판결한다.

대법관 박시환(재판장) 김용담 박일환 김능환(주심)

쟁 점

- 과실범의 인과관계
- 합법칙적 대체행위와 입증정도
- 과실범의 공동정범

연 구

1. 과실범의 인과관계 판단 기준은 무엇인가?

2. 선행 교통사고에 의한 사망이 명확하지 않을 경우 후행 교통사고의 형사책임 인정을 위한 기준은 어떻게 이해하여야 하는가?

3. 인과관계 외에 객관적 귀속을 인정하여야 하는 필요성은 무엇인가? 객관적 귀속을 인정할 경우 그 구체적 기준은 무엇인가?

4. 합법칙적 대체행위와 입증정도에 있어 판례의 입장은 무죄추정설에 가까운 것인가? 위험증대설에 가까운 것인가?

참고자료

■ 관련 판례

1. 역과사고와 인과관계 (대판 1990.5.22, 90도580)

피고인이 야간에 오토바이를 운전하다가 도로를 무단횡단하던 피해자를 충격하여 피해자로 하여금 위 도로상에 전도케 하고, 그로부터 약 40초 내지 60초 후에 다른 사람이 운전하던 타이탄트럭이 도로위에 전도되어 있던 피해자를 역과하여 사망케 한 경우, 피고인이 전방좌우의 주시를 게을리한 과실로 피해자를 충격하였고 나아가 이 사건 사고지점 부근 도로의 상황에 비추어 야간에 피해자를 충격하여 위 도로에 넘어지게 한 후 40초 내지 60초 동안 그대로 있게 한다면 후속차량의 운전사들이 조금만 전방주시를 태만히 하여도 피해자를 역과할 수 있음이 당연히 예상되었던 경우라면 피고인의 과실행위는 피해자의 사망에 대한 직접적 원인을 이루는 것이어서 양자간에는 상당인과관계가 있다.

2. 합법칙적 대체행위와 인과관계 (대판 1991.2.26, 90도2856)

피고인이 트럭을 도로의 중앙선 위에 왼쪽 바깥 바퀴가 걸친 상태로 운행하던 중 피해자가 승용차를 운전하여 피고인이 진행하던 차선으로 달려오다가 급히 자기 차선으로 들어가면서 피고인이 운전하던 트럭과 교행할 무렵 다시 피고인의 차선으로 들어와 그 차량의 왼쪽 앞부분으로 트럭의 왼쪽 뒷

바퀴 부분을 스치듯이 충돌하고 이어서 트럭을 바짝 뒤따라 가던 차량을 들이받았다면, 설사 피고인이 중앙선 위를 달리지 아니하고 정상 차선으로 달렸다 하더라도 사고는 피할 수 없다 할 것이므로 피고인 트럭의 왼쪽 바퀴를 중앙선 위에 올려놓은 상태에서 운전한 것만으로는 위 사고의 직접적인 원인이 되었다고 할 수 없다.

3. 합법칙적 대체행위와 상당인과관계 (대판 1998.9.22, 98도1854)

녹색등화에 따라 왕복 8차선의 간선도로를 직진하는 차량의 운전자는 특별한 사정이 없는 한 왕복 2차선의 접속도로에서 진행하여 오는 다른 차량들도 교통법규를 준수하여 함부로 금지된 좌회전을 시도하지는 아니할 것으로 믿고 운전하면 족하고, 접속도로에서 진행하여 오던 차량이 아예 허용되지 아니하는 좌회전을 감행하여 직진하는 자기 차량의 앞을 가로질러 진행하여 올 경우까지 예상하여 그에 따른 사고발생을 미리 방지하기 위하여 특별한 조치까지 강구할 주의의무는 없다 할 것이고, 또한 운전자가 제한속도를 지키며 진행하였더라면 피해자가 좌회전하여 진입하는 것을 발견한 후에 충돌을 피할 수 있었다는 등의 사정이 없는 한 운전자가 제한속도를 초과하여 과속으로 진행한 잘못이 있다 하더라도 그러한 잘못과 교통사고의 발생 사이에 상당인과관계가 있다고 볼 수는 없다.

■ 참고문헌

박이규, "선행 교통사고와 후행 교통사고 중 어느 쪽이 원인이 되어 피해자가 사망하였는지가 분명하지 않은 경우, 후행 교통사고와 피해자의 사망 사이에 인과관계를 인정하기 위한 요건", 대법원 판례해설 74호, 2008.7.

정현미, "인과과정에 개입된 타인의 행위와 객관적 귀속", 형사판례연구(9), 한국형사판례연구회, 박영사, 2001.

학습과제

객관적 귀속이론을 원용한 판례들을 정리해 보시오.

솔루션

1. 과실범은 주의의무를 위반함으로써 성립하며, 이러한 주의의무위반에는 사회의 평균인이 결과발생을 예견할 수 있었는가라는 객관적 주의의무위반과 행위자의 주의능력을 기준으로 결과발생의 인식 내지 인식가능성이 있었는가라는 주관적 주의의무위반이 포함된다. 객관적 주의의무를 제한하는 개념으로 허용된 위험과 신뢰의 원칙이 논의된다.

2. 과실범에서의 인과관계는 주의의무라는 요소로 인해 인과관계 판단에서 특수성을 지닌다. 즉 자연과학적 의미에서 인과관계가 확정되고 객관적 귀속이 인정되어야 하는 점에서는 고의범과 동일하나, 객관적 예견가능성이라는 공통된 척도 외에 주의의무위반관련성과 규범의 보호목적관련성이라는 척도가 중점적으로 논의되어야 한다(과실범의 객관적 귀속론은 발전과정에 있는 이론으로 주의의무위반관련성과 보호목적관련성을 객관적 결과발생예견가능성과 객관적 결과회피가능성의 과실범 성ㄹㅂ요건으로 해결할 수 있다는 견해도 있다). 과실범의 경우 복잡한 시스템과 상황이라는 인식하기 어려운 조건에서 갑자기 발생하는 경우가 많으며, 행위자의 행위 이외의 외부적 요소로 인해 결과발생이 가능한 경우가 흔하기 때문이다. 따라서 행위자가 주의에 합치되는 행위를 하였더라도 동일한 결과 발생이 확실한가를 판단하여야 하며(의무위반관련성), 이러한 의무위반관련성이 인정된 후에도 발생한 결과가 행위자가 위반한 주의의무 규정이 그 결과를 방지하기 위해 만들어졌는가(규범의 보호목적관련성)가 확인되어야 하는 것이다. 여기서 객관적 귀속의 척도로서의 객관적 예견가능성은 결과발생 후의 시점에서 상황을 판단하는 사후판단으로, 행위당시 행위자가 처한 상황을 기준으로 판단하는 사전판단인 객관적 예견가능성(객관적 주의의무 판단의 요소)과 구별된다.

3. 선행 교통사고와 후행 교통사고 중 어느 쪽이 원인이 되어 피해자가 사망하였는지가 분명하지 않은 경우, 어느 가해자에게 피해자의 사망에 대한 책임을 묻느냐는 적법한 대체행위로 인해 결과발생이 방지될 수 있었는가라는 문제라고 할 수 있다. 따라서 가상의 주의의무에 합치되는 행위로 인해 결과방지 가능성의 확률이 어느 정도일 때 과실에 대한 결과의 귀속을 인정할 수 있는가가 핵심이 된다. 이에 대해서는 무죄추정설과 위험증대설, 절충설이 주장되고 있다. 이와 달리 피고인이 주의의무에 합치되는 행위를 하였다면 ① 결과가 확실히 방지되는 경우에는 과실범이 성립될 수밖에 없으며, ② 동일결과가 확실히 발생하는 경우 과실범은 부정된다.

대법원은 역과사고에 대해, 피고인이 선행사고를 일으켜 후행사고로 피해자가 사망에 이른 경우, 선행사고로 인한 손상 자체가 바로 사망의 원인이 되지 않은 경우에도 인과관계를 인정하여(72도433, 2003도2622 등), 선행사고자의 적법한 대체행위 주장을 배척하고 후행사고가 인과관계의 단절을 가져올 정도에만 인과관계가 부정될 수 있다고 판단하였다. 그리고 후행 사고의 피고인이 선행사고로 손상을 입고 도로에 쓰러져 있는 피해자를 충격한 경우에는 후행 충격자체가 사망의 원인이 되었다고 판단할 수 있는 경우에 인과관계를 인정하고 있다(2001도5005, 2003도5138 등). 대상판결의 경우 피해자는 선행사고 단독 또는 선행사고와 결합된 후행사고로 인해 사망하였다고 볼 수 있다. 이 경우 선행사고의 가해자는 피해자의 사망이 선행사고 단독이든, 후행사고와의 결합에 의해 발생하였든 사망의 결과 귀속을 부정할 수 없다. 피고인의 후행사고가 인과관계를 단절시킨 만한 사례는 아니기 때문이다.

그렇다면 후행사고를 일으킨 피고인이 피해자 사망의 책임을 부담하기 위해서는 후행사고 자체가 사망의 원인이 되어야 한다. 후행사고의 피고인이 주의의무를 다한 경우, 즉 합법칙적 대체행위가 있었다면 먼저 같은 결과가 발생하였을 것으로 인정되는 경우에는 결과 귀속이 되지 않는다. 그러나 결과회피가 개연적이거나 가능한 정도일 때에는 견해가 대립된다. 즉 무죄추정설과 위험증대설은 '검사'가 후행사고가 발생하지 않았다면 '피해자가 사망에 이르지 않았을 것'이라는 정도(무죄추정설)로 입증하여야 하는지 아니면 '피해자가 사망에 이르지 않았을 가능성'이라는 정도(위험증대설)로 입증하면 족한지를 놓고 대립된다(피고인의 입장에서는 결과발생의 가능성 정도로 입증하여야 하는지, 결과발생의 확실성 정도로 입증하여야 하는가로 반대가 될 것이다). 대상판결에서 대법원은 '후행 교통사고를 일으킨 사람의 과실과 피해자의 사망 사이에 인과관계가 인정되기 위해서는 후행 교통사고를 일으킨 사람이 주의의무를 게을리하지 않았다면 피해자가 사망에 이르지 않았을 것이라는 사실이 입증'되어야 한다고 하여 '적법한 대체행위가 있었다면 결과방지가 확실할 것'을 검사가 입증하도록 요구하여 무죄추정설의 입장을 취한 듯하다.

그러나 결과귀속을 위한 무죄추정설과 위험증대설의 이러한 규범적 판단도 중요하지만, 그보다 교통사고 발생과정의 시뮬레이션 등을 통한 과학적인 사실관계의 확정 작업이 선행되어야 한다(이 점에서 2001도5005의 판결은 사실관계의 과학적 규명이라는 측면에서 의미가 있다). 이러한 구체적이고 과학적인 사실규명에 관한 작업 없이 무죄추정과 위험증대의 일반적인 이론으로 해결하는 것은 사실문제인 인과관계의 충실한 판단이라고 볼 수 없을 것이다.

4. 대법원은 주의에 합치되는 행위를 했더라면 '결과가 (거의) 확실하게 피할 수

있었을 것'이 밝혀질 경우에만 주의의무 위반이 결과의 직접적인 원인으로 상당인과관계가 인정된다고 한다(이른바 할로테인 마취사건인 90도694 판결). 주의의무를 다하였더라도 동일한 결과 발생이 명확하지 않은 경우, 이러한 견해는 합법적 대체행위가 존재하였더라면 결과회피의 확실성이 있었음이 검사에 의해 입증되지 않는다면, 피고인은 동일한 결과발생의 가능성만을 입증하면 인과관계가 부정될 수 있다는 측면에서 in dubio pro reo 원칙을 따르는 무죄추정설과 유사한 결론을 가져오게 된다.

대상판결은 대법원이 과실범의 인과관계에서 적법한 대체행위이론을 받아들이면서 입증정도와 관련하여 어떠한 입장을 취하는 것인지 명확하지 않았으나, 이 판결에서 무죄추정설에 힘을 실어주었다는 점에서 의미를 찾을 수 있다.

심화문제

甲녀는 자신의 남자친구 乙이 사법시험에 합격하는 동안 물심양면으로 뒷바라지를 하였으나, 어느 날부터 자신을 대하는 태도가 변하였다는 것을 느꼈다. 알고 보니 乙은 X녀와 만남을 가지고 결혼을 약속한 후였다. 복수를 결심한 甲녀는 흥신소 직원 A에게 乙의 살해해 줄 것을 부탁하였고, 사례금으로 성공시 1,000만원을 약속하였다. A는 비 내리던 날 저녁 乙의 집 앞에서 기다리다가 걸어오는 乙을 향해 20cm의 과도로 옆구리를 찔렀으나, 운동신경이 뛰어난 乙이 살짝 피하면서 2주정도 치료를 요하는 가벼운 창상을 입었다. 그런데 乙은 혈우병환자였기 때문이 피가 멈추지 않아 사망하고 말았다. 甲녀는 乙이 예전에 사과를 깎다가 베인 후 응급실로 같이 간 경험이 있어 혈우병을 가지고 있다는 사실을 알고 있었다.

1. 甲과 乙의 형사책임은 무엇인가?

2. 만일 乙이 치료를 위해 대학병원을 방문하여, 의사 X가 혈우병치료제인 노보세븐을 처방하였으나, 초임 간호사 Y가 정맥주사 중 점적주사를 하면 안됨에도 불구하고 점적주사를 하여 지혈되지 않고 쇼크사한 경우, 甲과 乙의 형사책임이 달라지는가?

3. X의 형사책임은 없는가?

※ 점적주사란 많은 양의 약물을 높은 곳으로부터 긴 시간에 걸쳐 한 방울씩 떨어뜨려서 정맥으로 흘러들도록 하는 주사로, 영양분을 보급하거나 수혈하기 위해서 전해질, 혈액, 단백질이나 여러 가지 약제를 주사하는 것을 말하며, 노보세븐 투약지침에는 점적주사용 용제와 혼합하거나 점적주사를 해서는 안 된다고 표시되어 있다.

4. 고의와 구성요건적 착오

도입판례 1

■ **대법원** 2005. 9. 30. **선고** 2005도2712 **판결**【무고·변호사법위반】

【판시사항】

[1] 피무고자의 승낙이 있는 경우 무고죄의 성립 여부(적극) 및 무고죄에 있어서 '형사처분 또는 징계처분을 받게 할 목적'의 의미

[2] 피무고자의 승낙을 받아 허위사실을 기재한 고소장을 제출하였다면 피무고자에 대한 형사처분이라는 결과발생을 의욕한 것은 아니라 하더라도 적어도 그러한 결과발생에 대한 미필적인 인식은 있었던 것으로 보아야 한다고 한 사례

【판결요지】

[1] 무고죄는 국가의 형사사법권 또는 징계권의 적정한 행사를 주된 보호법익으로 하고 다만, 개인의 부당하게 처벌 또는 징계받지 아니할 이익을 부수적으로 보호하는 죄이므로, 설사 무고에 있어서 피무고자의 승낙이 있었다고 하더라도 무고죄의 성립에는 영향을 미치지 못한다 할 것이고, 무고죄에 있어서 형사처분 또는 징계처분을 받게 할 목적은 허위신고를 함에 있어서 다른 사람이 그로 인하여 형사 또는 징계처분을 받게 될 것이라는 인식이 있으면 족한 것이고 그 결과발생을 희망하는 것까지를 요하는 것은 아니므로, 고소인이 고소장을 수사기관에 제출한 이상 그러한 인식은 있었다고 보아야 한다.

[2] 피무고자의 승낙을 받아 허위사실을 기재한 고소장을 제출하였다면 피무고자에 대한 형사처분이라는 결과발생을 의욕한 것은 아니라 하더라도 적어도 그러한 결과발생에 대한 미필적인 인식은 있었던 것으로 보아야 한다고 한 사례.

【참조조문】

[1] 형법 제156조 / [2] 형법 제156조

【참조판례】

[1] 대법원 1991. 5. 10. 선고 90도2601 판결(공1991, 1676), 대법원 1991. 12. 13. 선고 91도2127 판결(공1992, 561)

【전 문】

【피 고 인】 피고인 1외 1인

【상 고 인】 피고인 2및 검사

【원심판결】 서울고법 2005. 4. 15. 선고 2004노2656, 3230 판결

【주 문】

원심판결 중 피고인 2에 대한 부분과 피고인 1에 대한 무죄 부분을 모두 파기하고, 이 부분 사건을 서울고등법원에 환송한다.

【이 유】

1. 피고인 2의 상고에 대하여

위 피고인은 법정기간 내에 상고이유서를 제출하지 아니하였고, 상고장에도 상고이유의 기재가 없으므로 상고는 이유 없다.

2. 검사의 상고에 대하여

가. 원심의 판단

원심은, 피고인들은 공모하여, 2002. 5. 23. 서울 강남구 소재 강남경찰서 민원실에서 사실은 피고인들이 각 공소외인에게 돈을 빌려 준 적이 없음에도 불구하고 공소외인으로 하여금 형사처분을 받게 할 목적으로 '고소인들이 2002. 4. 22. 공소외인에게 각 5,000만 원을 빌려주고 공소외인이 2002. 5. 19.까지 1주일 단위로 원리금을 균등상환하기로 하였는데 2002. 5. 22.까지 원리금을 전혀 변제하지 않아서 고소장을 제출하니 자세히 살펴보고 엄벌에 처해 달라.'는 취지의 허위사

실을 기재한 고소장을 피고인들 각자의 명의로 작성하여 강남경찰서장 앞으로 제출, 접수케 하여 공소외인을 무고하였다는 이 사건 공소사실에 대하여, 채용증거들을 종합하여, 피고인들은 공소외인과 그로부터 피해를 당한 사람들 사이의 합의를 주선하기 위하여 자신들도 피해자인 것처럼 행세하기 위한 방편으로 공소외인을 고소하기로 하고 이러한 취지를 공소외인에게도 미리 알린 후 공소외인으로부터 차용금 피해를 당한 것처럼 허위사실을 기재하여 공소외인을 고소한 사실, 피고인들의 공소외인에 대한 고소 사실은 피고인들이 각자 공소외인에게 2002. 4. 22. 금 5,000만 원을 변제기 2002. 5. 19., 이자 월 5부로 정하여 매주 원리금을 균등 상환받기로 하는 약정하에 대여하였는데 공소외인이 위 변제기를 경과한 2002. 5. 22.까지 원리금을 전혀 변제하지 않고 있으니 엄벌하여 달라는 것이고 고소장에 그와 같은 내용의 허위의 차용증을 작성하여 첨부한 사실, 피고인들은 바로 공소외인에게 합의서를 작성하여 교부해 주는 한편 수사기관의 고소인 출석요구에 응하지 않았고, 결국 피고인들의 고소사건은 고소장 각하로 종결된 사실을 각 인정할 수 있는바, 위 인정 사실에 나타난 피고인들의 고소 경위, 고소 내용, 고소 전후의 대응방법에 관한 사전 계획 등에 비추어 보면, 피고인들은 당초부터 고소인 진술을 회피할 의사를 가졌고, 고소 내용도 단순히 공소외인이 돈을 빌리고도 약정에 반하여 변제하지 않는다는 것에 불과하여, 그 정도 내용의 고소에 대하여 고소인이 전혀 출석을 하지 않으면 피고소인으로서는 형사상의 불이익한 처분을 받을 가능성이 전혀 없다고 나름대로 판단하였거나, 혹은 그러한 가능성을 전적으로 배제하지는 못한다고 하더라도 최소한 그러한 가능성을 감수, 용인하면서 고소한 것으로는 보기 어렵다는 이유로 피고인들에 대한 이 사건 공소사실에 대하여 무죄를 선고한 제1심의 조치를 유지하였다.

나. 대법원의 판단

그러나 원심의 위와 같은 판단은 아래와 같은 이유로 수긍하기 어렵다.

무고죄는 국가의 형사사법권 또는 징계권의 적정한 행사를 주된 보호법익으로 하고 다만, 개인의 부당하게 처벌 또는 징계받지 아니할 이익을 부수적으로 보호하는 죄이므로, 설사 무고에 있어서 피무고자의 승낙이 있었다고 하더라도 무고죄의 성립에는 영향을 미치지 못한다 할 것이다. 그리고 무고죄에 있어서 형사처분 또는 징계처분을 받게 할 목적은 허위신고를 함에 있어서 다른 사람이 그로 인하여 형사 또는 징계처분을 받게 될 것이라는 인식이 있으면 족한 것이고 그 결과발생을 희망하는 것까지를 요하는 것은 아니므로, 고소인이 고소장을 수사기관에 제출한 이상 그러한 인식은 있었다고 보아야 할 것이다(대법원 1991. 5. 10. 선고 90도2601 판결 참조).

그런데 원심이 확정한 사실관계에 의하면, 피고인들은 공소외인과 그로부터 피해를 당한 사람들과의 합의를 주선하기 위하여 자신들도 피해자인 것처럼 행세하기 위하여 공소외인의 승낙을 받고 공소외인으로부터 차용금 피해를 당한 것처럼 허위사실을 기재한 이 사건 고소장을 제출하였다는 것이므로, 공소외인에 대한 형사처분이라는 결과발생을 의욕한 것은 아니라 하더라도 적어도 그러한 결과발생에 대한 미필적인 인식은 있었던 것으로 보아야 할 것이다.

이와 달리, 그 판시와 같은 이유만으로 피고인들에게 무고의 목적이 없었다고 한 원심의 판단에는 무고죄의 목적에 관한 법리오해의 위법이 있고, 이는 판결결과에 영향을 미쳤다 할 것이다.

3. 결 론

그러므로 원심판결 중 피고인들에 대하여 각 무죄를 선고한 무고죄 부분은 파기되어야 할 것인바, 그 중 피고인 피고인 2에 대하여는 유죄 부분에 대한 상고가 이유 없음은 앞에서 판단한 바와 같으나, 원심이 유죄로 인정한 각 죄와 무죄로 인정한 죄는 형법 제37조 전단의 경합범관계에 있으므로 원심판결의 유죄 부분도 무죄 부분과 함께 파기하기로 하고, 이 부분 사건을 원심법원에 환송하기로 하여, 관여 대법관의 일치된 의견으로 주문과 같이 판결한다.

대법관 유지담(재판장) 배기원 이강국(주심) 김용담

쟁 점

- 미필적 고의의 인식정도
- 무고죄의 고의의 대상
- 피무고자의 승낙과 무고죄의 성립여부

연 구

1. 고의의 인식대상은 무엇이며, 고의의 체계적 지위는 어디에 있는가?

2. 고의의 종류는 어떻게 나눌 수 있으며, 미필적 고의가 다른 고의와 차이점은 무엇인가?

3. 허위사실의 고소장제출이 형사처분에 대한 결과발생의 미필적 인식의 충분조건이 될 수 있는가?

4. 본 사안에서 피고인의 미필적 고의와 무고의 목적에 차이가 있는가? 무고의 목적이 피고인의 형사책임에 미치는 영향은 무엇인가?

5. 피해자의 승낙이 있었다고 하더라도 무고죄가 성립하는가? 그 이유는 무엇인가?

참고자료

■ 관련 판례

1. 미필적 고의(대판 2004.5.14, 2004도74)

범죄구성요건의 주관적 요소로서 미필적 고의라 함은 범죄사실의 발생 가능성을 불확실한 것으로 표상하면서 이를 용인하고 있는 경우를 말하고, 미필적 고의가 있었다고 하려면 범죄사실의 발생 가능성에 대한 인식이 있음은 물론 나아가 범죄사실이 발생할 위험을 용인하는 내심의 의사가 있어야 하며, 그 행위자가 범죄사실이 발생할 가능성을 용인하고 있었는지의 여부는 행위자의 진술에 의존하지 아니하고 외부에 나타난 행위의 형태와 행위의 상황 등 구체적인 사정을 기초로 하여 일반인이라면 당해 범죄사실이 발생할 가능성을 어떻게 평가할 것인가를 고려하면서 행위자의 입장에서 그 심리상태를 추인하여야 하고, 이와 같은 경우에도 공소가 제기된 범죄사실의 주관적 요소인 미필적 고의의 존재에 대한 입증책임은 검사에게 있는 것이며, 한편, 유죄의 인정은 법관으로 하여금 합리적인 의심을 할 여지가 없을 정도로 공소사실이 진실한 것이라는 확신을 가지게 하는 증명력을 가진 증거에 의하여야 하므로, 그와 같은 증거가 없다면 설령 피고인에게 유죄의 의심이 간다고 하더라도 피고인의 이익으로 판단할 수밖에 없다.

대구지하철화재 사고 현장을 수습하기 위한 청소 작업이 한참 진행되고 있는 시간 중에 실종자 유족들로부터 이의제기가 있었음에도 대구지하철공사 사장이 즉각 청소 작업을 중단하도록 지시하지 아니하였고 수사기관과 협의하거나 확인하지 아니하였다고 하여 위 사장에게 그러한 청소 작업으로 인하여 증거인멸의 결과가 발생할 가능성을 용인하는 내심의 의사까지 있었다고 단정하기는 어렵다.

2. 살인의 고의(대판 1997.2.25, 96도3364)

총알이 장전되어 있는 엽총의 방아쇠를 잡고 있다가 총알이 발사되어 피해자가 사망한 사안에서, 범행의 도구로 사용된 엽총은 통상 사냥하기 직전에 총알을 장전하는 것인데도 사냥과는 전혀 관계없는 범행 당시 이미 총알이 장전되어 있었고, 실탄의 장전 유무는 탄창에 나타나는 표시에 의해서 쉽게 확인될 수 있어 총기에 실탄이 장전된 것인지 몰랐다고 하기 어려울 뿐 아니라, 안전장치를 하지 않은 상태에서 방아쇠를 잡고 있었던 점 등과 관계증거에 나타난 전후 사정에 비추어, 피해자를 겁주려고 협박하다가 피해자의 접촉행위로 생겨난 단순한 오발사고가 아니라 살인의 고의가 있는 범죄행위였다.

3. 낙태미수 후 살인고의(대판 2005.4.15, 2003도2780)

산부인과 의사인 피고인이 약물에 의한 유도분만의 방법으로 낙태시술을 하였으나 태아가 살아서 미숙아 상태로 출생하자 그 미숙아에게 염화칼륨을 주입하여 사망하게 한 사안에서, 염화칼륨 주입행위를 낙태를 완성하기 위한 행위에 불과한 것으로 볼 수 없고, 살아서 출생한 미숙아가 정상적으로 생존할 확률이 적다고 하더라도 그 상태에 대한 확인이나 최소한의 의료행위도 없이 적극적으로 염화칼륨을 주입하여 미숙아를 사망에 이르게 하였다면 피고인에게는 미숙아를 살해하려는 범의가 인정된다.

4. 재물의 타인성에 대한 구성요건적 착오(대판 1983.9.13, 83도1762)

절도죄에 있어서 재물의 타인성을 오신하여 그 재물이 자기에게 취득(빌린 것)할 것이 허용된 동일한 물건으로 오인하고 가져온 경우에는 범죄사실에 대한 인식이 있다고 할 수 없으므로 범의를 조각하여 절도죄가 성립하지 아니한다.

5. 무고죄의 고의(대판 2006.5.25, 2005도4642)

무고죄에 있어서의 범의는 반드시 확정적 고의임을 요하지 아니하고 미필적 고의로서도 족하다 할 것이므로 무고죄는 신고자가 진실하다는 확신 없는 사실을 신고함으로써 성립하고 그 신고사실이 허위라는 것을 확신함을 필요로 하지 않는다.

■ 참고문헌

김용욱, "미필적 고의와 과실의 구분에 관한 연구", 비교형사법연구, 한국비교형사법학회, 2001.

이존걸, "무고죄의 허위사실에 관한 연구", 형사법연구 제19권 제4호, 한국형사법학회, 2007.

학습과제

1. 형법각칙의 개별범죄에서 미필적 고의가 인정되지 않은 대표적 사례를 정리해 보시오.

2. 83도1762 판결을 구성요건적 착오로 이해하는 경우와 법률의 착오로 이해하는 경우의 결론의 차이와 각 견해의 타당성을 판단해 보시오.

솔루션

1. 고의란 행위자가 범죄실현을 인식하고 의욕하는 정신작용을 뜻한다. 이러한 고의는 인식(지적 요소)만으로 인정하게 되면 가벌성의 확대를 가져오게 되므로 행위자의 결단으로서의 의욕(의지적 요소)이라는 주관적 요소가 추가적으로 있어야 인정된다. 이 점에서 형법 제13조가 "죄의 성립요소인 사실을 인식하지 못한 행위는 벌하지 아니한다"라고 규정하고 있는 것은 불충분한 정의라고 할 것이다.

   고의의 지적 요소로서의 인식은 사실의 인식과 의미의 인식으로 구별된다. 전자는 모든 객관적 구성요건요소에 대한 감각적 인식을 뜻하며, 후자는 절도죄에서 재물의 타인성처럼 감각적 인식만으로는 사실의 본질적 의미를 알기에 부족한 경우로 법적·사회적으로 의미의 인식이 요구되는 개념이다. 이러한 의미의 인식은 정확한 법적 평가가 아니라 문외한으로서의 소박한 가치평가(법문외한의 입장에서 내리는 법에 대한 평가와 평행한 평가)의 수준을 뜻한다. 의미의 인식이 결여되면 구성요건적 착오로 고의가 조각되지만, 인식은 있지만 잘못된 경우는 포섭의 착오가 되어 형법 제16조의 문제가 된다.

   인식과 의욕을 요소로 하는 고의는 행위가 사회적으로 의미 있는 인간의 행태를 의미하는 합일태적 범죄론체계에 의해 이중적 지위를 가지게 되었다. 즉 행위자의 의사가 외부적으로 어떤 행위로 나아날 것인가를 지시해 주는 행위반가치적 요소로서의 구성요건적 고의와, 행위자의 행위로 인해 드러나는 법질서에 대한 적대적인 심정적 태도인 책임고의의 이중적 지위를 가진다. 고의범이 과실범보다 무겁게 처벌되는 것은 책임단계에서의 고려이므로 책임형태로서의 고의가 인정되어야 하는 것이다.

   구성요건은 위법행위의 정형으로서 객관적 표지들을 통해 나타나는데, 행위주체, 객체처럼 위법행위의 정형을 외부적으로 나타내 주는 표지가 객관적 구성요건이며, 행위자의 내부적·심리적 현상으로 구성요건을 이루는 주관적 요소는 주관적 구성요건요소가 된다. 구성요건적 고의는 구성요건의 객관적 요소들이 실현됨을 인식하고 의욕하는 것이므로 그 인식대상은 모든 객관적 구성요건요소가 된다. 즉 행위주체, 객체, 결과, 인과관계, 특수한 행위사정 등 객관적 구성요건요소의 총체가 구성요건적 고의의 인식대상이 되는 것이다. 그런데 여기에서 목적(행위자의 인식 및 의욕 외에 목적이라는 주관적 심리상태가 더 요구되는 범죄)과 같이 행위불법을 보다 강조하기 위해 사용되는 구성요건적 고의 이외의 추가적인 요소가 주관적 구성요건요소로 요구되는 경우 고의의 인식대상인지가 문제된다. 초과주관적 구성요건요소는 객관적 구성요건요소의 총체 외에 있는 요소이므로 고의의 지적요소로서 인식의 대상은 아니다.

그러나 초과주관적 구성요건요소의 실현에 대한 인식과 의욕도 구성요건실현을 위해서는 구성요건적 고의와 다른 차원에서 요구된다(그 정도에 대해서는 미필적으로 족한지, 확정적으로 요구되는지 견해가 대립됨).

2. 이러한 고의는 확정적 고의와 불확정적 고의로 나눌 수 있다. 확정적 고의는 구성요건적 결과의 발생을 행위자가 인식 또는 확실히 예견한 경우이며, 불확정적 고의는 구성요건적 결과 발생에 대한 인식 또는 예견이 불명확한 경우로, 미필적 고의, 택일적 고의, 개괄적 고의로 분류된다(그러나 택일적 고의와 개괄적 고의는 의욕적 측면의 분류라는 점에서 불확정적 고의에 포함시키는 것은 문제가 있다).

미필적 고의는 구성요건이 반드시 실현되는 것은 아닐 것이라는 생각을 가지고 범행에 나아가는 경우를 말한다. 즉 결과발생의 가능성은 인식하였으나 결과발생을 확실히 의욕하지는 않고 묵인하며 불명확한 상태를 감수한 경우이다. 이러한 미필적 고의는 의욕적 요소의 차이에서 인식있는 과실과의 구별이 문제되며, 이를 위해 가능성설, 개연성설, 용인설, 감수설 등이 주장되고 있다[용인설과 감수설은 동일하다는 견해도 있으나, 구성요건실현에 대한 진지한 고려와 어쩔 수 없다는 소극적인 태도로 족하다는 점에서 감수설은 용인설과 차이가 있다. 사전적으로도 용인(billigung)은 용납하여 인정함을 뜻하며 감수(abfinden)은 외부의 영향을 수동적으로 받아들인다는 문언적 차이가 있다].

3. 무고죄는 국가의 적정한 사법기능의 행사가 주된 보호법익이며, 피무고자의 법적 안전이 부차적 보호법익이다. 이러한 무고죄는 주관적 구성요건 요소로 공무소 또는 공무원에 내해 허위의 사실을 신고한다는 인식과 용인이 필요하며, 나아가 초과주관적 구성요건요소로 타인으로 하여금 형사처분 또는 징계처분을 받게 할 목적이 있어야 한다. 신고사실의 허위에 대한 인식과 관련하여 미필적 고의로 족하다는 견해와 확정적 고의여야 한다는 견해가 대립되는데 고소·고발인은 고소·고발이 범죄의 혐의를 기초로 하는 것이며 실체적 진실은 수사와 재판을 통해 밝혀지는 것이므로 고소인·고발인은 신고 내용의 허위성에 대해 미필적으로 인식하는 것이 일반적이므로 무고죄의 성립에 신중을 기하기 위해서는 확정적 고의가 필요하다고 하겠다.

그리고 목적의 인식정도에 대해서는 앞서 살펴보았듯이 미필적으로 족하다는 견해와 결과발생을 의욕하여 확정적으로 요구된다는 견해가 대립되며, 대법원은 前者의 입장을 취하고 있다. 목적범에서의 목적은 고의와는 달리 의적 요소로만 이해되어야 하므로 단순한 미필적 감수의사로는 족하다고 할 수 없다.

4. 무고죄에 있어서 형사처분 또는 징계처분을 받게 할 목적에 대해, 대상판결에서 대법원은 "허위신고를 함에 있어서 다른 사람이 그로 인하여 형사 또는 징계처분을 받게 될 것이라는 인식이 있으면 족한 것이고 그 결과발생을 희망하는 것까지를 요하는 것은 아니므로, 고소인이 고소장을 수사기관에 제출한 이상 그러한 인식은 있었다고 보아야 할 것이다"라고 하면서 허위고소장을 제출한 이상 공소외인에 대한 형사처분이라는 결과발생을 의욕한 것은 아니라 하더라도 결과발생에 대한 미필적인 인식은 있었던 것으로 판단하였다. 고의와 목적은 의욕의 정도에 있어 당연히 구별되는 바, 이러한 대법원의 태도는 허위 고소장의 제출을 고의를 넘어 목적까지 판단하는 요소로 활용함으로써 형사 또는 징계처분의 목적을 요구하여 무고죄의 남용을 막으려는 취지를 퇴색시키는 것이다. 더욱이 대법원은 무고죄의 고의에 대해서 미필적 인식으로 족하다고 하며, 목적에 대해서도 확정적 의욕을 요하지 않음으로써 무고죄의 가능성을 폭넓게 인정하고 있으므로 위와 같이 이해하는 것은 적절하다고 볼 수 없다.

5. 무고죄는 개인의 법적 안전이 부차적인 보호법익이다. 따라서 피무고자의 승낙이 있다고 하더라도 처분할 수 없는 법익인 국가의 사법기능의 행사에 저해를 가져온 것이므로 위법성 조각사유가 될 수 없다. 피해자의 의사와 무관하게 구성요건적 행위의 불법성 자체가 중대하여 사회생활상의 법익보호를 위해 간과될 수 없기 때문이다.

도입판례 2

■ **대법원** 1984. 1. 24. **선고** 83도2813 **판결**【살인】

【판시사항】

타격의 착오와 살인의 고의

【판결요지】

소위 타격의 착오가 있는 경우라 할지라도 행위자의 살인의 범의성립에 방해가 되지 아니한다.

【참조조문】

형법 제13조, 제15조, 제250조

【전　문】

【피 고 인】 피고인

【상 고 인】 피고인

【변 호 인】 변호사 김대환

【원심판결】 서울고등법원 1983.10.7. 선고 83노2213 판결

【주　문】

상고를 기각한다.

상고후의 구금일수중 50일을 그 본형에 산입한다.

【이　유】

피고인과 그 변호인의 상고이유를 함께 판단한다.

원심판결이 유지한 제1심판결 거시의 증거를 기록과 대조하여 살펴보면 피고인에 대한 제1심 판시 살인범죄사실을 넉넉히 인정할 수 있으니 소론 피해자1인 피고인의 형수의 등에 업혀 있던 피고인의 조카 피해자 2(남1세)에 대하여는

살인의 고의가 없었으니 과실치사죄가 성립할지언정 살인죄가 성립될 수 없다는 주장을 살피건대, 피고인이 먼저 피해자 1을 향하여 살의를 갖고 소나무 몽둥이(증 제1호, 길이 85센티미터 직경 9센티미터)를 양손에 집어들고 힘껏 후려친 가격으로 피를 흘리며 마당에 고꾸라진 동녀와 동녀의 등에 업힌 피해자 2의 머리부분을 위 몽둥이로 내리쳐 피해자 2를 현장에서 두개골절 및 뇌좌상으로 사망케 한 소위를 살인죄로 의율한 원심조처는 정당하게 긍인되며 소위 타격의 착오가 있는 경우라 할지라도 행위자의 살인의 범의성립에 방해가 되지 아니하니 어느모로보나 원심판결에 채증법칙 위배로 인한 사실오인의 위법이나 살인죄에 관한 법리오해의 위법이 없어 논지는 이유없다.

다음 원심판결에는 피고인에 대하여 징역 15년을 선고한 제1심판결 선고형을 유지한 양형과중의 부당함이 있다는 소론을 살피건대, 이 사건 범행의 동기, 수단, 결과, 피해정도, 피고인의 연령(소년 : 공판기록 68정에 의하면 실제나이는 1963. 음력 10.23임), 성행, 환경, 범행후의 정황등에다 소론 정상을 아울러 참작하더라도 원심의 피고인에 대하여 선고한 형의 양정은 적당하고 달리 동 양정이 심히 부당하다고 인정할 현저한 사유도 없으므로 논지는 모두 이유없다.

따라서 상고를 기각하고, 상고후의 구금일수 산입에 관하여는 형법 제57조, 소송촉진등에관한 특례법 제24조를 적용하기로 하여 관여법관의 일치된 의견으로 주문과 같이 판결한다.

대법관 신정철(재판장) 김중서 강우영 이정우

쟁 점

- 방법의 착오
- 살인죄의 객체 불일치와 고의의 전용
- 미필적 고의

연 구

1. 사안에서 행위자의 인식과 결과발생이 일치하는가?

2. 고의의 전용(轉用)이란 무엇인가? 위 사례에서 고의의 전용이 일어날 수 있는가?

3. 사안에서 착오의 부합에 대한 견해에 따를 때 행위자의 형사책임은 무엇인가?

4. 위 사례를 대법원처럼 착오의 문제로 해결하지 않고, 고의론상 다른 관점에서 해결할 수는 없는가?

참고자료

■ 관련 판례

1. 개괄적 고의(대판 1988.6.28, 88도650)

피해자가 피고인들의 살해의 의도로 행한 구타행위에 의하여 직접 사망한 것이 아니라 죄적을 인멸할 목적으로 행한 매장행위에 의하여 사망하게 되었다 하더라도 전 과정을 개괄적으로 보면 피해자의 살해라는 처음에 예견된 사실이 결국은 실현된 것으로서 피고인들은 살인죄의 죄책을 면할 수 없다.

2. 개괄적 과실(대판 1994.11.4, 94도2361)

피고인이 피해자에게 우측 흉골골절 및 늑골골절상과 이로 인한 우측 심장벽좌상과 심낭내출혈 등의 상해를 가함으로써, 피해자가 바닥에 쓰러진 채 정신을 잃고 빈사상태에 빠지자, 피해자가 사망한 것으로 오인하고, 피고인의 행위를 은폐하고 피해자가 자살한 것처럼 가장하기 위하여 피해자를 베란다로 옮긴 후 베란다 밑 약 13m 아래의 바닥으로 떨어뜨려 피해자로 하여금 현장에서 좌측 측두부 분쇄함몰골절에 의한 뇌손상 및 뇌출혈 등으로 사망에 이르게 하였다면, 피고인의 행위는 포괄하여 단일의 상해치사죄에 해당한다.

■ 참고문헌

한상훈, “구성요건적 고의의 구체성과 법정적 부합설의 ‘고의 전용’이론 비판”, 법조 56권 1호, 법조협회, 2007.1.

김성룡, “결과의 조기발생사례의 실체법적 함의”, 형사법연구 제24호, 2005.

이훈동, "소위 개괄적 고의의 형법적 취급", 지송 이재상교수 화갑기념논문집(Ⅰ), 박영사, 2003.
이용식, "소위 '개괄적 고의'의 형법적 취급", 형사판례연구(2), 한국형사판례연구회, 1994.
장영민, "개괄적 과실(culpa generalis)? - 결과적 가중범에서의 결과귀속의 문제-", 형사판례연구(6), 한국형사판례연구회, 1998.

학습과제

1. 판례에 나타난 객체의 착오 사례와 방법의 착오 사례를 찾아보시오.

2. 착오를 규정하고 있는 형법 제15조 1항이 모든 착오 사례를 해결하기에 충분한 것인지 생각해 보시오.

3. 개괄적 고의와 개괄적 과실의 개념을 정리해 보고, 해당되는 판례들을 찾아보시오.

솔루션

1. 착오란 외적으로 존재하는 상황과 내적으로 인식한 표상이 일치하지 않는 것을 의미한다. 구성요건적 착오란 객관적으로는 구성요건요소가 존재하지만 주관적으로는 그에 대한 인식이 없는 경우로 구성요건단계의 착오를 뜻한다. 구성요건적 고의는 객관적 구성요건요소의 총체에 대한 인식을 필요로 하므로 일부분을 인식하지 못하면 구성요건적 고의는 인정되지 않는다. 그러나 실제 범죄에서 객관적으로 일어난 상황을 모두 인식하는 것은 오히려 예외적이므로 이렇게 이해할 경우 처벌의 공백이 발생하게 된다. 따라서 구성요건적 착오는 외부의 객관적 상황과 행위자의 주관적 인식의 불일치가 일어난 경우, 형벌법규의 실효성과 책임주의의 사이에서 어느 정도의 불일치는 무시하고 어느 정도의 불일치부터 고의범으로서의 법적 의미를 부여할 것인가를 해결하는 것이 그 임무이다.

2. 이러한 맥락에서 행위자의 인식과 실제 발생한 사실사이에 불일치가 일어난 경우, 애초에 인식하였던 고의와의 어느 정도의 불일치를 무시하고 발생한 사실에 대하여 고의기수범을 인정할 것인가가 '고의의 전용' 개념이다. 그러나 특정범죄에 대한 고의라는 기초를 무시하였다는 점에서 '전용'이라는 개념 사용에는 신중할 필요성이 있다.

3. 대상판결의 사안에서 피고인의 인식은 2가지로 상정해 볼 수 있다. 첫째 밤중이라 마당에 쓰러진 사람의 머리를 보고 형수의 머리라고 생각하여 가격한 경우, 둘째 형수를 살해하려고 몽둥이를 휘들렀으나 타격점을 제대로 잡지 못하고 서투르게 휘둘러 전혀 생각하지 않았던 조카를 타격한 경우이다. 전자의 경우는 객체의 착오가 될 수 있으며, 후자의 경우에는 타격의 착오가 될 수 있어 각각 구체적 부합설과 법정적 부합설, 추상적 부합설에 따라 해결되게 된다. 즉 전자의 경우 구체적 사실의 착오 중 객체의 착오로 세 학설 모두 발생한 사실에 대한 고의를 인정하므로 조카에 대한 살인죄가 성립한다. 반면 후자의 경우 구체적 사실의 착오 중 방법의 착오로, 구체적 부합설에 따르면 인식한 사실의 미수(형수에 대한 살인미수)와 발생한 사실에 대한 과실(조카에 대한 과실치사)의 상상적 경합이, 법정적 부합설과 추상적 부합설에 따르면 발생한 사실에 대한 고의가 인정되어 조카에 대한 살인죄가 성립한다.

   대법원은 이 중 '타격의 착오가 있는 경우라 할지라도 행위자의 살인의 범의 성립에 방해가 되지 않는다'고 판시하여 조카에 대한 살인죄를 인정하고 있는데, 이는 법정적 부합설의 입장이라고 할 것이다. 다만 대상판결에서 죄질부합설과 구성요건부합설 중 어느 입장인지는 나타나지 않는다.

4. 구성요건적 착오는 행위자의 주관적 인식과 실제 존재하는 객관과의 불일치를 전제로 하고 있다. 그러나 본 사안의 피고인의 경우 캄캄한 밤 중에 소나무 몽둥이로 이미 형수를 내리쳐 등에 업혀 있던 조카까지 함께 쓰러진 경우 이들에 대해 다시 가격할 경우 둘 중 누군가는 죽을 수 있다는 불확정적 고의(택일적 고의 내지 미필적 고의)를 인정할 수 있으며 이 때에는 착오론을 통한 해결이 필요 없으며, 오히려 위와 같은 고의 문제로 접근하는 것이 논리적이라고 볼 수 있다.

심화문제

2.5톤 트럭운전기사인 甲은 자신의 집 주변에 주차공간이 부족하여 항상 동네 놀이터 주변에 주차를 하였다. 집에서 쉬던 甲은 당일 갑작스럽게 저녁에 화물배달 연락을 받고 트럭을 몰고 화물이 있는 곳으로 가야했다.

평상시 놀이터 주변에는 아이들이 차량 밑이나 바퀴주변에서 숨바꼭질 놀이를 자주 하고 있었다. 시동을 걸고 출발하려는 순간, 무언가 바퀴에 걸리는 듯한 느낌을 받았으나, 화물배달시간이 부족할 것 같아 그냥 출발해 버렸다. 그런데 뒤에서 몇몇 아이들이 손을 흔들며, 소리를 지르는 것을 룸미러로 보고 직감적으로 아이가 차체에 걸렸다고 생각을 했으나 '에이 모르겠다, 괜찮겠지'라는 생각으로 70m가량을 진행하다가 멈춰섰다. 그 결과 9세의 A가 차에 끌려가다 사망하였다.

1. 甲의 형사책임은?

2. 만일 A가 자신의 4세 동생인 B를 등에 업은 채 차 밑에 있었는데, 차에 끌려가다 A와 B 모두 사망한 경우, B의 존재를 몰랐던 甲의 형사책임은?

3. 설문 2와 달리 A와 B의 존재를 모두 인식하였으나, A는 차에 끌려가다 바로 떨어져 나와 6주간의 치료를 요하는 상해만 입었으나 B가 사망한 경우, 甲의 형사책임은?

5. 과 실

도입판례 1

■ **대법원** 2007. 9. 20. **선고** 2006도294 **판결**【의료법위반·업무상과실치사】[미간행]

【판시사항】

[1] 의료사고에 대한 의료종사자의 과실을 인정하기 위한 요건과 판단 기준

[2] 야간 당직간호사가 담당 환자의 심근경색 증상을 당직의사에게 제대로 보고하지 않음으로써 당직의사가 필요한 조치를 취하지 못한 채 환자가 사망한 경우, 병원의 야간당직 운영체계상 당직간호사에게 환자의 사망을 예견하거나 회피하지 못한 업무상 과실이 있고, 당직의사에게는 업무상 과실을 인정하기 어렵다고 한 사례

【참조조문】

[1] 형법 제268조 / [2] 형법 제268조

【참조판례】

[1] 대법원 1999. 12. 10. 선고 99도3711 판결(공2000상, 260), 대법원 2003. 1. 10. 선고 2001도3292 판결(공2003상, 656), 대법원 2005. 6. 10. 선고 2005도314 판결

【전 문】

【피 고 인】 피고인 1외 2인

【상 고 인】 피고인 2외 1 및 검사

【변 호 인】 법무법인 청해 담당변호사 서영화외 4인

【원심판결】 부산지법 2005. 12. 21. 선고 2004노3757 판결

【주 문】

각 상고를 모두 기각한다.

【이 유】

1. 피고인 2, 3의 상고이유에 대한 판단(의료법위반의 점)

원심과 제1심이 채용한 증거들을 기록과 대조하여 보면, 원심이 그 판시와 같은 사정들에 터잡아, 피고인 3이 대표로 있는 이 사건 병원의 간호사인 피고인 2가 야간 당직의사인 피고인 1의 지시를 받지 아니한 채 공소외 1환자에게 판시 소페낙(소염진통제), 디아제팜(신경안정제)을 각 주사, 투여하고, 요도용 도관을 끼워 넣는 등의 의료행위를 한 사실을 넉넉히 추인할 수 있다고 판단하여, 피고인 2, 3에 대한 의료법위반의 공소사실을 유죄로 인정한 제1심의 결론을 유지한 조치는 정당하고, 상고이유에서 주장하는 바와 같은 채증법칙 위배로 인한 사실오인 등의 위법이 없다.

2. 피고인 2및 검사의 각 상고이유에 대한 판단(업무상과실치사의 점)

의료사고에 있어서 의료종사자의 과실을 인정하기 위해서는 의료종사자가 결과발생을 예견할 수 있었음에도 그 결과발생을 예견하지 못하였고 그 결과발생을 회피할 수 있었음에도 그 결과발생을 회피하지 못한 과실이 검토되어야 하고, 그 과실의 유무를 판단함에는 같은 업무와 직무에 종사하는 일반적 보통인의 주의 정도를 표준으로 하여야 하며, 이에는 사고 당시의 일반적인 의학의 수준과 의료환경 및 조건, 의료행위의 특수성 등이 고려되어야 한다(대법원 2003. 11. 14. 선고 2001도3904 판결, 대법원 2005. 6. 10. 선고 2005도314 판결 등 참조).

원심판결 이유에 의하면, 원심은, 이 사건 병원의 야간 당직의사로서 근무하던 피고인 1과 야간 당직간호사로 근무하던 피고인 2가 공모공동하여, 2002. 1. 5. 01:00경 이 사건 병원 중환자실에서, 함께 야간당직 근무를 하면서 급성장염 및 심근경색 등의 증상으로 입원 중인 피해자 공소외 1(남, 68세)의 상태를 관찰하고 각 증상에 따른 처치를 함에 있어, 당시 피해자는 지속적으로 심장박동이 약해지고, 심한 두통, 호흡곤란 및 전신마비 등의 위급한 증상을 나타내고 있었으므로,

이러한 경우 피고인 2로서는 즉시 피고인 1에게 그 사실을 알리고, 각 그 증상에 따른 필요한 처치를 하게 하여야 할 업무상 주의의무가 있고, 피고인 1은 사전에 피해자에 대한 경과기록지를 충분히 검토, 확인한 다음 수시로 피고인 2를 통하거나 직접 피해자의 증상을 확인하여 필요한 처치를 하여야 할 업무상 주의의무가 있음에도, 피고인 2는 피고인 1의 지시 없이 임의로 진통제인 소페낙과 신경안정제인 디아제팜을 피해자에게 투여하였을 뿐 같은 날 04:10경까지 피고인 1에게 피해자의 증상을 알리지 않았고, 피고인 1이 피해자의 상태를 확인한 후인 같은 날 04:20경부터 07:00경까지 피해자의 몸에 반점이 생기고 검은색 변을 보며 심장박동수가 지속적으로 떨어지는 사실을 피고인 1에게 알리지 않음으로써 동인으로 하여금 필요한 처치를 하지 못하게 한 과실로, 피고인 1은 위와 같이 피해자의 상태가 위독하였음에도 즉시 담당 주치의인 이 사건 병원의 내과과장 공소외 2에게 연락을 취하여 동인으로 하여금 필요한 처치를 하게 하거나, 수시로 피해자의 증상을 살핀 후 위 병원에서는 심근경색 환자에 대한 적정한 응급의료를 행할 수 없는 점을 고려하여 지체 없이 응급의료가 가능한 다른 의료기관으로 피해자를 이송하는 등의 조치를 취하지 아니한 과실로, 같은 날 07:10경 피해자로 하여금 심근경색에 의한 급성부정맥으로 사망에 이르게 하였다는 이 사건 공소사실에 대하여, 이 사건 병원의 야간당직 운영체계상 당직의사인 피고인 1은 응급실에서 응급환자를 위주로 진료를 하는 한편, 당직간호사인 피고인 2는 중환자실 또는 일반병실에 입원한 환자들의 상태, 활력징후(혈압, 맥박, 호흡, 체온 등)를 세심하게 관찰하고 이상이 있을 경우 피고인 1에게 보고하여 피고인 1이 중환자실 또는 일반병실의 환자도 진료하기로 되어 있던 사실 및 피해자의 입원 이후의 경과에 대하여 판시 각 사실을 인정한 후 관련 의학이론 등을 종합하여, 피고인 2는 피해자가 심근경색을 의심할 수 있는 증상을 계속 보이고 있었고 피해자 가족으로부터도 의사를 불러달라는 요청을 수차 받았는데도 위 공소사실 기재와 같이 피고인 1에게 제대로 알리지 않음으로써 즉시 필요한 조치를 취하지 못하게 한 업무상 과실이 인정되고, 자신이 적절한 조치를 취하지 아니할 경우 위와 같은 결과가 발생할 수 있으리라는 점도 예견할 수 있었으며, 적절한 시기에 피고인 1에게 피해자의 상태를 보고하였다면 위 결과발생을 방지할 수 있었다고 보이므로, 피고인 2의 위와 같은 업무상 주의의무 위반행위와 피해자의 사망

사이에 인과관계가 인정된다고 판단한 반면, 피고인 1에 대하여는 위와 같은 사정들에 비추어 피고인 1이 취한 일련의 조치들 및 행동이 통상의 능력을 갖춘 의사로서 심근경색 또는 패혈증의 결과발생을 예견하고 이를 회피할 수 있었음에도 그러한 주의의무를 게을리하였다고 단정하기 어렵다고 판단한 다음, 위 공소사실에 대하여 피고인 2에 대하여는 유죄, 피고인 1에 대하여는 무죄를 각 선고한 제1심의 결론을 그대로 유지하였다.

기록에 비추어 살펴보면, 원심의 사실인정에 상고이유의 주장과 같은 채증법칙 위반으로 인한 사실오인 등의 위법이 없고, 그 인정사실을 기초로 한 원심의 위 판단 역시 앞서 본 법리에 부합하는 것으로서 정당하며, 그 판단에 상고이유에서 주장하는 바와 같은 의료사고에 있어서의 업무상 주의의무, 결과의 예견가능성 및 회피가능성, 인과관계에 관한 법리를 오해한 위법이 없다. 피고인 2와 검사의 각 이 부분 상고이유는 모두 받아들일 수 없다.

3. 결 론

그러므로 각 상고를 모두 기각하기로 관여 대법관의 의견이 일치되어 주문과 같이 판결한다.

대법관 이홍훈(재판장) 김영란(주심) 김황식 안대희

쟁 점

- 주의의무
- 의료종사자의 과실인정과 기준
- 수직적 분업관계에서의 과실 판단

연 구

1. 과실범이 고의범과 다른 점은 무엇인가? 과실 인정에 있어 주의의무란 무엇인가?

2. 과실범에 있어 과실의 체계적 지위는 어떻게 이해하여야 하는가?

3. 주의의무 인정의 판단 기준을 어떻게 이해하여야 하는가? 형법 14조의 '정상의 주의태만'은 어떻게 해석되는가?

4. 이른바 '의료사고'에 대하여 대법원이 제시하고 있는 과실 판단기준이 타당한가?

5. 의사와 간호사라는 수직적 관계에서 주의의무의 분담은 어떻게 하여야 하며, 의사 대 의사와 같은 수평적 관계와 달리 형사책임의 차이를 인정하여야 하는가?

참고자료

■ 관련 판례

1. 간호사의 진료보조행위와 의사의 주의의무 (대판 2003.8.19, 2001도3667)

간호사가 '진료의 보조'를 함에 있어서는 모든 행위 하나하나마다 항상 의사가 현장에 입회하여 일일이 지도·감독하여야 한다고 할 수는 없고, 경우에 따라서는 의사가 진료의 보조행위 현장에 입회할 필요 없이 일반적인 지도·감독을 하는 것으로 족한 경우도 있을 수 있다 할 것인데, 여기에 해당하는 보조행위인지 여부는 보조행위의 유형에 따라 일률적으로 결정할 수는 없고 구체적인 경우에 있어서 그 행위의 객관적인 특성상 위험이 따르거나 부작용 혹은 후유증이 있을 수 있는지, 당시의 환자 상태가 어떠한지, 간호사의 자질과 숙련도는 어느 정도인지 등의 여러 사정을 참작하여 개별적으로 결정하여야 할 것이다. … 피고인으로 하여금 그 스스로 직접 주사를 하거나 또는 직접 주사하지 않더라도 현장에 입회하여 간호사의 주사행위를 직접 감독할 업무상 주의의무가 있다고 보기 어렵다.

2. 중과실 (대판 1992.3.10, 91도3172)

피고인들은 원심 상피고인과 피해자가 이 사건 "러시안 룰렛" 게임을 함에 있어 원심 상피고인과 어떠한 의사의 연락이 있었다거나 어떠한 원인 행위를 공동으로 한 바가 없고, 다만 위 게임을 제지하지 못하였을 뿐인데 보통사람의 상식으로서는 함께 수차에 걸쳐서 흥겹게 술을 마시고 놀았던 일행이 갑자기 자살행위와 다름없는 소위 "러시안 룰렛" 게임을 하리라고는 쉽게 예상할 수 없는 것이고(신뢰의 원칙), 게다가 이 사건 사고는 피고인들이 "장난치지 말라"며 말로 원심 상피고인을 만류하던 중에 순식간에 일어난 사고여서 음주 만취하여 주의능력이 상당히 저하된 상태에 있던 피고인들로서는 미처 물리력으로 이를 제지할 여유도 없었던 것이므로, 경찰관이라는 신분상의 조건을 고려하더라도 위와 같은 상황에서 피고인들이 이 사건 “러시안 룰렛” 게임을 즉시 물리력으로 제지하지 못하였다 한들 그것만으로는 원심상피고인의 과실과 더불어 중과실치사죄의 형사책임을 지울만한 위법한 주의의무 위반이 있었다고 평가할 수 없다.

■ 참고문헌

김성돈, “과실개념에서 주의의무위반성과 예견가능성”, 형사정책연구 제6권 제4호, 한국형사정책연구원, 1995.

전지연, “분업적 의료행위에서 형사상 과실책임”, 형사판례연구(12), 한국형사판례연구회, 박영사, 2004.

정영일, “분업적 의료행위에 있어서 형법상 과실책임”, 형사판례연구(6), 한국형사판례연구회, 박영사, 1999.

학습과제

1. 의사의 과실을 인정한 판례들을 찾아 정리해 보시오.

2. 허용된 위험의 개념과 필요성을 생각해 보고, 허용된 위험의 재분배가 이뤄진 사례를 찾아보시오.

3. 신뢰의 원칙을 인정한 판례들을 정리해 보시오.

솔루션

1. 과실범은 주의의무를 위반함으로써 성립하며, 이러한 주의의무위반에는 사회의 평균인이 결과발생을 예견할 수 있었는가라는 객관적 주의의무위반과 행위자의 주의능력을 기준으로 결과발생의 인식 내지 인식가능성이 있었는가라는 주관적 주의의무위반이 포함된다. 객관적 주의의무는 내적 주의로서 예견의무(사전심사의무)와 외적 주의로서 회피의무가 인정되며, 이를 제한하는 장치로 허용된 위험과 신뢰의 원칙이 논의된다. 행위자의 개인적 능력을 기준으로 그에 대한 교육, 환경 등의 요인을 고려하는 주관적 주의의무는 책임요소가 된다[이 점에서 인수과실(책임)은 과실범의 불법단계를 넘어 책임단계에서 주관적 주의의무 위반을 이유로 비난을 가능하게 하는 기능을 한다].

2. 과실도 고의범의 고의에 대한 체계론상의 논의와 마찬가지로 그 체계적 지위에 대해 견해가 대립된다. 구성요건요소설은 주관적 주의의무위반 또는 구성요건 실현에 대한 행위자의 인식가능성만이 과실개념의 요소이며 그 체계적 지위는 구성요건요소라고 하는 반면, 이중적 지위설은 객관적 주의의무위반은 평균적 주의정도에 따라 판단하는 구성요건요소로, 주관적 주의의무위반은 행위 당시 행위자의 능력을 기준으로 하는 책임요소로 이해하며, 다만 행위자의 특수지식은 예외적으로 구성요건단계에서 고려되어야 한다고 주장한다.

양 학설의 차이는 먼저 행위자가 일반인보다 우수한 특별한 능력의 소유자인 경우로 평균인은 결과발생의 예견 또는 회피가 불가능한 경우, 구성요건요소설에 따르면 특별한 능력을 투입하지 않은 행위자는 주의의무위반으로 구성요건해당성이 인정되나, 이중적 지위설은 평균적 주의정도에 따른 객관적 주의의무위반을 인정할 수 없다는 점에 있다. 다음으로 행위자가 평균인보다 능력이 떨어지는 경우로, 구성요건요소설은 구성요건해당성을 인정하기 어려우나, 이중적 지위설은 객관적 주의의무위반은 인정되나, 주관적 주의의무위반을 인정하기 어려워 책임이 탈락된다(능력미달자에 대한 보안처분이 가능함).

여기서 주관설을 취하면서 객관적 주의의무위반은 단지 객관적 귀속의 일척도로서 과실범의 객관적 구성요건요소가 되고, 주관적 주의의무위반만이 과실의 본질요소로서 과실범의 주관적 구성요건요소가 된다는 주관적 과실의 구성요건요소설이 주장되고 있다. 이 견해에 따르면 객관적 주의의무위반을 고의범과 과실범에 공통된 일반인 객관적 귀속의 척도로 보게 되므로 구성요건단계에서 고의범과 과실범의 논리적 구조가 동일해진다. 그러나 주관적 주의의무위반에서 '주관적'은 일반인과 행위자 중 행위자의 의미이며, 주관적 구성요건요소에서 '주관적'은 외부적과 내부적 구성요건요소 중 내부적 요소(고의, 과실)의 의미이므로, 주관적 주의의무 위반만이 주관적 구성요건요소가 될 필요는 없다고 하겠다.

3. 형법 제14조는 '정상의 주의를 태만히 하여 죄의 성립요소인 사실을 인식하지 못한 행위'로 규정하고 있는데, 정상의 주의는 객관적 주의의무를, 죄의 성립요소인 사실을 인식하지 못한 행위는 객관적 구성요건적 사실을 인식하지 못하거나 객관적 구성요건사실은 인식하였으나 그 불실현을 경솔하게 신뢰한 경우로 해석될 수 있다. 여기서 정상의 주의는 행위자의 주의능력을 기준으로 하는 주관설, 일반인의 주의능력을 기준으로 하는 객관설, 주의의무는 원칙적으로 평균인을 기준으로 하나, 행위자의 주의능력이 평균인을 능가할 경우 행위자 개인의 주의능력을 표준으로 하자는 견해가 있으나, 규범의 예방기능과 효력을 고려할 때 객관적으로 객관적 주의의무 위반을 판단하여야 한다.

4. 대상 판결은 이른바 '의료과오(사고)'의 판단기준에 대해, '그 과실의 유무를 판단함에는 같은 업무와 직무에 종사하는 일반적 보통인의 주의 정도를 표준으로 하여야 하며, 이에는 사고 당시의 일반적인 의학의 수준과 의료환경 및 조건, 의료행위의 특수성 등이 고려되어야 한다'라고 판시하고 있다. 이는 주의의무의 판단에 대해 객관적 판단기준을 따른 것으로 이해할 수 있다. 그러나 이렇게 될 경우, 행위자(전문가 집단)의 주의의무위반 행위가 처벌되지 않을 수도 있다(예컨대 다른 의사들은 시행하지 못하는 독보적 심장수술방법을 가진 의사가 치료에 최선을 다하지 못하여 환자가 사망한 경우). 그러나 이는 행위자의 일반인보다 뛰어난 지식과 경험을 객관적 주의의무 위반 판단에 고려함으로써 그러한 비정상적인 결과의 도출을 막을 수 있을 것이다.

대상판결에서 의사인 피고인 1의 경우, 응급실에서 응급환자를 위주로 진료를 하는 한편, 당직간호사인 피고인 2는 중환자실 또는 일반병실에 입원한 환자들의 상태를 세심하게 관찰하고 이상이 있을 경우 피고인 1에게 보고하여 진료가 이루어지도록 업무가 분장되어 있었으며, 피고인 2는 피해자가 심근경색을 의심할 수 있는 증상을 계속 보이고 있었고 피해자 가족으로부터도 의사를 불러달라는 요청을 수차 받았음에도 피고인 1에게 보고를 하지 않았으며, 피고인의 환자상태 확인 이후 활력징후의 급변이 있었음에도 이를 보고하지 않았다. 이러한 점에 비추어 볼 때, 유사한 동급병원 등 동종 업무와 직무에 종사하는 당직의의 주의정도 기준에서 피고인 1에게 주의의무위반을 인정하기는 어려울 것이다.

5. 신뢰의 원칙은 과실범에서 결과예견의무와 회피의무를 제한하는 역할을 하는

데, 차량교통에서 분업적 공동작업의 영역으로 확대되고 있다. 의료영역 역시 신뢰의 원칙을 통한 주의의무 내지 위험부담의 재분배가 이뤄지고 있다. 구체적으로는 공동작업자 사이의 관계가 기준이 되고 있는데, 이는 신뢰관계의 형성에 기인한다. 그리고 그 전제는 각자의 분담업무가 명확히 분장되어 있고, 공동작업의 효율성을 위해 신뢰를 보장해야 할 필요가 있어야 한다. ① 먼저 의사 상호간의 경우, 통상 상호간에 지휘·감독관계를 인정하기 어려운 수평적 분업관계이므로 신뢰의 원칙이 적용된다(예컨대 동일 종합병원 내 마취과의사와 흉부외과의사의 관계). 다만 지휘·감독관계가 성립하는 경우에는(예컨대 교수와 인턴의 관계) 상위 종사자에게는 신뢰의 원칙을 적용할 수 없고 하위 종사자에게는 신뢰의 원칙을 인정할 수 있다. ② 다음으로 다른 병원 의사사이에는 환자의 상태, 질병의 위중, 의료기관의 수준 등을 고려할 때 상급 병원의 의사와 轉院 전 하급 병원의사에게는 수직적 분업관계와 유사한 신뢰관계를 인정할 수 있으므로 상급병원의사에게 신뢰의 원칙을 인정할 수 없다(다만 이미 전원 전에 의사의 과실이 있었던 경우에는 전원 후 의사에게 수직적 분업관계를 인정할 수 없다). 전원 전과 후과 동일한 규모의 병원일 경우(예컨대 상급 종합병원 간)의 경우 통상 조직검사가 한번 시행되면 재차 시행하지 않는 등의 현실에서 상호신뢰가 형성되므로 전원 후 병원의 의사에게는 신뢰의 원칙이 인정될 수 있을 것이다.

의사와 간호사(조무사 포함) 사이에는 원칙적으로 수직적 분업관계가 인정되며 간호사에게는 신뢰의 원칙이 적용된다(환자의 가족처럼 무자격자나 미숙련 보조자가 의료행위에 개입된 경우 간호사에게 신뢰의 원칙을 인정할 수 없다). 이 때 간호사는 자신의 주의의무를 다하여야 한다. 그리고 의사의 경우에도 간호사가 전해 준 수술도구의 멸균상태 등과 같이 보조자의 수준에서 통상 시행되는 업무로 고도의 의료적 판단이 필요 없는 경우에 대해서는 신뢰의 원칙을 원용할 수 있을 것이다(예컨대 수혈, 정맥주사 X, 근육주사 O).

이러한 맥락에서 약사와 의약품 제조사, 약물을 처방한 의사와 약사사이에서도 약사에게는 신뢰의 원칙이 적용된다고 할 것이다.

도입판례 2

■ **대법원** 1994. 3. 22. **선고** 94**도**35 **판결**【업무상과실치사,업무상과실치상,허위공문서작성,허위공문서작성행사】

【판시사항】

가. 업무상과실치사상죄의 공소시효의 기산점

나. 과실범의 공동정범의 성립 여부

【판결요지】

가. 공소시효의 기산점에 관하여 규정한 형사소송법 제252조 제1항 소정의"범죄행위"에는 당해 범죄의 결과까지도 포함되는 취지로 해석함이 상당하므로, 업무상과실치사상죄의 공소시효는 피해자들이 사상에 이른 결과가 발생함으로써 그 범죄행위가 종료한 때로부터 진행한다.

나. 형법 제30조 소정의 "2인 이상이 공동하여 죄를 범한 때"의 "죄"에는 고의범뿐만 아니라 과실범도 포함된다.

【참조조문】

가. 형사소송법 제252조 제1항, 형법 제268조 / 나. 형법 제30조

【참조판례】

나. 대법원 1978.9.26. 선고 78도2082 판결(공1978,11099), 1979.8.21. 선고 79도1249 판결(공1979,12201), 1982.6.8. 선고 82도781 판결(공1982,660)

【전　문】

【피 고 인】 피고인 1 외 5인

【상고인, 피고인】 피고인 1 외 3인과 검사

【변 호 인】 변호사 양병호 외 1인

【원심판결】 대전고등법원 1993.12.2. 선고 93노546 판결

【주 문】

원심판결 중 피고인 2에 관한 부분을 파기하고, 이 부분에 관하여 사건을 대전고등법원에 환송한다.

피고인 1, 3, 4의 각 상고와 검사의 상고를 모두 기각한다.

피고인 1에 대하여는 상고후의 구금일수 중 100일을 본형에 산입한다.

【이 유】

1. 피고인 1의 상고이유 제1점과 피고인 2의 상고이유 제2점에 대한 판단

공소시효의 기산점에 관하여 규정한 형사소송법 제252조 제1항 소정의 "범죄행위"에는 당해 범죄의 결과까지도 포함되는 취지로 해석함이 상당하므로, 이 사건 업무상과실치사상죄의 공소시효는 피해자들이 사상에 이른 결과가 발생함으로써 그 범죄행위가 종료한 때로부터 진행한다고 보아야 할 것이다.

이와 견해를 같이하여 업무상과실치사상죄는 5년의 경과로 공소시효가 완성하는데 이 사건의 경우 업무상과실치사상죄의 피해자들이 사상에 이른 1993.1.7.부터 5년이 경과하기 전에 공소가 제기되었음이 역수상 명백하므로 공소의 시효가 완성된 뒤에 공소가 제기되었다는 위 피고인들의 주장은 이유가 없는 것이라고 판단한 원심판결에, 소론과 같이 공소시효의 기산점에 관한 법리를 오해한 위법이 있다고 볼 수 없으므로, 논지는 이유가 없다.

2. 피고인 1의 변호인의 상고이유 제1점에 대한 판단

원심이 유지한 제1심판결은, 피고인 1이 공소외 1과 함께 1980.7.경 지하1층 지상5층 규모의 철근콘크리트조 상가 및 공동주택인 상가아파트(이 뒤에는 이 사건 건물이라고 약칭함)를 신축함에 있어 건축주로서 이러한 대규모의 복합건물인 상가아파트를 신축하려면 일반건설업면허를 가진 건설회사를 시공자로 선정하고 건설기술자를 건설현장에 상주시켜 철저한 기술감독하에 제반 시공을 함으로써 안전하고도 견고한 건물을 건축하여 부실공사로 인한 건물의 붕괴사고를 미연에 방지하여야 할 업무상의 주의의무가 있음에도 불구하고, 공사비 등을 절감하기 위하여 직접 시공하기로 하고, 주식회사(이 뒤에는 위 회사라고 약칭한

다)를 설립하여 공소외 1과 같이 공동대표이사로 취임하고, 자신들의 밑에 피고인 2를 전무이사로, 전혀 건축기술도 없는 공소외 2 및 3을 위 회사의 경리과장 및 자재과장으로 선임하여 이 사건 건물 신축공사의 직영체제를 갖추고, 서류상으로는 마치 일반건설업면허를 가진 공소외 신흥건설합자회사가 이 사건 건물 신축공사의 시공업체로 선정되어 공사를 하고 있는 것처럼 꾸민 뒤, 실제로 신축공사를 함에 있어서는 건설기술자를 상주시키지 아니한 채 아무런 건설기술자 자격도 없는 인부들로 하여금 콘크리트타설공사 및 철근배근공사 등을 시키고 시공과정을 제대로 감독하지 아니한 과실이 있다고 판단하였는바, 제1심판결이 채택한 증거를 기록과 대조하여 검토하여 보면 제1심이나 원심의 위와 같은 인정 판단은 정당한 것으로 수긍이 되고(피고인 1은 대규모의 건물을 신축한 경험이 없는데 상가아파트를 신축한 경험이 있는 공소외 1의 권유에 의하여 이 사건 건물의 신축공사에 투자를 하고 위 회사의 공동대표이사로 취임하게 되었기 때문에, 공소외 1이 공사현장에 상주하면서 직접 수급인들을 선정하여 도급계약을 체결하고 공사를 지휘감독하였으며, 위 피고인은 서울에 거주하면서 구체적인 일은 공소외 1에게 맡겨두고 필요할 때마다 수시로 공사현장에 들러 신축공사가 진행되는 상황을 확인하는 정도로 참여하였던 사실이 인정되기는 하지만, 그렇다고 하더라도 위 피고인이 공소외 1과 함께 이 사건 건물의 신축공사를 건설업의 면허를 받고 전문적인 기술을 갖춘 건설업자에게 도급주지 아니하고 위 회사가 직접 시공하기로 결정한 것이, 이 사건 건물의 신축공사가 부실하게 시행된 가장 큰 원인이 되었을 뿐만 아니라, 건설업면허도 받지 아니하고 건설기술자 자격도 없는 수급인들이 부실하게 시공할 것이라는 점을 쉽게 예견할 수 있었는데도 적극적으로 공사감독체제를 강화하거나 부실공사를 방지하기 위한 적절한 조치를 취하지 아니한 채 방치하고, 오히려 처음에는 지상 3층으로 설계되었던 것을 지상 5층으로 설계를 변경하여 지상 4층의 조적공사를 직접 도급주는 등으로 공사에 관여하여 왔음을 알 수 있으므로, 소론과 같이 이 사건 건물의 실질적인 건축주가 공소외 1 1인이라거나 위 피고인에게는 이 사건 건물의 부실공사에 대한 책임이 없다고 볼 수 없다), 원심판결에 소론과 같이 채증법칙을 위반한 위법이 있다고 볼 수 없으므로, 논지도 이유가 없다.

3. 피고인 1의 상고이유 제3점과 그 변호인의 상고이유 제2점에 대한 판단.

원심이 유지한 제1심판결은 이 사건 건물이 붕괴된 원인에 관하여 다음과 같이 판시하였다.

이 사건 건물 신축공사의 설계자인 원심공동피고인 이 설계도서를 작성함에 있어서 설계구조도면상 기둥의 단면이 받는 콘크리트의 압축강도를 기준강도인 2.75에 훨씬 못 미치게 설계하여 시공하게 하였는 데다가, 피고인 1과 피고인 2 및 공소외 1· 2· 3 등이 함께 실제로 공사를 행함에 있어서도 이 사건 건물의 주요구조부인 기둥과 보 등의 콘크리트타설공사를 할 때 시멘트·모래·자갈 등을 충분히 고르게 배합하지 아니한 채 높은 위치에서 깊고 급격하게 쏟아붓고 나무막대기 등으로 충분히 충전시키지 않는 등 부실하게 공사를 하여 자갈과 시멘트 등의 재료가 분리되어, 기둥과 보 등 구조물에서 심한 공극과 곰보현상 등을 나타나게 하여 적어도 1개 이상의 기둥 등을 설계상의 콘크리트 압축강도 180-210kg/㎡에 훨씬 못 미치는 114kg/㎡정도의 콘크리트 압축강도로 안전성이 크게 저하되게 하여 화기에 견디지 못하도록 시공하고, 또한 기둥 보 슬래브 등에서 철근을 배근할 때 설계도서와는 달리 보의 인장철근 22mm를 19mm로, 기둥의 주근철근 19mm를 16mm 등으로 바꾸어 약하게 배근하여 휨저항내력 등을 감소시키고, 철근의 이음부분도 기둥의 주근철근부분이 끊어지게 하는 등 제대로 잇지 않고 슬래브 등 응력이 큰 벨트부분에 철근이음을 하고, 보 등의 한 곳에 철근이음을 과다하게 많이 하여 콘크리트 투입을 완전하지 못하게 하여 콘크리트타설시 재료분리로 인한 공극현상을 심화시키고, 철근의 피복두께를 보에서 3cm 이상 유지하게 하여야 함에도 콘크리트 피복이 부족하게 하는 등 철근배근을 조잡하고 부실하게 시공하고, 지하층과 1층에 내력벽을 설치하지 아니하고 기둥만 노출되게 시공하여 건물의 축력을 감소시키는 등 이 사건 건물을 부실하게 시공함으로써, 1993.1.7. 이 사건 건물의 1층 상가 중앙부분에서 화재가 나자 위와 같은 설계도서 작성상의 문제점과 부실시공이 원인이 되어 콘크리트 압축강도 등의 안전성이 크게 저하된 건물중심부의 취약한 기둥 1개 이상이 화해(화해)를 입고 안전율이 저하되어 붕괴되면서 주변 인접 4개 기둥의 축력이 가중됨과 동시에 연쇄적으로 붕괴가 확산되어 이 사건 건물이 완전히 붕괴되었다는 것이다.

원심이 유지한 제1심판결이 채택한 증거를 기록과 대조하여 검토하여 보면, 피고인 1에 관한 한, 제1심이나 원심의 위와 같은 인정판단은 정당한 것으로 수긍이 되고, 원심판결에 소론과 같이 심리를 제대로 하지 아니한 채 채증법칙을 위반하여 사실을 잘못 인정한 위법이 있다고 볼 수 없을 뿐만 아니라, 위와 같이 부실한 시공이 이 사건 건물이 붕괴하게 된 한 원인이 된 것으로 밝혀진 이상, 원심이 소론과 같이 어떤 사람이 무엇을 하다가 어느 기둥에 불이 붙어 이 사건 건물에서 화재가 일어난 것인지를 밝히지 아니하였다고 하여 원심판결에 소론과 같이 이유를 제대로 갖추지 못한 위법이 있다고 볼 수도 없으므로, 논지는 모두 이유가 없다.

4. 피고인 1의 상고이유 제2점과 그 변호인의 상고이유 제3점에 대한 판단

형법 제30조 소정의 "2인 이상이 공동하여 죄를 범한 때"의 "죄"에는 고의범뿐만 아니라 과실범도 포함되는 것으로서 (당원 1978.9.26. 선고 78도2082 판결; 1979.8.21. 선고 79도1249 판결; 1982.6.8. 선고 82도781 판결 등 참조), 이 사건의 경우 피고인 1과 공소외 1 및 원심공동피고인 등은 각자가 협력하여 이 사건 건물을 안전하고도 견고하게 신축하여야 할 주의의무가 있었을 뿐만 아니라, 서로 의사를 연락하여 이 사건 건물을 신축하였던 것이므로, 이들 사이에 형법 제30조 소정의 공동정범의 관계가 성립한다고 보아야 할 것인바, 이와 견해를 같이 하여 피고인 1과 원심공동피고인 사이에 업무상과실치사상죄의 공동정범관계가 성립하는 것으로 본 원심의 판단은 정당한 것으로 수긍이 되고, 원심판결에 소론과 같이 심리를 제대로 하지 못한 위법이나 공동정범에 관한 법리를 오해하여 법률을 잘못 적용한 위법이 있다고 볼 수 없으므로, 논지도 이유가 없다.

5. 피고인 2의 상고이유 제1점에 대한 판단

가. 원심이 유지한 제1심판결은 피고인 2가 피고인 1 및 공소외 1과 함께 이 사건 건물을 직접 시공 건축하기 위하여 위 회사의 주주로서 전무이사로 취임하여 건축현장에 상주하면서 건축시공 등 전반에 관한 총괄적인 업무를 맡아, 위와

같이 건설업면허나 건설기술자도 없이 직영체제로 시공되는 이 사건 건물의 신축공사를 지휘 감독하면서 자신들이 모집한 별다른 기술자격도 없는 인부들이 각 부분별로 제대로 시공을 하는지 더욱 더 철저히 지휘·감독을 하여 부실공사로 인한 대형건물의 붕괴사고를 미연에 방지하여야 할 업무상 주의의무가 있음에도 이를 게을리한 채 막연히 인부들을 모집 사용하고 신축공사의 감독을 소홀히 한 과실이 있다고 판단한 다음, 피고인 2가 구체적으로 업무상 주의의무를 게을리한 내용을 위 제3.항에서 본 바와 같이 설시하였다.

나. 그러나 관계증거를 기록과 대조하여 살펴보면, 피고인 1과 공소외 1이 일반건설업면허를 받은 건설업자에게 이 사건 건물의 신축공사를 도급주지 아니하고 직접 시공하기로 결정하여 위 회사를 설립하고, 위 회사가 직영체제로 시공함에 있어서 공사를 지휘·감독할 건설기술자도 없이 건축사의 공사감리도 제대로 받지 아니한 채 각 부분별로 대부분이 건설기술자가 아닌 사람들을 수급인으로 선정하여 그들로 하여금 시공하도록 도급주어 놓고는, 공동대표이사인 위 피고인이 수시로 공사현장에 와서 관여하는 외에, 공동대표이사인 공소외 1이 공사현장에 상주하면서 철근·시멘트 등 중요한 자재를 매수하고 직접 또는 전무라는 피고인 2 및 경리과장·자재과장인 공소외 2· 3 등을 통하여 수급인들을 지휘·감독하는 등 중요한 업무를 전담하여 온 사실, 공소외 1을 제외하고는 위 피고인이나 공소외 2· 3 등이 모두 건축공사에 관하여 별다른 경험도 없고 전문적인 지식도 갖추지 못한 사람들로서, 위 피고인은 공소외 1로부터 돈을 받을 것이 있어서 나중에 이 사건 건물이 완공되면 그 돈으로 상가를 분양받기로 하되 우선 위 회사의 주식 4,000주(발행된 주식이 100,000주로서 액면가액은 1,000원이다)를 취득한 것으로 하여 매월 금 200,000원 내지 금 300,000원의 급료를 받고 근무하여 온 사실, 위 피고인은 공동대표이사들을 보좌하여 주로 관공서나 은행과 관련된 업무 분양업무 등을 담당하면서 공소외 2· 3 등과 함께 간단한 자재를 매수하고 공사현장에 자재가 제대로 들어오는지, 인부들이 게으름을 피우거나 자재를 버리는 일이 없는지 등을 살펴보는 정도로 관여하였을 뿐, 철근콘크리트 공사를 시공할 수급인의 선정이나 철근·시멘트 등의 매수에 관여하지 아니하였음은 물론, 건축공사에 관한 전문적인 지식을 갖추지 못하여 시멘트·모래·자갈 등이 고르게 배합되어 기둥과 보 등의 콘크리트타설공사가 제대로 시공되고 있

는지, 기둥·보·슬래브 등의 시공과 관련하여 철근이 제대로 배치되고 있는지 등에 관하여는 직접 구체적으로 지휘·감독하지 아니하였던 사실 등을 엿볼 수 있는바, 그렇다면 위 피고인이 공소외 1의 지시에 따라 이 사건 건물의 신축공사 전반에 관하여 총괄적으로 업무를 집행하였다고 하더라도, 콘크리트타설공사나 철근공사 등 건설기술부분에 관하여까지 구체적으로 지휘·감독할 권한과 책임이 있었다고 단정할 수 없음은 물론, 그 공사가 조잡하고 부실하게 시공되고 있다는 점을 알았거나 알 수 있었다고 보기도 어려울 뿐만 아니라, 원심이 유지한 제1심판결이 채택한 증거에 의하더라도 위 피고인이 콘크리트타설공사나 철근공사가 조잡하고 부실하게 시공됨으로 말미암아 이 사건 건물이 붕괴되어 사람이 사상에 이르게 될 것이라는 점을 예견하거나 예견할 수 있었다고 인정하기도 어렵다.

다. 그럼에도 불구하고, 원심은 제1심이 적법하게 조사·채택한 증거들을 종합하면 위 피고인의 이 사건 업무상과실치사상 공소사실을 인정하기에 넉넉하다고 판단하였으니, 원심판결에는 심리를 제대로 하지 아니하였거나 채증법칙을 위반하여 사실을 잘못 인정한 위법이 있다고 할 것이고, 이와 같은 위법은 판결에 영향을 미친 것임이 명백하므로, 이 점을 지적하는 논지는 이유가 있다.

6. 피고인 3의 상고이유 제1점과 피고인 4의 상고이유에 대한 판단

원심이 유지한 제1심판결이 채택한 증거들을 기록과 대조하여 검토하면, 위 피고인들의 이 사건 각 허위공문서작성 및 동행사의 범죄사실을 충분히 인정할 수 있고, 원심판결에 소론과 같이 채증법칙을 위반하여 사실을 잘못 인정한 위법이 있다고 볼 수 없으므로, 논지는 모두 이유가 없다.

7. 피고인 1의 상고이유 제4점과 피고인 3의 상고이유 제2점에 대한 판단

이 사건에 있어서와 같이 금고 3년과 징역 1년에 2년간 집행유예의 형이 선고된 판결에 대하여는 형의 양정이 부당함을 들어 상고이유로 할 수 없는 것이므로, 논지도 모두 이유가 없다.

8. 검사의 상고이유에 대한 판단

원심은, 기록에 의하면 제1심의 사실인정과정에 위법이 있다고 볼 수 없고,

제1심이 적법하게 확정한 사실에 비추어 보면, 상가번영회장인 피고인 5와 위 상가 경비원인 피고인 6이 그들에게 요구되는 업무상 주의의무를 게을리하였다고 볼 수 없고, 또 피해자들이 사상에 이르게 된 원인은 이 사건 건물이 붕괴됨으로 인한 것으로서, 위 피고인들이 화재로 인하여 이 사건 건물이 붕괴되어 사상자가 발생하리라는 것을 예견하고 이를 회피하기 위한 조치를 취할 가능성도 없었다고 본 제1심의 판단은 정당하다는 이유로, 위 피고인들에 대하여 무죄를 선고한 제1심판결을 그대로 유지하고 있는바, 관계증거를 기록과 대조하여 검토하여 보면 원심의 위와 같은 인정판단은 정당한 것으로 수긍이 되고, 원심판결에 소론과 같이 사실을 오인하거나 법리를 오해한 위법이 있다고 볼 수 없으므로, 논지도 이유가 없다.

9. 그러므로 원심판결 중 피고인 2에 관한 부분을 파기하고 이 부분에 관하여 다시 심리판단하게 하기 위하여 사건을 원심법원에 환송하는 한편, 피고인 1· 3· 4의 각 상고와 검사의 피고인 5· 6에 대한 상고를 모두 기각하고, 피고인 1에 대하여는 상고후의 구금일수 중 일부를 제1심판결의 본형에 산입하기로 관여 법관의 의견이 일치되어 주문과 같이 판결한다.

대법관 안용득(재판장) 안우만 김용준(주심) 천경송

쟁 점

- 과실범의 공동정범
- 공소시효의 기산점

연 구

1. 형법 제30조의 '공동하여 죄를 범한 때'가 고의범뿐만 아니라 과실범도 예정하고 있는 것인가?

2. 과실범의 공동정범을 인정하여야 하는 필요성은 무엇인가?

3. 대상판결의 경우 공동정범의 인정여부에 따른 피고인들의 형사책임은 어떻게 달라지는가?

참고자료

■ 관련 판례

단계적 과실과 과실범의 공동정범(대판 1997.11.28, 97도1740)

성수대교와 같은 교량이 그 수명을 유지하기 위하여는 건설업자의 완벽한 시공, 감독공무원들의 철저한 제작시공상의 감독 및 유지·관리를 담당하고 있는 공무원들의 철저한 유지·관리라는 조건이 합치되어야 하는 것이므로, 위 각 단계에서의 과실 그것만으로 붕괴원인이 되지 못한다고 하더라도, 그것이 합쳐지면 교량이 붕괴될 수 있다는 점은 쉽게 예상할 수 있고, 따라서 위 각 단계에 관여한 자는 전혀 과실이 없다거나 과실이 있다고 하여도 교량붕괴의 원인이 되지 않았다는 등의 특별한 사정이 있는 경우를 제외하고는 붕괴에 대한 공동책임을 면할 수 없다.

■ 참고문헌

박상기, "형법전 시행 반세기의 회고 : 형법 제정 50년과 공범론의 전개", 형사법연구 18호, 한국형사법학회, 2002.12.

이용식, "과실범의 공동정범", 형사판례연구(7), 한국형사판례연구회, 1999.

허일태, "과실범의 공동정범에 대한 판례의 변천", 지송 이재상교수 화갑기념논문집(I), 박영사, 2004.

학습과제

과실범의 공동정범을 인정한 판례 사안을 찾아보시오.

솔루션

1. 과실범의 공동정범은 형법 제30조의 '공동하여 범한 죄'가 무엇을 공동으로 하였는가의 문제에서부터 출발한다. 여기서 행위공동설은 자연적 의미에서의 행위의 공동만 있어도 공동정범이 성립할 수 있으므로 긍정하는 입장에 서게 되며, 범죄공동설은 고의의 공동을 전제로 하므로 부정하는 입장에 서는 것이 논리적이다. 여기에 더해 공동행위주체설 과실공동행위공동설, 과실공동 기능적 행위지배설 등이 긍정설의 입장에서 주장되며, 기능적 행위지배설이 부정설의 입장에서 주장되고 있다.

2. 공동정범의 본질 문제로 언급되는 범죄공동설과 행위공동설은 그 출발이 광의의 공범의 본질문제에서 출발하였다는 연혁적 의미와 협의의 공범과 달리 왜 정범으로 처벌하여야 하는가라는 공동정범의 귀책근거를 밝혀야 하는 취지를 고려할 때 실질적 의미를 부여하기는 어렵다. 따라서 그 연장선상에서 과실범의 공동정범 성립여부를 논하는 것은 학설사적 의미를 제외하고는 의미가 없다고 할 것이다.

   정범과 공범의 구별은 정범개념의 다양성에서 출발하여야 하므로, 공동정범의 기능적 행위지배는 공동의 범행결의에 기한 공동의 역할분담이며, 이러한 관점에서는 과실의 공동은 인정하기 어려우며 동시범으로 처벌하는 것이 논리적이다.

3. 대법원은 '의사연락'을 언급하면서 과실범의 공동정범을 인정하고 있다. '피고인 1과 공소외 1 및 원심공동피고인 등은 각자가 협력하여 이 사건 건물을 안전하고도 견고하게 신축하여야 할 주의의무가 있었을 뿐만 아니라, 서로 의사를 연락하여 이 사건 건물을 신축하였던 것이므로, 이들 사이에 형법 제30조 소정의 공동정범의 관계가 성립한다고 보아야 할 것인바'라고 판단하고 있는 것이다. 이러한 판단은 '의사연락'의 대상을 혼동하고 있는 문제점이 있으나, 참고판결에서도 역시 '피고인들은 이 사건 성수대교를 안전하게 건축되도록 한다는 공동의 목표와 의사연락이 있었다고 보아야 할 것이므로, 피고인들 사이에는 이 사건 업무상 과실치사상 등죄에 대하여 형법 제30조 소정의 공동정범의 관계가 성립된다'고 판시하여 판례의 굳어진 흐름이 되고 있다. 이러한 태도는 과실범의 공동정범을 인정하지 않을 경우 초래될 처벌의 공백에 대한 우려에서 기인하는 것으로 볼 수 있다. 즉 동시범으로 처벌할 경우 관여자 중에서 결과발생에 원인된 행위의 행위자를 찾아야 하나 그것이 쉽지 않고, 밝혀지지 않을 경우 동시범 규정에 의해 미수를 인정하여야 하며 과실범의 미수는 처벌되지

않는 문제점이 생기기 때문이다.

대상판결에서도 공동정범을 인정하지 않을 경우 행위자 각각의 과실을 판단하여야 한다. 즉 피고인들 각자의 행위가 의사연락이 없는 독립행위의 경우 인과관계 판단을 각각 하여야 하는 것이다. 대법원은 이에 대해 참고판례인 97도1740 판결에서 '상호의사의 연락이 있어 공동정범이 성립한다면, 이에는 독립행위 경합 등의 문제는 제기될 여지가 없는 것'이라고 하여 과실범의 공동정범과 독립행위의 경합은 불양립 관계에 선다고 판단하였다. 나아가 '이 사건 붕괴는 앞서 본 바와 같이 피고인들의 제작시공 및 감독상의 과실과 공소외 갑 등 서울시의 유지·관리 담당 공무원들의 유지·관리의 잘못이 모두 합쳐져서 발생한 것이므로, 결과발생의 원인이 된 행위가 판명되지 아니한 경우에 해당한다고 볼 수 없다'고 하여 피고인들 상호간에 의사연락이 없더라도 행위자 각각의 인과관계를 밝혀낼 수 있다고 판단하였다. 이러한 점에 비춰볼 때 대법원은 과실범의 공동정범을 긍정하는 입장에 있지만, 과실범의 공동정범을 부정하는 입장에서 주장하는 행위자 각각의 원인행위를 밝혀낼 수 있다는 반론을 절충적으로 수용하고 있는 것으로 판단된다.

심화문제

경찰관인 X는 2007년 왼쪽 손목의 저림 증상 등으로 C대학병원의 정형외과를 찾아가, 의사 甲으로부터 수근관증후근 교정수술을 받았다(이 수술의 경우 좌측 손목 부분을 절개해 정중신경을 누르고 있는 주변조직의 유착을 제거해야 하므로 수술 과정에서 정중신경과 분지 및 혈관 손상이 가능성이 있었다).

그런데 X는 수술 이 후 수술부위 및 손가락에 심한 통증이 느껴져 甲에게 호소하자, 甲은 좀 더 경과를 관찰해 보기로 하고, 수술부위를 압박붕대로 고정시키는 처치를 한 뒤 퇴원시켰다. 그러나 퇴원 후에도 X의 통증이 지속되어, 甲은 수술부위를 추가 절개해 혈종제거술을 시행하였다. 이 후 통증은 약간 호전되었으나 왼쪽 3번째 손가락과 4번째 손가락의 통증이 지속되어, 타 병원등을 돌며 통원치료와 물리치료를 받았으나 수술 한 좌측 손이 시리고 불에 데인 듯 한 통증(일명 작열통)이 지속되었고, 결국 X는 수술로 인한 合倂症인 복합부위통증증후군으로 진단 받았다.

이러한 사정을 의사 丙으로부터 듣게 된 X는 크게 낙담하여 경찰관인 Y, Z를 포함한 친구 3명과 맥주와 양주를 썩어 먹은 후, 일명 '도리짓고 땡' 도박을 하면서 잠시나마 잊으려고 하였다. 그런데 돈을 점점 잃게 되자, 돈을 딴 친구 W에게 자신이 가지고 온 권총으로 러시안룰렛 게임을 제안하여 자신이 머리에 총을 대고 맞지 않으면 도박채무는 없는 것으로 하자며, 방아쇠를 당겼다. 그런데 X는 두부에 총알이 관통하여 즉사하였다. 이때 Y와 Z는 옆에서 "장난치지 말라"고 하며 말리던 중이었다.

1. 甲의 형사책임은?

2. Y와 Z의 형사책임은?

※ 甲이 받은 수술은 수근관증후군 교정술 중에서 가장 전형적이고도, 쉽게 시행되고 있는 방법이며 결과도 좋고 상대적으로 합병증이 적은 것으로 알려져 있으며, 의무기록상 甲은 매우 심한 수근관증후군으로 기재되어 있었다.

6. 결과적 가중범

도입판례 1

■ **대법원** 1996. 7. 12. **선고** 96**도**1142 **판결** 【강도치상·상습도박】

【판시사항】

[1] 강도치상죄의 성립요건

[2] 피해자가 피고인의 폭행·협박행위를 피하려다 상해를 입게 된 경우 강도치상죄의 성립을 인정한 사례

【판결요지】

[1] 폭행 또는 협박으로 타인의 재물을 강취하려는 행위와 이에 극도의 흥분을 느끼고 공포심에 사로잡혀 이를 피하려다 상해에 이르게 된 사실과는 상당인과관계가 있다 할 것이고 이 경우 강취 행위자가 상해의 결과의 발생을 예견할 수 있었다면 이를 강도치상죄로 다스릴 수 있다.

[2] 피고인이 피해자와 함께 도박을 하다가 돈 3,200만 원을 잃자 도박을 할 때부터 같이 있었던 일행 2명 외에 후배 3명을 동원한 데다가 피고인은 식칼까지 들고 위 피해자로부터 돈을 빼앗으려고 한 점, 위 피해자는 이를 피하려고 도박을 하고 있었던 위 집 안방 출입문을 잠그면서 출입문이 열리지 않도록 완강히 버티고 있었던 점, 이에 피고인이 위 피해자에게 "이 새끼 죽여 버리겠다."고 위협하면서 위 출입문 틈 사이로 위 식칼을 집어 넣어 잠금장치를 풀려고 하고 발로 위 출입문을 수회 차서 결국 그 문을 열고 위 안방 안으로 들어왔으며, 칼을 든 피고인 외에도 그 문 밖에 피고인의 일행 5명이 있어 그 문을 통해서는 밖으로 탈출하기가 불가능하였던 점 등을 종합하여 보면 피고인의 위 폭행·협박행위와 위 피해자의 상해 사이에는 상당인과관계가 있고, 피고인으로서는 위 피해자가 위 도박으로 차지한 금원을 강취당하지 않기 위하여 반항하면서 경우에 따라서는 베란다의 외부로 통하는 창문을 통하여 위 주택 아래로 뛰어 내리는 등 탈출을 시도할 가능성이 있고 그러한 경우에는

위 피해자가 상해를 입을 수 있다는 예견도 가능하였다고 봄이 상당하므로, 피고인의 위 범죄사실은 강도치상죄를 구성한다고 본 사례.

【참조조문】

[1] 구 형법(1995. 12. 29. 법률 제5057호로 개정되기 전의 것) 제337조 / [2] 구 형법(1995. 12. 29. 법률 제5057호로 개정되기 전의 것) 제337조

【참조판례】

[2] 대법원 1978. 7. 11. 선고 78도1331 판결(공1978, 11027), 대법원 1991. 10. 25. 선고 91도2085 판결(공1991, 2878), 대법원 1995. 5. 12. 선고 95도425 판결(공1995상, 2156)

【전　문】

【피 고 인】 김상이

【상 고 인】 피고인

【변 호 인】 변호사 송영식

【원심판결】 서울고법 1996. 4. 25. 선고 95노2770, 96노146 판결

【주　문】

상고를 기각한다. 상고 후 구금일수 중 40일을 본형에 산입한다.

【이　유】

피고인과 국선변호인의 상고이유를 함께 본다.

1. 원심판결 이유에 의하면 원심은, 피고인은 1994. 11. 17. 21:00경부터 다음날 05:50경까지 남양주시 화도읍 소재 공소외 공경태의 집 안방에서 공소외 공형근, 피해자 김경한과 함께 카드 52매를 사용하여 속칭 “세븐오디 및 바둑이”라는 도박을 하여 위 김경한에게 소지하고 있던 돈 3,200만 원을 잃어 버리자, 그 곳에 있던 공소외 공경태, 김영환과 위 돈을 회수할 방법을 논의하다가 피고인의 후배인 공소외 손기남, 김우섭 등을 동원하여 위 김경한을 위협한 후 그 돈을

강취하기로 결의하였는바, 같은 달 18. 05:30경 위 공경태, 김영환으로부터 위 집으로 속히 오라는 연락을 받은 공소외 손기남, 김우섭, 신송균 등이 각자 마대자루 등을 들고 위 집에 도착하여 마대자루, 완력기 등을 휘두르며 위 집 응접실에 있던 위 김경한의 일행인 공소외 김종수 등을 위협하였고, 피고인은 위 손기남 등이 위 집에 도착하자마자 곧바로 그 집 주방에 있던 식칼을 집어들고 위 도박을 하던 안방으로 들어가 위 김경한으로부터 돈을 빼앗고자 하였는데 위 김경한이 이를 발견하고 급히 위 안방 출입문을 잠그면서 출입문이 열리지 않도록 버텼으나, 피고인이 큰 소리로 위 김경한에게 "이 새끼 죽여 버리겠다."고 위협하면서 위 출입문 틈 사이로 위 식칼을 집어넣어 잠금장치를 풀려고 하고 발로 위 출입문을 힘껏 수회 차고 밀어 결국 위 출입문을 열고 위 안방 안으로 밀고 들어 갔는데, 이에 위 김경한이 그 방 창문을 통하여 베란다까지 피신한 다음 극도의 공포심을 느껴 베란다의 열려진 창문을 통하여 약 8m 가량의 위 주택 아래로 뛰어 내려 땅바닥에 쓰러져 약 5개월 17일간의 치료를 요하는 제1, 3, 4 요추방출성 골절 등의 상해를 입었고, 공소외 김영환은 피고인으로부터 위와 같이 쓰러져 있는 위 김경한이 소지하고 있던 돈을 빼앗아 오라는 지시를 받고 위 김경한이 쓰러진 곳으로 가서 의식을 잃은 위 김경한으로부터 돈 3,200만 원이 들어 있던 비닐봉지를 빼앗아 가 이를 강취한 사실을 인정하였는바, 원심이 인용한 제1심판결이 채용한 증거들을 기록과 대조·검토하여 보면, 위와 같은 원심의 사실인정은 정당하고 거기에 채증법칙을 위배하여 사실을 오인하였거나 심리를 다하지 아니한 위법이 있다 할 수 없다. 논지는 이유 없다.

2. 폭행 또는 협박으로 타인의 재물을 강취하려는 행위와 이에 극도의 흥분을 느끼고 공포심에 사로잡혀 이를 피하려다 상해에 이르게 된 사실과는 상당인과 관계가 있다 할 것이고 이 경우 강취 행위자가 상해의 결과의 발생을 예견할 수 있었다면 이를 강도치상죄로 다스릴 수 있다 할 것이다.

위에서 본 바에 의하면 피고인이 위 김경한과 함께 도박을 하다가 돈 3,200만 원을 잃자 도박을 할 때부터 같이 있었던 일행 2명 외에 후배 3명을 동원한 데다가 피고인은 식칼까지 들고 위 김경한으로부터 돈을 빼앗으려고 한 점, 위 김경한은 이를 피하려고 도박을 하고 있었던 위 집 안방 출입문을 잠그면서 출입문이 열리지 않도록 완강히 버티고 있었던 점, 이에 피고인이 위 김경한에게 "이 새끼 죽여 버리겠다."고 위협하면서 위 출입문 틈 사이로 위 식칼을 집어넣어 잠금장치를 풀려고 하고 발로 위 출입문을 수회 차서 결국 그 문을 열고 위 안방 안으로 들어 왔으며, 칼을 든 피고인 외에도 그 문 밖에 피고인의 일행 5명이 있어 그 문을 통해서는 밖으로 탈출하기가 불가능하였던 점 등이 인정되는바, 위 모든 상황을 종합하여 보면 피고인의 위 폭행·협박행위와 위 김경한의 상해 사이에는 상당인과관계가 있다 할 것이고, 피고인으로서는 위 김경한이 위 도박으로 차지한 금원을 강취당하지 않기 위하여 반항하면서 경우에 따라서는 베란다의 외부로 통하는 창문을 통하여 위 주택 아래로 뛰어 내리는 등 탈출을 시도할 가능성이 있고 그러한 경우에는 위 김경한이 상해를 입을 수 있다는 예견도 가능하였다고 봄이 상당하다 할 것이므로, 피고인의 위 범죄사실은 강도치상죄를 구성한다 할 것이다.

따라서 원심이 같은 취지에서 피고인을 강도치상죄로 처단한 것은 정당하고 거기에 소론과 같은 강도치상죄의 법리를 오해한 위법이 있다 할 수 없다. 논지도 이유 없다.

3. 그러므로 상고를 기각하고, 상고 후의 미결구금일수 중 일부를 그 본형에 산입하기로 하여 관여 법관의 일치된 의견으로 주문과 같이 판결한다.

대법관 김형선(재판장) 박준서(주심) 이용훈

■ 쟁 점

- 결과적 가중범의 인과관계
- 예견가능성

연 구

1. 결과적 가중범의 개념과 종류는 무엇인가?

2. 결과적 가중범이 경합범보다 가중처벌되어 책임주의에 반하는 문제점은 없는가?

3. 결과적 가중범의 성립요건은 무엇인가?

4. 결과적 가중범의 인과관계는 어떻게 판단하여야 하는가? 책임주의와의 관점에서 생각해 보시오.

5. 결과적 가중범의 예견가능성의 개념과 그 판단기준은 무엇인가?

6. 대법원은 중한 결과의 발생이 사실관계상 유사함에도 인과관계의 문제로 파악하기도 하고(관련판례 2), 예견가능성의 문제(관련판례 3)로 판시하기도 하였다. 대법원은 결과적 가중범에서 인과관계와 예견가능성의 관계를 어떻게 이해하고 있는가?

7. 대상판결에서 피고인들에게 강도치상죄를 인정하는 것이 타당한가?

참고자료

▪ 관련 판례

1. 부진정결과적 가중범 (대판 1995.1.20, 94도2842)

특수공무집행방해치상죄는 원래 결과적가중범이기는 하지만, 이는 중한 결과에 대하여 예견가능성이 있었음에 불구하고 예견하지 못한 경우에 벌하는 진정결과적가중범이 아니라 그 결과에 대한 예견가능성이 있었음에도 불구하고 예견하지 못한 경우뿐만 아니라 고의가 있는 경우까지도 포함하는 부진정결과적가중범이다. … 고의로 중한 결과를 발생케 한 경우에 무겁게 벌하는 구성요건이 따로 마련되어 있는 경우에는 당연히 무겁게 벌하는 구성요건에서 정하는 형으로 처벌하여야 할 것이고, 결과적가중범의 형이 더 무거운 경우에는 결과적가중범에 정한 형으로 처벌할 수 있도록 하여야 할 것이므로, 기본범죄를 통하여 고의로 중한 결과를 발생케 한 부진정결과적가중범의 경우에 그 중한 결과가 별도의 구성요건에 해당한다면 이는 결과적가중범과 중한 결과에 대한 고의범의 상상적 경합관계에 있다고 보아야 할 것이다.

2. 강간치사죄의 인과관계 (대판 1995.5.12, 95도425)

피고인이 자신이 경영하는 속셈학원의 강사로 피해자를 채용하고 학습교재를 설명하겠다는 구실로 유인하여 호텔 객실에 감금한 후 강간하려 하자, 피해자가 완강히 반항하던 중 피고인이 대실시간 연장을 위해 전화하는 사이에 객실 창문을 통해 탈출하려다가 지상에 추락하여 사망한 사안에서, 피고인의 강간미수행위와 피해자의 사망과의 사이에 상당인과관계가 있다.

3. 강간치사죄의 예견가능성 (대판 1993.4.27, 92도3229)

피해자가 피고인과 만나 함께 놀다가 큰 저항 없이 여관방에 함께 들어갔으며, 피고인이 강간을 시도하면서 한 폭행 또는 협박의 정도가 강간의 수단으로는 비교적 경미하였고, 피해자가 여관방 창문을 통하여 아래로 뛰어내릴 당시에는 피고인이 소변을 보기 위하여 화장실에 가 있는 때이어서 피해자가 일단 급박한 위해상태에서 벗어나 있었을 뿐 아니라, 무엇보다도 4층에 위치한 위 방에서 밖으로 뛰어내리는 경우에는 크게 다치거나 심지어는 생명을 잃는 수도 있는 것인 점을 아울러 본다면, 이러한 상황 아래에서 피해자가 강간을 모면하기 위하여 4층에서 창문을 넘어 뛰어내리거나 또는 이로 인하여 상해를 입기까지 되리라고는 예견할 수 없다고 봄이 경험칙에 부합한다.

4. 특수체질과 예견가능성 (대판 1985.4.3, 85도303)

피고인의 폭행정도가 서로 시비하다가 피해자를 떠밀어 땅에 엉덩방아를 찧고 주저앉게 한정도에 지나지 않은 것이었고 또 피해자는 외관상 건강하여 전혀 병약한 흔적이 없던 자인데 사실은 관상동맥경화 및 협착증세를 가진 특수체질자이었기 때문에 위와 같은 정도의 폭행에 의한 충격에도 심장마비를 일으켜 사망하게 된 것이라면, 피고인에게 사망의 결과에 대한 예견가능성이 있었다고는 보기 어려울 것이다.

5. 기본범죄의 미수와 결과적 가중범 (대판 2008.4.24, 2007도10058)

성폭력범죄의 처벌 및 피해자보호 등에 관한 법률 제9조 제1항에 의하면 같은 법 제6조 제1항에서 규정하는 특수강간의 죄를 범한 자뿐만 아니라, 특수강간이 미수에 그쳤다고 하더라도 그로 인하여 피해자가 상해를 입었으면 특수강간치상죄가 성립하는 것이고, 같은 법 제12조에서 규정한 위 제9조 제1항에 대한 미수범 처벌규정은 제9조 제1항에서 특수강간치상죄와 함께 규정된 특수강간상해죄의 미수에 그친 경우, 즉 특수강간의 죄를 범하거나 미수에 그친 자가 피해자에 대하여 상해의 고의를 가지고 피해자에게 상해를 입히려다가 미수에 그친 경우 등에도 적용된다.

■ 참고문헌

안경옥, "결과적 가중범의 직접성의 원칙", 형사법연구 제12권, 한국형사법학회, 1999.

조상제, "현행 결과적 가중범 규정들의 개정방안에 관한 연구", 형사법연구 제19권 제3호(하), 2007.

학습과제

1. 결과적 가중범이 인정된 사례와 부정된 사례를 정리해 보시오.

2. 결과적 가중범의 미수 성립가능성에 대해 판단해 보시오.

솔루션

1. 결과적 가중범은 고의에 의한 기본범죄와 과실(고의)에 의한 중한 결과에 대해 각각의 범죄보다 중하게 처벌하는 범죄로, 이러한 가중처벌은 기본범죄에 내포된 전형적 위험이 현실로 발생한 것을 고려하기 때문이다. 그런데 가중처벌은 때때로 발생한 불법에 비해 현저히 불균형적인 처벌을 가져오기도 하여 결과책임사상의 유물로서 책임주의에 위반된다는 비판을 받아왔고, 이러한 문제를 해결하기 위해 기본범죄와 중한 결과사이의 인과관계를 제한하는 방법(상당인과관계설), 중한 결과에 대한 예견가능성을 요구하는 방법, 직접성의 원칙을 요구하는 방법 등이 해결책으로 제시되어 왔다.

2. 결과적 가중범은 고의로 인한 중한 결과발생을 인정할 수 있느냐에 따라 진정 결과적 가중범과 부진정 결과적 가중범으로 구분된다. 진정 결과적 가중범은 고의에 의한 기본범죄에 대해 과실로 중한 결과를 발생시키는 경우를 의미하며, 부진정 결과적 가중범은 현주건조물방화치사죄처럼 중한 결과를 고의에 의해 발생시킨 경우에도 형의 불균형을 막기 위한 이유 등으로 인정되는 경우를 뜻한다.

3. 결과적 가중범의 개념상 다음과 같은 요소들을 성립요건으로 한다. 먼저 고의의 기본범죄행위가 있어야 하며, 여기에 기본범죄행위를 초과하는 중한 결과가 발생하여야 한다. 그리고 기본범죄와 중한 결과 사이에는 인과관계와 객관적 귀속이 필요하다. 합법칙적 조건설에 의해 인과관계가 긍정되어야 하며, 객관적 귀속으로 지배가능성의 원칙과 위험실현의 원칙이 충족되어야 한다. 특히, 기본범죄에 내포된 전형적 위험이 실현되어 중한 결과가 발생하였다는 의미의 직접성의 원칙이 요구된다.

   이러한 객관적 구성요건에 더하여 중한 결과는 행위자가 주관적으로 예견할 수 없었을 때, 즉 과실에 의한 것이어야 한다(예견가능성을 인과관계 내지 객관적 귀속에서의 객관적 예견가능성의 개념과 중첩되는 것으로 이해하는 견해도 있으나, 과실범에서 주의의무는 예견의무와 결과방지의무를 내용으로 하고 예견의무는 예견가능성을 전제로 하므로 형법 제15조 제2항의 예견가능성은 과실과 동의어라고 볼 수 있다).

4. 결과적 가중범의 특수성으로 인해 인과관계 판단이 필요한가에 대해 견해가 대립된다. 결과적 가중범의 인과관계에 대해서는 중한 결과의 예견가능성만 있으면 족하다는 견해도 있으나, 행위자의 중한 결과에 대한 예견가능성이라는 과실과 다른 측면인 인과관계의 문제도 검토되어야 한다. 또한 자연과학적 법칙에 의해 인과관계가 확정되고 나면 규범적 평가로서 객관적 귀속이 판단되어

야 한다. 즉 일반인이 기본범죄가 있은 후 중한 결과의 발생이 통상적으로 예견될 수 있느냐라는 사후적 판단으로 객관적 예견가능성(행위자의 사전 판단인 주관적 예견가능성과는 구별되는 개념)이 있는지를, 기본범죄 행위가 결과발생에 이르는 과정에서 개입된 다른 중간행위의 영향을 받지 않고 지속적으로 연결되어야 하는지(직접성)를 판단하여야 하는 것이다. 이는 결과적 가중범이 기본범죄에 내포된 전형적 위험의 방지라는 규범의 보호목적관련성에서 발현된다. 대법원은 관련판례 2에서는 예견가능성이 있으므로 인과관계가 있다는 논리전개를 취한 것으로 보인다.

사안에 따라서(예컨대 85도303 관련판례) 책임주의에 합치시키기 위해서 피고인의 행위와 피해자의 사망사이에 상당인과관계를 부정할 수도 있다. 예컨대 피해자는 관상동맥경화 및 협착증세를 지병으로 가지고 있었지만 외관상으로는 건강하였기 때문이다. 그러나 이러한 결론과 달리, 인과관계의 긍정, 즉 특수체질자를 떠밀어 엉덩방아를 찧고 넘어지게 하는 것과 심장마비로 인한 사망사이의 인과관계가 인정될 여지가 없는 것도 아니다. 여기에서 대법원은 '예견가능성이 있음을 요하며 이러한 예견가능성이 전혀 없는 경우에는 폭행과 사망의 결과 사이에 조건적인 인과관계가 인정된다고 하여도'라고 하여 논란이 생길 수 있는 인과관계 판단보다는 예견가능성의 문제로 접근하고 있다. 그런데 형법 제15조 제2항에서 예견가능성은 객관적 귀속의 척도로서 객관적 예견가능성과 구별되어야 한다. 前者는 중한 결과의 발생을 행위자가 예견할 수 없었을 때라는 의미의 주관적 과실을 의미(사전판단)하는 반면, 後者는 일반인의 경험칙상 기본범죄로 인해 중한 결과가 발생할 수 있다면 객관적 예견가능성을 의미하기 때문이다(사후판단).

이 점에서 85도303 판결에서 대법원이 언급하고 있는 예견가능성은 관상동맥경화 및 협착증세를 가진 특수체질자에 대해서 떠밀어 엉덩방아를 찧고 넘어지게 하여 심장마비로 사망하는 것에 대한 예견가능성으로서 객관적 예견가능성을 의미하는 것이 아니라, 피고인은 피해자가 외관상 건강하여 특수체질자임을 알 수 없었고 따라서 경미한 폭행에 의한 충격으로는 심장마비로 사망할 것임을 알 수 없어 사망의 결과에 대한 예견가능성이 있었다고는 보기 어렵다고 판단한 점에서 주관적 과실로 이해하고 있는 것으로 보인다.

5. 결과적 가중범에서 기본범죄는 중한 결과를 야기할 수 있는 전형적이며 일반적 경향이 있는 범죄여야 하므로 중한 결과가 행위 후의 제3자의 행위나 피해자의 행위라는 추가적인 사정이 개입된 경우에는 결과적 가중범의 성립이 제한된다. 다만 제3자의 행위는 인과적 추진력의 정도에 따라 추월적 인과관계를 판단하여야 하며, 이는 결국 개별 구성요건의 해석에 따라 판단할 수밖에 없으며 중한 결과가 기본범죄를 실행하는 '행위' 또는 그 '결과'에 의해 발생한 경우에는 직접

성을 인정할 수 있을 것이다. 따라서 제3자의 고의행위나 중과실이 개입된 경우, 폭행이나 강도범행에서 피해자가 도주시 생명에 대한 위험이 없음에도 지나친 부주의를 하여 도망하다 사망한 경우, 기본범죄에 대한 수치심으로 자살한 경우 등은 직접성을 인정하기 어려울 것이다(감금, 강간, 상해 등과 같이 행위의 일부 실현으로 중한 결과의 원인이 될 수 있는 기본범죄의 경우 이를 피하려다 사망이라는 결과가 발생한 경우에는 직접성을 완화할 수 있을 것이다).

대상판결의 경우 피고인은 같이 도박을 하다 거금(3,200만원)을 잃자 같이 있었던 일행 2명 외에 후배 3명을 동원하여 식칼을 들고 위 돈을 피해자로부터 빼앗으려고 하였고, 이를 피하려고 피해자가 도박장소의 안방 출입문을 잠그면서 출입문이 열리지 않도록 완강히 버티고 있었으나, '죽여 버리겠다'고 위협하면서 출입문 틈 사이로 식칼을 집어넣어 잠금장치를 풀려고 하고 발로 위 출입문을 수회 차서 결국 그 문을 열고 위 안방 안으로 들어 왔으며, 문밖에 피고인의 일행 5명이 있어 그 문을 통해서는 밖으로 탈출하기가 불가능하였다. 이러한 점 등에 비추어 볼 때 피해자의 탈출이라는 행위가 개입되었다고 하더라도, 피고인의 폭행·협박행위로 인해 피해자가 도박으로 차지한 금원을 강취당하지 않기 위하여 반항하면서 경우에 따라서는 베란다 창문을 통하여 아래로 뛰어내리는 등 탈출을 시도할 가능성이 구성요건의 해석상 충분히 '예견'할 수 있었다고 하겠다. 이 점에서 강도치상죄를 인정한 대법원은 판단은 타당하다고 할 수 있다.

도입판례 2

■ **대법원** 2000. 5. 12. **선고** 2000**도**745 **판결** 【살인(인정된 죄명 : 상해치사)】

【판시사항】

[1] 피고인과 공범자의 공동 범행 중 일부 행위에 관하여 피고인이 한 것이라고 기소된 것을 공소장변경 없이 둘 중 누군가가 한 것이라고 인정할 수 있는지 여부(한정 적극)

[2] 결과적 가중범인 상해치사죄의 공동정범의 성립에 결과를 공동으로 할 의사가 필요한지 여부(소극) 및 수인이 상해의 범의로 범행 중 한 사람이 중한 상해를 가하여 피해자가 사망에 이르게 된 경우, 나머지 사람들도 상해치사의 죄책을 지는지 여부(한정 적극)

[3] 공범자의 소유물도 몰수의 대상이 되는지 여부(적극)

【판결요지】

[1] 피고인과 공범자의 공동 범행 중 일부 행위에 관하여 피고인이 한 것이라고 기소된 것을 둘 중 누군가가 한 것이라고 인정하는 경우, 이 때문에 피고인에게 불의의 타격을 주어 그 방어권의 행사에 실질적인 불이익을 줄 우려가 있지 않는 한 공소장변경을 필요로 한다고 볼 수 없다.

[2] 결과적 가중범인 상해치사죄의 공동정범은 폭행 기타의 신체침해 행위를 공동으로 할 의사가 있으면 성립되고 결과를 공동으로 할 의사는 필요 없으며, 여러 사람이 상해의 범의로 범행 중 한 사람이 중한 상해를 가하여 피해자가 사망에 이르게 된 경우 나머지 사람들은 사망의 결과를 예견할 수 없는 때가 아닌 한 상해치사의 죄책을 면할 수 없다.

[3] 형법 제48조 제1항의 범인에는 공범자도 포함된다고 해석되므로, 범인 자신의 소유물은 물론 공범자의 소유물에 대하여도 이를 몰수할 수 있다.

【참조조문】

[1] 형사소송법 제298조 / [2] 형법 제15조 제2항, 제30조, 제259조 / [3] 형법 제48조 제1항

【참조판례】

[1] 대법원 1991. 5. 28. 선고 90도1977 판결(공1991, 1820), 대법원 1997. 5. 23. 선고 96도1185 판결(공1997하, 1936), 대법원 1999. 7. 23. 선고 99도1911 판결(공1999하, 1832) / [2] 대법원 1978. 1. 17. 선고 77도2193 판결(공1978, 10620), 대법원 1984. 10. 5. 선고 84도1544 판결(공1984, 1814), 대법원 1990. 6. 26. 선고 90도765 판결(공1990, 1636), 대법원 1991. 10. 11. 선고 91도1755 판결(공1991, 2762), 대법원 1993. 8. 24. 선고 93도1674 판결(공1993하, 2682), 대법원 1997. 10. 10. 선고 97도1720 판결(공1997하, 3537) / [3] 대법원 1984. 5. 29. 선고 83도2680 판결(공1984, 1218)

【전 문】

【피 고 인】 피고인

【상 고 인】 피고인

【변 호 인】 변호사 김남진 외 1인

【원심판결】 광주고법 2000. 2. 3. 선고 99노722 판결

【주 문】

상고를 기각한다. 상고 후의 구금일수 99일을 본형에 산입한다.

【이 유】

피고인과 변호인들의 각 상고이유를 함께 판단한다.

1. 기록에 의하면, 원심에서 적법하게 변경된 이 사건 공소사실의 요지는, 피고인은 1999. 4. 18. 01:55경 상근예비역으로 근무하는 친구인 공소외인로부터 공소외인의 여동생을 강간한 피해자를 혼내주러 가자는 연락을 받고 공소외인과 함께 피해자를 만나 성산초등학교 앞에서 공소외인과 피고인은 주먹으로 피해자를 때리면서 공소외인은 소지하고 있던 부엌칼(증 제1호)로 피해자를 위협하였으며, 그 후 피해자를 소룡초등학교로 끌고 가면서 피고인이 주변에 있던 각목으로 피해자의 머리 부분을 4회 때리고 공소외인이 위 부엌칼을 피해자의 목에 들이대

면서 주먹과 발로 무수히 때려 이를 견디지 못한 피해자가 은적사 입구 방면으로 도망가자, 피고인은 공소외인의 뒤를 따라 피해자를 추격하던 중 공소외인이 떨어뜨린 위 부엌칼을 소지하게 된 다음 격분한 나머지 같은 날 02:21경 소룡초등학교 옆 골목길에서 공소외인에 의하여 붙잡힌 피해자의 좌측 흉부를 위 부엌칼로 1회 찔러 좌측흉부 자창상 등을 가하고, 이로 인하여 같은 날 04:00경 피해자로 하여금 실혈로 사망에 이르게 하였다는 것이고, 원심이 인정한 사실은, 피고인은 위 공소사실과 같은 과정을 거쳐 소룡초등학교 옆 골목길에서 공소외인에 의하여 붙잡힌 피해자를 공소외인과 함께 폭행하면서 둘 중 누군가가 불상의 방법으로 위 부엌칼로 피해자의 좌측 흉부를 1회 찔러 좌측흉부 자창상 등을 입히고, 이로 인하여 피해자를 사망에 이르게 하였다는 것이다.

살피건대, 이 사건 공소사실이나 원심의 인정사실은 모두 공소외인과 피고인이 함께 피해자에 대하여 폭력을 행사하여 상해를 가하고 그 과정에서 피해자가 사망에 이르게 되었다는 점에서는 동일하고, 다만 공소사실은 피해자에 대한 공소외인과 피고인의 행위 중 부엌칼로 찌른 것이 피고인이라는 것인데, 원심은 그 행위를 공소외인이나 피고인의 둘 중 누군가가 한 것이라고 인정한 것에 지나지 아니한다. 그리고 이와 같이 공소외인과 피고인의 공동 범행 중 그 일부 행위에 관하여 피고인이 한 것이라고 기소된 것을 둘 중 누군가가 한 것이라고 인정하는 경우에는 이 때문에 피고인에게 불의의 타격을 주어 그 방어권의 행사에 실질적인 불이익을 줄 우려가 있지 아니하는 경우에는 반드시 공소장변경을 필요로 한다고 볼 수 없는 것인바(대법원 1991. 5. 28. 선고 90도1977 판결, 1999. 7. 23. 선고 99도1911 판결 등 참조), 이 사건의 경우 기록을 살펴보면 피고인과 변호인은 원심에 이르기까지 위와 같이 칼로 찌른 것은 피고인이 아니라 공소외인이라고 주장하여 온 바 있음을 알 수 있으므로, 원심의 위와 같은 조치는 피고인에게 유리한 것일 뿐 그것이 피고인의 방어권 행사에 불이익을 줄 우려가 없는 경우라고 할 것이다. 따라서, 원심판결에는 상고이유의 주장과 같이 공소사실과 동일성이 없는 사실을 인정하였거나 공소장변경 없이 심판의 대상이 되지 아니한 사실을 인정한 위법이 있다고 할 수 없다.

2. 결과적 가중범인 상해치사죄의 공동정범은 폭행 기타의 신체침해 행위를

공동으로 할 의사가 있으면 성립되고 결과를 공동으로 할 의사는 필요 없으며(대법원 1978. 1. 17. 선고 77도2193 판결, 1993. 3. 24. 선고 93도1674 판결 등 참조), 여러 사람이 상해의 범의로 범행 중 한 사람이 중한 상해를 가하여 피해자가 사망에 이르게 된 경우 나머지 사람들은 사망의 결과를 예견할 수 없는 때가 아닌 한 상해치사의 죄책을 면할 수 없다고 할 것이다(대법원 1996. 12. 6. 선고 96도2570 판결 등 참조).

원심판결 이유에 의하면 원심은, 제1심판결 명시의 증거들을 인용하여 앞서 본 바와 같은 사실 등을 인정한 다음, 결국 피고인과 공소외인의 공동가공행위로 피해자에게 상해를 가하고 이로 인하여 피해자가 사망하게 된 것이 분명하다는 이유로 피고인을 상해치사죄로 의율하였는바, 이를 기록 및 앞서 본 법리에 비추어 살펴보면 옳다고 여겨지고, 공소외인과 피고인이 위험한 물건인 부엌칼과 각목을 휴대하고 피해자에 대하여 폭력을 행사한 이 사건에 있어서 피고인으로서는 능히 피해자가 부엌칼 등으로 상해를 입고 사망에 이를 수도 있다는 사정을 예견할 수 있었다고 할 것이므로, 원심판결에는 상고이유의 주장과 같은 채증법칙 위배로 인한 사실오인이나 심리미진 또는 상해치사죄에 관한 법리오해 등의 위법이 있다고 할 수 없다.

3. 10년 미만의 징역이 선고된 이 사건과 같은 경우에는 형의 양정이 너무 무거워 부당하다고 인정할 사유가 있다는 주장은 적법한 상고이유가 될 수 없는 것이다.

4. 형법 제48조 제1항의 범인에는 공범자도 포함된다고 해석되므로, 범인 자신의 소유물은 물론 공범자의 소유물에 대하여도 이를 몰수할 수 있다 할 것이다(대법원 1984. 5. 29. 선고 83도2680 판결 등 참조). 이러한 취지에서 원심이 피고인과 공범관계에 있는 공소외인의 소유인 위 부엌칼(증 제1호)을 피고인으로부터 몰수한 조치는 옳고, 거기에 상고이유의 주장과 같은 몰수에 관한 법리오해의 위법이 있다고 할 수 없다.

5. 그러므로 상고를 기각하고 상고 후의 구금일수 99일을 본형에 산입하기로

관여 법관들의 의견이 일치되어 주문과 같이 판결한다.

대법관 조무제(재판장) 김형선(주심) 이용훈 이용우

쟁 점

- 결과적 가중범의 공동정범
- 몰수의 대상

연 구

1. 사안에서 대법원은 결과적 가중범의 공동정범 성립요건을 어떻게 파악하고 있는가?

2. 이러한 대법원의 입장과 학설의 차이는 무엇인가?

3. 본 판결의 태도가 전형적인 대법원의 입장인 관련 판례 1(93도1674)에 대한 비판, 즉 기본범죄의 공동만으로는 부족하다는 지적에 대해 판례가 예견가능성이라는 요건을 부차적으로 판단하고 있는 것으로 볼 수 있는가?

참고자료

■ 관련 판례

1. 결과적 가중범의 공동 (대판 1993.8.24, 93도1674)

결과적 가중범인 상해치사의 공동정범은 폭행 기타의 신체침해행위를 공동으로 할 의사가 있으면 성립되고, 결과를 공동으로 할 의사는 필요 없다.

2. 특수공무집행방치사상죄와 결과적 가중범의 공동정범 (대판 2008.4.24, 2007도10058)

공동정범에 있어서는 범인 전원이 일정한 일시, 장소에 집합하여 모의한 바 없고 또 일부가 현실적으로 범죄실행에 가담한 일이 없다고 하여도 간접적 또는 순차적으로 범행의 포괄적 또는 개별적인 의사연락이 있으면 전체에 대하여 공동정범이 성립하는 것이고, 또 결과적가중범에 있어서의 공동정범은 행위를 공동으로 할 의사가 있으면 성립하고 결과를 공동으로 할 의사는 필요 없는 것인바 … 특수공무집행방해치사상과 같은 부진정결과적가중범은 예견가능한 결과를 예견하지 못한 경우뿐만 아니라 그 결과를 예견하거나 고의가 있는 경우까지도 포함하는 것이므로, 공무집행을 방해하는 집단행위의 과정에서 일부 집단원이 고의로 방화행위를 하여 사상의 결과를 초래한 경우에 다른 집단원이 그 방화행위로 인한 사상의 결과를 예견할 수 있는 상황이었다면 특수공무집행방해치사상의 죄책을 면할 수 없으나 그 방화행위자체에 공모가담한 바 없는 이상 방화치사상죄로 의율할 수는 없다고 할 것이다.

■ 참고문헌

박상기, "결과적 가중범의 공동정범", 형사판례연구(1), 한국형사판례연구회, 1993.

조상제, "결과적 가중범의 공범 인정 여부", 형사판례연구(12), 한국형사판례연구회, 2004.

학습과제

결과적 가중범의 공동정범을 인정한 사안과 부정한 사안들을 정리해 보시오.

솔루션

1. 형법은 통상 단독으로 정범의 실행행위에 나아가는 경우를 예정하고 있으나, 오히려 2인 이상의 다수인에 범죄에 가담하는 경우가 실제로는 많다. 여기서 2인 이상이 범죄에 가담하는 경우를 공범이라고 일컫는 것이 일반적이다. 범죄 가담형태에는 단독범과 다수인의 참가형태로 나뉘며, 정범형태로는 공동정범, 간접정범, 동시범이 있으며, 공범형태로는 교사범과 방조범이 있는 것이다.

2. 공동정범은 2인 이상이 공동하여 죄를 범한 때에 성립한다. 여기서 무엇을 공동으로 하는지 논의되어 왔다. 특정한 범죄를 공동으로 행하는 것이라는 범죄공동설과 이를 수정한 고의공동설, 그리고 공동은 자연적 의미의 행위를 공동으로 하여 범죄를 수행하는 것이라는 행위공동설과 이를 수정한 구성요건적 공동설 등이 주장되어 왔다. 이러한 견해의 차이는 공동정범의 인정범위에 있지만(범죄공동설 〈 행위공동설), '공동'의 해석문제를 공동정범의 '본질'로 이해하였다는 점에서는 공통적이다. 그러나 이러한 논의는 공동정범의 본질은 다수인이 범죄에 가담하였음에도 이들 모두를 공범이 아닌 정범으로 처벌하기 위한 조건이 무엇인지에 있다는 점을 간과한 논쟁이라고 할 것이다. 그렇다면 결과적 가중범의 공동정범이 성립하느냐의 문제도 이러한 논의와 연장선상에 있는 과실범의 공동정범의 인정여부와 반드시 논리필연적 연관관계를 가지는 것은 아니며, 독자적으로 판단하여야 할 것이다.

3. 형법을 관통하고 있는 책임주의의 요청상, 결과적 가중범이라는 결과가 발생하였다고 하더라도 중한 결과의 발생에 관여하지 않았거나 예견가능성 조차 없다면 각자에 대하여 결과적 가중범을 인정하지 않는 것이 타당하다.

 다만 각 가담자 모두에게 중한 결과에 대한 예견가능성이 존재하는 경우, 중한 결과 발생에 관여하지 않은 자를 결과적 가중범의 공동정범으로 인정할 수 있는가가 문제된다. 이에 대해서는 과실범의 공동정범을 인정할 수 없는 이상 기본범죄의 공동정범은 인정하지만 중한 결과에 대해서는 각 가담자의 과실이 인정된다고 하더라도 결과적 가중범이 아니라 동시범으로 처벌하여야 한다는 견해, 과실범의 공동정범을 인정할 수 있으므로, 기본범죄 가담자 각자에게 중한 결과에 대한 예견가능성이 존재하는 경우 결과적 가중범의 공동정범을 인정할 수 있다는 견해, 과실범의 공동정범 인정여부와 결과적 가중범의 공동정범 인정여부는 별개이며, 기본범죄에 대한 공동의사와 중한 결과에 대한 예견가능성이라는 결과적 가중범의 성립요건을 갖추고 있는 경우에는 결과적 가중범의 공동정범을 인정할 수 있다는 견해가 대립되고 있다. 과실범과 결과적 가중범은 다른 차원의 문제로 행위자 각각의 예견가능성 유무에 따라 동시범으로 판단하여야 할 것이다.

대상판결에서 대법원은 '결과적 가중범인 상해치사죄의 공동정범은 폭행 기타의 신체침해 행위를 공동으로 할 의사가 있으면 성립되고 결과를 공동으로 할 의사는 필요 없으며, 여러 사람이 상해의 범의로 범행 중 한 사람이 중한 상해를 가하여 피해자가 사망에 이르게 된 경우 나머지 사람들은 사망의 결과를 예견할 수 없는 때가 아닌 한 상해치사의 죄책을 면할 수 없다'고 하여 결과적 가중범의 공동정범을 긍정하는 기존 입장을 확인하고 있다. 다만 참고판례 1인 93도1674 판결에서 보듯이 기존 판례들에서 전형적으로 볼 수 있었던 '결과적 가중범인 상해치사의 공동정범은 폭행 기타의 신체침해행위를 공동으로 할 의사가 있으면 성립되고, 결과를 공동으로 할 의사는 필요 없다'는 비정상적인 논리구조에서 벗어나, 중한 결과에 대한 예견가능성을 언급하였다는 변화에 그 의미를 부여할 수 있을 것이다. 물론 이러한 대법원의 판시에 대해, 대법원이 결과적 가중범의 공동정범 성립에 예견가능성을 요구하고 있다고 보는 입장, 과거 판례처럼 여전히 예견가능성을 요구하고 있지 않다고 보는 입장, 예견가능성에 대해 일률적으로 판단하지 않고 예견가능성을 요구하기도 하고 그렇지 않은 경우도 있다라고 분석하는 입장으로 다양하게 이해되고 있다.

7. 부작위범

도입판례 1

■ **대법원** 1982. 11. 23. **선고** 82도2024 **판결**【특정범죄가중처벌등에관한법률위반, 사체유기,자살교사미수,도박】

【판시사항】

가. 피감금자에 대한 위험발생을 방지함이 없이 방치한 경우 살인죄의 성부

나. 살인의 미필적 고의가 있다고 한 사례

다. 미성년자의 약취, 유인에는 가담한 바 없으나 그 후 그 정을 알면서 이를 미끼로 한 뇌물요구행위에 가담한 경우 특정범죄가중처벌등에 관한 법률 제5조의2 제2항 제1호 위반죄의 종범에 해당하는지 여부

【판결요지】

가. 피고인이 미성년자를 유인하여 포박 감금한 후 단지 그 상태를 유지하였을 뿐인데도 피감금자가 사망에 이르게 된 것이라면 피고인의 죄책은 감금치사죄에 해당한다 하겠으나, 나아가서 그 감금상태가 계속된 어느 시점에서 피고인에게 살해의 범의가 생겨 피감금자에 대한 위험발생을 방지함이 없이 포박감금상태에 있던 피감금자를 그대로 방치함으로써 사망케 하였다면 피고인의 부작위는 살인죄의 구성요건적 행위를 충족하는 것이라고 평가하기에 충분하므로 부작위에 의한 살인죄를 구성한다.

나. 피해자를 아파트에 유인하여 양 손목과 발목을 노끈으로 묶고 입에 반창고를 두 겹으로 붙인 다음 양 손목을 묶은 노끈은 창틀에 박힌 시멘트 못에, 양발목을 묶은 노끈은 방문손잡이에 각각 잡아매고 얼굴에 모포를 씌워 감금한 후 수차 아파트를 출입하다가 마지막 들어갔을 때 피해자가 이미 탈진 상태에 이르러 박카스를 마시지 못하고 그냥 흘려버릴 정도였고 피고인이 피해자의 얼굴에 모포를 덮어씌워 놓고 그냥 나오면서 피해자를 그대로 두면 죽을 것 같다는 생각이 들었다면, 피고인이 위와 같은 결과발생의 가능성을 인정

하고 있으면서도 피해자를 병원에 옮기지 않고 사경에 이른 피해자를 그대로 방치한 소위는 피해자가 사망하는 결과에 이르더라도 용인할 수밖에 없다는 내심의 의사 즉 살인의 미필적 고의가 있다고 할 것이다.

다. 특정범죄가중처벌등에 관한 법률 제5조의2 제2항 제1호 소정의 죄는 형법 제287조의 미성년자 약취, 유인행위와 약취 또는 유인한 미성년자의 부모 기타 그 미성년자의 안전을 염려하는 자의 우려를 이용하여 재물이나 재산상의 이익을 취득하거나 이를 요구하는 행위가 결합된 단순일죄의 범죄라고 봄이 상당하므로 비록 타인이 미성년자를 약취. 유인한 행위에는 가담한 바 없다 하더라도 사후에 그 사실을 알면서 약취·유인한 미성년자를 부모 기타 그 미성년자의 안전을 염려하는 자의 우려를 이용하여 재물이나 재산상의 이익을 취득하거나 요구하는 타인의 행위에 가담하여 이를 방조한 때에는 단순히 재물등 요구행위의 종범이 되는데 그치는 것이 아니라 종합범인 위 특정범죄가중처벌등에 관한 법률 제5조의2 제2항 제1호 위반죄의 종범에 해당한다.

【참조조문】

가.나. 형법 제250조 / 가. 제281조 / 다. 특정범죄가중처벌등에관한법률 제5조의2 제2항 제1호, 형법 제287조

【전　문】

【피 고 인】 주영형 외 1인

【상 고 인】 피고인들

【변 호 인】 변호사 이영섭 외 3인

【원심판결】 서울고등법원 1982.7.9. 선고 82노831 판결

【주　문】

피고인들의 상고를 모두 기각한다.

이 판결선고 전의 구금일수중 75일을 피고인 이숙경에 대한 본형에 산입한다.

【이 유】

1. 피고인 주 영형의 상고이유를 본다.

(1) 피고인의 변호인들의 각 상고이유 제1점에 대하여,

기록에 의하여 살펴보면 원심이 유지한 제1심 판결거시의 증거중 의사 신현수가 작성한 사체검안서의 기재와 압수된 면노끈(증 제12호), 담요(증 제23호)의 현존사실 등은 소론 피고인의 자백이 진실함을 뒷받침하는 보강증거가 될 수 있다 할 것이므로 제1심 판결이 위 증거들을 종합하여 피해자 이윤상이 그 판시와 같은 경위 및 원인으로 질식하여 사망한 것이라는 사실인정을 한 조치에 소론과 같은 위법이 없으며 달리 그 증거취사와 사실인정의 과정을 살펴보아도 거기에 채증법칙위반, 심리미진으로 인한 사실오인이나 이유불비의 위법이 있다 할 수 없다.

또한 피고인이 원판시 미성년자를 유인하여 포박감금한 후 단지 그 상태를 유지하였을 뿐인데도 피감금자가 사망에 이르게 된 것이라면 피고인의 죄책은 소론과 같이 감금치사죄에만 해당한다 하겠으나, 나아가서 그 감금상태가 계속된 어느 시점에서 피고인에게 살해의 범의가 생겨 위험발생을 방지함이 없이 포박 감금상태에 있던 피감금자를 그대로 방치함으로써 사망케 하였다면 피고인의 부작위는 살인죄의 구성요건적 행위를 충족하는 것이라고 평가하기에 충분하므로 피고인의 소위는 부작위에 의한 살인죄를 구성한다고 보아야 할 것이다.

그런데 원심판결 및 원심이 유지한 제1심 판결이 확정한 사실에 의하면, 피고인은 1980.11.13. 17:30경 피해자 이윤상을 제1심 판시 아파트에 유인하여 양 손목과 발목을 노끈으로 묶고 입에는 반창고를 두 겹으로 붙인 다음, 양 손목을 묶은 노끈은 창틀에 박힌 시멘트 못에, 양 발목을 묶은 노끈은 방문손잡이에 각각 잡아매고 얼굴에는 모포를 씌워 포박 감금한 후 수차 그 방을 출입하던 중 같은달 15일 07:30경에 피고인이 그 아파트에 들어갔을 때에는 이미 피해자가 탈진상태에 있어 박카스를 먹여보려 해도 입에서 흘려 버릴 뿐 마시지 못하기에 얼굴에 모포를 다시 덮어씌워놓고 그대로 위 아파트에서 나와버렸는데 그때피고인은 피해자를 그대로 두면 죽을 것 같은 생각이 들어 병원에 옮기고 자수할

것인가, 그대로 두어 피해자가 죽으면 시체를 처리하고 범행을 계속할 것인가 아니면 스스로 자살할 것인가 등 두루 고민하다가 결국 병원에 옮기고 자수할 용기가 생기지 않아 그 대로 나와 학교에 갔다가 같은날 14:00경에 돌아와 보니 이미 피해자가 죽어 있었다는 것이니 이와 같은 사실관계로 미루어 보면, 피고인이 1980.11.15. 07:30경 포박 감금된 피해자의 얼굴에 모포를 덮어 씌워놓고 아파트에서 나올 때에는 그 상태로 보아 피해자를 방치하면 사망할 가능성이 있다는 것을 내심으로 인정하고 있었음이 분명하고, 여기에 피고인이 피해자와는 물론 그 부모와도 면식이 있는 사이였었다는 사정을 보태어 보면, 피고인이 위와 같은 결과발생의 가능성을 인정하고 있었으면서도 피해자를 병원에 옮기고 자수할 용기가 생기지 않았다는 이유로 사경에 이른 피해자를 그대로 방치한 소위에는 그로 인하여 피해자가 사망하는 결과가 발생하더라도 용인할 수밖에 없다는 내심의 의사 즉 살인의 미필적 고의가 있었다고 볼 수 있다.

그렇다면 자기행위로 인하여 위험발생의 원인을 야기하였음에도 그 위험발생을 방지하지 아니한 피고인의 위와 같은 소위는 살인죄의 구성요건적 행위를 충족하는 부작위였었다고 평가하기에 충분하다 하겠으므로 같은 취지의 판단아래 소론판시 피고인의 소위를 특정범죄가중처벌등에 관한 법률 제5조의2 제2항 제2호에 해당하는 살인죄로 의률한 제1심 판결을 유지한 원심판결은 정당하고, 거기에 논지가 지적하는 바와 같은 살인죄의 법리를 오해하여 법률적용을 그르친 위법이 있다 할 수 없다.

(2) 같은 상고이유 제2점에 대하여,

기록에 의하여 이 사건 양형의 조건이 될만한 모든 사정들을 살펴보면, 원심이 유지한 제1심의 선고형은 수긍되며 논지가 들고 있는 사정들을 참작한다하더라도 그 선고형이 심히 부당하다고는 인정되지 아니한다.

2. 피고인 이 숙경의 상고이유를 본다.

(1) 피고인의 변호인의 상고이유 제1점에 대하여,

특정범죄가중처벌등에 관한 법률 제5조의 2 제2항 제1호 소정의 죄는 형법 제287조의 미성년자 약취유인행위와 약취 또는 유인한 미성년자의 부모 기타그 미성년자의 안전을 염려하는 자의 우려를 이용하여 재물이나 재산상의 이익을 취득하거나 이를 요구하는 행위가 결합된 단순일죄의 범죄라고 봄이 상당하므로 비록 타인이 미성년자를 약취, 유인한 행위에는 가담한 바 없다 하더라도 사후에 그 사실을 알면서 약취, 유인한 미성년자의 부모 기타 그 미성년자의 안전을 염려하는 자의 우려를 이용하여 재물이 나 재산상의 이익을 취득하거나 요구하는 타인의 행위에 가담하여 이를 방조한 때에는 단순히 재물등 요구행위의 종범이 되는데 그치는 것이 아니라 결합범인 위 특정범죄가중처벌등에 관한 법률 제5조의 2 제2항 제1호 위반죄의 종범으로 의율함이 상당하다 할 것이다.
따라서 피고인 주영형이 미성년자 이윤상을 유인한 사실을 알면서 같은 피고인이 위 이윤상의 안전을 염려하는 부모의 우려를 이용하여 금품을 요구한 범행을 원심판시와 같은 방법으로 방조한 피고인 이숙경의 소위를 특정범죄가중처벌등에 관한 법률 제5조의 2 제2항 제1호 위반죄의 종범으로 의률한 원심판결은 위에 설시한 법리에 따른 것이므로 정당하고, 거기에 소론과 같은 종범에 관한 법리오해나 법령적용을 그르친 위법이 있다고 할 수 없다.

(2) 피고인 본인의 상고이유 및 그 변호인의 상고이유 제2점에 대하여,

징역 단기 3년, 장기 5년의 형이 선고된 이 사건에 있어서 형의 양정이 과중하다는 사유는 적법한 상고이유가 될 수 없다.

3. 결국 상고논지는 모두 이유없으므로 피고인들의 상고를 모두 기각하고, 피고인 이숙경에 대하여 이 판결선고전의 구금일수중 일부를 그 본형에 산입키로 하여 관여법관의 일치된 의견으로 주문과 같이 판결한다.

대법관 윤일영(재판장) 정태균 김덕주 오성환

쟁 점

- 부작위범의 성립요건
- 보증인지위
- 동가치성
- 작위와 부작위의 구별

연 구

1. 부작위범에서 부작위의 개념은 무엇인가?

2. 부작위범이 성립하기 위한 작위범과 구별되는 요건은 무엇인가?

3. 대상판결에서 피고인의 보증인적 지위와 의무는 무엇인가?

4. 대상 판결에서 '위험발생을 방지함이 없이 포박 감금상태에 있던 피감금자를 그대로 방치함으로써 사망케 하였다면 피고인의 부작위는 살인죄의 구성요건적 행위를 충족하는 것이라고 평가하기에 충분'하다고 판단하고 있는데, 이러한 판단의 논리적 전개과정은 어떻게 되는가? 그리고 이러한 결론이 타당한 것인가?

5. 참고 판례인 2002도995에서 피고인들의 치료중단행위가 작위인가? 부작위인가?

참고자료

■ 관련 판례

1. 보호자의 요구에 의한 퇴원과 환자사망에 대한 의사의 살인방조(대판 2004.6.24, 2002도995)

보호자가 의학적 권고에도 불구하고 치료를 요하는 환자의 퇴원을 강청하여 담당 전문의와 주치의가 치료중단 및 퇴원을 허용하는 조치를 취함으로써 환자를 사망에 이르게 한 행위에 대하여 보호자, 담당 전문의 및 주치의가 부작위에 의한 살인죄의 공동정범으로 기소된 사안에서, 담당 전문의와 주치의에게 환자의 사망이라는 결과 발생에 대한 정범의 고의는 인정되나 환자의 사망이라는 결과나 그에 이르는 사태의 핵심적 경과를 계획적으로 조종하거나 저지·촉진하는 등으로 지배하고 있었다고 보기는 어려워 공동정범의 객관적 요건인 이른바 기능적 행위지배가 흠결되어 있다는 이유로 작위에 의한 살인방조죄만 성립한다.

2. 부작위에 의한 살인(대판 1992.2.11, 91도2951)

피고인이 조카인 피해자(10세)를 살해할 것을 마음먹고 저수지로 데리고 가서 미끄러지기 쉬운 제방 쪽으로 유인하여 함께 걷다가 피해자가 물에 빠지자 그를 구호하지 아니하여 피해자를 익사하게 한 것이라면 피해자가 스스로 미끄러져서 물에 빠진 것이고, 그 당시는 피고인이 살인죄의 예비 단계에 있었을 뿐 아직 실행의 착수에는 이르지 아니하였다고 하더라도, 피해자의 숙부로서 익사의 위험에 대처할 보호능력이 없는 나이 어린 피해자를 익사의 위험이 있는 저수지로 데리고 갔던 피고인으로서는 피해자가 물에 빠져 익사할 위험을 방지하고 피해자가 물에 빠지는 경우 그를 구호하여 주어야 할 법적인 작위의무가 있다고 보아야 할 것이고, 피해자가 물에 빠진 후에 피고인이 살해의 범의를 가지고 그를 구호하지 아니한 채 그가 익사하는 것을 용인하고 방관한 행위(부작위)는 피고인이 그를 직접 물에 빠뜨려 익사시키는 행위와 다름없다고 형법상 평가될 만한 살인의 실행행위라고 보는 것이 상당하다.

■ 참고문헌

김성돈, "형법상 작위와 부작위의 구별", 성균관법학 제14권 제1호, 성균관대학교 법학연구소, 2002.

김성룡, "치료행위중단에 있어서 작위와 부작위의 구별", 형사판례연구(13), 한국형사판례연구회, 2005.

한정환, "작위와 부작위, 진정,부진정 부작위범의 구별", 비교형사법연구 제7권 제1호, 2005.

학습과제

대상판결에서 감금치사죄의 성립가능성을 판단해 보시오.

솔루션

1. 통상 형법에서 의미있는 영역은 작위범이며, 예외적으로 처벌의 대상이 되는 것이 부작위범이다. 여기서 부작위는 無爲는 아니지만 규범적으로 요구된 동작을 하지 않았다는 점에서 규범판단의 영역이다. 구성요건적 결과방지를 위해 적극적 작위 행위로 나아가야 할 자가 부작위함으로써 결과가 발생한 경우에는 사회적(규범적) 의미에서 작위와 동동한 가치를 가지는 것으로 보는 것이다.

2. 이러한 부작위범은 일반적인 행위(작위)의 가능성, 구성요건적 부작위가 존재(구성요건적 상황, 요구되는 행위의 부작위, 개별적 작위 가능성)하여야 한다. 여기에 작위의 형식으로 되어 있는 범죄를 부작위의 형태로 실행하는 부진정부작위범은 부작위의 동가치성과 보증인지위(보증인이란 법적대적 에너지를 무해하게 하여 구성요건적 결과의 불발생을 담보하는 자를 의미한다), 제2의 동가치성(행위정형의 동가치성으로, 예컨대 사기죄의 기망)이 추가적으로 요구된다. 부작위의 동가치성은 독일형법 13조(① 형벌 규정의 구성요건에 속하는 결과를 방지하지 않은 자는 결과가 발생하지 않도록 법적으로 보증할 책임이 있고, 그 부작위가 법률상의 구성요건을 작위에 의하여 실현하는 것에 준하는 경우에 한하여 이 법률에 따라 처벌한다. ② 그 형은 제49조 제1항에 따라 감경할 수 있다.)에서 유래하는 요건으로 이러한 명문의 규정이 없는 우리 형법에서는 부작위의 무정형성으로 인해 죄형법정주의와의 충돌을 방지하는 장치로 의미를 지니며, 이를 구체화하는 척도로 보증인지위가 설명된다.

3. 보증인지위는 부진정부작위범에서 법익침해의 위험성이 있는 사태가 존재하면 보증인으로서 등장하게 되는 위치로, 어떠한 경우에 발생하는가가 핵심이다. 이에 대해서는 법령, 계약, 관습 등의 법원을 기준으로 하는 형식설, 보증인과 보호법익과의 관계를 중심으로 판단하여 위험발생 방지의무(보호의무)와 위험원 감시의무(안전의무)를 기준으로 하는 기능설이 있으나, 이들 양자의 단점을 보완하여 상호 결합하여 판단하는 종합설이 타당하다. 대상판결의 경우 미성년자의 약취·유인과 유기라는 선행행위(직접적이고 상당한 위법행위)에서 안전의무가 발생하고 보증인 지위가 인정되는 것으로 이해할 수 있다.

4. 형법 18조에 비추어 부작위범의 성립을 실질적으로 판단하면, 위험의 발생 → 보증인 지위 → 구성요건적 부작위의 과정을 거치며, 이는 다시 일반적인 행위(작위)의 가능성, 구성요건적 부작위의 존재(구성요건적 상황, 요구되는 행위의 부작위, 개별적 작위 가능성), 부작위의 동가치성과 보증인지위의 유무를 판단하게 된다. 그런데 대법원은 대상 판결에서 '피고인의 부작위는 살인죄의 구성

요건적 행위를 충족하는 것이라고 평가하기에 충분'하다고만 함으로써 이러한 논리적 판단의 고리를 지나치게 포괄적·추상적으로 판단하였다. 즉 '부작위가 작위에 의한 법익침해와 동등한 형법적 가치가 있은 것이어서 그 범죄의 실행행위로 평가될 만한 것이라면, 작위에 의한 실행행위와 동일하게 부작위범으로 처벌할 수 있다'는 부작위의 동가치성을 구체적인 근거 제시없이 막연하게 인정한 문제점이 있다.

5. 행위자의 행위에 작위와 부작위의 측면이 병존하는 경우 어느 쪽으로 판단할 것인가 문제된다. 작위는 외계의 현상에 의해 구별되는 사실판단의 영역이나 부작위는 無爲는 아니지만 규범적으로 요구된 동작을 하지 않았다는 점에서 규범판단의 영역이기 때문이다.

참고판례인 2002도995 판결도 소위 보라매병원사건으로 작위와 부작위가 병존하는 경우로 어느 유형으로 판단하여야 하는 문제가 쟁점이 되었는데, 1심은 의료진에게 부작위에 의한 살인죄의 정범을 인정하였으나, 2심에서는 작위에 의한 살인죄의 방조범으로 판단하였다. 그리고 상고심에서 대법원은 '어떠한 범죄가 적극적 작위에 의하여 이루어 질 수 있음은 물론 결과의 발생을 방지하지 아니하는 소극적 부작위에 의하여도 실현될 수 있는 경우에, 행위자가 자신의 신체적 활동이나 물리적·화학적 작용을 통하여 적극적으로 타인의 법익상황을 악화시킴으로써 결국 그 타인의 법익을 침해하기에 이르렀다면, 이는 작위에 의한 범죄로 봄이 원칙이고, 작위에 의하여 악화된 법익상황을 다시 되돌이키지 아니한 점에 주목하여 이를 부작위범으로 볼 것은 아니며, 나아가 악화되기 이전의 법익상황이, 그 행위자가 과거에 행한 또 다른 작위의 결과에 의하여 유지되고 있었다 하여 이와 달리 볼 필요가 없다'고 하면서 2심의 작위와 부작위의 구별을 지지하는 판단으로 작위에 의한 살인죄의 방조범을 인정하였다.

작위와 부작위의 구별은, 과실범의 경우 부작위는 적극적 작위 수행의 내용에 불과한 부수적 결과이며 행위의 중점은 적극적인 작위를 통한 결과 야기에 있다고 판단하여야 한다. 반면 고의범의 경우에는 작위를 우선으로 하고 부작위가 보충적 관계에 선다는 견해와, 규범적 관점에서 사회적 의미 내지 비난의 중점이 어디에 있는가를 기준으로 판단하는 견해, 자연과학적 척도를 기준으로 일정한 방향으로 에너지의 투입이 있으면 작위라는 견해 등이 대립되고 있다.

2002도995 참고 판결에 대해서는 작위 우선설에 의하면 작위범이 된다고 하며, 규범적 척도를 기준으로 하는 경우 부작위범이 된다고 볼 수 있다고 하거나, 에너지 투입설에 따라 작위범이 된다라는 견해도 있다. 다만 어느 견해를 따르더라도 의견의 일치를 보이는 영역의 구체적 판단 기준은 적극적인 작위행위의 존재, 구조가능성 및 효과, 원인에 있어 자유로운 부작위의 여부 등이 될 것이다.

도입판례 2

■ **대법원** 1992. 2. 11. **선고** 91도2951 **판결** 【살인】

【판시사항】

가. 부작위에 의한 작위범의 요건

나. 살해의 의사로 위험한 저수지로 유인한 조카(10세)가 물에 빠지자 구호하지 아니한 채 방치한 행위를 부작위에 의한 살인행위로 본 사례

【판결요지】

가. 형법이 금지하고 있는 법익침해의 결과발생을 방지할 법적인 작위의무를 지고 있는 자가 그 의무를 이행함으로써 결과발생을 쉽게 방지할 수 있었음에도 불구하고 그 결과의 발생을 용인하고 이를 방관한 채 그 의무를 이행하지 아니한 경우에, 그 불작위가 작위에 의한 법익침해와 동등한 형법적 가치가 있는 것이어서 그 범죄의 실행행위로 평가될 만한 것이라면, 작위에 의한 실행행위와 동일하게 부작위범으로 처벌할 수 있다고 할 것이다.

나. 피고인이 조카인 피해자(10세)를 살해할 것을 마음먹고 저수지로 데리고 가서 미끄러지기 쉬운 제방 쪽으로 유인하여 함께 걷다가 피해자가 물에 빠지자 그를 구호하지 아니하여 피해자를 익사하게 한 것이라면 피해자가 스스로 미끄러져서 물에 빠진 것이고, 그 당시는 피고인이 살인죄의 예비 단계에 있었을 뿐 아직 실행의 착수에는 이르지 아니하였다고 하더라도, 피해자의 숙부로서 익사의 위험에 대처할 보호능력이 없는 나이 어린 피해자를 익사의 위험이 있는 저수지로 데리고 갔던 피고인으로서는 피해자가 물에 빠져 익사할 위험을 방지하고 피해자가 물에 빠지는 경우 그를 구호하여 주어야 할 법적인 작위의무가 있다고 보아야 할 것이고, 피해자가 물에 빠진 후에 피고인이 살해의 범의를 가지고 그를 구호하지 아니한 채 그가 익사하는 것을 용인하고 방관한 행위(부작위)는 피고인이 그를 직접 물에 빠뜨려 익사시키는 행위와 다름없다고 형법상 평가될 만한 살인의 실행행위라고 보는 것이 상당하다.

【참조조문】

가.나. 형법 제18조 / 나. 형법 제250조

【참조판례】

가.나. 대법원 1982.11.23. 선고 82도2024 판결(공1983,238)

【전 문】

【피 고 인】 피고인

【상 고 인】 피고인

【변 호 인】 변호사 김형기 외 1인

【원심판결】 부산고등법원 1991.10.23. 선고 91노746 판결

【주 문】

상고를 기각한다.

【이 유】

1. 피고인의 상고이유와 국선변호인 변호사 김형기의 상고이유 제1점과 변호인 변호사 김동호의 상고이유 제1의 (가)점 및 제2점에 대한 판단(변호인 변호사 김동호가 상고이유서제출기간이 지난 뒤에 제출한 상고이유보충서에 기재된 보충상고이유는 상고이유를 보충하는 한도 내에서 판단한다. 이 뒤에도 같다).

원심이 인용한 제1심판결이 채용한 증거들을 기록과 대조하여 검토하면, 피고인이 고의로 피해자들을 살해한 사실을 충분히 인정할 수 있고, 원심판결에 소론과 같이 채증법칙을 위반하거나 살인의 범의에 관한 법리를 오해하여 판결에 영향을 미친 사실을 잘못 인정하거나, 보강증거도 없이 피고인에게 불리한 유일의 증거인 피고인의 자백만으로 공소사실을 유죄로 인정한 위법이 있다고 볼 수 없으므로, 논지는 모두 이유가 없다.

2. 변호인 변호사 김동호의 상고이유 제1의 (나)점에 대한 판단

형법 제18조에 의하면 위험의 발생을 방지할 의무가 있거나 자기의 행위로 인하

여 위험발생의 원인을 야기한 자가 그 위험발생을 방지하지 아니한 때에는 그 발생된 결과에 의하여 처벌하도록 규정되어 있는바, 형법이 금지하고 있는 법익침해의 결과발생을 방지할 법적인 작위의무(작위의무)를 지고 있는 자가, 그 의무를 이행함으로써 결과발생을 쉽게 방지할 수 있었음에도 불구하고 그 결과의 발생을 용인하고 이를 방관한 채 그 의무를 이행하지 아니한 경우에, 그 부작위(부작위)가 작위에 의한 법익침해와 동등한 형법적 가치가 있은 것이어서 그 범죄의 실행행위로 평가될 만한 것이라면, 작위에 의한 실행행위와 동일하게 부작위범으로 처벌할 수 있다고 할 것이다.

이 사건의 사실관계가 원심이 인용한 제1심판결이 확정한 바와 같이, 피고인이 조카인 피해자 1(10세) 과 2(8세) 를 살해할 것을 마음먹고, 피해자들을 불러내어 미리 물색하여 둔 저수지로 데리고 가서 인적이 드물고 경사가 급하여 미끄러지기 쉬운 제방 쪽으로 유인하여 함께 걷다가, 피해자 1로 하여 금위와 같이 가파른 물가에서 미끄러져 수심이 약 2미터나 되는 저수지 물속으로 빠지게 하고, 그를 구호하지 아니한 채 앞에 걸어가고 있던 피해자 2의 소매를 잡아당겨 저수지에 빠뜨림으로써 그 자리에서 피해자들을 익사하게 한 것이라면, 소론과 같이 피해자 1이 스스로 미끄러져서 물에 빠진 것이고, 그 당시는 피고인이 살인죄의 예비단계에 있었을 뿐 아직 실행의 착수에는 이르지 아니하였다고 하더라도, 피고인은 피해자들의 숙부로서 위와 같은 익사의 위험에 대처할 보호능력이 없는 나이 어린 피해자들을 급한 경사로 인하여 미끄러지기 쉬워 위와 같은 익사의 위험이 있는 저수지로 데리고 갔던 것이므로, 피고인으로서는 피해자들이 물에 빠져 익사할 위험을방지하고 피해자들이 물에 빠지는 경우 그들을 구호하여 주어야 할 법적인 작위의무가 있다고 보아야 할 것이고, 이와 같은 상황에서 피해자 1이 물에 빠진 후에 피고인이 살해의 범의를 가지고 그를 구호하지 아니한 채 그가 익사하는 것을 용인하고 방관한 행위(부작위)는 피고인이 그를 직접 물에 빠뜨려 익사시키는 행위와 다름없다고 형법상 평가될 만한 살인의 실행행위라고 보는 것이 상당하다.

같은 취지에서 피고인에게 피해자 1에 대한 살인죄를 적용한 것으로 보이는 원심의 판단은 정당하고, 원심판결에 소론과 같이 살인죄의 법리를 오해한 위법이 있다고 볼 수 없으므로, 논지도 이유가 없다.

3. 국선변호인 변호사 김형기의 상고이유 제2점과 변호인 변호사 김동호의 상고이유 제3점에 대한 판단

피고인의 연령, 성행, 지능과 환경, 피해자들에 대한 관계, 이 사건 각 범행의 동기, 수단과 결과, 범행 후의 정황 등 기록에 나타난 양형의 조건이 되는 여러가지 사정을 살펴보면, 변호인들이 주장하는 정상을 참작하더라도, 피고인에 대하여 무기징역의 형을 선고한 원심의 형의 양정은 적절하다고 보이며, 그 형의 양정이 심히 부당하다고 인정할 현저한 사유가 있다고 볼 수 없으므로, 논지도 이유가 없다.

4. 그러므로 피고인의 상고를 기각하기로 관여 법관의 의견이 일치되어 주문과 같이 판결한다.

대법관 윤관(재판장) 최재호 김주한 김용준

쟁 점

- 부작위의 동치성
- 행위정형의 동가치성

연 구

1. 어떠한 경우에 부작위에 의한 작위범의 실현을 작위범과 동일하게 평가할 수 있는가?

2. 행위정형의 동가치성은 무엇을 의미하는가?

3. 결과범의 종류, 즉 일반적인 결과범과 특별한 행위방법을 요구하는 결과범(사기죄의 기망) 사이에 동치성의 차이가 있는가?

4. 대상판결에서 피고인의 보증인지위는 어떻게 인정되는가?

5. 대상판결에서 피고인의 실행의 착수시기는 언제인가?

참고자료

■ 관련 판례

부작위에 의한 방조(대판 1997.3.14, 96도1639)

백화점에서 바이어를 보조하여 특정매장에 관한 상품관리 및 고객들의 불만사항 확인 등의 업무를 담당하는 직원은 자신이 관리하는 특정매장의 점포에 가짜 상표가 새겨진 상품이 진열·판매되고 있는 사실을 발견하였다면 고객들이 이를 구매하도록 방치하여서는 아니되고 점주나 그 종업원에게 즉시 그 시정을 요구하고 바이어 등 상급자에게 보고하여 이를 시정하도록 할 근로계약상·조리상의 의무가 있다고 할 것임에도 불구하고 이러한 사실을 알고서도 점주 등에게 시정조치를 요구하거나 상급자에게 이를 보고하지 아니함으로써 점주로 하여금 가짜 상표가 새겨진 상품들을 고객들에게 계속 판매하도록 방치한 것은 작위에 의하여 점주의 상표법위반 및 부정경쟁방지법위반 행위의 실행을 용이하게 하는 경우와 동등한 형법적 가치가 있는 것으로 볼 수 있으므로, 백화점 직원인 피고인은 부작위에 의하여 공동피고인인 점주의 상표법위반 및 부정경쟁방지법위반 행위를 방조하였다고 인정할 수 있다.

■ 참고문헌

김성룡, "묵시적 기망·부작위를 통한 기망 및 작위와 부작위의 상응성", 형사법연구 제23권, 한국형사법학회, 2005.

한정환, "형법 제18조에서의 작위의무자", 형사법연구 제26호, 한국형사법학회, 2004.

학습과제

1. 선행행위에 의해 보증인지위가 인정된 판례의 사안들을 정리해 보시오.

2. 부작위범의 동치성을 판단한 사안들을 정리해 보시오.

솔루션

1. 부작위의 동치성 개념은, 부작위는 無爲는 아니지만 규범적으로 요구된 동작을 하지 않았다는 점에서 규범판단의 영역의 문제가 되며, 구성요건적 결과방지를 위해 적극적 작위 행위로 나아가야 할 자가 부작위함으로써 결과가 발생한 경우에는 사회적(규범적) 의미에서 작위와 동동한 가치를 가지는 것으로 이해한다는 점에서 출발하여야 한다.

   독일형법 제13조 제1항은 '그 부작위가 작위에 의한 법적 구성요건의 실현과 동일한 것인 경우에 한하여' 부작위범으로 처벌될 수 있음을 규정하고 있는데, 이처럼 외견상 무위처럼 보이는 부작위범이 작위범과 동일하게 처벌되기 위해서는 작위에 의한 구성요건실현과 동가치한 것으로 평가되어야 하며, 이는 작위에 의한 구성요건실현에 대한 부작위의 상응성이라고 이해할 수 있다. 부작위는 소극적으로 요구되는 행위를 행하지 않는 것이므로, 적극적 작위에 비해 불법의 정도가 낮을 수밖에 없으며, 결국 부작위 범행에서 유의성과 사회적 의미를 고려하여 행위반가치의 측면에서 작위범과 동동한 것으로 평가되어야 하는 것이다.

2. 일부 견해는 동가치성을 일반적인 결과범에서는 필요하지 않고 사기죄처럼 특별한 행위방법(기망)에 의해 결과가 발생하는 결과범에 대해서만 의미가 있는 행위정형의 동가치성으로 이해하기도 하나, 이는 부작위범의 일반적인 동가치성과 추가적으로 요구되는 제2의 동가치성으로서의 행위정형의 동가치성을 혼동한 것으로 보인다. 불법의 정도에 있어 부작위범을 작위범과 동일한 구성요건으로 처벌하기 위해서는 일반적인 의미에서 부작위의 동가치성이 필요하기 때문이다. 따라서 행위정형의 동가치성은 부작위에 의한 구성요건적 결과가 구성요건에서 요구하는 특별한 수단 또는 방법에 의해 행해졌다는 의미이며, 살인죄나 상해죄와 같은 통상적인 결과범에서는 특별히 문제되지 않으나, 사기죄처럼 구성요건적 결과가 일정한 방법에 의해 발생하는 경우에는 현실적으로 검토의 대상이 된다.

   대상판결에서 대법원은 '피해자가 물에 빠진 후에 피고인이 살해의 범의를 가지고 그를 구호하지 아니한 채 그가 익사하는 것을 용인하고 방관한 행위(부작위)는 피고인이 그를 직접 물에 빠뜨려 익사시키는 행위와 다름없다고 형법상 평가될 만한 살인의 실행행위'라고 하여 이러한 부작위의 동가치성을 정면으로 판단하고 있다. 즉 '작위에 의한 익사행위=불구조행위라는 부작위를 통한 사망'의 판단구조를 통해 부작위의 동가치성을 긍정한 것이다.

3. 보증인지위의 경우, 대법원은 '피해자의 숙부로서 익사의 위험에 대처할 보호능력이 없는 나이 어린 피해자를 익사의 위험이 있는 저수지로 데리고 갔던 피고인'이라고 하여 친족관계, 선행행위를 구분하지 않고 판단하고 있다. 그러나 숙부라는 친족의 지위는 생계를 같이하지 않는 이상 곧바로 민법상의 부양의무를 인정할 수 없어, 스스로 보호능력이 없는 어린 아이를 미끄러지기 쉬워 익사의 가능성이 높은 저수지의 제방 쪽으로 걷도록 한 점에서 선행행위로 인해 보증인지위가 발생한다고 볼 수 있다.

4. 부진정 부작위범에서 실행의 착수시기는 외계에서의 동작이 없기 때문에 그 판단과 관련하여 많은 견해들이 주장되고 있다. 작위가 가능한 첫 시점인 최초의 구조가능성의 방임시점이라는 견해와 결과방지가 가능한 마지막 순간이라는 최후의 구조가능성의 방임 시점이라는 견해, 부작위가 보호법익에 대한 직접적인 위험을 야기하거나 증가시킨 시점이라는 견해 등이 주장되고 있다.

대상판결과 같은 사안의 경우, 최초의 구조가능성은 피해자가 미끄러져 물에 빠지자마자, 최후의 구조가능성은 물에 빠져 시간이 어느 정도 경과하여 익사 직전, 보호법익에 대한 직접적인 위험의 야기나 증가는 물에 빠져 허우적거리며 구조를 요할 때라고 할 것이다.

8. 위법성 조각사유

도입판례 1

■ **대법원** 1992. 12. 22. **선고** 92도2540 **판결** 【살인】

【판시사항】

가. 정당방위의 성립요건

나. 의붓아버지의 강간행위에 의하여 정조를 유린당한 후 계속적으로 성관계를 강요받아 온 피고인이 상피고인과 사전에 공모하여 범행을 준비하고 의붓아버지가 제대로 반항할 수 없는 상태에서 식칼로 심장을 찔러 살해한 행위는 사회통념상 상당성을 결여하여 정당방위가 성립하지 아니한다고 본 사례

다. 심신장애의 유무 및 정도에 관한 판단방법

【판결요지】

가. 정당방위가 성립하려면 침해행위에 의하여 침해되는 법익의 종류, 정도, 침해의 방법, 침해행위의 완급과 방위행위에 의하여 침해될 법익의 종류, 정도 등 일체의 구체적 사정들을 참작하여 방위행위가 사회적으로 상당한 것이어야 하고, 정당방위의 성립요건으로서의 방어행위에는 순수한 수비적 방어뿐 아니라 적극적 반격을 포함하는 반격방어의 형태도 포함되나, 그 방어행위는 자기 또는 타인의 법익침해를 방위하기 위한 행위로서 상당한 이유가 있어야 한다.

나. 의붓아버지의 강간행위에 의하여 정조를 유린당한 후 계속적으로 성관계를 강요받아 온 피고인이 상피고인과 사전에 공모하여 범행을 준비하고 의붓아버지가 제대로 반항할 수 없는 상태에서 식칼로 심장을 찔러 살해한 행위는 사회통념상 상당성을 결여하여 정당방위가 성립하지 아니한다고 본 사례.

다. 형법 제10조 소정의 심신장애의 유무 및 정도를 판단함에 있어서 반드시 전문인의 의견에 기속되어야 하는 것은 아니고 범행의 경위, 수단, 범행 전후

의 피고인의 행동 등 기록에 나타난 제반자료와 공판정에서의 피고인의 태도 등을 종합하여 법원이 독자적으로 판단할 수 있다.

【참조조문】

가.나. 형법 제21조 / 다. 형법 제10조, 형사소송법 제308조

【참조판례】

가. 대법원 1966.3.15. 선고 66도63 판결(집14① 형26), 1984.6.12. 선고 84도683 판결(공1984, 1239) / 다. 대법원 1987.10.13. 선고 87도1240 판결(공1987,1742), 1990.11.27. 선고 90도2210 판결(공1991, 294), 1991.9.13. 선고 91도1473 판결(공1991, 2572)

【전 문】

【피 고 인】 김진관 외 1인

【상 고 인】 피고인들

【변 호 인】 변호사 전봉호 외 19인

【원심판결】 서울고등법원 1992.9.14. 선고 92노1511 판결

【주 문】

상고를 모두 기각한다.

피고인 김진관에 대하여는 상고 후의 구금일수 중 90일을 본형에 산입한다.

【이 유】

상고이유를 본다.

피고인들과 변호인들이 각 제출한 상고이유를 함께 판단한다.

사실오인, 채증법칙위반을 주장하고, 기대가능성이 없었다는 주장에 대하여

기록을 살펴보면, 피고인들이 공모하여 피해자 김영오(이하 피해자라고 한다)

를 살해하였다는 원심의 사실인정은 수긍이 가고 거기에 채증법칙을 어긴 위법이 있다고 할 수 없다.

원심이 인용한 제1심판결이 든 증거에 의하면, 피고인 김진관은 피고인 김보은으로부터 피해자와의 관계를 고백받고 같이 번민하다가 피해자를 살해하고 강도로 위장하기로 공모한 후, 피고인 김진관이 이 사건 범행 전날 서울 창동시장에서 범행에 사용할 식칼(증 제4호), 공업용 테이프(증 제7, 제10호), 장갑 등을 구입하여 가지고 범행장소인 충주에 내려가서 피고인 김보은과 전화통화로 범행시간을 정하고, 약속된 시간인 1992.1.17. 01:30경 피고인 김보은이 열어준 문을 통하여 피해자의 집안으로 들어간 다음, 이어서 피해자가 술에 취하여 잠들어 있는 방에 몰래 들어가 피해자의 머리 맡에서 식칼을 한손에 들어 피해자를 겨누고 양 무릎으로 피해자의 양팔을 눌러 꼼짝 못하게 한 후 피해자를 깨워 피해자가 제대로 반항할 수 없는 상태에서 피고인 김보은을 더 이상 괴롭히지 말고 놓아 주라는 취지의 몇 마디 이야기를 하다가 들고 있던 식칼로 피해자의 심장을 1회 찔러 그 자리에서 살해하고, 강도살인을 당한 것처럼 위장하기 위하여 죽은 피해자의 양 발목을 공업용 테이프로 묶은 다음 현금을 찾아 태워 없애고 장농, 서랍 등을 뒤져 범행현장에 흩어 놓고 나서, 피고인 김진관은 강도에게 당한 것처럼 피고인 김보은의 브레지어 끈을 칼로 끊고 양 손목과 발목을 공업용 테이프로 묶은 다음 달아나고, 피고인 김보은은 양 손목과 발목이 공업용 테이프로 묶인 채 옆집에 가서 강도를 당하였다고 허위로 신고한 것이라는 원심의 사실인정을 수긍하기에 부족함이 없다 할 것이고, 사실관계가 위와 같은 이상 피고인들의 이 사건 범행이 우발적으로 이루어진 것이라고 볼 수도 없다.

그리고 사실관계가 원심이 인정한 바와 같다면, 피고인들에게 기대가능성이 없다는 주장을 배척한 원심의 조처도 수긍할 수 있고 거기에 기대가능성의 법리를 오해한 위법이 없다.

따라서 논지는 이유가 없다.

정당방위 또는 과잉방위를 주장하는 부분에 대하여

원심이 인정한 바와 같이, 피고인 김보은이 약 12살 때부터 의붓아버지인 피해자의 강간행위에 의하여 정조를 유린당한 후 계속적으로 이 사건 범행무렵까지 피해자와의 성관계를 강요받아 왔고, 그 밖에 피해자로부터 행동의 자유를 간섭받아 왔으며, 또한 그러한 침해행위가 그 후에도 반복하여 계속될 염려가 있었다면, 피고인들의 이 사건 범행 당시 피고인 김보은의 신체나 자유등에 대한 현재의 부당한 침해상태가 있었다고 볼 여지가 없는 것은 아니나, 그렇다고 하여도 판시와 같은 경위로 이루어진 피고인들의 이 사건 살인행위가 형법 제21조 소정의 정당방위나 과잉방위에 해당한다고 하기는 어렵다.

정당방위가 성립하려면 침해행위에 의하여 침해되는 법익의 종류, 정도, 침해의 방법, 침해행위의 완급과 방위행위에 의하여 침해될 법익의 종류, 정도 등 일체의 구체적 사정들을 참작하여 방위행위가 사회적으로 상당한 것이었다고 인정할 수 있는 것이어야 할 것인데(당원 1966.3.15. 선고 66도63 판결; 1984.6.12. 선고 84도683 판결 각 참조), 피고인들이 사전에 판시와 같은 경위로 공모하여 범행을 준비하고, 술에 취하여 잠들어 있는 피해자의 양팔을 눌러 꼼짝 못하게 한 후 피해자를 깨워 피해자가 제대로 반항할 수 없는 상태에서 식칼로 피해자의 심장을 찔러 살해한다는 것은, 당시의 상황에 비추어도 사회통념상 상당성을 인정하기가 어렵다고 하지 않을 수 없고, 피고인들의 범행의 동기나 목적을 참작하여도 그러하므로, 원심이 피고인들의 판시 행위가 정당방위에 해당한다거나 야간 기타 불안스러운 상태하에서 공포, 경악, 흥분 또는 당황으로 인하여 그 정도를 초과한 경우에 해당한다는 피고인들의 주장을 배척한 조처도 정당하고, 거기에 소론과 같은 법리를 오해하거나 채증법칙을 어긴 위법이 있다고 할 수 없다.

정당방위의 성립요건으로서의 방어행위에는 순수한 수비적 방어뿐 아니라 적극적 반격을 포함하는 반격방어의 형태도 포함됨은 소론과 같다고 하겠으나, 그 방어행위는 자기 또는 타인의 법익침해를 방위하기 위한 행위로서 상당한 이유가 있어야 하는 것인데, 피고인들의 판시 행위가 위에서 본 바와 같이 그 상당성을 결여한 것인 이상 정당방위행위로 평가될 수는 없는 것이므로, 원심이 피고인들의 이 사건 범행이 현재의 부당한 침해를 방위할 의사로 행해졌다기보다는 공격의 의사로 행하여졌다고 인정한 것이 적절하지 못하다고 하더라도, 정당방위행위가 되지 않는다는 결론에 있어서는 정당하여, 이 사건 판결의 결과에 영향이 없는 것이다.

따라서 논지는 이유 없다.

심신장애를 주장하는 부분에 대하여

형법 제10조 소정의 심신장애의 유무 및 정도를 판단함에 있어서 반드시 전문인의 의견에 기속되어야 하는 것은 아니고 범행의 경위, 수단, 범행 전후의 피고인의 행동 등 기록에 나타난 제반자료와 공판정에서의 피고인의 태도 등을 종합하여 법원이 독자적으로 판단할 수 있는 것이다(당원 1983.7.12. 선고 83도1262 판결; 1990.11.27. 선고 90도2210 판결; 1991.9.13. 선고 91도1473 판결 각 참조).

그러므로 원심이 같은 취지에서, 원심증인 김광일, 김재환의 법정에서의 각 진술부분과 그들이 작성하여 공판기록에 편철된 피고인들의 정신 및 심리상태의 조회에 대한 회신의 각 기재부분은 그들이 피고인들을 면담조차 아니한 채 변호인이 제공한 이 사건 공판기록의 일부분과 변호인이 작성한 "사실관계요지서"라는 서면에 기초하여 피고인들의 정신 및 심리상태를 분석하여 작성되었거나 이를 근거로 진술한 것이라는 이유로 배척하고, 이 사건 기록에 나타난 피고인들의 연령, 생활환경, 성장과정, 대학교 생활의 내용 및 성적, 이 사건 범행 당시의 상황, 그 범행 후의 정황 등과 그 밖에 수사기관을 비롯하여 제1심 및 원심법정에서의 피고인들의 태도 및 언동 등에 비추어 보면 피고인들이 이 사건 범행 당시 사물을 변별할 능력이나 의사를 결정할 능력이 없었다거나 미약한 상태에 있었던 것은 아니라고 하여 피고인들의 심신장애 또는 심신미약의 주장을 배척한 조처는 정당한 것으로 수긍이 가고, 거기에 채증법칙을 어긴 위법이 있다거나 소론과 같은 법리오해의 위법이 있다고 할 수 없다. 따라서 논지도 이유 없다.

양형부당을 주장하는 부분에 대하여

피고인들에게 각 징역 10년 미만이 선고된 이 사건에서 양형부당을 이유로 하여서는 형사소송법상 적법한 상고이유로 삼을 수 없는 것이다.

논지도 이유 없다.

그러므로 상고를 모두 기각하고, 피고인 김진관에 대하여는 상고 후의 구금일수 중 일부를 본형에 산입하기로 하여 관여 법관의 일치된 의견으로 주문과 같이 판결한다.

쟁 점

- 정당방위의 상당성
- 예방적 정당방위 또는 긴급피난
- 심신장애상태의 판단

연 구

1. 정당방위의 성립요건은 무엇인가? 본 사안에서 피고인들의 행위가 정당방위의 객관적 요건에 해당하는가?

2. 예방적 정당방위 또는 긴급피난을 인정할 수 있는가? 본 사안에 적용할 경우 피고인들의 형사책임에 어떠한 영향을 주는가?

3. 피고인 김보은의 경우 피해자에 의한 성장과정에서의 왜곡과 핍박을 법적으로 원용할 수 있는 주장을 할 수는 없는가?

4. 위 사안에서 대법원이 침해의 현재성을 인정하고, 방위행위의 상당성을 부정한 이유는 무엇인가?

참고자료

■ 관련 판례

1. 정당방위 (대판 1968.5.7, 68도370)

싸움을 함에 있어서 격투를 하는 자 중의 한사람의 공격이 그 격투에서 당연히 예상할 수 있는 정도를 초과하여 살인의 흉기 등을 사용하여온 경우에는 이를 '부당한 침해'라고 아니할 수 없으므로 이에 대하여는 정당방위를 허용하여야 한다고 해석하여야 할 것이다.

2. 긴급피난 (대판 1987.1.20, 85도221)

피고인들이 피조개양식장에 피해를 주지 아니하도록 할 의도에서 선박의 닻줄을 7샤클(175미터)에서 5샤클(125미터)로 감아놓았고 그 경우에 피조개양식장까지의 거리는 약 30미터까지 근접한다는 것이므로 닻줄을 50미터 더 늘여서 7샤클로 묘박하였다면 선박이 태풍에 밀려 피조개양식장을 침범하여 물적 손해를 입히리라는 것은 당연히 예상되는 것이고, 그럼에도 불구하고 태풍에 대비한 선박의 안전을 위하여 선박의 닻줄을 7샤클로 늘여 놓았다면 이는 피조개양식장의 물적피해를 인용한 것이라 할 것이어서 재물손괴의 점에 대한 미필적 고의를 인정할 수 있다. 선박의 이동에도 새로운 공유수면점용허가가 있어야 하고 휴지선을 이동하는데는 예인선이 따로 필요한 관계로 비용이 많이 들어 다른 해상으로 이동을 하지 못하고 있는 사이에 태풍을 만나게 되고 그와 같은 위급한 상황에서 선박과 선원들의 안전을 위하여 사회통념상 가장 적절하고 필요불가결하다고 인정되는 조치를 취하였다면 형법상 긴급피난으로서 위법성이 없어서 범죄가 성립되지 아니한다고 보아야 하고 미리 선박을 이동시켜 놓아야 할 책임을 다하지 아니함으로써 위와 같은 긴급한 위난을 당하였다는 점만으로는 긴급피난을 인정하는데 아무런 방해가 되지 아니한다.

3. 자구행위 및 추정적 승낙 (대판 2006.3.24, 2005도8081)

형법상 자구행위라 함은 법정절차에 의하여 청구권을 보전하기 불능한 경우에 그 청구권의 실행불능 또는 현저한 실행곤란을 피하기 위한 상당한 행위를 말하는 것인바, 이 사건에서 피고인들에 대한 채무자인 피해자가 부도를 낸 후 도피하였고 다른 채권자들이 채권확보를 위하여 피해자의 물건들을 취거해 갈 수도 있다는 사정만으로는 피고인들이 법정절차에 의하여 자신들의 피해자에 대한 청구권을 보전하는 것이 불가능한 경우에 해당한다고 볼 수 없을 뿐만 아니라, 또한 피해자 소유의 가구점에 관리종업원이 있음에도 불구하고 위 가구점의 시정장치를 쇠톱으로 절단하고 들어가 가구들을 무단으로 취거한 행위가 피고인들의 피해자에 대한 청구권의 실행불능이나 현저한 실행곤란을 피하기 위한 상당한 이유가 있는 행위라고도 할 수 없다.

추정적 승낙이란 피해자의 현실적인 승낙이 없었다고 하더라도 행위 당시의 모든 객관적 사정에 비추어 볼 때 만일 피해자가 행위의 내용을 알았더라면 당연히 승낙하였을 것으로 예견되는 경우를 말하는바, 기록에 비추어 살펴보면, 원심이 그 판시와 같은 사정을 인정한 다음 피고인들이 피해자의 가구들을 취거할 당시 피해자의 추정적 승낙이 있다고 볼 수 없다고 판단한 것은 정당한 것으로 수긍이 가고, 거기에 상고이유로 주장하는 바와 같이 추정적 승낙에 관한 법리를 오해하는 등의 위법이 있다고 할 수 없다.

■ 참고문헌

김혜경, "예방적 정당방위의 성립가능성", 형사판례연구(15), 한국형사판례연구회, 박영사, 2008.

이용식, "정당방위와 긴급피난의 몇 가지 요건", 형사판례연구 (3), 한국형사판례연구회, 1995.

한인섭, "가정폭력 피해자에 의한 가해자 살해 : 그 정당화와 면책의 논리", 서울대학교 법학 제37권 제2호, 1996.

학습과제

1. 정당방위의 사회윤리적 제한의 개념과 역할에 대해 생각해 보시오.

2. 과잉방위를 인정한 사례를 정리해 보시오.

3. 관련 판례(68도370)를 바탕으로 오상방위의 법적 개념과 처리를 정리해 보시오.

솔루션

1. 구성요건, 위법성, 책임을 요소로 하는 3단계 범죄체계론에 의하면 위법성평가는 구성요건에 해당하는 행위가 위법성조각사유에 해당하는지를 판단하는 소극적 심사가 된다. 이는 금지의 실질적 내용이 구성요건에 반영되어 있어 위법성 판단도 이미 내재되어 있기 때문이다. 즉 구성요건에 해당하는 행위는 원칙적으로 위법한 것이다.

   이처럼 원칙적으로 인정되는 위법성을 조각하는 정당방위는 자기보호 또는 법질서수호를 위해 인정되며, 자기 또는 타인의 법익에 대한 현재의 부당한 침해를 방위하기 위한 행위로 상당한 이유가 있어야 한다. 구체적으로 살펴보면, 정당방위상황(자기 또는 타인의 법익에 대한 침해, 침해의 현재성, 침해의 부당성), 방위행위, 방위의사, 상당한 이유(최소방위의 원칙. 필요성과 요구성은 독일형법상의 규정으로 우리 형법에서 특별히 논할 실익은 없다)가 인정되어야 한다.

2. 대상판결의 경우, 계속적 위험으로 침해가 반복하여 지속적으로 발생할 수 있는 상황으로 현재성을 인정할 수 있는지 문제된다. 정당방위에서 침해의 현재성은 방어행위시가 아니라 침해행위시를 기준으로 하여야 한다. 여기서 현재의 始期에 대해 실행의 착수시점부터라는 견해, 유효한 방위가 가능한 시점이라는 견해, 실행의 착수에 근접한 예비의 마지막 단계부터라는 견해 등이 주장되며, 일부의 견해를 제외하고 대부분의 견해는 현재성은 엄격히 해석하여야 하므로 지속적 위험(Dauergefahr)에 대해서는 침해의 현재성을 부정하고 있다. 물론 이 경우 긴급피난에서 위난의 현재성은 정당방위보다 넓기 때문에 긴급피난에 의해 해결할 여지는 있다.

   원심판결은 방위의사를 포함한 모든 정당방위의 요건을 부정하였지만 대법원은 정당방위상황, 방위행위는 인정하였다. 즉 침해의 현재성에 대한 학설의 판단과 달리 현재의 부당한 침해로 파악한 것이다. 그리고 방위의사에 대한 원심판결에 대해서도 대법원은 이러한 판단이 '적절하지 못하다고 하더라도'라고 하여 명시적 판단을 피하였지만 피고인들에게 방위의사는 충분히 인정할 수 있다.

3. 피고인의 책임과 관련하여, 10여년에 가깝게 의붓아버지로부터 강간과 각종 협박 등의 정신적 핍박을 받아온 피고인에게 심신장애를 인정할 수 있을지 검토할 필요가 있다. 대법원은 "피고인들의 연령, 생활환경, 성장과정, 대학교 생활의 내용 및 성적, 이 사건 범행 당시의 상황, 그 범행 후의 정황 등과 그 밖에

수사기관을 비롯하여 제1심 및 원심법정에서의 피고인들의 태도 및 언동 등에 비추어 보면 피고인들이 이 사건 범행 당시 사물을 변별할 능력이나 의사를 결정할 능력이 없었다거나 미약한 상태에 있었던 것은 아니라고" 판단하였으나, 정상적인 여대생으로서는 도저히 인정할 수 없는 등의 사정이 존재하는 이상, 즉 범행에 대한 장시간의 미신고, 통제된 학교생활, 의붓아버지의 사회적 지위에 대한 오판 등 일반적인 여대생으로서의 사고능력과 판단능력이 미약하다고 인정할 여지는 있어 보인다. 이 점에 대한 대법원의 신중한 판단이 아쉽다고 하겠다.

4. 대상판결에서 대법원은 침해의 현재성은 인정하는 듯하고, 방위의 상당성을 부정하였는데, 이는 당시 이 사건을 둘러싼 사회적 반향을 고려하여 의붓아버지의 무정성과 잔혹성에 대한 비판을 잠재우면서도 결론적으로는 피고인들의 행위의 위법성을 조각시켜주지 않으려는 의도의 기묘한 조합에서 나온 것으로 판단된다. 즉 술에 취해 자고 있던 피해자를 깨우고 몸에 올라타 반항을 억압한 상태에서 식칼로 심장을 찌른 '방어' 행위에 대해 적극적 반격으로 인정하지만 위의 행위는 상당성이 부정된다고 하여 정당방위 내지 과잉방위로 인정하지 않음으로써 정당방위의 지나친 확대를 경계하고 정당방위에 대한 기존의 입장을 유지하려는 의도를 실현한 것이다.

5. 대법원은 '방위행위가 사회적으로 상당한 것'일 것을 요하면서 '방위에 필요한 한도 내의 행위'로서 '사회통념상 허용될 만한 정도의 상당성'이 있어야 정당방위의 상당성이 인정되는 듯한 판시를 내리고 있다. 이는 사회윤리적 제한이 상당성의 내용이 될 수 있느냐의 문제를 야기시키는데, 정확히 상당성의 기준으로 포함시키고 있다고 보기는 어려우며, 상당한 이유의 연장선상에서 판단하는 듯 보인다.

사회윤리적 제한이 정당방위의 상당성에 포함되는지에 대해, 상당성은 사회윤리적 가치판단을 강하게 받는다는 이유로 이를 긍정하는 견해와 상당성과는 구별되는 요건으로 이해하는 견해가 있는데, 정당방위의 사회윤리적 제한을 넘는 행위는 과잉방위도 인정할 수 없으므로 후자의 견해가 타당해 보인다.

도입판례 2

■ **대법원** 1985. 12. 10. **선고** 85도1892 **판결** 【폭행치사】

【판시사항】

가. 공동정범의 성립과 사전모의의 요부

나. 공범들의 행위중 결과발생의 원인된 행위가 불명한 경우, 동시범 규정의 적용 여부

다. 형법 제24조 소정의 위법성이 조각되는 피해자의 승낙의 범위

【판결요지】

가. 공동정범은 2인 이상이 공동하여 죄를 범하는 것으로 공동가공의 의사를 그 주관적 요건으로 하며 이 공동가공의 의사는 상호적임을 요하나 이는 상호 공동가공의 인식이 있으면 족하고 사전에 어떤 모의 과정이 있어야 하는 것은 아니다.

나. 2인 이상이 상호의사의 연락없이 동시에 범죄구성요건에 해당하는 행위를 하였을 때에는 원칙적으로 각인에 대하여 그 죄를 논하여야 하나 그 결과 발생의 원인이 된 행위가 분명하지 아니한 때에는 각 행위자를 미수범으로 치벌히고(독립행위의 경합), 이 독립행위가 경합하여 특히 상해의 결과를 발생하게 하고 그 결과발생의 원인이 된 행위가 밝혀지지 아니한 경우에는 공동정범의 예에 따라 처단(동시범)하는 것이므로 공범관계에 있어 공동가공의 의사가 있었다면 이에는 도시 동시범등의 문제는 제기될 여지가 없다.

다. 형법 제24조의 규정에 의하여 위법성이 조각되는 피해자의 승낙은 개인적 법익을 훼손하는 경우에 법률상 이를 처분할 수 있는 사람의 승낙을 말할 뿐만 아니라 그 승낙이 윤리적, 도덕적으로 사회상규에 반하는 것이 아니어야 한다.

【참조조문】

가. 형법 제30조 / 나. 형법 제19조, 제263조 / 다. 형법 제24조

【전 문】

【피 고 인】 피고인 1 외 7인

【상 고 인】 피고인들

【변 호 인】 (사선) 변호사 이영환(피고인 전원을 위한)
(국선) 변호사 박두환(피고인 전원을 위한)

【원 판 결】 대구고등법원 1985.7.13. 선고 84노991 판결

【주 문】

상고를 모두 기각한다.

【이 유】

피고인등의 변호인 변호사(사선) 이 영환 및 같은 변호사(국선) 박두환의 각 상고이유를 함께 모아 본다.

1. 원심이 유지한 제1심판결 거시의 증거를 모아보면 원심판시 피고인등의 이 사건 범죄사실을 인정하기에 넉넉하여 이에 심리를 다하지 아니하고 채증법칙을 위반하여 사실을 오인한 위법을 가려낼 수가 없을 뿐만 아니라 인과관계나 예견가능성 등에 관한 법리를 오해하였다고 볼 자료도 없다.

공동정범은 2인 이상이 공동하여 죄를 범하는 것으로 공동가공의 의사를 그 주관적 요건으로 하며 이 공동가공의 의사는 상호적임을 요하나 이는 상호 공동가공의 인식이 있으면 족하고 사전에 어떤 모의과 정이 있어야 하는 것이 아니므로 원심이 위와 같이 적법하게 확정한바 이 사건 피고인등은 1984.2.25. 21:00경부터 그 다음날 09:00경까지 부산직할시 동래구 안락1동 428의15 공소외 인의 집에서 처음에는 피고인 1, 2, 3, 4가 그 다음에는 연락을 받고 그 곳에 차례로 온 피고인 5와 6(1984.2.25. 22:30경) 피고인 7과 8(같은날 23:00경)등이 같이 참여하여 공소외인의 몸에서 잡귀를 물리친다면서 뺨 등을 때리고 팔과 다리를 붙잡고 배와 가슴을 손과 무릎으로 힘껏 누르고 밟는 등 하여 그로 하여금 우측간 저면파열, 복강내출혈로 사망에 이르게 하였다면 피고인등 간에는 상호 공동가

공의 의사가 있었다고 할 것이므로 피고인등 간에는 의사공통이 없어 공범이 아니라는 상고논지는 독자적 견해에 지나지 아니하여 그 이유가 없다.

2. 2인 이상의 사람이 상호의사의 연락없이 동시(서로 접촉된 전후관계도 포함된다)에 범죄구성요건에 해당하는 행위를 하였을 때에는 원칙적으로 각인에 대하여 그 죄를 논하여야 하나 그 결과발생의 원인이 된 행위가 분명하지 아니한 때에는 각 행위자를 미수범으로 처벌하고(독립행위의 경합) 이 독립행위가 경합하여 특히 상해의 결과를 발생하게 하고 그 결과 발생의 원인이 된 행위가 밝혀지지 아니한 경우에는 공동정범의 예에 따라 처단(동시범)하는 것이므로 공범관계에 있어 공동가공의 의사가 있었다면 이에는 도시 동시범 등의 문제는 제기될 수 없는 것이다.

원심이 적법하게 확정한 바는 피고인등이 공동하여 원심판시 행위를 하였다는 것으로 원심은 이에 대하여 형법 제30조를 적용하여 공동정범으로 처단하고 있는 터이므로 비록, 공소외인의 사망의 원인이 된 행위가 어느 피고인의 행위인지 명확하게 판명되지는 아니하였다고 하더라도 이는 동시범이 아님이 명백할 뿐만 아니라 원심이 이를 동시범으로 처단하지도 아니하였음이 그 판문상 또한 명백하여 소론 상고논지는 원심판결을 잘못 파악한데 연유하는 것으로 그 이유가 없다.

3. 형법 제24조의 규정에 의하여 위법성이 조각되는 소위 피해자의 승낙은 해석상 개인적 법익을 훼손하는 경우에 법률상 이를 처분할 수 있는 사람의 승낙을 말할 뿐만 아니라 그 승낙이 윤리적, 도덕적으로 사회상규에 반하는 것이 아니어야 한다고 풀이하여야 할 것이다.

이 사건에 있어서와 같이 폭행에 의하여 사람을 사망에 이르게 하는 따위의 일에 있어서 피해자의 승낙은 범죄성립에 아무런 장애가 될 수 없는 윤리적, 도덕적으로 허용될 수 없는 즉 사회상규에 반하는 것이라고 할 것이므로 피고인등의 행위가 피해자의 승낙에 의하여 위법성이 조각된다는 상고논지는 받아들일 수가 없다.

4. 그러므로 상고를 기각하기로 관여법관의 의견이 일치하여 주문과 같이 판결한다.

대법관 이회창(재판장) 전상석 정기승

쟁 점

- 피해자의 승낙의 요건
- 피해자의 승낙과 사회상규에 의한 제한
- 동시범

연 구

1. 대상판결에서 피고인들의 상고이유의 쟁점은 무엇인가?

2. 형법 제24조의 피해자의 승낙이 인정될 수 있는 요건은 무엇인가?

3. 피해자의 승낙에서 다른 위법성 조각사유와 달리 '상당성'요건이 불규정으로 인해 위법성 조각의 확대가능성은 없는가?

4. 대법원이 피해자의 승낙을 사회상규로 제한하는 것이 타당한가?

5. 피해자의 승낙에 대한 사회상규적 제한이 모든 범죄에 대해 적용될 수 있는가?

참고자료

■ 관련 판례

1. 피해자의 승낙의 유효성(대판 1993.7.27, 92도2345)

산부인과 전문의 수련과정 2년차인 의사가 자신의 시진, 촉진결과 등을 과신한 나머지 초음파검사 등 피해자의 병증이 자궁외 임신인지, 자궁근종인지를 판별하기 위한 정밀한 진단방법을 실시하지 아니한 채 피해자의 병명을 자궁근종으로 오진하고 이에 근거하여 의학에 대한 전문지식이 없는 피해자에게 자궁적출술의 불가피성만을 강조하였을 뿐 위와 같은 진단상의 과오가 없었으면 당연히 설명받았을 자궁외 임신에 관한 내용을 설명받지 못한 피해자로부터 수술승낙을 받았다면 위 승낙은 부정확 또는 불충분한 설명을 근거로 이루어진 것으로서 수술의 위법성을 조각할 유효한 승낙이라고 볼 수 없다.

2. 사회상규에 의한 피해자의 승낙의 제한(대판 1989.11.28, 89도201)

피할만한 여유도 없는 좁은 장소에서 신체가 보다 더 건강한 상급자인 피고인이 하급자인 피해자를 약 1분 이상 가슴과 배를 때렸다면 사망의 결과에 대한 예견가능성을 부정할 수도 없을 것이며 위와 같은 상황에서 이루어진 폭행이 **장난권투**로서 피해자의 승낙에 의한 사회상규에 어긋나지 않는 것이라고도 볼 수 없으므로 폭행치사죄가 성립한다.

3. 착오에 의한 피해자의 승낙(대판 1990.8.10, 90도1211)

피고인이 피해자에게 이 사건 **밍크 45마리**에 관하여 자기에게 그 권리가 있다고 주장하면서 이를 가져간 데 대하여 피해자의 묵시적인 동의가 있었다면 피고인의 주장이 후에 허위임이 밝혀졌더라도 피고인의 행위는 절도죄에 해당하지 않는다.

4. 추정적 승낙(대판 1989.9.12, 89도889)

피해자가 점유관리하고 있었음을 인정할 수 있으니 이 사건 가옥이 가사 피고인 주장과 같이 피고인의 소유라 할지라도 주거침입죄의 성립에는 아무런 장애가 되지 아니하고 또 이 사건 범행당시 피고인과 피해자 사이에는 이 사건 **가옥의 소유권에 대한 분쟁**이 있어 현재까지도 그 분쟁이 계속되고 있는 사실에 비추어 볼 때, 피고인이 이 사건가옥에 **침입**하는 것에 대한 피해자의 추정적 승낙이 있었다거나, 피고인의 이사건 범행이 사회상규에 위배되지 아니한다고 볼 수 없다.

■ 참고문헌

강동욱, "기망이나 착오 등에 의한 피해자의 승낙의 법적 효과에 관한 고찰", 법과 정책연구 제4권 제2호, 한국법정책학회, 2004.

김성규, "피해자의 승낙에 관한 법리로서의 자기결정권", 비교형사법연구 제8권 제1호, 2006.

김봉수, "위법성조각사유의 체계 및 경합에 관한 연구 -특히 '정당행위'와 '피해자승낙' 경합에서 나타나는 『사회상규』의 기능적 모순을 중심으로-", 비교형사법연구 제10권 제2호, 한국비교형사법학회, 2008.

학습과제

1. 피해자의 승낙이 인정된 판례의 사안들을 정리해 보시오.

2. 범죄유형에 따라 착오에 따른 피해자의 승낙의 효과에 대해 생각해 보시오.

솔루션

1. 피해자의 승낙은 보호법익을 피해자가 처분할 수는 있지만, 구성요건적 행위의 불법이 피해자의 의사와 관계없이 행위객체에 대한 침해 자체가 사회적으로 중요한 범죄에 대한 피해자의 법익침해에 대한 동의이다.

   이러한 피해자의 승낙은 법익소지자의 이익포기로서 처분권을 가진 피해자가 스스로 보호받는 이익을 포기한 때에는 사회가 개입할 필요가 없다고 볼 여지도 있으나, 국가형벌권을 통한 법익의 보호라는 공적 기능을 고려할 때 개인의 자유가 어떠한 외부적 장애요인에 의해서도 간섭받지 않고 행사되는 것이 자유주의적 법치국가의 사회적 가치이므로 법익보호에 대한 사회적 이익과 개인의 자유를 교량하여, 후자가 보다 중요할 경우에는 그 침해에 대해 위법성이 조각된다고 보는 것이 보다 설득력 있다.

2. 이러한 피해자의 승낙이 인정되기 위해서는 처분할 수 있는 법익에 대한 승낙이어야 하며, 피해자의 승낙에 의한 행위가 사회상규에 위배되지 않아야 한다. 또한 승낙은 승낙의 의미를 이해할 능력이 있는 자의 자유로운 의사에 의해 이루어져야 하며, 그러한 승낙의 의사표시는 법익침해 이전에 표시되어 침해시까지 지속되어야 한다. 그리고 행위자는 피해자의 승낙이 있었다는 사실을 인식하고 승낙에 기한 행위를 함으로써 자기행위를 정당화하려는 의사가 있어야 한다.

3. 대상판결의 사실관계는 甲이 병을 앓고 있는 乙에게 "당신의 병은 몸속에 있는 잡귀 때문이다"라고 말하자, 乙은 자신의 몸속에 있는 잡귀를 물리쳐 줄 것을 甲에게 부탁하였고, 이에 따라 甲은 다른 6명과 함께 약 12시간 동안 乙의 집에서 乙의 몸속에 들어있는 잡귀를 물리친다면서 乙의 뺨 등을 때리고 팔과 다리를 잡고 배와 가슴을 손과 무릎으로 힘껏 누르고 밟는 등 하여 그로 하여금 내출혈로 사망에 이르게 한 것이다. 대법원은 이에 대해 폭행치사죄를 인정하였다.

   이 과정에서 피고인들은 피해자가 잡귀를 쫓기 위하여 자신의 몸을 주물러 달라고 승낙하였으므로 피해자의 승낙에 의해 위법성이 조각됨을 주장하였다. 즉 대법원이 '폭행에 의하여 사람을 사망에 이르게 하는 따위의 일에 있어서 피해자의 승낙은 범죄성립에 아무런 장애가 될 수 없는 윤리적, 도덕적으로 허용될 수 없는 즉 사회상규에 반하는 것이라고 할 것이므로 피고인 등의 행위가 피해자의 승낙에 의하여 위법성이 조각된다는 상고논지는 받아들일 수가 없다'라고 판시한 부분에서 '피해자의 사망에 대한 승낙'이라고 이해한 것과는 달리 폭행행위에 대한 승낙을 주장한 것이다. 이러한 논리에 따르면 폭행치사죄의 전제인 기본행위로서의 폭행행위가 탈락되고 폭행치사죄조차 인정될 수 없는 것이다. 여기서 대법원은 피해자의 승낙의 대상에 착오를 일으킨 듯하다. '폭행행위'와 '폭행행위로 인한 사망'사이에는 엄연한 차이가 있기 때문이다.

4. 한편 대법원이 사회상규로 폭행치사에 대한 피해자의 승낙을 제한하는 것은 형법 제24조가 다른 위법성조각사유와 달리 '상당한 이유'라는 추가적인 요건이 없기 때문이다. 따라서 법익주체의 독자적 처분권뿐만 아니라 법익 자체의 가치보호가 중요한 구성요건, 예컨대 폭행이나 상해와 같은 경우 상당한 이유를 통해 위법성조각의 범위를 조정하는 것이다. 여기서 반윤리적, 비도덕적이어서 피해자의 승낙이 인정될 수 없는 것은 승낙 자체 또는 승낙의 목적이 아니라 승낙에 의한 행위자체로 이해할 수 있을 것이다.

5. 이러한 이해의 전제는 피해자의 승낙에 불문의 요건으로 이해되는 사회상규가 행위반가치 판단을 위해 상해뿐만 아니라 다른 범죄에도 해석상 당연히 요구되는 것인지(판례의 입장), 아니면 형법 제24조의 해석상 '법률에 특별한 규정'이 없는 한 상당성이 없다는 이유만으로는 승낙에 의한 행위의 위법성 조각이 여전히 유효하므로 애시 당초에 법익 자체가 사회상규적 제약하에 처분할 수 있는 경우, 즉 상해죄에 있어서만 가능한 경우인지가 선결문제라는 인식에 기초하여야 한다.

도입판례 3

■ **대법원** 2004. 6. 10. **선고** 2001도5380 **판결**【폭행·모욕】
[공2004.7.15.(206),1187]

【판시사항】

[1] 형법 제20조가 규정하는 '사회상규에 위배되지 아니하는 행위'의 의미

[2] 초·중등교사의 학생에 대한 지도행위가 법령에 의한 정당행위에 해당하기 위한 요건 및 정당행위로 볼 수 없는 경우

[3] 여자중학교 교사의 학생에 대한 지도행위가 당시의 상황, 동기, 그 수단, 방법 등에 비추어 사회통념상 객관적 타당성을 잃은 지도행위이어서 정당행위로 볼 수 없다고 한 사례

【판결요지】

[1] 사회상규에 위반되지 아니하는 행위라 함은 법질서 전체의 정신이나 그의 배후에 놓여 있는 사회윤리 도의적 감정 내지 사회통념에 비추어 용인될 수 있는 행위를 말하는 것이어서 어떠한 행위가 사회상규에 위배되지 아니하는가는 구체적 사정아래에서 합목적적 합리적으로 고찰하여 개별적으로 판단되어야 한다.

[2] 초·중등교육법령에 따르면 교사는 학교장의 위임을 받아 교육상 필요하다고 인정할 때에는 징계를 할 수 있고 징계를 하지 않는 경우에는 그 밖의 방법으로 지도를 할 수 있는데 그 지도에 있어서는 교육상 불가피한 경우에만 신체적 고통을 가하는 방법인 이른바 체벌로 할 수 있고 그 외의 경우에는 훈육, 훈계의 방법만이 허용되어 있는바, 교사가 학생을 징계 아닌 방법으로 지도하는 경우에도 징계하는 경우와 마찬가지로 교육상의 필요가 있어야 될 뿐만 아니라 특히 학생에게 신체적, 정신적 고통을 가하는 체벌, 비하(卑下)하는 말 등의 언행은 교육상 불가피한 때에만 허용되는 것이어서, 학생에 대한 폭행, 욕설에 해당되는 지도행위는 학생의 잘못된 언행을 교정하려는 목적에서 나온 것이었으며 다른 교육적 수단으로는 교정이 불가능하였던 경우로서 그 방법과 정도에서 사회통념상 용인될 수 있을 만한 객관적 타당성을 갖추었

던 경우에만 법령에 의한 정당행위로 볼 수 있을 것이고, 교정의 목적에서 나온 지도행위가 아니어서 학생에게 체벌, 훈계 등의 교육적 의미를 알리지도 않은 채 지도교사의 성격 또는 감정에서 비롯된 지도행위라든가, 다른 사람이 없는 곳에서 개별적으로 훈계, 훈육의 방법으로 지도·교정될 수 있는 상황이었음에도 낯모르는 사람들이 있는 데서 공개적으로 학생에게 체벌·모욕을 가하는 지도행위라든가, 학생의 신체나 정신건강에 위험한 물건 또는 지도교사의 신체를 이용하여 학생의 신체 중 부상의 위험성이 있는 부위를 때리거나 학생의 성별, 연령, 개인적 사정에서 견디기 어려운 모욕감을 주어 방법·정도가 지나치게 된 지도행위 등은 특별한 사정이 없는 한 사회통념상 객관적 타당성을 갖추었다고 보기 어렵다.

[3] 여자중학교 교사의 학생에 대한 지도행위가 당시의 상황, 동기, 그 수단, 방법 등에 비추어 사회통념상 객관적 타당성을 갖추지 못하여 정당행위로 볼 수 없다고 한 사례.

【참조조문】

[1] 형법 제20조 / [2] 형법 제20조, 초·중등교육법 제18조 제1항, 제20조 제3항, 초·중등교육법시행령 제31조 제1항, 제7항 / [3] 형법 제20조

【참조판례】

[1] 대법원 2000. 4. 25. 선고 98도2389 판결(공2000상, 1345), 대법원 2001. 2. 23. 선고 2000도4415 판결(공2001상, 813), 대법원 2002. 12. 26. 선고 2002도5077 판결(공2003상, 555), 대법원 2003. 9. 26. 선고 2003도3000 판결(공2003하, 2132)

【전　문】

【피 고 인】 피고인

【상 고 인】 피고인

【원심판결】 대전지법 2001. 9. 20. 선고 2000노1669 판결

【주 문】

상고를 기각한다.

【이 유】

1. 상고이유 제1주장에 관하여

원심이 인용한 제1심 채용 증거들과 대조하여 보니, 여자중학교 체육교사 겸 태권도 지도교사인 피고인이 교실 밖 공개된 장소에서 피해자 공소외 1, 공소외 2를 폭행하였고 피해자 공소외 3, 공소외 4, 공소외 1에게 욕설을 하여 모욕하였다는 요지의 이 사건 공소사실들이 유죄로 증명되었다고 보아 제1심판결을 유지한 원심의 판단은 옳고 그 판단에 필요한 심리를 다하지 아니하였다거나 증거법칙에 위반하였다는 등의 잘못이 없다.

피고인이 그 공소사실과 같은 행위를 한 적이 없음에도 원심이 증거판단과 사실인정을 잘못하였다는 취지의 이 부분 주장들을 받아들이지 아니한다.

2. 상고이유 제2주장에 관하여

형법 제20조가 법령에 의한 행위 또는 업무로 인한 행위 기타 사회상규에 위반되지 아니하는 행위는 벌하지 아니한다고 규정하여 법령에 의한 학생에 대한 징계나 학생에 대한 교육적 지도행위의 경우에는 그 행위의 위법성이 조각(조각)되는 것임은 상고이유로 주장된 바와 같다.

그런데 사회상규에 위반되지 아니하는 행위라 함은 법질서 전체의 정신이나 그의 배후에 놓여 있는 사회윤리 도의적 감정 내지 사회통념에 비추어 용인될 수 있는 행위를 말하는 것이어서 어떠한 행위가 사회상규에 위배되지 아니하는가는 구체적 사정 아래에서 합목적적, 합리적으로 고찰하여 개별적으로 판단되어야 할 것이다(대법원 2000. 4. 25. 선고 98도2389 판결 참조).

한편, 교육에 관한 중심 법규이던 구 교육법에 갈음하여 교육기본법(법률 제5437호)이 1998. 3. 1.부터 시행되고 그 법 제9조에 의거하여 초·중등교육법(법률 제5438호)이 제정 시행됨과 아울러 그 동안의 교사와 학생의 인식, 인적·물적

교육환경에 변화가 있었고 그에 따라서 학생의 징계, 지도에 관한 규정내용도 달라졌으므로, 이후 초·중등학교에서의 학생의 징계, 지도에 관한 법적 규율에도 그러한 사정이 반영될 수밖에 없다.

초·중등교육법 제18조 제1항은 "학교의 장은 교육상 필요한 때에는 법령 및 학칙이 정하는 바에 의하여 학생을 징계하거나 기타의 방법으로 지도할 수 있다."고 규정하고 제20조 제3항은 "교사는 법령이 정하는 바에 따라 학생을 교육한다."고 규정하며, 그 법 시행령 제31조 제1항은 "법 제18조 제1항 본문의 규정에 의하여 학교의 장이 교육상 필요하다고 인정할 때에는 학생에 대하여 다음 각 호의 1.의 징계를 할 수 있다. 1. 학교내의 봉사, 2. 사회봉사, 3. 특별교육, 4. 퇴학처분"이라고 규정하고 그 제31조 제7항은 "학교의 장은 법 제18조 제1항 본문의 규정에 의한 지도를 하는 때에는 교육상 불가피한 경우를 제외하고는 학생에게 신체적 고통을 가하지 아니하는 훈육, 훈계 등의 방법으로 행하여야 한다."고 규정한다.

그 규정들에 따르건대, 교사는 학교장의 위임을 받아 교육상 필요하다고 인정할 때에는 징계를 할 수 있고 징계를 하지 않는 경우에는 그 밖의 방법으로 지도를 할 수 있는데 그 지도에 있어서는 교육상 불가피한 경우에만 신체적 고통을 가하는 방법인 이른바 체벌로 할 수 있고 그 외의 경우에는 훈육, 훈계의 방법만이 허용되어 있는 것이다.

그러하니 교사가 학생을 징계 아닌 방법으로 지도하는 경우에도 징계하는 경우와 마찬가지로 교육상의 필요가 있어야 될 뿐만 아니라 특히 학생에게 신체적, 정신적 고통을 가하는 체벌, 비하(비하)하는 말 등의 언행은 교육상 불가피한 때에만 허용되는 것이어서, 학생에 대한 폭행, 욕설에 해당되는 지도행위는 학생의 잘못된 언행을 교정하려는 목적에서 나온 것이었으며 다른 교육적 수단으로는 교정이 불가능하였던 경우로서 그 방법과 정도에서 사회통념상 용인될 수 있을 만한 객관적 타당성을 갖추었던 경우에만 법령에 의한 정당행위로 볼 수 있을 것이다.

따라서 교정의 목적에서 나온 지도행위가 아니어서 학생에게 체벌, 훈계 등의 교육적 의미를 알리지도 않은 채 지도교사의 성격 또는 감정에서 비롯된 지도행위라든가, 다른 사람이 없는 곳에서 개별적으로 훈계, 훈육의 방법으로 지도·교정될 수 있는 상황이었음에도 낯모르는 사람들이 있는 데서 공개적으로 학생에게 체벌·모욕을 가하는 지도행위라든가, 학생의 신체나 정신건강에 위험한 물건 또는 지도교사의 신체를 이용하여 학생의 신체 중 부상의 위험성이 있는 부위를 때리거나 학생의 성별, 연령, 개인적 사정에서 견디기 어려운 모욕감을 주어 방법·정도가 지나치게 된 지도행위 등은 특별한 사정이 없는 한 사회통념상 객관적 타당성을 갖추었다고 보기 어려운 것이다.

이 사건 사실관계에 위의 법리를 적용하여 본즉, 피고인이 피해자들의 각 언행을 교정하기 위하여는 위에서 본 학생지도시의 준수요건을 지켜 개별적 지도로서 훈계하는 등의 방법을 사용할 수 있었던 상황이었으며 달리 특별한 사정은 인정될 수 없었음에도 스스로의 감정을 자제하지 못한 나머지 많은 낯모르는 학생들이 있는 교실 밖에서 피해자 학생들의 행동을 본 즉시 피고인 자신의 손이나 주먹으로 피해자 공소외 1의 머리 부분을 때렸고 피고인이 신고 있던 슬리퍼로 피해자 공소외 의 양손을 때렸으며 감수성이 예민한 여학생인 피해자들에게 모욕감을 느낄 지나친 욕설을 하였던 것은 사회관념상 객관적 타당성을 잃은 지도행위이어서 정당행위로 볼 수 없을 터인바, 같은 전제에서 나온 원심의 판단은 올바른 것으로 수긍할 수 있다.

원심의 그 판단에 법령에 의한 징계, 지도권 행사에 관련된 심리를 다하지 아니하였다거나 관련 법리를 오해하였던 잘못이 있다는 상고이유 중 이 부분 주장도 받아들이지 아니한다.

3. 결 론

그러므로 피고인의 상고를 기각하기로 관여 대법관들의 의견이 일치되어 주문에 쓴 바와 같이 판결한다.

대법관 이용우(재판장) 조무제(주심) 이규홍

쟁 점

- 정당행위의 의미와 적용요건
- 사회상규와 사회적 상당성의 관계
- 체벌과 정당행위

연 구

1. 형법 제20조의 정당행위는 위법성조각사유 중 체계적 지위를 어떻게 이해하여야 하는가?

2. '사회상규에 위배되지 아니하는 행위'의 의미는 무엇이며, 명확성의 원칙이 보장될 수 있는 구체적 기준을 제시할 수 있는가?

3. 사회상규와 사회적 상당성의 관계는 무엇인가?

4. 체벌의 개념에 따라, 교사의 학생에 대한 지도행위가 정당화될 수 있는 범위가 달라지는 것인가?

참고자료

■ 관련 판례

1. 정당행위 (대판 2009.12.24, 2007도6243)

형법 제20조의 '사회상규에 위배되지 아니하는 행위'라 함은 법질서 전체의 정신이나 그 배후에 놓여 있는 사회윤리 내지 사회통념에 비추어 용인될 수 있는 행위를 말하고, 어떠한 행위가 사회상규에 위배되지 아니하는 정당한 행위로서 위법성이 조각되는 것인지는 구체적인 사정 아래서 합목적적·합리적으로 고찰하여 개별적으로 판단하여야 할 것이다.

'회사의 직원이 회사의 이익을 빼돌린다'는 소문을 확인할 목적으로, 비밀번호를 설정함으로써 비밀장치를 한 전자기록인 피해자가 사용하던 '개인용 컴퓨터의 하드디스크'를 떼어내어 다른 컴퓨터에 연결한 다음 의심이 드는 단어로 파일을 검색하여 메신저 대화 내용, 이메일 등을 출력한 사안에서, 피해자의 범죄 혐의를 구체적이고 합리적으로 의심할 수 있는 상황에서 피고인이 긴급히 확인하고 대처할 필요가 있었고, 그 열람의 범위를 범죄 혐의와 관련된 범위로 제한하였으며, 피해자가 입사시 회사 소유의 컴퓨터를 무단 사용하지 않고 업무 관련 결과물을 모두 회사에 귀속시키겠다고 약정하였고, 검색 결과 범죄행위를 확인할 수 있는 여러 자료가 발견된 사정 등에 비추어, 피고인의 그러한 행위는 사회통념상 허용될 수 있는 상당성이 있는 행위로서 형법 제20조의 '정당행위'라고 (할 것이다).

2. 사회상규와 사회적 상당성의 관계(대판 2000.4.25, 98도2389)

형법 제20조 소정의 '사회상규에 위배되지 아니하는 행위'라 함은 법질서 전체의 정신이나 그 배후에 놓여 있는 사회윤리 내지 사회통념에 비추어 용인될 수 있는 행위를 말하고, 어떠한 행위가 사회상규에 위배되지 아니하는 정당한 행위로서 위법성이 조각되는 것인지는 구체적인 사정 아래서 합목적적, 합리적으로 고찰하여 개별적으로 판단되어야 할 것인바, 이와 같은 정당행위를 인정하려면 첫째 그 행위의 동기나 목적의 정당성, 둘째 행위의 수단이나 방법의 상당성, 셋째 보호이익과 침해이익과의 법익권형성, 넷째 긴급성, 다섯째 그 행위 외에 다른 수단이나 방법이 없다는 보충성 등의 요건을 갖추어야 한다. 그리고 일반적으로 면허 또는 자격 없이 침술행위를 하는 것은 의료법 제25조의 무면허 의료행위(한방의료행위)에 해당되어 같은 법 제66조에 의하여 처벌되어야 하고, 수지침 시술행위도 위와 같은 침술행위의 일종으로서 의료법에서 금지하고 있는 의료행위에 해당하며, 이러한 수지침 시술행위가 광범위하고 보편화된 민간요법이고, 그 시술로 인한 위험성이 적다는 사정만으로 그것이 바로 사회상규에 위배되지 아니하는 행위에 해당한다고 보기는 어렵다고 할 것이나, 수지침은 위와 같이 시술부위나 시술방법 등에 있어서 예로부터 동양의학으로 전래되어 내려오는 체침의 경우와 현저한 차이가 있고, 일반인들의 인식도 이에 대한 관용의 입장에 기울어져 있으므로, 이러한 사정과 함께 시술자의 시술의 동기, 목적, 방법, 횟수, 시술에 대한 지식수준, 시술경력, 피시술자의 나이, 체질, 건강상태, 시술행위로 인한 부작용 내지 위험발생 가능성 등을 종합적으로 고려하여 구체적인 경우에 있어서 개별적으로 보아 법질서 전체의 정신이나 그 배후에 놓여 있는 사회윤리 내지 사회통념에 비추어 용인될 수 있는 행위에 해당한다고 인정되는 경우에는 형법 제20조 소정의 사회상규에 위배되지 아니하는 행위로서 위법성이 조각된다.

3. 체벌의 한계(헌재 2006.7.27, 2005헌마1189)

교사가 학생의 행동을 바로 잡으려는 의도에서 체벌을 하였다고 하더라도 체벌의 불가피성이 인정되지 아니하고 절차와 방법이 적정하지 아니하며, 체벌의 정도도 가볍지 아니하므로 사회통념상 용인되는 객관적 타당성을 갖추었다고 보기 어려운 경우, 기소유예처분이 정당하다.

■ 참고문헌

양화식, "형법 제20조의 '사회상규에 위배되지 아니하는 행위'에 대한 고찰", 형사법연구 제19권 2003. 5.

조 국, "교사의 체벌과 정당행위", 서울대학교 법학 제48권 제4호, 2007. 12.

학습과제

체벌의 허용여부에 대한 과거와 현재의 판례의 태도를 비교해 보시오.

솔루션

1. 형법 제20조는 "법령에 의한 행위 또는 업무로 인한 행위 기타 사회상규에 위배되지 아니하는 행위는 벌하지 아니한다"라고 하여 정당행위를 규정하고 있다. 여기서 사회상규에 위배되지 않는 행위를 규정한 정당행위의 체계적 지위에 대해 정당방위나 긴급피난 등과 독립된 위법성조각사유면서 형법 제20조 내에서 법령에 의한 행위와 업무로 인한 행위를 포괄한다는 견해, 정당방위나 긴급피난 등과 독립된 위법성조각사유이며, 형법 20조 내에서 삼자가 각각 독자적인 의미를 가진다는 견해, 사회 상규에 위배되지 않는 행위가 모든 개별 위법성조각사유를 포괄하는 일반적 위법성조각사유라는 견해가 대립되고 있다.

2. 사회상규에 위배되지 않는 행위에 대해, '사회상규'의 의미를 사회적 질서원리, 국가질서의 존중이라는 인식을 바탕으로 한 국민 일반의 건전한 도의감, 사회생활상의 일상적인 규칙, 사회생활상 평균인이 승인한 정상적인 행위규칙 등으로 정의하고 있다. 그러나 이는 막연한 내용으로 구체적인 개념정의라고 보기 어려우며, 차라리 구체적인 판단기준을 제시하는 것이 타당해 보인다. 여기서 목적의 정당성과 수단의 적합성, 긴급성, 보충성, 법익의 균형성 등이 구체적 기준으로 제시될 수 있다. 사회상규에 위배되지 아니하는 행위의 예로는 안락사, 사회적·경제적 적응사유로 인한 낙태행위, 극히 경미한 침해, 법령상 징계권없는 자의 징계행위, 소극적 방어행위 등이 언급된다.

3. 사회상규의 의미에 대해, 참고 판결(98도2389)은 기존 대법원이 취하던 '범죄구성요건에 해당된다고 보이는 경우에도 그것이 극히 정상적인 생활형태의 하나로서 역사적으로 생성된 사회생활질서의 범위 안에 있는 것이라고 생각되는 경우'라는 벨첼의 사회적 상당성 개념을 차용하던 입장(82도357, 84도1958 등)에서 벗어나, '법질서 전체의 정신이나 그 배후에 놓여 있는 사회윤리 내지 사회통념에 비추어 용인될 수 있는 행위'라고 새롭게 정의함으로써 사회윤리 내지 사회통념에 기초한 규범적 관점으로 전환한 입장을 보였다. 그리고 사회상규 판단의 구체적 요건으로 행위의 동기나 목적의 정당성, 행위의 수단이나 방법의 상당성, 보호이익과 침해이익과의 법익균형성, 긴급성, 그 행위 외에 다른 수단이나 방법이 없다는 보충성 등의 요건을 명시하였다는 점에서 사회상규와 사회적 상당성을 혼동하였다는 비판에서 벗어나 독자적인 사회상규의 개념을 정립한 모습을 보이고 있으며, 이러한 입장은 이후 판결에도 지속되고 있다.

   대상판결은 이러한 98도2389 참고판결의 취지를 따르면서, 교사의 징계 및 지도의 특수성의 인정하여 '그 방법과 정도에서 사회통념상 용인될 수 있을 만한 객관적 타당성'이라는 구체화된 기준을 적용시킨 것으로 보인다.

4. 징계행위는 법령상 징계권 있는 자의 징계행위와 징계권 없는 자의 징계행위로 구분할 수 있다. 대상판결에서 교사의 징계행위는 초중등교육법 제18조 제1항과 동법 시행령 제31조 제1항에 따른 것으로 징계권은 있으므로 형법 제20조 중에서 법령에 의한 행위라고 하겠다. 그리고 동법 시행령 제31조 제7항은 교육상 불가피한 경우를 제외하고는 학생에게 신체적 고통을 가하지 아니하는 훈육, 훈계 등의 방법으로 행하여야 함을 규정하고 있다. 대법원은 여기서 징계를 하지 않는 경우 그 밖의 방법으로 지도가 인정되며, 신체적 고통을 가하는 체벌은 교육상 불가피한 경우에 인정되는 것으로 이해하고 있다.

체벌의 사전적 의미는 '몸에 직접 고통을 주어 벌함'으로 구성요건상 폭행행위에 해당한다고 볼 것이다. 그러나 이는 구성요건을 인정하고, 정당행위로 위법성을 인정한다는 전제에 서 있으나, 현재 학교 현실에서 행해지는 행위들이 체벌이 아닌 사회적 상당성이 있는 행위로 별도의 개념으로 인정하여야 하는 것은 아닌지 의문이다. 대법원처럼 '훈육, 훈계 〈 신체적 고통을 가하는 체벌 〈 징계'의 단계적 이해가 타당한가에 대한 근본적 고민이 필요해 보인다.

도입판례 4

■ **대법원** 1968. 5. 7. **선고** 68도370 **판결** 【살인】

【판시사항】

정당방위에 관한 법의와 오상방위에 관한 법리를 오해한 위법이 있는 사례

【판결요지】

싸움을 함에 있어서 격투를 하는 자 중의 한사람의 공격이 그 격투에서 당연히 예상할 수 있는 정도를 초과하여 살인의 흉기 등을 사용하여온 경우에는 이를 '부당한 침해'라고 아니할 수 없으므로 이에 대하여는 정당방위를 허용하여야 한다고 해석하여야 할 것이다.

【참조조문】

형법 제21조

【전 문】

【피 고 인】 피고인

【원심판결】 제1심 육군보통, 제2심 육군고등 1968. 1. 26. 선고 67고군형항1031 판결

【이 유】

피고인과 변호인의 상고이유에 대하여 살피건대,

싸움을 함에 있어서의 격투자의 행위는 서로 상대방에게 대하여 공격을 함과 동시에 방위를 하는 것이므로 그중 일방 당사자의 행위만을 부당한 침해라 하고, 다른 당사자의 행위만을 정당방위에 해당하는 행위라고는 할 수 없을 것이나, 격투를 하는 자중의 한사람의 공격이 그 격투에서 당연히 예상을 할 수 있는 정도를 초과하여 살인의 흉기 등을 사용하여 온 경우에는 이는 역시 부당한 침해라고 아니할 수 없으므로 이에 대하여는 정당방위를 허용하여야 한다고 해석하여야 할 것이다.

본건에 있어서 원심이 인정한 사실은 다음과 같다. 즉 피고인은(피고인은 상병이다) 소속대의 경비병으로 복무를 하고 있는 자로서 1967.7.28. 오후 10시부터 동일 오후 12시까지 소속 연대장숙소 부근에서 초소근무를 하라는 명령받고 근무중, 그 이튿날인 1967.7.27. 오전 1시30분경 동소에서 다음번 초소로 근무를 하여야 할 상병 공소외인과 교대시간이 늦었다는 이유로 언쟁을 하다가 피고인이 동인을 구타하자 공소외인(22세)은 소지하고 있던 카빙소총을 피고인의 등뒤에 겨누며 실탄을 장전하는 등 발사할 듯이 위협을 하자 피고인은 당황하여 먼저 동인을 사살치 않으면 위험하다고 느낀 피고인은 뒤로 돌아서면서 소지하고 있던 카빙소총을 동인의 복부를 향하여 발사함으로써 동인을 사망케 하였다는 것이다.

그렇다면 피고인과 공소외인과의 사이에 언쟁을 하고, 피고인이 동인을 구타하는등의 싸움을 하였다하여도, 다른 특별한 사정이 없는 한, 구타를 하였음에 불과한 피고인으로서는 공소외인이 실탄이 장전되어있는(초소 근무인만큼 실탄이 장전되어 있다) 카빙소총을 피고인의 등 뒤에 겨누며 발사할 것 같이 위협하는 방위 행위는 위와 같은 싸움에서 피고인이 당연히 예상하였던 상대방의 방위행위라고는 인정할 수 없으므로 이는 부당한 침해라고 아니할 수 없고, 원심이 인정한 바와 같이 피고인이 동인을 먼저 사살하지 않으면 피고인의 생명이 위험하다고 느낀 나머지 뒤로 돌아서면서 소지중인 카빙총을 발사하였다는 행위는 현재의 급박하고도 부당한 침해를 방위하기 위한 행위로서 상당한 이유가 있는 행위라고 아니할 수 없고, 만일 공소외인이 피고인의 등 뒤에서 카빙총의 실탄을 발사하였다면, 이미 그 침해행위는 종료되고 따라서 피고인의 정당방위는 있을 수 없을 것임에도 불구하고, 원심이 위와 같은 사실을 인정하면서 피고인이 발사를 할 때까지는 공소외인이 발사를 하지 아니한 점으로 보아, 동인에게 피고인을 살해 할 의사가 있다고는 볼 수 없으므로 피고인의 생명에 대한 현재의 위험이 있다고는 볼 수 없다는 취지로 판시함으로써, 위와 같은 피고인의 행위를 정당방위가 아니라는 취지로 판시하였음은 정당방위에 관한 법의를 오해한 위법이 있다고 아니할 수 없을 뿐 아니라, 가사 피해자인 공소외인에게 피고인을 상해할 의사가 없고 객관적으로 급박하고 부당한 침해가 없었다고 가정하더라도 원심이 인정한 사실자체로 보아도 피고인으로서는 현재의 급박하고도 부당한침해가 있는 것으로 오인하는데 대한 정당한 사유가 있는 경우(기록에 의하면 공소외인은 술에 취하여 초소를 교대하여야 할 시간보다 한 시간 반 늦게 왔었고, 피고인의 구타로 동인은 코피를 흘렸다는 것이며, 동인은 코피를 닦으며 흥분하여 "월남에서는 사람하나 죽인 것은 파리를 죽인 것이나 같았다. 너 하나 못 죽일 줄 아느냐" 라고 하면서 피고인의 등 뒤에 카빙총을 겨누었다고 한다)에 해당된다고 아니할 수 없음에도 불구하고, 원심이 위와 같은 이유로서 피고인의 정당방위의 주장을 배척하였음은 역시 오상방위에 관한 법리를 오해한 위법이 있다.

대법관 이영섭(재판장) 홍순엽 양희경 주재황

쟁 점

- 싸움과 정당방위
- 위법성 조각사유의 전제사실의 착오

연 구

1. 싸움을 하는 당사자간에 정당방위가 인정될 수 있는 상황과 이유는 무엇인가?

2. 대상판결에서 피해자가 피고인을 살해할 의사가 없었음에도 이를 착오하였다면, 피고인의 형사책임은 달라지는가?

3. 위의 설문에서 피고인이 일으킨 착오의 종류는 무엇이며 구성요건의 착오나 금지의 착오와 다른 점은 무엇인가?

4. 피고인의 죄책은 무엇인가?

참고자료

■ 관련 판례

1. 싸움과 정당방위(대판 1999.10.12, 99도3377)

서로 격투를 하는 자 상호간에는 공격행위와 방어행위가 연속적으로 교차되고 방어행위는 동시에 공격행위가 되는 양면적 성격을 띠는 것이므로 어느 한쪽 당사자의 행위만을 가려내어 방어를 위한 정당행위라거나 또는 정당방위에 해당한다고 보기 어려운 것이 보통이나, 외관상 서로 격투를 하는 것처럼 보이는 경우라고 할지라도 실지로는 한쪽 당사자가 일방적으로 불법한 공격을 가하고 상대방은 이러한 불법한 공격으로부터 자신을 보호하고 이를 벗어나기 위한 저항수단으로 유형력을 행사한 경우라면, 그 행위가 적극적인 반격이 아니라 소극적인 방어의 한도를 벗어나지 않는 한 그 행위에 이르게 된 경위와 그 목적수단 및 행위자의 의사 등 제반 사정에 비추어 볼 때 사회통념상 허용될 만한 상당성이 있는 행위로서 위법성이 조각된다고 보아야 할 것이다

2. 오상정당행위와 위법성조각사유의 전제사실에 관한 착오(대판 1986.10.28, 86도1406)

소속 중대장의 당번병이 근무시간중은 물론 근무시간 후에도 밤늦게 까지 수시로 영외에 있는 중대장의 관사에 머물면서 집안일을 도와주고 그 자녀들을 보살피며 중대장 또는 그 처의 심부름을 관사를 떠나서까지 시키는 일을 해오던 중 사건당일 중대장의 지시에 따라 관사를 지키고 있던중 중대장과 함께 외출나간 그 처로부터 24:00경 비가 오고 밤이 늦어 혼자 귀가할 수 없으니 관사로부터 1.5킬로미터 가량 떨어진 지점까지 우산을 들고 마중을 나오라는 연락을 받고 당번병으로서 당연히 해야 할 일로 생각하고 그 지점까지 나가 동인을 마중하여 그 다음날 01:00경 귀가하였다면 위와 같은 당번병의 관사이탈 행위는 중대장의 직접적인 허가를 받지 아니 하였다 하더라도 당번병으로서의 그 임무범위내에 속하는 일로 오인하고 한 행위로서 그 오인에 정당한 이유가 있어 위법성이 없다고 볼 것이다.

3. 명예훼손죄의 위법성조각사유와 전제사실에 관한 착오(대판 1996.8.23, 94도3191)

피고인의 위 취재보도를 형법 제307조 제2항의 허위사실적시명예훼손죄로 의율한 예비적 공소사실에 대하여 피고인이 위 기사내용을 허위라고 인식하

였음을 인정할 증거가 없으므로 피고인을 허위사실 적시로 인한 명예훼손죄로 처벌할 수는 없고 다만 형법 제307조 제1항의 죄로 처벌할 여지가 있을 뿐이라고 전제한 다음, 명예훼손죄에 있어서는 개인의 명예보호와 정당한 표현의 자유보장이라는 상충되는 두 법익의 조화를 꾀하기 위하여 형법 제310조를 규정하고 있으므로 적시된 사실이 공공의 이익에 관한 것이면 진실한 것이라는 증명이 없다 할지라도 행위자가 진실한 것으로 믿었고 또 그렇게 믿을 만한 상당한 이유가 있는 경우에는 위법성이 없다고 보아야 할 것(이다).

■ 참고문헌

강동범, "위법성조각사유의 전제사실의 착오", 고시계, 1997. 3.
문채규, "위법성조각사유의 객관적 전제사실에 관한 착오", 고시연구, 2001. 6.
임　웅, "위법성조각사유에 관한 착오", 사회과학 제24권, 성균관대학교 사회과학연구소, 1985.

학습과제

위법성조각사유의 전제사실의 착오에 해당되는 다른 사례들을 찾아보시오.

솔루션

1. 대상판결은 싸움과 정당방위의 논점을 주로 언급하고 있으나, 그보다 오상방위의 사례로 의미가 있다고 하겠다. 먼저 싸움에 대한 정당방위는 상호간에 '부당한 침해'가 인정되는지의 문제로, 상대방에게 대하여 공격을 함과 동시에 방위를 하는 것이므로 일방 당사자의 행위만을 부당한 침해라고는 할 수 없으며, 다만 일방의 공격이 그 격투에서 당연히 예상을 할 수 있는 정도를 초과한 경우에는 부당한 침해로 인정할 수 있을 것이다. 다음으로 대법원은 "피해자인 공소외인에게 피고인을 살해할 의사가 없고 객관적으로 급박하고 부당한 침해가 없었다고 가정하더라도 원심이 인정한 사실자체를 보아도 피고인으로서는 현재의 급박하고도 부당한 침해가 있는 것으로 오인하는 데 대한 정당한 사유가 있는 경우에 해당된다고 아니할 수 없음에도 불구하고, 원심이 위와 같은 이유로서 피고인의 정당방위의 주장을 배척하였음은 역시 오상방위에 관한 법리를 오해한 위법이 있다"고 판시하여 오상방위를 검토하고 있다.

2. 오상방위는 위법성조각사유의 전제사실에 대한 착오(허용구성요건의 착오)로서 사실면에 관한 측면과 위법성인식의 결여가 동시에 존재하는 특성을 지니고 있다. 그러나 ① 침해사실이 없음에도 존재하는 것으로 오인하였으므로 자기행위의 금지에 대한 착오가 아닌 점에서 위법성의 착오와 다르며, ② 구성요건의 객관적 사실, 금지상황에 대한 착오가 아니라 허용상황에 대한 착오라는 점에서 구성요건적 착오와도 차이가 있다.

   여기서 견해대립이 나타나게 되는데, 위법성인식의 체계적 위치를 어디로 정하느냐에 따라 크게 고의설과 책임설로 나뉘며, 고의설은 다시 위법성인식의 가능성만으로 족한가에 따라 엄격고의설과 제한적 고의설로, 책임설은 허용구성요건의 착오에 대해 법률의 착오규정을 그대로 적용시킬 수 있느냐에 따라 엄격책임설과 제한적 책임설로 구분된다. 형법 제16조와 위법성조각사유의 전제사실에 관한 착오의 특성을 가장 잘 반영하고 있는 제한적 책임설은 구성요건착오를 유추적용해 불법고의를 조각하게 되는 유추적용설과 심정반가치가 부정되어 책임고의가 조각되며, 그 법적 효과만 구성요건 착오와 같이 취급하는 법효과제한적 책임설로 대별된다. 구성요건적 착오를 유추적용하게 되면 교사범과 방조범의 인정이 곤란하게 되므로 구성요건적 고의는 그대로 두는 법효과제한적 책임설이 타당하다.

3. 법효과제한적 책임설에 따르면 대상판결의 경우 피고인에게 고의 살인죄가 성립하지만 책임고의가 탈락되며, 과실범의 성립여부에 있어서는 피해자가 흥분

하여 소총을 등 뒤에 겨누며 발사위협을 하는 상황에서는 과실조차 인정할 수 없으므로 과실치사죄도 인정되지 않고 범죄불성립이 될 것이다.

심화문제

평상시 최고의 미모를 자랑하는 연예인 K를 짝사랑하던 대학생 甲은 그녀를 납치해야 되겠다는 생각을 하였다. 그리고는 방송국 주변에서 대기하고 있다가, 매니저가 잠시 화장실에 간다며 자리를 비운 사이 K를 자신의 차에 강제로 태우고 미리 보아둔 양평 소재의 L회사 사장의 빈 별장에 감금하였다.

K가 없어진 것을 알고 매니저 乙은 주변을 둘러보았으나 보이지 않자, 납치를 직감하고 경찰에게 알려지면 문제가 복잡해질 것 같아, 우선 K에게 지급된 스마트폰에 깔려 있는 '오빠믿어' 어플을 이용해 위치를 파악하여 추적을 시작했다. 甲이 도착한지 얼마되지 않아 별장에 도착한 乙은 곧바로 담을 넘어 들어갔으며, 거실에 있던 甲과 격투를 벌여 전치 3주의 비골골절상을 입혔다. 그런데 K는 안방에 갇혀 있어 문을 열고자 열쇠를 찾았으나 찾을 수가 없었다. 그래서 거실에 있던 소화기를 이용해 문을 부수려고 마음먹고 문을 가격하기 시작하였다.

이때 L회사 사장으로부터 한 달에 한번 정도 별장 관리를 부탁받은 마을의 이장 丙이 별장을 둘러보러 왔는데, 안에서 쾅쾅 소리가 나자 도둑이 왔다고 생각하고 밭에서 쓰던 삽을 몰래 들고 가 문을 부수던 乙의 뒤통수를 때려 전치 2주의 뇌진탕을 일으켰다.

甲, 乙, 丙의 형사책임은?

9. 책 임

도입판례 1

■ **대법원** 1999. 1. 26. **선고** 98도3812 **판결** 【폭력행위등처벌에관한법률위반】

【판시사항】

[1] 심신장애의 유무 및 정도에 대한 판단 기준

[2] 정신분열증을 이유로 심신미약 감경을 한 제1심판결에 대하여 피고인이 항소이유에서 양형부당만을 주장하고 심신상실 주장은 하지 않았다고 하더라도, 직권으로 피고인의 심신장애 정도에 관하여 심리를 하였어야 한다는 이유로 원심판결을 파기한 사례

【판결요지】

[1] 형법 제10조 제1항, 제2항에 규정된 심신장애의 유무 및 정도의 판단은 법률적 판단으로서 반드시 전문감정인의 의견에 기속되어야 하는 것은 아니고, 정신분열증의 종류와 정도, 범행의 동기, 경위, 수단과 태양, 범행 전후의 피고인의 행동, 반성의 정도 등 여러 사정을 종합하여 법원이 독자적으로 판단할 수 있다.

[2] 정신분열증을 이유로 심신미약 감경을 한 제1심판결에 대하여 피고인이 항소이유에서 양형부당만을 주장하고 심신상실 주장은 하지 않았다고 하더라도, 직권으로 피고인의 심신장애 정도에 관하여 심리를 하였어야 한다는 이유로 원심판결을 파기한 사례.

【참조조문】

[1] 형법 제10조 / [2] 형법 제10조, 형사소송법 제364조 제2항

【참조판례】

[1] 대법원 1994. 5. 13. 선고 94도581 판결(공1994상, 1752), 대법원 1996. 5.

10. 선고 96도638 판결(공1996하, 1951), 대법원 1997. 7. 25. 선고 97도1142 판결(공1997하, 2764), 대법원 1998. 3. 13. 선고 98도159 판결(공1998상, 1116)

【전 문】

【피 고 인】 피고인

【상 고 인】 피고인

【변 호 인】 변호사 소동기

【원심판결】 수원지법 1998. 10. 21. 선고 98노2782 판결

【주 문】

원심판결을 파기하고, 사건을 수원지방법원 합의부에 환송한다.

【이 유】

변호인의 상고이유를 본다.

원심판결 이유에 의하면, 원심은, 피고인이 정신분열증으로 인하여 의사를 결정하거나 사물을 변별할 능력이 미약한 상태에서 이 사건 범행을 저지른 사실을 인정하고서 피고인에 대하여 심신미약 감경을 한 제1심판결을 유지하였다.

피고인에 대한 정신감정서의 기재에 의하면, 의사 윤창범은 피고인을 미분화형 정신분열증으로 진단하고 그 심신장애의 정도는 심신미약에 해당한다고 감정하였다. 그러나 그 감정서의 기재에 의하더라도, 피고인은 지능지수가 88에 불과하고, 사고가 비논리적이고 관계망상·피해망상·환각 등으로 사고장애와 지각장애가 뚜렷하며, 정서적으로 불안하고 허무감, 열등감 등이 팽배해 있어 문제해결능력이 매우 빈약하고, 성격적으로 자아를 통제하는 능력이 빈약하여 내적 충동을 억제하지 못하고 충동적으로 표출할 가능성이 충분히 잠재되어 있으며, 피고인이 앞으로 지속적인 수용치료를 받지 않으면 재범의 위험성도 있다는 것이다.

또 기록에 의하면, 피고인은 17년 전부터 정신분열증으로 치료를 받아 왔고, 특히 1992. 5.경부터 1995. 1.경까지는 국립서울정신병원 등에 수용되어 치료를

받았음에도 만성정신분열증이 지속되고 있고, 이 사건 범행은 피고인이 이웃집에 거주하는 피해자(남, 46세)의 집에서 그와 함께 돼지고기를 구워 먹고 있는 자신의 아버지에게 아무런 이유도 없이 "후레아들놈"이라는 등 심한 욕설을 한 뒤, 피고인을 타이르기 위하여 피고인의 집 계단을 올라오는 피해자의 얼굴을 낫으로 내리찍고, 이에 도망하는 피해자를 뒤쫓아가서 길에 쓰러진 피해자의 얼굴을 다시 낫으로 여러 차례 내리찍어 약 3주간의 치료를 요할 안면부 다발성 심부열창을 입힌 것으로서, 피고인은 범행의 동기에 관하여 "피해자가 자기에게 반말을 하고 인사도 하지 아니하여 없애버리려고 목을 베었다.", 또는 "피해자가 자신의 이름을 부르는 바람에 갑자기 감정이 생겼다."는 등으로 진술하였고, 검찰에서는 자신의 범행이 잘못이라는 취지로 진술하기도 하였으나, 경찰에서는 자신의 범행은 잘한 행동이고 피해자를 죽여버려야 한다고 진술하였으며, 피고인은 이 사건 범행 후 수원구치소에 수감되어 있으면서도 심한 정신질환 증세를 보여 수원구치소장이 원심법원에 피고인의 수용관리가 곤란하다는 내용의 통보를 하였음을 알 수 있는바, 위와 같은 피고인의 정신감정 결과나 이 사건 범행의 경위, 방법, 범행 전후의 정황 등에 비추어 볼 때, 피고인은 이 사건 범행 당시 정신분열증에 의한 망상으로 사물변별능력이나 의사결정능력이 결여된 상태에 있었다고 볼 여지가 많다.

그리고 형법 제10조 제1항, 제2항에 규정된 심신장애의 유무 및 정도의 판단은 법률적 판단으로서 반드시 전문감정인의 의견에 기속되어야 하는 것은 아니고, 정신분열증의 종류와 정도, 범행의 동기, 경위, 수단과 태양, 범행 전후의 피고인의 행동, 반성의 정도 등 여러 사정을 종합하여 법원이 독자적으로 판단할 수 있는 것이고(대법원 1994. 5. 13. 선고 94도581 판결 등 참조), 피고인이 항소이유에서 양형부당만 주장하였을 뿐 심신상실에 관한 주장을 하지 않았다고 하더라도, 원심으로서는 제1심판결에서 정신분열증을 이유로 심신미약 감경을 하였고, 소송 계속중 피고인이 수감되어 있던 구치소장으로부터 위와 같은 내용의 통보서가 접수되었다면, 마땅히 직권으로라도 피고인의 병력을 상세히 확인하여 그 증상을 밝혀보고, 나아가 재감정을 의뢰하는 등의 방법으로 피고인의 심신장애 정도에 관하여 좀 더 면밀히 심리하여 심신상실 여부를 가려보았어야 할 것이다.

쟁 점

- 형법 10조의 해석
- 심신장애상태의 판단

연 구

1. 범죄체계론상 책임의 구성요소는 무엇인가?

2. 대법원은 책임능력을 의사자유의 관점에서 판단하고 있는가?

3. 형법 10조를 사실문제와 법률문제로 구분할 수 있는가? 있다면 각각은 무엇에 해당되는가?

4. 사안의 피고인에게 책임능력의 결함을 인정할 수는 없는가?

참고자료

■ 관련 판례

1. 심신장애의 판단(대판 2005.12.9, 2005도7342)

정신적 장애가 있는 자라고 하여도 범행 당시 정상적인 사물판별능력이나 행위통제능력이 있었다면 심신장애로 볼 수 없음은 물론이나, 정신적 장애가 정신분열증과 같은 고정적 정신질환의 경우에는 범행의 충동을 느끼고 범행에 이르게 된 과정에서의 범인의 의식상태가 정상인과 같아 보이는 경우에도 범행의 충동을 억제하지 못한 것이 정신질환과 연관이 있는 경우가 흔히 있고, 이러한 경우에는 정신질환으로 말미암아 행위통제능력이 저하된 것이어서 심신미약이라고 볼 여지가 있다.

2. 소아기호증과 심신장애(대판 2007.2.8, 2006도7900)

형법 제10조에 규정된 심신장애는 생물학적 요소로서 정신병 또는 비정상적 정신상태와 같은 정신적 장애가 있는 외에 심리학적 요소로서 이와 같은 정신적 장애로 말미암아 사물에 대한 변별능력과 그에 따른 행위통제능력이 결여되거나 감소되었음을 요하므로, 정신적 장애가 있는 자라고 하여도 범행 당시 정상적인 사물변별능력이나 행위통제능력이 있었다면 심신장애로 볼 수 없는 것이고, 특단의 사정이 없는 한 성격적 결함을 가진 자에 대하여 자신의 충동을 억제하고 법을 준수하도록 요구하는 것이 기대할 수 없는 행위를 요구하는 것이라고는 할 수 없으므로, 사춘기 이전의 소아들을 상대로 한 성행위를 중심으로 성적 흥분을 강하게 일으키는 공상, 성적 충동, 성적 행동이 반복되어 나타나는 소아기호증은 성적인 측면에서의 성격적 결함으로 인하여 나타나는 것으로서, 소아기호증과 같은 질환이 있다는 사정은 그 자체만으로는 형의 감면사유인 심신장애에 해당하지 아니한다고 봄이 상당하고, 다만 그 증상이 매우 심각하여 원래의 의미의 정신병이 있는 사람과 동등하다고 평가할 수 있거나, 다른 심신장애사유와 경합된 경우 등에는 심신장애를 인정할 여지가 있을 것이며, 이 경우 심신장애의 인정 여부는 소아기호증의 정도, 범행의 동기 및 원인, 범행의 경위 및 수단과 태양, 범행 전후의 피고인의 행동, 증거인멸 공작의 유무, 범행 및 그 전후의 상황에 관한 기억의 유무 및 정도, 반성의 빛 유무, 수사 및 공판정에서의 방어 및 변소의 방법과 태도, 소아기호증 발병 전의 피고인의 성격과 그 범죄와의 관련성 유무 및 정도 등을 종합하여 법원이 독자적으로 판단할 수 있다.

3. 충동조절장애와 심신장애 (대판 1999.4.27, 99도693)

원칙적으로 충동조절장애와 같은 성격적 결함은 형의 감면사유인 심신장애에 해당하지 아니한다고 봄이 상당하지만, 그 이상으로 사물을 변별할 수 있는 능력에 장애를 가져오는 원래의 의미의 정신병이 도벽의 원인이라거나 혹은 도벽의 원인이 충동조절장애와 같은 성격적 결함이라 할지라도 그것이 매우 심각하여 원래의 의미의 정신병을 가진 사람과 동등하다고 평가할 수 있는 경우에는 그로 인한 절도범행은 심신장애로 인한 범행으로 보아야 할 것이다.

■ 참고문헌

김성돈, “책임형법의 위기와 예방형법의 한계”, 형사법연구 제22권 제3호, 한국형사법학회, 2010.9.

______, “뇌과학과 형사책임의 새로운 지평”, 형사법연구 제22권 제4호, 한국형사법학회, 2010.12.

신양균, “책임능력과 감정”, 형사판례연구 (5), 한국형사판례연구회, 박영사, 1997.

한정환, “심신장애와 책임능력”, 형사법연구 (15), 한국형사판례연구회, 박영사, 2001.

학습과제

심신미약 및 심신상실을 인정한 대표적 사례들을 정리해 보시오.

솔루션

1. 범죄가 성립하기 위해서는 구성요건해당성, 위법성, 책임이 모두 인정되어야 한다. 여기서 책임(Schuld)은 구성요건에 해당하고 위법성조각사유에 해당되지 않는 행위를 한 자를 비난하고 국가가 형벌로써 제재를 가할 수 있는 부정적 가치판단을 내리게 하는 요소들의 총체를 의미한다.

   책임은 객관적 법규범의 관점에서 행위에 대한 부정적 가치판단, 즉 구성요건해당성과 위법성 판단이 있은 이후에 행해지는 행위자의 타행위가능성에 대한 비난가능성을 의미한다. 여기서 책임을 구성하는 요소는 규범적 책임론의 관점에서 책임능력, 위법성의 인식, 책임형식으로서의 고의 또는 과실, 기대가능성이 된다.

2. 책임을 행위자의 타행위가능성에 대한 비난가능성이라고 규범적으로 이해하기 위해서는 그 전제로 무엇을 근거로 행위자를 비난하는가, 즉 책임의 근거 내지 책임의 판단척도의 문제로서 자유의사의 문제가 대두된다. 이에 대해 도덕적 책임론은 의사비결정론의 입장에서 자유의사를 인정하여 행위책임을 근간으로 하면서 응보설과 죄형법정주의를 주요 골자로 한다. 반면 사회적 책임론은 소질과 환경으로 인해 범죄자는 숙명적으로 결정된다는 의사결정론의 입장에서 행위자책임(성격책임 또는 생활형성책임)을 근간으로 하여 보안처분에 중점을 두고 있다.

   이처럼 인간의 의사자유를 둘러싼 오래된 논쟁은 의사자유의 존재가 과학적으로 입증되기 어렵다는 점에 기인한다. 여기서 현대 형법학의 주류가 여전히 의사자유론을 지지하는 것은 규범적 판단을 통해 의사자유를 가정적으로 인정하고 합법과 불법사이에서 합리적 선택의 가능성이 있다고 판단하기 때문으로 보인다. 대법원은 명시적으로 '형법 제10조에서 말하는 사물을 변별할 능력 또는 의사를 결정할 능력은 자유의사를 전제로 한 의사결정 능력'이라고 하여 인간의 의사자유를 인정하여 타행위가능성에 대한 비난을 책임으로 이해하고 있다.

3. 형법은 제10조(심신장애자)에서 "심신장애로 인하여 사물을 변별할 능력이 없거나 의사를 결정할 능력이 없는 자의 행위는 벌하지 아니한다"고 함으로써 생물학적 요소와 심리적 요소를 결합하여 책임능력을 판단할 것을 요구하고 있다. 그런데 여기서 ① 심신장애와 ② 사물변별 능력 또는 의사결정능력의 관계에 대해서 명시적으로 설명되어 있지 않다. 대법원은 '심신장애는 생물학적 요소로서 정신병, 정신박약 또는 비정상적인 정신상태와 같은 정신적 장애가 있는 외에 심리학적 요소로서 이와 같은 정신적 장애로 말미암아 사물에 대한

판별능력과 그에 따른 행위통제능력이 결여되거나 감소되었음을 요하므로, 정신적 장애가 있는 자라고 하여도 범행 당시 정상적인 사물변별능력이나 행위통제능력이 있었다면 심신장애로 볼 수 없다'(92도1425)고 하여 '심신장애 = 정신적 장애 + 사물변별능력 또는 행위통제능력의 결여'로 이해하면서 대상판결에서처럼 '심신장애의 유무 및 정도의 판단은 법률적 판단으로서 반드시 전문감정인의 의견에 기속되어야 하는 것은 아니고'라고 하여 심신장애 판단을 법률문제로 이해하고 있다.

그런데 형법 제10조는 책임무능력 또는 제한적 책임능력을 규정하면서 그 요건으로 ① 심신장애와 ② 사물변별능력 또는 의사결정능력의 결여 또는 미약을 요구하는 것으로 이해함이 타당해 보인다. 즉 심신장애는 정신질환 등 정신장애를 의미하는 것이며, 이는 의학적 판단을 요구하는 사실적인 문제이며, 이후 이러한 상태에서 사물변별능력 또는 의사결정능력이 결여되었는지를 판단하는 것은 규범적인 판단이 필요한 법률적인 문제가 된다. 따라서 최종적으로 책임능력의 인정여부는 사실판단에 기초한 규범적 판단을 통해서 이루어지는 것이다. 이러한 점에서 법관이 심신장애의 기초자료 확정에 소홀히 한다면 이는 심리미진의 위법이 인정될 여지가 커지는 것이다. 이러한 맥락에서 참고판례인 2006도7900 판결에서 범행 당시 소아기호증의 정도 및 내용 등 여러 사정에 관하여 구체적으로 심리·검토하지 않은 상태에서 심신미약의 상태에 있었다고 판단한 원심판결을 파기한 것은 일면 이해가 간다고 할 것이다. 그리고 궁극적으로는 '정신적 장애가 있는 자라고 하여도 범행 당시 정상적인 사물판별능력이나 행위통제능력이 있었다면 심신장애로 볼 수 없음은 물론이나, 정신적 장애가 정신분열증과 같은 고정적 정신질환의 경우에는 범행의 충동을 느끼고 범행에 이르게 된 과정에서의 범인의 의식상태가 정상인과 같아 보이는 경우에도 범행의 충동을 억제하지 못한 것이 정신질환과 연관이 있는 경우가 흔히 있고, 이러한 경우에는 정신질환으로 말미암아 행위통제능력이 저하된 것이어서 심신미약이라고 볼 여지가 있다'(2005도7342)는 판시가 형법 제10조의 취지와 책임무능력 판단에 부합하는 것이라고 하겠다. 심신장애는 정신장애로서 의학적 판단의 존중이 필요한 사실문제이며, 사물변별능력이나 의사결정능력은 법관이 판단할 법률문제로, 최종적인 책임능력의 판단은 양자의 종합적 고려에 의하여야 하는 것이다. 법관은 의학적 전문지식이 요구되는 정신장애의 판단까지 독자적으로 할 수 있는 전지전능한 존재가 아님을 받아들여야 한다.

도입판례 2

■ **대법원** 1992. 7. 28. **선고** 92도999 **판결** 【특정범죄가중처벌등에관한법률위반(도주차량),도로교통법위반】

【판시사항】

음주운전을 할 의사를 가지고 음주만취한 후 운전을 결행하여 교통사고를 일으킨 경우 심신장애로 인한 감경 등을 할 수 있는지 여부(소극)

【판결요지】

형법 제10조 제3항은 "위험의 발생을 예견하고 자의로 심신장애를 야기한 자의 행위에는 전2항의 규정을 적용하지 아니한다"고 규정하고 있는 바, 이 규정은 고의에 의한 원인에 있어서의 자유로운 행위만이 아니라 과실에 의한 원인에 있어서의 자유로운 행위까지도 포함하는 것으로서 위험의 발생을 예견할 수 있었는데도 자의로 심신장애를 야기한 경우도 그 적용 대상이 된다고 할 것이어서, 피고인이 음주운전을 할 의사를 가지고 음주만취한 후 운전을 결행하여 교통사고를 일으켰다면 피고인은 음주시에 교통사고를 일으킬 위험성을 예견하였는데도 자의로 심신장애를 야기한 경우에 해당하므로 위 법조항에 의하여 심신장애로 인한 감경 등을 할 수 없다.

【참조조문】

형법 제10조 제3항

【참조판례】

대법원 1968.4.30. 선고 68도400 판결(집16① 형50)

【전 문】

【피 고 인】 조○기

【상 고 인】 피고인

【변 호 인】 변호사 송기방 외 1인

【원심판결】 서울고등법원 1992.4.2. 선고 91노5029 판결

【주 문】

원심판결을 파기하고 사건을 서울고등법원에 환송한다.

【이 유】

피고인변호인의 상고이유를 본다.

1. 원심판결 이유에 의하면 원심은 피고인의 판시 특정범죄가중처벌등에관한법률 제5조의3 제2항 제1호 위반죄와 도로교통법 제107조의2 제1호 위반죄를 모두 유죄로 인정하여 경합범으로 처단하고 있는바, 특정범죄가중처벌등에관한법률 제5조의3 제2항 제1호는 1992.4.28.자로 헌법에 위반된다는 헌법재판소 결정이 있었으므로 위 조항은 소급하여 그 효력을 상실하였다고 할 것이고, 따라서 위 조항을 적용한 원심판결은 위법하여 더 이상 유지될 수 없으므로 이 점을 지적하는 상고논지는 이유 있다.

2. 이밖에 상고논지는 원심이 형법 제10조 제3항을 적용하여 피고인에게 심신장애로 인한 형의감경을 하지 않은 조치를 위법하다고 탓하고 있다.

   형법 제10조 제3항은「위험의 발생을 예견하고 자의로 심신장애를 야기한자의 행위에는 전 2항의 규정을 적용하지 아니한다」고 규정하고 있는바, 이규정은 고의에 의한 원인에 있어서의 자유로운 행위만이 아니라 과실에 의한원인에 있어서의 자유로운 행위까지도 포함하는 것으로서 위험의 발생을 예견할 수 있었는데도 자의로 심신장애를 야기한 경우도 그 적용대상이 된다고 할 것이다.

   원심이 같은 취지에서 피고인이 음주운전을 할 의사를 가지고 음주만취한 후 운전을 결행하여 그 판시와 같은 교통사고를 일으킨 이 사건에서 피고인은 음주시에 교통사고를 일으킬 위험성을 예견하였는데도 자의로 심신장애를 야기한 경우에 해당하므로 형법 제10조 제3항에 의하여 심신장애로 인한 감경등을 할 수 없다고 판단하였음은 정당하고 소론과 같은 위법이 없어 이 점에 관한 논지는 이유 없다.

3. 그러므로 나머지 상고이유에 대한 판단을 생략하고 위 1항에서 지적한 사유에

의하여 원심판결을 파기환송하기로 하여 관여 법관의 일치된 의견으로 주문과 같이 판결한다.

대법관 배만운(재판장) 이회창 김석수

쟁 점

◆ 원인에 있어 자유로운 행위

연 구

1. 행위와 책임의 동시존재의 원칙이란 무엇인가? 원인에 있어 자유로운 행위론의 필요성은 어디에 있는가?

2. 형법 제10조 제3항은 행위와 책임의 동시존재 원칙의 예외를 규정하고 있는가?

3. 형법 제10조 제3항의 '자의로', '위험의 발생'과 '예견'의 각각은 무엇을 의미하는가?

4. 피고인의 형사책임은 최종적으로 어떻게 되는가?

참고자료

■ 관련 판례

고의에 의한 원인에 있어 자유로운 행위(대판 1996.6.11, 96도857)

피고인들은 상습적으로 대마초를 흡연하는 자들로서 이 사건 각 살인범행 당시에도 대마초를 흡연하여 그로 인하여 심신이 다소 미약한 상태에 있었음은 인정되나, 이는 위 피고인들이 피해자들을 살해할 의사를 가지고 범행을 공모한 후에 대마초를 흡연하고, 위 각 범행에 이른 것으로 대마초 흡연시에 이미 범행을 예견하고도 자의로 위와 같은 심신장애를 야기한 경우에 해당하므로, 형법 제10조 제3항에 의하여 심신장애로 인한 감경 등을 할 수 없다.

■ 참고문헌

김성돈, "도주운전죄와 원인에 있어서 자유로운 행위", 형사판례연구 (12), 한국형사판례연구회, 박영사, 2004.

조상제, "과실의 원인에 있어서 자유로운 행위", 형사판례연구 (4), 한국형사판례연구회, 박영사, 1996.

한상훈, "특가법 제5조의3(도주운전죄)과 원인에 있어서 자유로운 행위", 형사정책연구 제11권 제3호, 한국형사정책연구원, 2000.

학습과제

독일의 완전명정죄(독일형법 제323조a)를 형법 제10조 제3항과 비교해서 생각해 보시오.

솔루션

1. 책임(Schuld)은 구성요건에 해당하고 위법한 행위를 한 자를 비난하고 국가가 형벌로써 제재를 가할 수 있는 부정적 가치판단을 내리게 하는 요소들의 총체로서, 규범적인 관점에서의 행위에 대한 부정적 가치판단, 즉 행위자의 타행위가능성에 대한 비난가능성을 의미한다. 여기서 이러한 책임비난이 가능하기 위해서는 행위시에 의사자유가 인정되어야 하며, 책임무능력상태가 아닌 책임능력상태에서 타행위가 가능함에도 범죄를 실행하였어야 한다. 행위와 책임의 동시존재원칙이란 바로 행위당시를 기준으로 책임능력이 행위자에게 존재하여야 한다는 것을 의미하며, 여기에는 원인에 있어 자유로운 행위가 예외로 인정된다(음주 또는 약물로 인한 심신장애상태에서 성폭력범죄의 실행도 성폭법 제19조에 의해 인정).
   원인에 있어 자유로운 행위란 행위자가 고의 또는 과실로 자기를 심신장애의 상태에 빠지게 한 후 이러한 상태에서 범죄를 실행하는 것으로, 심신장애상태로 인하여 책임조각 내지 감경이 됨을 행위자가 악용할 위험성이 내재되어 있다. 여기서 고의 또는 과실로 심신장애상태를 야기하는 경우에는 책임능력 결함상태로 인한 처벌의 감면 주장을 봉쇄하는 것이 원인에 있어 자유로운 행위론이다.

2. 우리 형법 제10조 제3항은 "위험의 발생을 예견하고 자의로 심신장애를 야기한 자의 행위에는 전2항의 규정을 적용하지 아니한다"라고 명시하여, 원인에 있어 자유로운 행위의 가벌성을 명문으로 규정하고 있다. 이는 책임주의의 핵심개념인 행위와 책임의 동시존재원칙과 관련하여, 자유의사에 의한 원인설정행위에 초점을 맞추어 책임비난의 전제를 충족시키고자 하는 태도로 볼 수 있다.
   다만 실행행위가 무엇이며, 실행의 착수시기가 언제인지와 관련하여서는 독일형법상의 구성요건모델과 예외모델이 행위와 책임의 동시존재원칙과 관련하여 우리 형법의 해석에서도 의미가 있다. 즉 가벌성의 근거와 구성요건적 실행행위의 정형성과 관련하여 행위와 책임의 동시존재 원칙을 고수할 것인지 예외를 인정할 것인지 문제되는 것이다. 구성요건모델은 행위와 책임의 동시존재원칙을 고수하여 원인설정행위를 실행행위로서 실행의 착수시기도 원인행위시로 파악하여, 책임비난의 근거가 명확하고 책임주의와의 충돌을 피할 수 있는 이점이 있다. 그러나 구성요건적 실행행위의 정형성을 고려한다면 원인설정행위와 책임무능력상태에서의 실행행위 사이의 불가분적 관련성에서 가벌성의 근거를 찾고, 원인설정행위가 실행행위가 아니라 심신장애상태하의 행위에서의 행위를 실행행위로 이해하는 예외모델을 취할 수밖에 없을 것이다. 우리 형법도 자의로 인한 원인설정행위와 책임무능력상태하의 실행행위를 종합적으로 고려하고 있는 것으로 볼 수 있다.

3. 형법 제10조 제3항은 "위험의 발생을 예견하고 자의로 심신장애를 야기한 자의 행위에는 전2항의 규정을 적용하지 아니한다"라고 원인에 있어 자유로운 행위를 규정하고 있다. 여기서 독일 형법이론상 인정되는 가벌성의 요건과 우리 형법 규정상 인정되는 요건 사이에 해석이 대립된다.

먼저 원인에 있어 자유로운 행위는 고의에 의한 원인에 있어 자유로운 행위와 과실에 의한 원인에 있어 자유로운 행위로 구분되며, 전자는 원인행위 설정에 대한 고의와 실행행위시의 구성요건적 고의의 결합, 후자는 원인행위 설정의 고의 또는 과실, 실행행위시의 구성요건적 고의 또는 과실의 조합으로 이해되고 있다. 이에 더해 범행결의라는 추가적인 단계를 설정하여 범행결의와 범행가능성의 인식으로 나누어 8유형으로 구분하는 견해(3중적 관련성을 요구하는 견해)도 주장되고 있다. 이러한 견해의 대립은 결국 독일 형법이론상의 논의를 우리 형법에 그대로 차용한 것으로 어느 형태든 이론적 설득력은 있다.

대법원은 대상판결에서 피고인의 도주행위가 원인에 있어 자유로운 행위에 해당한다고 판단하였는데, 이는 피고인의 뺑소니행위가 음주만취상태의 심신장애상태하에서 행해진 것이며, 그 심신장애상태의 유발은 피고인의 자유로운 의사에 기한 것이라는 논리적 전개에서 도출된 것이며, '음주시에 교통사고를 일으킬 위험성을 예견'하였는데도 '자의로 심신장애를 야기한 경우'이므로 고의에 의한 원인에 있어 자유로운 행위가 아닌 과실에 의한 원인에 있어 자유로운 행위의 유형이라는 점을 인정하고 있다.

여기서 대법원은 음주로 인한 심신장애상태 하에서 도주운전죄 범행에 대한 예견가능성이 아니라, 교통사고를 유발할 일반적인 법익침해의 가능성을 예견의 대상으로 하고 있는 점에 특징이 있다. '교통사고의 발생 가능성 〉 도주운전죄 발생 가능성'이므로, 도주운전죄에 대한 예견여부 판단 없이 그 전 단계에서 심신장애상태하의 범죄에 대한 과실을 인정할 수 있도록 한 것으로 추측할 수 있다. '위험발생'을 도주운전죄라는 구체적인 구성요건적 결과로 이해할 경우 사고 후 도주운전죄에 대해서는 책임을 물을 수 없는 맹점이 있기 때문에 교통사고라는 일반적인 위험으로 이해하고 있는 것이다. 이러한 대법원의 입장이 원인에 있어 자유로운 행위의 유형을 4유형으로 파악하고 있는 것으로 단정하기는 어렵다.

여기서 우리 형법의 규정을 토대로 한 해석의 필요성이 제기된다. 무비판적으로 '고의+과실'의 조합을 수용할 것이 아니라, 현행 조문에 충실한 해석이 선행되어야 하는 것이다. 우리 형법상으로는 위험의 발생을 '예견'하고도, '자의로'

심신장애를 야기한 경우를 처벌하고 있다. 그렇다면 예견을 고의로 해석할 여지도 있으나 예견가능성을 포함하는 개념으로 과실까지 상정한 것으로 볼 수 있다. 이때 고의, 과실의 개념은 구성요건적 고의·과실이 아니라 심신장애상태 유발에 대한 인식의 유무에 대한 개념이라고 할 것이다. 원래 고의·과실의 개념은 죄의 성립요소인 사실에 대한 인식을 전제로 한 개념이기 때문이다. 그리고 자의로는 고의로가 아니라 스스로의 의미로 고의 또는 과실이 모두 포함되는 것으로 해석할 여지가 있다고 하겠다. 이러한 이해는 결론에는 차이가 없더라도 형법해석의 방법상 차이가 존재한다는 점을 반영한 것이다.

4. 원인에 있어 자유로운 행위의 법적 효과는 심신장애에 관한 규정인 형법 제10조 제1항 및 제2항을 적용하지 않고, 책임능력자와 동일하게 취급한다는 것이다. 따라서 피고인의 형사책임은 책임무능력을 이유로 감경 또는 면제되지 않는 것이다.

도입판례 3

■ **대법원** 2007. 5. 11. **선고** 2007도1373 **판결** 【특정경제범죄가중처벌등에관한법률위반(수재등)·특정경제범죄가중처벌등에관한법률위반(배임)·업무상배임·상호저축은행법위반·사문서변조·변조사문서행사】 [미간행]

【판시사항】

직무상 지휘·복종관계에 있는 부하가 직장 상사의 범법행위에 가담하지 않을 기대가능성 유무(적극)

【참조조문】

형법 제12조, 제356조

【참조판례】

대법원 1999. 7. 23. 선고 99도1911 판결(공1999하, 1832), 대법원 2005. 7. 29. 선고 2004도5685 판결

【전 문】

【피 고 인】 피고인 1외 2인

【상 고 인】 피고인들

【변 호 인】 변호사 방정환 외 2인

【원심판결】 부산고법 2007. 1. 25. 선고 2006노654 판결

【주 문】

상고를 모두 기각한다. 피고인 1에 대하여 상고 후의 구금일수 중 100일을 본형에 산입한다.

【이 유】

상고이유를 판단한다.

1. 피고인 1의 상고이유에 대하여

가. 각 수재의 점에 대하여

특정경제범죄가중처벌 등에 관한 법률위반(수재등)죄는 금융기관의 임·직원이 그 직무에 관하여 금품 등을 수수한 때에 성립하고, 수수한 금품을 타인에게 교부하였다고 하여 위 죄의 성립에 영향을 미치는 것은 아니다.

위 법리와 기록에 비추어 살펴보면, 원심이 그 채택 증거들을 종합하여 피고인 1에 대한 각 수재의 점을 유죄로 인정한 제1심판결을 그대로 유지한 조치는 정당한 것으로 수긍이 가고, 거기에 상고이유에서 주장하는 바와 같은 채증법칙 위배로 인한 사실오인 또는 특정경제범죄 가중처벌 등에 관한 법률위반(수재등)죄에 관한 법리오해의 위법이 있다고 할 수 없다.

나. 각 업무상배임의 점에 대하여

업무상배임죄의 고의는 업무상 타인의 사무를 처리하는 자가 본인에게 재산상의 손해를 가한다는 의사와 자기 또는 제3자의 재산상의 이득의 의사가 임무에 위배된다는 인식과 결합되어 성립되는 것이며, 이와 같은 업무상배임죄의 주관적 요소로 되는 사실(고의, 동기 등의 내심적 사실)은 피고인이 본인의 이익을 위하여 문제가 된 행위를 하였다고 주장하면서 범의를 부인하고 있는 경우에는 사물의 성질상 고의와 상당한 관련성이 있는 간접사실을 증명하는 방법에 의하여 입증할 수밖에 없고, 무엇이 상당한 관련성이 있는 간접사실에 해당할 것인가는 정상적인 경험칙에 바탕을 두고 치밀한 관찰력이나 분석력에 의하여 사실의 연결 상태를 합리적으로 판단하는 방법에 의하여야 하며(대법원 2000. 4. 11. 선고 99도334 판결 등 참조), 피고인이 본인의 이익을 위한다는 의사를 가지고 있었다 하더라도 위와 같은 간접사실에 의하여 본인의 이익을 위한다는 의사는 부수적일 뿐이고 이득 또는 가해의 의사가 주된 것임이 판명되면 배임죄의 고의가 있었다고 할 것이고(대법원 2000. 12. 8. 선고 99도3338 판결 등 참조), 금융기관의 임직원들이 대출을 함에 있어 대출채권의 회수를 확실하게 하기 위하여 충분한 담보를 제공받는 등 상당하고도 합리적인 조치를 강구함이 없이 만연히 대출을 해 주었다면 업무위배행위로 제3자로 하여금 재산상 이득을 취득하게 하고 금융기관에 손해를 가한다는 인식이 없었다고 볼 수 없다(대법원 2003.

2. 11. 선고 2002도5679 판결 등 참조).

위 법리와 기록에 비추어 살펴보면, 이 사건 각 대출업체 등의 사업 내용, 수익성, 자산, 신용상태와 이 사건 각 대출의 경위, 특히 이 사건 각 대출 중에는 피고인 1또는 대주주인 공소외 1의 공소외 2 상호저축은행에 대한 증자자금 조달 등 사적인 용도에 사용할 목적으로 한 대출, 공소외 1이 실질적으로 운영하는 업체 및 공소외 1과 자금거래 관계가 있는 업체 등에 대한 대출이 포함되어 있는 점 등에 비추어 피고인 1에게 이 사건 각 대출을 실행함에 있어 업무상배임의 고의가 있었다고 할 것이고, 이 사건 각 대출이 경영상의 판단에 의한 것으로서 배임의 고의가 인정되지 않는 경우에 해당한다고 볼 수는 없다.

원심이 같은 취지에서 피고인 1에 대한 각 업무상배임의 점을 유죄로 인정한 조치는 정당하고, 거기에 채증법칙 위배로 인한 사실오인 또는 업무상배임죄에 관한 법리오해 등의 위법이 있다고 할 수 없다. 이와 관련한 상고이유의 주장은 이유 없다.

다. 각 출자자 등에 대한 대출 및 사문서 변조·행사의 점에 대하여

기록에 비추어 살펴보면, 원심이 그 채택 증거들을 종합하여 피고인 1이 공소외 2 상호저축은행의 출자자인 공소외 1등에 대하여 대출을 함으로써 상호저축은행법을 위반한 점 및 사문서 변조·행사의 점을 유죄로 인정한 조치는 정당하고, 거기에 상고이유에서 주장하는 바와 같은 채증법칙 위배로 인한 사실오인이나 법리오해 등의 위법이 있다고 할 수 없다.

라. 양형부당의 점에 대하여

피고인 1에게 10년 미만의 징역형이 선고된 이 사건에서 양형이 부당하다는 주장은 적법한 상고이유가 될 수 없다.

2. 피고인 2의 상고이유에 대하여

일반적으로 2인 이상이 범죄에 공동가공하는 공범관계에서 공모는 법률상 어

떤 정형을 요구하는 것이 아니고, 2인 이상이 공모하여 어느 범죄에 공동·가공하여 그 범죄를 실현하려는 의사의 결합만 있으면 되는 것으로서, 비록 전체의 모의과정이 없었다고 하더라도 수인 사이에 순차적으로 또는 암묵적으로 상통하여 그 의사의 결합이 이루어지면 공모관계가 성립하고, 이러한 공모가 이루어진 이상 실행행위에 직접 관여하지 아니한 자라도 다른 공모자의 행위에 대하여 공동정범으로서의 형사책임을 진다고 할 것이다(대법원 2004. 5. 28. 선고 2004도1465 판결 등 참조).

위 법리와 기록에 의하여 살펴보면, 원심이 그 채택 증거들을 종합하여 피고인 2의 이 사건 각 범죄사실을 유죄로 인정한 조치는 정당하고, 거기에 상고이유에서 주장하는 바와 같은 채증법칙 위배로 인한 사실오인이나 법리오해 등의 위법이 있다고 할 수 없다.

3. 피고인 3의 상고이유에 대하여

직장 상사의 범법행위에 가담한 부하에 대하여 직무상 지휘·복종관계에 있다는 이유만으로 범법행위에 가담하지 않을 기대가능성이 없다고는 할 수 없다(대법원 2005. 7. 29. 선고 2004도5685 판결 등 참조).

위 법리 및 앞에서 본 법리와 기록에 비추어 살펴보면, 원심이 그 채택 증거들을 종합하여 피고인 3이 피고인 1등과 공모하여 제1심판결 별지 범죄일람표 (7) 기재 각 대출이 출자자 등에 대하여 이루어지는 것으로서 합리적인 채권보전조치 없이 이루어지는 것임을 잘 알면서도 그 대출업무를 취급한 사실을 인정한 후, 피고인 3이 그 대출의 최초 심사과정에서 다소 반대의견을 표시하였다 하더라도 부실대출이라는 사정을 잘 알면서 그 대출 업무를 처리하는 데 관여하고 상당부분 동의한 이상 공범으로서의 형사책임을 면할 수 없다고 판단한 조치는 정당하고, 거기에 채증법칙 위배로 인한 사실오인 또는 업무상배임죄에 관한 법리오해 등의 위법이 있다고 할 수 없다. 상고이유의 주장은 이유 없다.

4. 그러므로 상고를 모두 기각하고, 피고인 1에 대하여는 상고 후의 구금일수

중 일부를 본형에 산입하기로 하여 관여 법관의 일치된 의견으로 주문과 같이 판결한다.

대법관 박시환(재판장) 김용담 박일환 김능환(주심)

쟁 점

- 기대가능성
- 강요된 행위

연 구

1. 기대가능성의 체계적 지위는 무엇인가?

2. 기대가능성과 형법 제12조 강요된 행위의 관계는 무엇인가?

3. 기대가능성의 판단기준 및 시기는 무엇인가?

4. 기대가능성을 초법규적 책임조각사유로 이해할 경우 확대의 위험성은 없는가?

5. 직무상 지휘·복종관계에 있는 하급자가 위법명령을 준수한 경우 기대불가능성을 인정할 수 있는 경우는 없는가?

참고자료

■ 관련 판례

1. 강요된 행위와 기대가능성(대판 1967.10.4, 67도1115)

동해방면에서 명태잡이를 하다가 기관고장과 풍랑으로 표류중 북한괴뢰집단에 함정에 납치되어 북괴지역으로 납북된 후 북괴를 찬양, 고무 또는 이에 동조하고 우리나라로 송환됨에 있어 여러 가지 지령을 받아 수락한 소위는 살기 위한 부득이한 행위로서 기대 가능성이 없다고 할 것이다.

2. 위법명령과 기대가능성(대판 1988.2.23, 87도2358)

공무원이 그 직무를 수행함에 있어 상관은 하관에 대하여 범죄행위 등 위법한 행위를 하도록 명령할 직권이 없는 것이며, 또한 하관은 소속상관의 적법한 명령에 복종할 의무는 있으나 그 명령이 참고인으로 소환된 사람에게 가혹행위를 가하라는 등과 같이 명백한 위법 내지 불법한 명령인 때에는 이는 벌써 직무상의 지시명령이라 할 수 없으므로 이에 따라야 할 의무는 없다 할 것이고, 설령 치안본부 대공수사단 직원은 상관의 명령에 절대 복종하여야 한다는 것이 그 주장과 같이 불문률로 되어있다 할지라도, 국민의 기본권인 신체의 자유를 침해하는 고문행위 등이 금지되어 있는 우리의 국법질서에 비추어 볼 때 그와 같은 불문률이 있다는 점만으로는 이 사건 판시 범죄와 같이 중대하고도 명백한 위법명령에 따른 행위가 정당한 행위에 해당하거나 강요된 행위로서 적법행위에 대한 기대가능성이 없는 경우에 해당하게 되는 것이라고는 볼 수 없(다)

3. 여호와의 증인과 기대가능성의 판단기준(대판 2004.7.15, 2004도2965)

피고인에게 그의 양심상의 결정에 반한 행위를 기대할 가능성이 있는지 여부를 판단하기 위해서는, 행위 당시의 구체적 상황하에 행위자 대신에 사회적 평균인을 두고 이 평균인의 관점에서 그 기대가능성 유무를 판단하여야 할 것인바, 피고인의 양심상의 결정이 적법행위로 나아갈 동기의 형성을 강하게 압박할 것이라고 보이기는 하지만 그렇다고 하여 피고인이 적법행위로 나아가는 것이 실제로 전혀 불가능하다고 할 수는 없다고 할 것이다.

4. 임금부지급과 기대가능성(대판 2002.11.26, 2002도649)

근로기준법 제112조, 제36조, 제42조에서 정하는 임금 및 퇴직금 등의 기일 내 지급의무 위반죄는 사용자가 그 지급을 위하여 최선의 노력을 다하였으나, 경영부진으로 인한 자금사정 등으로 지급기일 내에 지급할 수 없었던 불가피한 사정이 인정되는 경우에만 면책되는 것이고, 단순히 사용자가 경영부진 등으로 자금압박을 받아 이를 지급할 수 없었다는 것만으로는 그 책임을 면할 수 없다. … 자신에게는 임금 등의 지급의무가 없다고 주장하는 등 피고인이 임금 및 퇴직금 등의 지급을 위하여 최선의 노력을 다한 것으로는 인정되지 아니하므로, 같은 취지에서 기대가능성이 없다거나 긴급피난에 해당한다는 피고인의 주장을 배척한 원심의 조치는 수긍할 수 있고, 거기에 책임조각사유에 관한 법리를 오해한 위법이 없다.

5. 군형법위반과 기대가능성(대판 1970.11.24, 70도1984)

… 피고인이 월북하려는 소속 중대장의 의사에 따라 기계적으로 움직이는

포로의 상태하에 있었고 이러한 포로의 상태하에서의 탈출행위이었다 할지언정 피고인의 행위는 적에 대한 공격을 하지 아니하고 당면하여야 할 위난으로부터 이탈한 행위가 될 수 있다고 보는 것이 상당하다. 그리고 피고인이 이 사건 행위에 이르게된 경우에 있어서 원심은 정당한 사유가 없는 취지로 판시한 것이라고 볼 수 있고, 또 원심판결의 취지는 피고인이 이 사건 행위에 이르게 된 것이 피고인과 같은 지위에서 근무하는 장교로서는 아무도 피고인이 취한 행동 이상의 행위를 기대할 수 없었다고는 볼 수 없노라는 취지로 풀이할 수 있다. 이러한 원심판단의 취지는 적법하고 잘못이 없다. 필경 원심판결에는 군형법 제35조 제2호, 제3호의 법리를 오해한 위법사유가 없고, 그렇다고 심리미진 내지 판단유탈의 허물도 없다.

6. 위증죄와 기대가능성(대판 2010.1.21, 2008도942)

위증죄의 의의 및 보호법익, 형사소송법에 규정된 증인신문절차의 내용, 증언거부권의 취지 등을 종합적으로 살펴보면, 증인신문절차에서 법률에 규정된 증인 보호를 위한 규정이 지켜진 것으로 인정되지 않은 경우에는 증인이 허위의 진술을 하였다고 하더라도 위증죄의 구성요건인 "법률에 의하여 선서한 증인"에 해당하지 아니한다고 보아 이를 위증죄로 처벌할 수 없는 것이 원칙이다. 다만, 법률에 규정된 증인 보호 절차라 하더라도 개별 보호절차 규정들의 내용과 취지가 같지 아니하고, 당해 신문 과정에서 지키지 못한 절차 규정과 그 경위 및 위반의 정도 등 제반 사정이 개별 사건마다 각기 상이하므로, 이러한 사정을 전체적·종합적으로 고려하여 볼 때, 당해 사건에서 증인 보호에 사실상 장애가 초래되었다고 볼 수 없는 경우에까지 예외 없이 위증죄의 성립을 부정할 것은 아니라고 할 것이다. 이러한 기준에서 보면, 재판장이 선서할 증인에 대하여 선서 전에 위증의 벌을 경고하지 않았다는 등의 사유는 그 증인신문절차에서 증인 자신이 위증의 벌을 경고하는 내용의 선서서를 낭독하고 기명날인 또는 서명한 이상 위증의 벌을 몰랐다고 할 수 없을 것이므로 증인 보호에 사실상 장애가 초래되었다고 볼 수 없고, 따라서 위증죄의 성립에 지장이 없다고 보아야 한다. 그리고 증언거부권 제도는 앞서 본 바와 같이 증인에게 증언의무의 이행을 거절할 수 있는 권리를 부여한 것이고, 형사소송법상 증언거부권의 고지 제도는 증인에게 그러한 권리의 존재를 확인시켜 침묵할 것인지 아니면 진술할 것인지에 관하여 심사숙고할 기회를 충분히 부여함으로써 침묵할 수 있는 권리를 보장하기 위한 것임을 감안할 때, 재판장이 신문 전에 증인에게 증언거부권을 고지하지 않은 경우에도 당해 사건에서 증언 당시 증인이 처한 구체적인 상황, 증언거부사유의 내용, 증인이 증언거부사유 또는 증언거부권의 존재를 이미 알고 있었는지 여부, 증언거부권을 고지받았더라도 허위진술을 하였을 것이라고 볼 만한 정황이 있는지 등을 전체적·종합적으로 고려하여 증인이 침묵하지 아니하고 진술한 것이 자신의 진정한 의사에 의한 것인지 여부를 기준으로 위증죄의 성립 여부를 판단하여야 한다. 그러므로 헌법 제12조 제2항에 정한 불이익 진술의 강요금지 원칙을 구체화한 자기부죄거부특권에 관한 것이거나 기타 증언거부사유가 있음에도 증인이 증언거부권을 고지받지 못함으로 인하여 그 증언거부권을 행사하는 데 사실상 장애가 초래되었다고 볼 수 있는 경우에는 위증죄의 성립을 부정하여야 할 것이다.

이와 달리, 피고인이 증인으로 선서한 이상 진실대로 진술한다고 하면 자신의 범죄를 시인하는 진술을 하는 것이 되고 증언을 거부하는 것은 자기의 범죄를 암시하는 것이 되는 처지에 있다 하더라도 증인에게는 증언을 거부할 수 있는 권리를 인정하여 위증죄로부터의 탈출구를 마련하고 있는 만큼 적법행위의 기대가능성이 없다고 할 수 없고 선서한 증인이 허위의 진술을 한 이상 증언거부권 고지 여부를 고려하지 아니한 채 위증죄가 바로 성립한다는 취지로 대법원 1987. 7. 7. 선고 86도1724 전원합의체 판결에서 판시한 대법원의 의견은 위 견해에 저촉되는 범위 내에서 이를 변경하기로 한다.

■ 참고문헌

윤영철, "병역법 제88조 제1항과 양심적 병역거부", 비교형사법연구 제6권 제2호, 한국비교형사법학회, 2004.

이정원, "기대가능성과 책임조각사유", 형사법연구 제26호, 한국형사법학회, 2006.

학습과제

1. 기대가능성이 인정된 사안과 그렇지 않은 판례의 사안들을 정리해 보시오.

2. 면책적 긴급피난의 개념을 정리해 보시오.

3. 양심적 병역거부의 형사처벌을 기대가능성의 관점에서 생각해 보시오.

솔루션

1. 책임(Schuld)은 규범적인 관점에서의 행위에 대한 부정적 가치판단, 즉 행위자의 타행위가능성에 대한 비난가능성을 의미하므로, 책임을 구성하는 요소는 책임능력, 위법성의 인식, 책임형식으로서의 고의 또는 과실, 기대가능성이 된다.
   기대가능성은 위법한 행위를 한 행위자가 그가 처한 구체적인 사정하에서 적법행위로 나아갈 수 있었느냐를 기대할 수 있는가의 문제로, 적법행위로 나아갈 것을 요구할 수 없는 경우 비난가능성이 탈락된다. 이러한 기대가능성은 꼬리를 고삐에 감는 악습(惡習)이 있는 말로 인해 마부가 통행인에게 상해를 입힌 독일의 Leinenfänger 사건에서, 마주에게 수차례 말의 사용중지를 요청하였음에도 해고의 위험을 무릅쓰고 마부가 마차의 운행까지 중단할 수는 없다는 특유의 사정을 고려한 책임조각사유로 출발하여 관철되기 시작하였다.

2. 기대가능성의 체계적 지위에 대해서는 역사적으로 많은 논란이 있어 왔다. 과거 심리적 요소인 고의·과실의 구성요소라는 견해가 있었으나 현재는 주장되지 않고, 책임능력, 고의·과실, 위법성인식과 병렬적 위치에 있는 독자적이고 적극적인 책임의 요소라고 이해하는 견해, 책임의 적극적인 요소가 아니라 책임능력과 책임조건이 존재하면 책임이 인정되고, 기대불가능할 때에 책임이 조각되는 소극적 책임요소로 이해하는 견해 등이 대립되고 있다. 기대가능성은 책임의 부정 내지 감소라는 소극적 측면에서뿐만 아니라 비난의 강화라는 책임의 적극적 측면에서도 작용할 수 있으며, 처음부터 기대불가능한 행위를 행위자에게 준수를 요구하여 책임을 조각시키는 것은 행위자에게 지나친 요구라는 점에서, 규범적 책임개념의 연혁적 출발을 중시하여 책임의 적극적 요소로 이론 구성하는 것이 타당하다고 하겠다.

3. 형법은 제12조에서 “저항할 수 없는 폭력이나 자기 또는 친족의 생명 신체에 대한 위해를 방어할 방법이 없는 협박에 의하여 강요된 행위는 벌하지 아니한다”라고 하여 강요된 행위를 규정하고 있다. 이 강요된 행위는 저항할 수 없는 폭력과 방어할 방법이 없는 협박하의 강제상태에서는 행위자에게 적법행위로 나아갈 것을 기대할 수 없어 처벌할 수 없다는 것으로 기대가능성의 명문화된 규정이라고 할 것이다.

4. 기대가능성을 누구를 기준으로 하여야 하는가에 대해서, 국가가 법질서 내지 국가이념에 따라 판단하여야 한다는 국가표준설, 행위자가 행위 당시 자신이 처해 있던 구체적 사정하에서 그의 능력을 기준으로 기대가능성을 판단해야 한다는 행위자표준설, 행위자가 처해 있던 상황에서 사회적 평균인의 관점에서 기대가능하였는가를 판단해야 한다는 평균인표준설이 대립되고 있다. 이러한

견해대립의 실익은 책임조각의 범위에 있다.

대법원은 참고판결인 87도2358 판결에서 상관의 명령에 대한 절대복종이 불문율로 되어 있다고 하더라도 '행위 당시의 구체적 상황하에 행위자 대신에 사회적 평균인을 두고 이 평균인의 관점에서 그 기대가능성 유무를 판단하여야 할 것'이라는 원칙을 명시하고, '국민의 기본권인 신체의 자유를 침해하는 고문행위 등이 금지되어 있는 우리의 국법질서에 비추어 볼 때' 참고인에 대한 고문행위는 적법행위에 대한 기대가능성이 없는 경우에 해당한다고 볼 수 없다고 판시하여 기대가능성이 행위자표준의 관점이 아니라 평균인표준의 관점에서 이루어져야 함을 명확히 하였다.

5. 형법상 기대불가능성을 이유로 책임이 조각되는 규정은 강요된 행위, 야간 등의 과잉방위, 야간 등의 과잉피난, 친족간의 범인은닉·증거인멸행위이다.

이러한 명문의 규정 외에 초법규적 책임조각사유를 인정할 수 있는가에 대해서 형법의 연골(軟骨)화를 이유로 반대하는 부정설, 책임조각사유의 불충분 및 입법화의 한계를 이유로 긍정하는 견해, 고의작위범과 달리 과실범과, 부작위범에 대해서만 초법규적 책임조각사유를 인정하자는 견해가 있으며, 대법원은 초법규적 책임조각사유를 인정하고 있다. 책임조각사유 입법화에는 한계를 인정할 수밖에 없으며, 형법이 기대할 수 없는 행위를 행위자에게 요구하는 것은 적절하지 않으므로 초법규적 책임조각사유를 인정할 필요가 있으며, 명문의 책임조각사유가 인정되지 않을 경우 보충적으로 판단한다면 무분별한 확대의 위험성은 기우(杞憂)라고 할 것이다.

6. 하급자가 상급자의 위법한 명령을 준수한 경우, 통상적으로는 위법성이나 책임이 조각된다고 볼 수 없을 것이다. 대상판결에서도 이러한 원칙에 입각하여, 합리적인 채권보전조치 없이 이루어지는 부정대출임을 알면서 그 대출의 최초 심사과정에서 다소 반대의견을 표시하였다 하더라도 부실대출이라는 사정을 잘 알면서 그 대출 업무를 처리하는 데 관여하고 상당부분 동의한 이상 공범이 성립한다고 보아 적법행위의 기대가능성을 당연히 인정하고 있다.

그러나 상관의 위법명령이라고 할지라도 형법 제12조의 강요된 행위에 해당하는 경우, 즉 상급자의 저항할 수 없는 폭력이나 방어할 방법이 없는 협박의 경우에는 기대불가능성이 인정될 여지가 있다. 그리고 사회평균인의 관점에서 강요된 행위는 인정되지 않는다고 할지라도, 행위당시 상관의 위법한 명령을 거부할 수 없는 특별한 사정이 발견되어 적법행위를 기대할 수 없는 경우에는 명령복종관계, 명령의 구속력의 정도, 위법한 명령에 대한 불복수단, 명령불복종시 제재 등을 종합적으로 고려하여 기대불가능성을 인정할 수도 있을 것이다.

심화문제

중학교 2학년(만 14세)인 甲은 신장 150cm에 체중이 80kg으로 평소 친구들에게 행동이 굼뜨고 많이 먹는다는 이유로 '왕따'를 당하고 있었다. 특히 같은 중학교의 일진회 소속인 乙(만 13세), 丙(만 14세)의 괴롭힘, 예컨대 금전상납, 심부름, 폭행이 매일 이루어졌다.

그런데 甲이 다니던 중학교에 X가 전학을 오게 되었고, 왜소한 체격인 X가 전학을 오자 일진회 소속인 乙, 丙은 왕따조직의 새로운 하위 피라미드를 만들기 위해서 X를 왕따시키기 시작하였다. 이들의 왕따에 주변 친구들은 겁이나 아무런 제지를 할 수 없었다. 乙, 丙은 평상시 괴롭히던 甲을 불러 X를 폭행하여 돈을 뺏아 오지 않으면, 하루가 지날 때마다 매일 1만원, 주먹으로 복부 20대, 두부 20대씩 맞으며, 이러한 폭행도 매일 곱빼기(2배)로 정도가 늘어난다고 하였다. 고민하던 甲은 자신의 불쌍한 처지가 생각나 X를 폭행할 수 없었으며, 다음 날 乙, 丙이 말한 대로 폭행을 당하여 전치 3주의 상해를 입었다.

甲은 이대로 폭행당하다간 한 달도 못 가 죽을지도 모른다는 생각에, 수업이 끝난 후 X를 학교 매점 뒤로 불러 乙, 丙이 평상시 자신에게 하던 대로 얼굴과 복부를 가격하고 지갑에 있던 2만원을 뺏고, 내일부터 매일 만원씩 상납하지 않으면 죽여버리겠다고 말하였다.

내성적인 성격에 아버지의 안경공장 도산으로 가정형편이 좋지 않았던 X는 매일 만원을 마련할 수 없다는 생각에 살고 있던 아파트 4층에서 뛰어내려 전치 8주의 상해를 입었다.

甲, 乙, 丙의 형사책임은 무엇인가?

10. 법률의 착오

도입판례

■ **대법원** 1985. 4. 9. **선고** 85도25 **판결** 【미성년자보호법위반】

【판시사항】

가. 형법 제16조 규정의 법의

나. 유흥접객업소의 업주가 경찰당국의 단속에서 제외되어 있어 만 18세 이상의 미성년자는 출입이 허용되는 줄 안 것이 법률의 착오에 해당되는지 여부

【판결요지】

가. 형법 제16조에 자기의 행위가 법령에 의하여 죄가 되지 아니한 것으로 오인한 행위는 그 오인에 정당한 이유가 있는 때에 한하여 벌하지 아니한다고 규정하고 있는 것은 단순한 법률의 부지의 경우를 말하는 것이 아니고 일반적으로 범죄가 되는 행위이지만 자기의 특수한 경우에는 법령에 의하여 허용된 행위로서 죄가 되지 아니한다고 그릇 인식하고 그와 같이 그릇 인식함에 있어 정당한 이유가 있는 경우에는 벌하지 아니한다는 취지이다.

나. 유흥접객업소의 업주가 경찰당국의 단속대상에서 제외되어 있는 만 18세 이상의 고등학생이 아닌 미성년자는 출입이 허용되는 것으로 알고 있었더라도 이는 미성년자보호법 규정을 알지 못한 단순한 법률의 부지에 해당하고 특히 법령에 의하여 허용된 행위로서 죄가 되지 않는다고 적극적으로 그릇 인정한 경우는 아니므로 비록 경찰당국이 단속대상에서 제외하였다 하여 이를 법률의 착오에 기인한 행위라고 할 수는 없다.

【참조조문】

가. 형법 제16조 / 나. 미성년자보호법 제6조, 제4조

【참조판례】

가. 대법원 1961.10.5. 선고 4294형상208 판결, 1980.2.12. 선고 79도285 판결

【전 문】

【피 고 인】 피고인

【상 고 인】 검사

【원심판결】 서울형사지방법원 1984.12.4. 선고 84노2687 판결

【주 문】

원심판결을 파기하고, 사건을 서울형사지방법원 합의부에 환송한다.

【이 유】

검사의 상고이유를 판단한다.

(1) 원심이 유지한 제1심판결 이유에 의하면, 피고인은 의정부시내에서 디스코클럽을 경영하는 자로서 1983.12.23. 20:00경부터 같은날 23:00경까지 위 디스코클럽에 미성년자인 공소외인등 10명을 출입시키고 맥주 등 주류를 판매한 사실은 이를 인정하고도 한편으로 1983.4.15. 14:00경 의정부경찰서 강당에서 개최된 청소년선도에 따른 관련 업주회의에서 업주측의 관심사라 할 수 있는 18세 이상자나 대학생인 미성년자들의 업소출입 가부에 관한 질의가 있었으나 그 확답을 얻지 못하였는데, 같은달 26 경기도 경찰국장 명의로 청소년 유해업소 출입단속 대상자가 18세 미만자와 고등학생이라는 내용의 공문이 의정부경찰서에 하달되고 그 시경 관할지서와 파출소에 그러한 내용이 다시 하달됨으로써 업주들은 경찰서나 파출소에 직접 또는 전화상의 확인방법으로 그 내용을 알게 되었고 위와 같은 사정을 알게 된 피고인은 종업원에게 단속 대상자가 18세 미만자와 고등학생임을 알려주고 그 기준에 맞추어서 만 18세 이상자이고 고등학생이 아닌 공소외인등 10명을 출입시키고 주류를 판매하기에 이른 사실을 인정할 수 있으므로 그 경위관계가 위와 같다면 결국 피고인은 법령에 의하여 죄가 되지 아니한 것으로 오인하여 미성년자를 출입시키고 주류를 판매한 것이고 그 오인을 하게 된 데 대하여 형법 제16조 소정의 정당한 이유가 있는 때에 해당한다는

취지로 판단하고 있다.

(2) 형법 제16조에 자기의 행위가 법령에 의하여 죄가 되지 아니하는 것으로 오인한 행위는 그 오인에 정당한 이유가 있는 때에 한하여 벌하지 아니한다고 규정하고 있는바, 이는 단순한 법률의 무지의 경우를 말하는 것이 아니고, 일반적으로는 범죄가 되는 행위이지만 자기의 특수한 경우에는 법령에 의하여 허용된 행위로서 죄가 되지 아니한다고 그릇 인식하고 그와 같이 그릇 인식함에 있어서 정당한 이유가 있는 경우에는 벌하지 아니한다는 취지로 풀이할 것이다.

이 사건에 있어서 위에서 본바와 같이 피고인은 유흥접객업소내에 출입시키거나 주류를 판매하여서는 아니되는 대상을 18세 미만자 또는 고등학생에 한정되고, 20세 미만의 미성년자 전부가 이에 해당된다는 미성년자보호법의 규정을 알지 못하였다는 것이므로 이는 단순한 법률의 부지에 해당한다 할 것이고 피고인의 소위가 특히 법령에 의하여 허용된 행위로서 죄가 되지 아니한다고 적극적으로 그릇 인정한 경우는 아니므로 범죄의 성립에 아무런 지장이 될바 아니고 또 미성년자보호법 제4조 제1, 2항에 위반되는 이상 경찰당국이 당시 미성년자의 유흥접객업소 출입단속대상에서 고등학생이 아닌 18세 이상의 미성년자를 제외하였다 하여 그로 인하여 그 범죄의 성립에 어떠한 영향을 미친다고는 할 수 없을 것이므로 피고인이 이를 믿었다고 하여 법령에 저촉되지 않는 것으로 오인함에 정당한 사유가 있는 경우에 해당한다고도 할 수 없을 것이다. 그런데도 피고인의 이 사건 소위를 형법 제16조 소정의 법률의 착오에 기인한 행위로 인정하고 무죄를 선고한 제1심판결을 유지한 원심의 조치는 결국 심리미진으로 법률의 착오에 관한 판단을 그릇하였거나 이에 관한 법리를 오해한 위법이 있고 판결에 영향을 미쳤음이 명백하므로 논지는 이유있다.

그러므로 원심판결을 파기하고 사건을 원심법원에 환송하기로 관여 법관의 일치된 의견으로 주문과 같이 판결한다.

대법관　김형기(재판장)　정태균　이정우　신정철

쟁 점

- 위법성 인식의 내용과 기능
- 금지착오(형법 제16조)의 해석
- 법률의 부지
- 포섭의 착오

연 구

1. 위법성 인식의 체계적 지위와 기능은 무엇인가?

2. 금지착오에 있어 정당한 이유를 판단하는 기준은 무엇인가?

3. '정당한 이유'와 '회피가능성'의 차이점은 무엇인가?

4. 본 사안이 단순히 법률의 부지에 속하는 것인가, 아니면 포섭의 착오에 포함될 수 있는 것은 아닌가?

5. 본 사안을 법률의 착오에 해당한다고 본다면, 정당한 이유를 부정하는 것이 타당한가?

참고자료

■ 관련 판례

1. 위법성 인식의 정도(대판 1987.3.24, 86도2673)

호병계장으로 재직하고 있음을 기화로 피고인과 피고인의 동거여인인 공소외 1과의 사이에 출생한 공소외 2를 피고인과 피고인의 법률상 처인 공소외 3사이에서 출생한 것처럼 호적부에 허위의 기재를 한 후 그 정을 모르는 면장으로 하여금 이에 날인케 하여 허위내용의 호적부를 작성한 원심판시 소위는 형법 제260조 제1항의 허위공문서작성죄의 구성요건을 충족함이 뚜렷하고 나아가 범죄의 성립에 있어서 위법의 인식은 그 범죄사실이 사회정의와 조리에 어긋난다는 것을 인식하는 것으로서 족하고 구체적인 해당 법조문까지 인식할 것을 요하는 것은 아니므로 설사 피고인이 소론과 같이 위의 판시 소위가 형법상의 허위공문서작성죄에 해당되는 줄 몰랐다고 가정하더라도 그와 같은 사유만으로서는 피고인에게 위법성의 인식이 없었다고 할 수 없(다).

2. 법률의 착오 (대판 2005.5.27, 2004도62)

피고인이 이 사건 아파트 분양권의 매매를 중개할 당시 '일반주택'이 아닌 '일반주택을 제외한 중개대상물'을 중개하는 것이어서 교부 받은 수수료가 법에서 허용되는 범위 내의 것으로 믿고 이 사건 위반행위에 이르게 되었다고 하더라도 그러한 사정만으로는 자신의 행위가 법령에 저촉되지 않는 것으로 오인함에 정당한 사유가 있는 경우에 해당한다거나 피고인에게 범의가 없었다고 볼 수는 없다.

3. 법률의 부지 (대판 1999.10.12, 99도3335)

피고인이 1998. 6. 4. 실시된 경기도의회 의원선거의 후보자로서, 1998. 5. 말경 선거구민 최창규에게 식사를 제공한 것을 비롯하여 1998. 5. 20.경부터 같은 해 6. 3.까지 선거구민 수인에게 액수미상의 닭도리탕, 돼지삼겹살, 소주 등의 식사를 제공하여 기부행위를 하였다 … 공직선거및선거부정방지법 제258조 제2항 제1호, 제127조 제3항 소정의 선거비용지출죄는 회계책임자가 아닌 자가 선거비용을 지출한 경우에 성립되는 죄인바, 피고인이 그와 같은 행위가 죄가 되는지 몰랐다고 하더라도 회계책임자가 아닌 피고인이 선거비용을 지출한 이상 그 죄의 성립에 영향이 없고, 회계책임자가 후에 피고인의 선거비용지출을 추인하였다 하더라도 그 위법성이 조각되는 것도 아니다.

4. 정당한 이유 (대판 2002.5.17, 2001도4077)

… 실제로 개정된 법이 시행된 후에도 이 사건 비디오물감상실의 관할부서(대구 중구청 문화관광과)는 업주들을 상대로 실시한 교육과정을 통하여 종전과 마찬가지로 음반등법 및 그 시행령에서 규정한 '만 18세 미만의 연소자' 출입금지표시를 업소출입구에 부착하라고 행정지도를 하였을 뿐 법에서 금지하고 있는 '만 18세 이상 19세 미만'의 청소년 출입문제에 관하여는 특별한 언급을 하지 않았고, 이로 인하여 피고인을 비롯한 비디오물감상실 업주들은 여전히 출입금지대상이 음반등법 및 그 시행령에서 규정하고 있는 '18세 미만의 연소자'에 한정되는 것으로 인식하였던 것으로 보여지는바, 사정이 위와 같다면, 피고인이 자신의 비디오물감상실에 18세 이상 19세 미만의 청소년을 출입시킨 행위가 관련 법률에 의하여 허용된다고 믿었고, 그렇게 믿었던 것에 대하여 정당한 이유가 있는 경우에 해당한다.

■ 참고문헌

김성돈, "불인식과 형법", 형사법연구 제16권, 한국형사법학회, 2001.

______, "형법 제16조의 개정방안", 형사법연구 제22권 특집호, 한국형사법학회, 2004.
김영환, "법률의 부지의 형법해석학적 문제점", 이재상교수화갑기념논문집(I), 2003.
정현미, "법률의 착오에서 정당한 이유의 판단기준", 형사판례연구(8), 한국형사판례연구회, 박영사, 2000.

학습과제

1. 위법성조각사유의 전제사실의 착오와 법률의 착오의 차이는 무엇인가?

2. 법률의 부지가 '죄가 되지 아니한다'에 포섭될 수 없는지 생각해 보시오.

3. 대법원이 정당한 이유를 인정한 경우와, 정당한 이유를 인정하지 않거나 법률의 부지라고 판단한 경우를 정리해 보시오.

솔루션

1. 위법성의 인식이란 행위자가 자신의 행위가 법률에 위반하여 죄가 된다는 사실을 인식하는 것을 말하며, 위법성의 인식이 있어야 법규범에 반하는 범죄를 결의하였다는 점에 대해 비난가능하므로 책임비난의 기본 토대가 된다. 여기서 그 범위는 전체 법질서의 관점에서 허용되지 않는다는 정도의 인식이면 충분하다.

이러한 위법성 인식의 체계적 지위에 대해 고의설(엄격고의설과 제한적 고의설)과 책임설(엄격책임설과 제한적 책임설)이 대립되고 있다. 대법원은 '법률의 착오가 범의를 조각'(74도2676)한다고 하여 고의설로 보는 듯 하나, '자기행위가 법령에 의하여 죄가 되지 아니한 것으로 오인하였더라도 범의가 없다고 할 수 없다'(87도160)고 하여 고의와 위법성 인식을 독립된 책임요소로 보는 듯한 인상을 주기도 한다.

2. 이러한 위법성의 인식과 관련하여 금지착오의 문제가 발생한다. 금지착오란 책임비난에 필요한 위법성의 인식이 없는 경우, 즉 사실의 인식은 있었으나 위법성을 인식하지 못하여 책임이 조각되는 경우이다. 우리 형법은 제16조에서 '자기의 행위가 법령에 의하여 죄가 되지 아니하는 것으로 오인한 행위는 그 오인에 정당한 이유가 있는 때에 한하여 벌하지 아니한다'라고 하여 금지의 착오(법률의 착오, 위법성의 착오)를 규정하고 있다. 이러한 금지착오는 직접적 착오와 간접적 착오로 구분할 수 있으며, 전자에는 법률의 부지, 효력의 착오, 포섭의 착오가 있으며, 후자에는 위법성조각사유의 범위와 한계에 대한 착오와 위법성조각사유의 전제사실에 대한 착오가 있다.

3. 형법 제16조의 금지착오에서 핵심은 정당한 이유의 유무인데, 정당한 이유는 위법성의 인식가능성을 전제로 한 착오(위법성 불인식)의 회피가능성이라고 보는 것이 일반적이다. 그런데 회피가능성은 독일 형법 제17조에서 유래된 개념으로 책임능력자는 위법성의 인식가능성을 항상 가지고 있으므로 책임이 조각될 가능성이 극히 적다는 비판을 받고난 후, 의문을 가질 수 있는 구체적 계기가 주어지면 양심의 긴장을 통해 의문을 해소하기 위한 심사숙고와 조회의무를 다하여야 한다는 형태로 회피가능성이 구체화되었다.

이와 달리 우리 형법은 제16조에서 '정당한 이유'라고만 규정하고 있다. 여기서 형법의 정당한 이유는 회피가능성을 위법성의 인식능력 내지 인식가능성과 동일시하여 결국 책임능력으로 이해하는 논리와 달리, 행위자에게 위법성의 인식능력 내지 가능성이 있었다고 하더라도 오인을 일으킬 만한 주관적·객관적 사정이 있으면 책임비난을 면하게 하여 결국 행위자의 불처벌 가능성을 넓혀주는 독자적인 역할을 할 수 있다. 독일의 회피가능성보다 책임조각의 가능성을 확대해 줄 수 있는 가능성이 있는 것이다.

여기서 정당한 이유의 구체적 판단기준에 대해서, 법률을 올바르게 해석하고 위반한 법규범의 효력에 대한 가치판단을 전제로 사회적·규범적 관점에서 지적 인식능력을 기준으로 해야한다는 견해와, 과실이 있는지에 따라 판단해야 된다는 견해, 착오에 이르게 한 외부환경적 요인이나 착오제거의 노력 등을 고려하여 유형적으로 파악하여야 한다는 견해 등이 있다. 생각건대 정당한 이유는 위법성 심사의 계기, 심사숙고에 의한 위법성의 확인, 법률정보의 상담 및 조회라는 기본적 요소를 토대로 금지규범과 위반행위 유형에 따라 금지의 오인에 대한 정당한 사정이 내·외부적으로 존재하였는지를 종합적으로 판단하여야 할 것이다.

4. 대법원은 범죄의 성립에 영향이 없다고 보는 법률의 부지의 개념에 대해서 적극적으로 개념 정의를 내리는 것이 아니라 소극적으로 일관하고 있다. 대법원은 형법 제16조가 적용되는 법률의 착오는 단순한 법률의 부지를 말하는 것이 아니라고 판시하면서 법률의 착오에 해당하려면 자기행위가 특히 법령에 의하여 허용된 행위로서 죄가 되지 아니한다고 적극적으로 인식해야 한다고 보고 있다.

형법 제16조의 문언 중 '법령에 의하여'라는 부분에 초점을 맞추면 법률의 부지는 '자기의 행위가 특히 법령에 의해 허용된 행위로 오인'한 것이 아니므로 법률의 부지는 문리해석상 금지의 착오 적용영역에서 제외되어야 한다는 주장도 있다. 그러나 위법성의 인식에 있어 자기행위가 법규범에 의해 금지된다는 사실조차 몰라 효력의 착오나 포섭의 착오와 다르지 않음에도 금지의 착오에서 제외하여 정당한 이유의 판단 기회조차 박탈하는 것은 행위자에게 지나치게 불리한 해석이다. 따라서 법률의 부지도 제16조의 적용영역에 포함시켜야 할 것이다.

5. 대상판결의 사안은 행위자가 금지규범의 존재 자체를 모른 것은 아니므로 법률의 부지라기보다는 미성년자의 포섭범위를 잘못 파악한 경우로 포섭의 착오에 해당하는 사안이라고 할 수 있다. 이러한 사실관계에 대해서 법률의 부지라는 결론이 나오는 것은 대법원이 법률의 착오의 유형에 대해 혼란을 일으키고 있거나, 법률의 부지를 무조건 법률의 착오에서 배제시킴으로써 정당한 이유의 판단조차 받지 못하게 만들려는 강경책을 쓰는 것이라고 밖에 볼 수 없다.

대법원은 포섭의 착오 개념과 법률의 부지 개념을 혼동하고 있는 듯한 인상을 심어 왔다. 포섭의 착오에 대해 16조를 적용하기도 하였지만 대상 판결처럼 포섭의 착오 사안을 법률의 부지 사안으로 분류하고 있다는 인상을 준 것이다.

다만 최근 대법원은 유사한 사안인 비디오물감상실에 18세 이상 19세 미만의 청소년을 출입시킨 행위에 대해서는 법률의 부지가 아니라 형법 제16조를 적용한 바 있다(2001도4077).

6. 대상판결의 사안을 대법원의 판단과 달리 법률의 착오로 분류하고 정당한 이유를 판단할 경우, 피고인은 유흥접객업소의 업주로서 출입단속대상자의 범위에 관심을 가지고 확인하려고 하였으며, 관할 경기도 경찰국장 명의의 공문하달 내용을 믿었으므로 이는 위법성 심사의 계기, 심사숙고에 의한 위법성의 확인, 법률정보의 상담 및 조회라는 기본적 요소를 토대로 금지규범과 위반행위 유형에 따라 금지의 오인에 대한 정당한 사정이 내·외부적으로 존재하였는지를 종합적으로 판단할 때 정당한 이유가 인정될 가능성이 크다고 볼 수 있다.

심화문제

가출청소년인 甲(19세), 乙(16세), 丙(18세)은 상습적으로 자신들의 자취방에서 본드와 부탄가스를 흡입하였다. 그런데 이들은 최근 한 때 자신들과 어울렸던 여중생 X와 그의 친구 Y가 자신들을 욕하고 다닌다는 사실을 들었다. 그리하여 X와 Y를 살해할 생각을 하고, 사건 당일 X와 Y를 '이야기 좀 하자'고 하며, 자신들의 자취방으로 불렀다. 甲 등은 본드와 부탄가스를 흡입하여 심신이 다소 미약한 상태에서 상호협력하여 X와 Y를 제압하고 칼로 가슴을 찔러 살해하였다. 한편 X의 남자친구 Z는 여자친구가 연락이 되지 않자, 갈만한 곳을 수소문하면서 행방을 찾았는데, 범행의 발각을 두려워한 갑 등은 Z를 유인하여 살해하고, 그 사체를 택시로 운반하여 한강에 버렸다.

그런데 乙은 자신의 중학교 동창이던 X를 죽였다는 생각에 괴로워하다, 홀연히 구미로 내려가 취업을 하기로 마음먹었다. 그러던 중 丁이 운영하던 레스토랑 秀에 면접을 보고 일하게 되었다. 한편 丁이 운영하던 레스토랑은 '일반음식점' 허가를 받은 것으로서, 홀 및 주방을 합쳐 약 55평 정도의 영업시설을 갖추고 평소 낮 12시부터 다음날 새벽 5시경까지 영업을 하는데, 식사를 주문하는 손님은 저녁 9시경에는 거의 끊어지고 그 이후의 시간에는 주로 맥주나 소주 등 주류를 찾는 손님들이 대부분이었다. 한편 시급 4800원에 고용된 을은 저녁 7시부터 밤 11시경까지 근무하면서 주로 주류와 안주류의 주문을 받고 주문받은 주류 등을 나르는 업무 등에 종사하였다.

丁은 청소년보호법이 있다는 이야기를 자신의 조카인 C법학전문대학원 재학생으로부터 듣고, 구미시청 위생과 등에 문의한 결과 레스토랑은 청소년을 고용해도 괜찮다는 대답이 들었다. 그리고 구미 시내 다른 레스토랑이나 한식당에서도 청소년을 고용하는 업소가 많았다.

1. 甲, 乙, 丙의 형사책임은?

2. 丁의 형사책임은?

11. 미 수

도입판례 1

■ **대법원** 2008. 3. 27. **선고** 2008도917 **판결** 【특정범죄가중처벌등에관한법률위반(절도)】 [미간행]

【판시사항】

[1] 주거침입죄의 실행의 착수시기

[2] 야간에 다세대주택에 침입하여 물건을 절취하기 위하여 가스배관을 타고 오르다가 순찰 중이던 경찰관에게 발각되어 그냥 뛰어내렸다면, 야간주거침입절도죄의 실행의 착수에 이르지 못했다고 한 사례

【참조조문】

[1] 형법 제319조 제1항, 제330조 / [2] 형법 제25조, 제319조 제1항, 제330조

【참조판례】

[1] 대법원 1995. 9. 15. 선고 94도2561 판결(공1995하, 3473), 대법원 2003. 10. 24. 선고 2003도4417 판결(공2003하, 2285)

【전　문】

【피 고 인】 피고인

【상 고 인】 검사

【변 호 인】 변호사 김정기

【원심판결】 서울고법 2008. 1. 17. 선고 2007노2268 판결

【주　문】

상고를 기각한다.

【이　유】

상고이유를 판단한다.

1. 주거침입죄의 실행의 착수는 주거자, 관리자, 점유자 등의 의사에 반하여 주거나 관리하는 건조물 등에 들어가는 행위 즉 구성요건의 일부를 실현하는 행위까지 요구하는 것은 아니지만, 주거침입의 범의로 예컨대, 주거로 들어가는 문의 시정장치를 부수거나 문을 여는 등 침입을 위한 구체적 행위를 시작함으로써 범죄구성요건의 실현에 이르는 현실적 위험성을 포함하는 행위를 개시할 것을 요한다(대법원 2003. 10. 24. 선고 2003도4417 판결 등 참조).

2. 원심은, 그 채용증거들에 의하여, 피고인이 이 사건 다세대주택 2층의 불이 꺼져있는 것을 보고 물건을 절취하기 위하여 가스배관을 타고 올라가다가, 발은 1층 방범창을 딛고 두 손은 1층과 2층 사이에 있는 가스배관을 잡고 있던 상태에서 순찰 중이던 경찰관에게 발각되자 그대로 뛰어내린 사실을 인정한 후, 이러한 피고인의 행위만으로는 주거의 사실상의 평온을 침해할 현실적 위험성이 있는 행위를 개시한 때에 해당한다고 보기 어렵다는 이유로 이 부분 공소사실을 무죄로 판단하였다.

앞서 본 법리에 비추어 기록을 살펴보면 원심의 위와 같은 사실인정 및 판단은 정당한 것으로 수긍이 가고, 거기에 상고이유로 주장하는 바와 같은 야간주거침입절도죄의 실행의 착수시기에 관한 법리오해의 위법이 없다.

3. 그러므로 상고를 기각하기로 하여 관여 법관의 일치된 의견으로 주문과 같이 판결한다.

대법관　김영란(재판장)　김황식　이홍훈(주심)　안대희

쟁 점

◆ 실행의 착수

◆ 주거침입죄의 실행의 착수시기

연 구

1. 하나의 범죄가 완수되기 위한 범죄실행의 단계는 어떻게 되는가?

2. 미수의 기준이 되는 실행의 착수를 판단하는 기준은 무엇인가?

3. '구성요건의 일부를 실현하는 행위'란 무엇인가?

4. 주거침입죄에서 실행의 착수는 무엇을 기준으로 판단하여야 하는가?

참고자료

■ 관련 판례

1. 절도죄의 실행의 착수(대판 1989.9.12, 89도1153)

피고인 및 원심 공동피고인이 함께 담을 넘어 피해회사 마당에 들어가 그 중 1명이 그곳에 있는 구리를 찾기 위하여 담에 붙어 걸어가다가 잡힌 이 사건에 있어서 절취대상품에 대한 물색행위가 없었다고 할 수 없으므로 원심판결에 채증법칙위반이나 절도죄의 법리를 오해한 위법이 있다할 수 없나.

2. 실행의 착수(대판 1986.12.23, 86도2256)

절도죄의 실행의 착수시기는 재물에 대한 타인의 사실상의 지배를 침해하는데 밀접한 행위가 개시된 때라 할 것인바 피해자 소유 자동차 안에 들어 있는 밍크코트를 발견하고 이를 절취할 생각으로 공범이 위 차 옆에서 망을 보는 사이 위 차 오른쪽 앞문을 열려고 앞문손잡이를 잡아당기다가 피해자에게 발각되었다면 절도의 실행에 착수하였다고 봄이 상당하다.

■ 참고문헌

이경렬, "실행의 착수의 실질적 기준", 성균관법학 제8권 제1호, 성균관대학교 법학연구소, 1997.

서경환, "공동주택 안의 공용 계단·복도와 주거침입죄의 객체인 '사람의 주거'", 대법원판례해설 82호, 법원도서관, 2010.

조 국, "부동산소유권 보존등기말소청구를 통한 소송사기의 성립요건, 실행의 착수시기 및 기수시기 -대법원 2006. 4. 7. 선고 2005도9858 판결(전원합의체)-", 비교형사법연구 제8권 제2호, 한국비교형사법학회, 2006.
한정환, "형법 제25조 제1항 '범죄실행의 착수'", 비교형사법연구 제8권 제1호, 한국비교형사법학회, 2006.

학습과제

1. 간첩죄에 관한 실행의 착수판단(대판 1984.9.11, 84도1381)과 절도죄에 관한 실행의 착수판단(대판 2003.6.24, 2003도1985)의 차이점을 생각해 보시오.

2. 실행의 착수를 인정한 사례와 부정한 사례들을 정리해 보시오.

솔루션

1. 하나의 범죄가 완수되기 위해서는, 내심의 의사로서 범행의 결의가 있고, 그를 통해 예비·음모의 준비단계를 거쳐 실행의 착수에 들어가야 하며, 실행행위를 통해 구성요건을 완전히 실현하는 기수단계에 이르러 범죄가 완성되며, 법익에 대한 침해행위가 실질적으로 끝나는 종료단계를 통해 최종적으로 완수된다.

2. 실행의 착수란 예비와 미수를 구별하는 필요조건으로, 미수인정의 객관적 구성요건이 된다. 실행의 착수는 구성요건실현을 직접적으로 개시하는 것으로 정의할 수 있는데, 이는 다시 개별구성요건에 따라 구체적으로 '개시'를 판단할 수밖에 없는 개념이다.

3. 실행의 착수시기에 대해 다양한 견해가 대립된다. 크게 분류해보면 구성요건에서 규정하고 있는 실행행위로 나아가야 한다는 객관설, 행위자의 범죄의사가 비약적으로 표동된 경우 실행의 착수가 있다는 주관설, 양 견해의 문제점으로 인해 객관적 요소와 주관적 요소를 결합하는 절충설(주관적 객관설)로 나눌 수 있다. 객관설은 다시 형식적 객관설과 실질적 객관설로 나뉘며, 후자는 또 2가지로 분류할 수 있다. 먼저 Frank의 공식으로 "자연적으로 보아 구성요건적 행위와 필연적으로 결합되어 있어 그 구성요소로 보이는" 거동이 있으면 구성요건실행의 전 단계의 행위라 하더라도 실행의 착수가 있다고 보는 입장과 밀접행위설로 보호법익의 관점에서 행위가 보호법익에 대하여 직접적인 위험을 야기시킨 때에 또는 법익침해에 밀접한 행위가 있을 때 실행의 착수를 인정하는 입장(절도죄에 관한 판례)이다. 이에 대해 절충설(주관적 객관설)은 행위자의 주관적인 범죄계획에 비추어(주관적 기준) 행위의 객체 또는 구성요건실현에 대한 직접적 행위(객관적 기준)가 있을 때 실행의 착수가 있다고 본다. 실질적 객관설도 타당한 면이 없지 않으나 여전히 행위자의 행위계획이라는 주관적 요소를 간과하고 있으므로 절충설이 타당하다고 하겠다. 그러나 절충설도 일반적 기준만으로는 부족하며, 다시 각칙상의 개별 구성요건의 실행행위에 대한 해석의 문제로 구체적 기준을 요하게 된다. 즉 ① 구성요건적 행위의 일부를 실현한 때 또는 결합범의 일부인 행위를 개시한 때(ex. 사기죄의 기망, 강도죄의 폭행·협박) ② 시간적·장소적으로 구성요건실현을 위한 직접적 행위를 개시한 때(ex. 절취대상물의 물색시)가 실질적인 판단기준이 될 수 있을 것이다.
   대법원은 절도죄와 비지정문화재수출죄 등에서 '근접·밀착'의 개념에 초점을 맞추고 있어(92도1650; 99도2461) 실질적 객관설을 취하고 있는 것으로 판단된다.

4. 주거침입죄의 실행의 착수와 기수시기에 대해, 대법원은 야간에 여성이 기거하

는 방의 창문으로 얼굴만 들이민 94도2561 판결에서, 신체의 전부가 주거에 침입하여야 기수가 된다는 전부침입설을 따를 경우 피고인에게 무죄를 선고하여야 하는 문제점을 극복하기 위해 독자적인 논리를 펼쳤다. 즉 신체의 일부만 침입하였더라도 사실상의 평온을 해할 수 있는 정도에 이르면 주거침입죄가 성립한다고 판시하여 판단이 어려운 고의의 문제까지 해결한 것이다. 그리고 최근 대법원은 사실상의 평온이라는 보호법익과 실행의 착수 및 기수 시기에 관한 과거의 판단에서 더 나아가 주거의 대상을 매우 폭넓게 인정하여 공용건조물의 복도, 계단 등도 주거에 포함시키고 있으며(2009도3452), 건조물외에 위요지도 포함시키고 있다(2009도14643).

그런데 주거침입죄의 착수 문제는 보호법익과 객체의 논의의 연장선상에서 이루어져야 한다. 주거침입죄의 보호법익에 대해 타인의 침입을 허용하지 않는 사생활의 향유가 기대되는 구획된 장소에서 자기 의사의 자유로운 결정 및 자유로운 활동의 이익 내지 주거의 평온을 확보하고 타인의 침입으로부터 방해받지 않을 권리를 보호한다는 주거권설과, 주거를 지배하고 있는 공동생활자 모두의 사실상의 평온을 보호한다는 사실상의 평온설이 대립되고 있다. 주거권의 실체를 확정짓기 쉽지 않으며, 개인의 프라이버시 보호의 취지상 후자의 견해가 타당하다고 하겠다.

사실상 평온설에 따를 경우, 침입을 통해 사실상의 평온을 해하여야 성립하는 범죄가 된다. 대법원은 주거침입죄의 실행의 착수에 대해 주거자의 의사에 반하여 주거나 관리하는 건조물 등에 들어가는 행위 즉 '구성요건의 일부를 실현하는 행위'까지 요구하는 것은 아니지만, 주거침입의 범의로 예컨대, 주거로 들어가는 문의 시정장치를 부수거나 문을 여는 등 침입을 위한 구체적 행위를 시작함으로써 범죄구성요건의 실현에 이르는 현실적 위험성을 포함하는 행위를 개시할 것을 요한다고 하고 있다(2006도5288). 즉 구성요건의 일부를 실현하는 행위는 '신체적 침입'에 제한되는 것으로 해석하고 있으며, 그 외에 침입을 위한 행위로 사실상의 평온을 해할 현실적 위험을 내포하는 행위에까지 실행의 착수시기를 확대하고 있다. 그리고 주거의 대상은 앞서 살펴본 것처럼 공용 시설 및 위요지까지 확대하고 있다.

그렇다면 대상판결에서 다세대주택의 가스배관에 매달려 베란다 창문을 열려고 했던 행위는 구성요건의 일부를 실현하는 행위로 볼 수는 없다고 하더라도, 구성요건의 실현에 이르는 현실적 위험성을 포함하는 직접적 행위라고 볼 수 있다. 이러한 결과는 실질적 객관설에 따르는 판례의 입장에서도 다르지 않다고 할 것이다. 이 점에서 주거의 사실상의 평온을 해할 현실적 위험성이 있는 행위를 개시한 때에 해당되지 않는다고 한 대상판결의 판시는 수긍하기 어렵다고 하겠다.

도입판례 2

■ **대법원** 1999. 4. 13. **선고** 99도640 **판결** 【살인미수·폭력행위등처벌에관한법률위반】

【판시사항】

[1] 중지미수의 성립요건 및 살해의 의사로 피해자를 칼로 수회 찔렀으나 많은 피가 흘러나오는 것을 보고 겁을 먹고 그만 둔 경우, 중지미수에 해당하는지 여부(소극)

[2] 확정된 약식명령과 그 확정 전의 범죄가 형법 제37조 후단의 경합범관계에 있는지 여부(적극)

【판결요지】

[1] 범죄의 실행행위에 착수하고 그 범죄가 완수되기 전에 자기의 자유로운 의사에 따라 범죄의 실행행위를 중지한 경우에 그 중지가 일반 사회통념상 범죄를 완수함에 장애가 되는 사정에 의한 것이 아니라면 이는 중지미수에 해당한다고 할 것이지만, 피고인이 피해자를 살해하려고 그의 목 부위와 왼쪽 가슴 부위를 칼로 수 회 찔렀으나 피해자의 가슴 부위에서 많은 피가 흘러나오는 것을 발견하고 겁을 먹고 그만 두는 바람에 미수에 그친 것이라면, 위와 같은 경우 많은 피가 흘러나오는 것에 놀라거나 두려움을 느끼는 것은 일반 사회통념상 범죄를 완수함에 장애가 되는 사정에 해당한다고 보아야 할 것이므로, 이를 자의에 의한 중지미수라고 볼 수 없다.

[2] 형법 제37조 후단에 의하면 판결이 확정된 죄와 그 판결확정 전에 범한 죄를 경합범으로 한다고 규정하고 있고, 여기서 말하는 '판결'에는 약식명령도 포함된다.

【참조조문】

[1] 형법 제26조 / [2] 형법 제37조

【참조판례】

[1] 대법원 1985. 11. 12. 선고 85도2002 판결(공1986, 91), 대법원 1992. 7.

28. 선고 92도917 판결(공1992, 2696), 대법원 1993. 10. 12. 선고 93도1851 판결(공1993하, 3129), 대법원 1997. 6. 13. 선고 97도957 판결(공1997하, 2113) /[2] 대법원 1982. 4. 13. 선고 80도537 판결(공1982, 539), 대법원 1990. 7. 10. 선고 90도952 판결(공1990, 1747), 대법원 1993. 12. 21. 선고 93도1817 판결(공1994상, 574), 대법원 1999. 4. 9. 선고 99도116 판결

【전 문】

【피 고 인】 김윤하

【상 고 인】 피고인

【변 호 인】 변호사 김훈

【원심판결】 서울고법 1999. 1. 28. 선고 98노3203 판결

【주 문】

상고를 기각한다. 상고 후의 구금일수 중 50일을 제1심 판시 제7의 각 죄에 대한 본형에 산입한다.

【이 유】

상고이유를 본다.

1. 피고인의 상고이유에 관하여

원심이 유지한 제1심판결의 채용 증거들을 기록에 비추어 살펴보면, 피고인에 대한 살인미수죄를 포함한 각 범죄사실을 충분히 인정할 수 있고, 원심판결에 상고이유로 주장하는 바와 같이 채증법칙을 위반하여 사실을 잘못 인정한 위법이 있다고 볼 수 없다.

그리고 범죄의 실행행위에 착수하고 그 범죄가 완수되기 전에 자기의 자유로운 의사에 따라 범죄의 실행행위를 중지한 경우에 그 중지가 일반 사회통념상 범죄를 완수함에 장애가 되는 사정에 의한 것이 아니라면 이는 중지미수에 해당한다고 할 것이지만, 원심이 유지한 제1심판결이 적법하게 확정한 바와 같이

피고인이 피해자 장경순을 살해하려고 그의 목 부위와 왼쪽 가슴 부위를 칼로 수 회 찔렀으나 피해자의 가슴 부위에서 많은 피가 흘러나오는 것을 발견하고 겁을 먹고 그만 두는 바람에 미수에 그친 것이라면, 위와 같은 경우 많은 피가 흘러나오는 것에 놀라거나 두려움을 느끼는 것은 일반 사회통념상 범죄를 완수함에 장애가 되는 사정에 해당한다고 보아야 할 것이므로(대법원 1997. 6. 13. 선고 97도957 판결 참조), 이를 자의에 의한 중지미수라고 볼 수 없다.

또한 기록에 의하면, 피고인이 판시 제7항의 각 범행 당시 술에 취하여 심신장애의 상태에 있었다는 피고인의 주장을 받아들이지 아니한 원심의 조치는 옳은 것으로 여겨지고, 거기에 상고이유로 주장하는 바와 같은 위법이 있다고 할 수 없다.

한편 피고인에게 징역 10년 미만의 형이 선고된 이 사건에서 형의 양정이 부당하다는 사유는 적법한 상고이유가 되지 아니한다.

2. 변호인의 상고이유에 관하여

형법 제37조 후단에 의하면 판결이 확정된 죄와 그 판결확정 전에 범한 죄를 경합범으로 한다고 규정하고 있고, 여기서 말하는 '판결'에는 약식명령도 포함된다고 하는 것이 이 법원의 견해이다(대법원 1982. 4. 13. 선고 80도537 판결, 1990. 7. 10. 선고 90도952 판결, 1994. 1. 11. 선고 93도1923 판결 각 참조).

기록에 의하면, 피고인에 대한 제1심 판시 1998. 3. 12.자 약식명령에 의하여 1998. 5. 1. 확정된 죄와 그 이전에 범한 제1심 판시 제1 내지 6의 각 죄는 형법 제37조 후단의 경합범관계에 있으므로, 원심이 위 각 죄에 대하여 같은 법 제39조 제1항에 따라 제1심 판시 제7의 각 죄와는 별도로 형을 선고한 조치는 옳고, 거기에 형법 제37조에 관한 법리를 오해한 위법이 있다고 할 수 없다.

상고이유의 주장은 모두 받아들일 수 없다.

그러므로 상고를 기각하고, 상고 후의 구금일수 중 일부를 제1심 판시 제7의 각 죄에 대한 본형에 산입하기로 하여 관여 법관의 일치된 의견으로 주문과 같이 판결한다.

대법관 서성(재판장) 박준서 신성택(주심) 이임수

쟁 점

- 중지미수와 장애미수의 구별
- 중지미수의 자의성

연 구

1. 중지미수와 장애미수의 구별기준은 무엇인가?

2. 중지미수를 가볍게 처벌하는 이유는 무엇인가?

3. 중지미수의 성립요건은 무엇이며, 그 중에서 자의성 판단은 어떻게 하여야 하는가?

4. '피가 흘러나오는 것에 놀라거나 두려움'에 대한 대법원의 판단과 다른 판단은 불가능한가?

참고자료

■ 관련 판례

1. 두려움과 자의성(대판 1997.6.13, 97도957)

피고인이 장롱 안에 있는 옷가지에 불을 놓아 건물을 소훼하려 하였으나 불길이 치솟는 것을 보고 겁이 나서 물을 부어 불을 끈 것이라면, 위와 같은 경우 치솟는 불길에 놀라거나 자신의 신체안전에 대한 위해 또는 범행 발각시의 처벌 등에 두려움을 느끼는 것은 일반 사회통념상 범죄를 완수함에 장애가 되는 사정에 해당한다고 보아야 할 것이므로, 이를 자의에 의한 중지미수라고는 볼 수 없다.

2. 간곡한 부탁과 자의성(대판 1993.10.12, 93도1851)

피고인이 피해자를 강간하려다가 피해자의 다음번에 만나 친해지면 응해 주겠다는 취지의 간곡한 부탁으로 인하여 그 목적을 이루지 못한 후 피해자를 자신의 차에 태워 집에까지 데려다 주었다면 피고인은 자의로 피해자에 대한 강간행위를 중지한 것이고 피해자의 다음에 만나 친해지면 응해 주겠다는 취지의 간곡한 부탁은 사회통념상 범죄실행에 대한 장애라고 여겨지지는 아니하므로 피고인의 행위는 중지미수에 해당한다.

■ 참고문헌

박상기, "중지미수의 성격과 자의성 판단", 형사법연구 제14권, 한국형사법학회, 2000.

오영근, "중지미수에 관한 연구", 형사정책연구 제14권 제1호, 한국형사정책연구원, 2003.

이용식, "중지미수와 관련한 몇 가지 논점 - 실패미수·부진정부작위범의 중지미수·법적 성격", 형사법연구 제26호, 한국형사법학회, 2006.

학습과제

자의성이 인정된 경우와 인정되지 않은 경우를 정리해 보시오.

솔루션

1. 중지미수는 범죄의 실행에 착수한 자가 아직 범죄가 완성되기 전에 자의로 범행을 중지하거나 결과발생을 방지한 경우에 성립한다. 중지미수는 필요적 감면이 인정되는데 왜 이처럼 관대하게 처벌하여야 하는가의 문제에 대해, 형사정책적 입장에서 이해하려는 견해, 범죄성립요건의 측면에서 법률적으로 이해하려는 견해, 이들 양자의 결합에서 근거를 찾으려는 견해, 형사정책과 범죄성립요건을 구분하지 않고 합일적으로 이해하려는 견해 등이 주장되고 있다. 생각건대 현대사회의 범죄양상을 고려할 때 이제는 단일한 요인으로 이해하기는 어렵고 형사정책적 근거와 책임감소의 모든 논거가 종합적으로 원용될 수 있을 것이다.

2. 중지미수가 성립하기 위해서는 객관적 요건으로 실행에 착수하였어야 하며, 실행행위의 중지(행위자가 범죄의 완성을 위해 필요한 모든 행위를 다하지 않은 착수미수의 경우) 내지 결과 발생의 방지(행위자의 계획에 의하면 범죄의 완성을 위한 모든 실행행위가 종료된 실행미수의 경우)가 있어야 한다. 이러한 객관적 요건에 더하여 주관적 요건으로 자의에 의해 중지되어야 한다.

3. 중지미수의 핵심인 자의성의 판단에 대해, 외부사정과 내부사정을 구분하는 객관설, 후회·동정·연민 등 윤리적 동기와 그 외의 동기(두려움, 공포, 충격)로 구분하는 주관설과, 할 수 있었음(후회, 동정, 실망 등)에도 불구하고 하기를 원하지 않아서 중지한 경우와 하려 했지만 할 수 없었던 경우(엄중 경비, 범행대상의 不在)를 구분하는 Frank의 공식, 사회통념상 사태를 현저하게 불리하게 만드는 범죄수행에 장애가 될 만한 사유가 있는가를 판단하는 절충설(사회통념설), 자의성을 순수한 형법상 평가문제로 보아 범인이 범행을 중지하게된 내심의 태도를 평가하여 불법으로부터 '합법으로의 회귀'로 평가될 경우(체포에 대한 막연한 두려움, 설득, 연민)와 그렇지 않은 경우(재물가치실망, 일시적 범행연기, 공포심)를 구분하는 규범설 등이 주장되고 있다.

   대법원은 개별사안마다 주관설이나 객관설로 추측되는 판시를 내린 바 있으나, '자의에 의한 중지 중에서도 일반 사회통념상 장애에 의한 미수'를 제외한 경우를 중지미수라고 함으로써 사회통념설을 따르고 있는 것으로 보인다.

4. 자의성은 행위자의 주관적 사정을 떠나서 판단할 수 없는 것이며, 그 판단은 규범적 관점에서 사회통념에 따를 수밖에 없을 것이다. 이런 점에서 대상판결처럼 불길이나 피가 솟구쳐 오른다는 이유로 중지한 행위자에 대해 자의성을 인정하지 않는 대법원의 입장은 수긍하기 어렵다. 이는 범행 완수의 불가능

또는 장애의 사유가 아니라, 자신의 범행계획에 따른 범행의 정상적 진행임에도 중지한 것에 지나지 않으므로 자의성을 인정하는 것이 타당하기 때문이다. 그리고 일보 양보하여 장애사유로 인정한다고 하더라도 그러한 판단을 위해서는 '놀라거나 두려움'의 정도를 정밀하게 판단하였어야 한다. 단순히 피해자의 피를 보고 놀라움과 두려움을 느끼는 정도로는 장애사유라고 볼 수 없기 때문이다.

도입판례 3

■ **대법원** 2005. 12. 8. **선고** 2005도8105 **판결**【사기미수】

【판시사항】

[1] 불능범의 위험성 판단 기준

[2] 소송비용을 편취할 의사로 소송비용의 지급을 구하는 손해배상청구의 소를 제기한 경우, 사기죄의 불능범에 해당한다고 한 사례

【판결요지】

[1] 불능범의 판단 기준으로서 위험성 판단은 피고인이 행위 당시에 인식한 사정을 놓고 이것이 객관적으로 일반인의 판단으로 보아 결과 발생의 가능성이 있느냐를 따져야 한다.

[2] 소송비용을 편취할 의사로 소송비용의 지급을 구하는 손해배상청구의 소를 제기한 경우, 사기죄의 불능범에 해당한다고 한 사례

【참조조문】

[1] 형법 제27조, [2] 형법 제27조, 제347조

【참조판례】

[1] 대법원 1978. 3. 28. 선고 77도4049 판결(공1978, 10761)

【전 문】

【피 고 인】 피고인

【상 고 인】 검사

【원심판결】 전주지법 2005. 10. 7. 선고 2005노1035 판결

【주 문】

상고를 기각한다.

【이 유】

상고이유를 본다.

불능범의 판단 기준으로서 위험성 판단은 피고인이 행위 당시에 인식한 사정을 놓고 이것이 객관적으로 일반인의 판단으로 보아 결과 발생의 가능성이 있느냐를 따져야 하고(대법원 1978. 3. 28. 선고 77도4049 판결 참조), 한편 민사소송법상 소송비용의 청구는 소송비용액 확정절차에 의하도록 규정하고 있으므로, 위 절차에 의하지 아니하고 손해배상금 청구의 소 등으로 소송비용의 지급을 구하는 것은 소의 이익이 없는 부적법한 소로서 허용될 수 없다고 할 것이다. 따라서 소송비용을 편취할 의사로 소송비용의 지급을 구하는 손해배상청구의 소를 제기하였다고 하더라도 이는 객관적으로 소송비용의 청구방법에 관한 법률적 지식을 가진 일반인의 판단으로 보아 결과 발생의 가능성이 없어 위험성이 인정되지 않는다고 할 것이다.

같은 취지에서 원심이, 채용 증거에 의하여 피고인이 공소외 1로부터 소송비용 명목으로 공소외 2를 통하여 100만 원을 이미 송금받았음에도 불구하고 공소외 1을 피고로 하여 종전에 피고인이 공소외 1을 상대로 제기하였던 여러 소와 관련한 소송비용 상당액의 지급을 구하는 손해배상금 청구의 소를 제기하였다가 담당 판사로부터 소송비용의 확정은 소송비용액 확정절차를 통하여 하라는 권유를 받고 위 소를 취하한 사실을 인정한 다음, 피고인이 제기한 이 사건 손해배상금 청구의 소는 소의 이익이 흠결된 부적법한 소로서 각하를 면할 수 없어 피고인이 승소할 수 없다는 것이고, 그렇다면 피고인의 이 부분 소송사기 범행은 실행 수단의 착오로 인하여 결과 발생이 불가능할 뿐만 아니라 위험성도 없다 할 것이어서 소송사기죄의 불능미수에 해당한다고 볼 수 없으므로 결국 범죄로 되지 아니하는 때에 해당한다고 판단하여 피고인에 대하여 이 부분 무죄를 선고한 조치는 옳고, 거기에 상고이유에서 주장하는 바와 같은 불능미수에 있어서의 위험성에 관한 법리오해의 위법이 있다고 할 수 없다.

그러므로 상고를 기각하기로 하여 관여 대법관의 일치된 의견으로 주문과 같이 판결한다.

대법관 강신욱(재판장) 고현철 양승태(주심) 김지형

쟁 점

- 결과발생의 불가능성
- 위험성

연 구

1. 불능범과 불능미수의 개념은 각각 다른 개념인가? 형법 제27조의 규정은 양자 중 무엇을 규정한 것인가?

2. 불능미수에서 결과발생의 불가능과 위험성은 무엇을 의미하며, 각각의 판단에서 선후관계가 있는가?

3. 관련 판례를 참조할 때, 판례에서 나타난 결과발생의 불가능을 판단하는 방법과 시점은 언제인가?

4. 위험성을 판단하는 방법과 시점은 언제인가?

5. 대법원이 본 사안을 결과발생의 불가능하며, 위험성이 없다고 판단한 근거는 무엇인가?

참고자료

■ 관련 판례

1. 결과발생의 불가능 (대판 2007.7.26, 2007도3687)

불능범은 범죄행위의 성질상 결과발생 또는 법익침해의 가능성이 절대로 있을 수 없는 경우를 말하는 것이다. … '초우뿌리'나 '부자'는 만성관절염 등에 효능이 있으나 유독성 물질을 함유하고 있어 과거 사약(死藥)으로 사용된 약초로서 그 독성을 낮추지 않고 다른 약제를 혼합하지 않은 채 달인 물을 복용하면 용량 및 체질에 따라 다르나 부작용으로 사망의 결과가 발생할 가능성을 배제할 수 없는 사실을 알 수 있는바, 원심이 그 설시 증거를 종합하여 피고인이 원심 공동피고인 공소외 1과 공모하여 일정량 이상을 먹으면 사람이 사망에 이를 수도 있는 '초우뿌리' 또는 '부자' 달인 물을 피해자에게 마시게 하여 피해자를 살해하려고 하였으나 피해자가 이를 토해버림으로써 미수에 그친 행위를 불능범이 아닌 살인미수죄로 본 제1심의 판단을 유지한 것은 정당하(다).

2. 위험성 판단기준 (대판 1978.3.28, 77도4049)

불능범의 판단기준으로서 위험성 판단은 피고인이 행위 당시에 인식한 사정을 놓고 이것이 객관적으로 일반인의 판단으로 보아 결과발생의 가능성이 있느냐를 따져야 하므로 히로뽕제조를 위하여 에페트린에 빙초산을 혼합한 행위가 불능범이 아니라고 인정하려면 위와 같은 사정을 놓고 객관적으로 제약방법을 아는 과학적 일반인의 판단으로 보아 결과발생의 가능성이 있어야 한다.

■ 참고문헌

이승준, "형법 제27조(불능범) 논의의 재검토", 형사정책연구 제18권 제4호, 2007.

이정원, "불능미수에서 범죄실현의 불가능과 위험성", 형사정책연구 제18권 제4호, 2007.

천진호, "불능미수의 위험성 판단 : 해석상의 오류를 중심으로", 비교형사법연구 창간호, 1999.

한상훈, 형법 제27조(불능범)에서 "결과발생의 불가능"과 "위험성"표지의 구별기준, 형사법연구 제20권 제3호, 2008.

학습과제

불능미수에 중지미수 규정의 적용가능성을 판단해 보시오.

솔루션

1. 불능미수는 범죄의 실행에 착수하였으나 행위의 수단 또는 대상의 착오로 인하여 결과의 발생이 불가능하지만 위험성이 있는 경우로, 행위자의 고의에 의해 표상된 구성요건 표지가 애당초 충족될 수 없기 때문에 결과 발생은 불가능하지만, 위험성으로 인하여 미수범으로 처벌되는 경우라고 할 것이다(독일은 행위자가 심한 무지로 인해 그 시도가 행위의 대상 또는 수단의 성질상 결코 기수에 이를 수 없다는 것을 오인한 경우에는 형을 면제하거나 재량에 의해 감경할 수 있다고 규정하고 있음). 이와 달리 불능범은 행위자의 행위가 있기는 하나 행위의 성질상 결과발생이 불가능할 뿐만 아니라 위험성조차 없어 처벌될 수 없는 행위를 말한다. 따라서 형법 제27조의 불능범은 표제와 달리 처벌되는 불능미수를 규정한 것으로 이해하여야 한다.

2. 결과발생의 불가능 요건에서 범죄행위의 결과발생이 가능하다는 것은 구성요건적 결과의 발생을 의미한다고 해석할 수 있다. 불능미수의 결과발생의 불가능도 구성요건적 결과의 발생이 불가능한 것을 의미하는 것이다. 불능미수라고 하여 다른 미수범과 '결과 발생'의 의미를 달리 이해할 필요는 없다. 다만 그 판단에 대해서는 사실상 결과발생이 불가능하다는 견해가 다수설이나, 구성요건적 결과의 발생을 의미하며 이는 가능미수와 불능미수 구별의 핵심적 표지이다.

   결과발생이 가능한가의 판단기준에 대해서는 위험성과 달리 자연과학 법칙에 따른 물리적 판단이라는 사실적 판단설(방탄조끼에 발사, 치사량 미달의 농약혼입, 빈 호주머니에 대한 절취는 결과 발생이 불가능함)과 아무런 장애없이 원천적으로 불가능한 경우를 의미한다는 규범적 판단설이 대립되고 있다. 생각건대 결과발생의 불가능은 사실적 판단에 부가하여 규범적 판단이 이루어져야 하며, 그 기준은 '행위자의 행위가 통찰력 있는 일반인의 입장에서 판단하여 착오있는 인식이 아닌 우연한 사정으로 구성요건적 결과발생이 불가능한가'가 될 수 있다. 보호법익의 특성을 고려한 평가적 전환이 필요한 것이다. 결과발생의 불가능을 사실적으로 판단하면, 결과가 발생하지 않기만 하면 결과발생이 불가능하다는 도식적인 결론이 될 수 있다. 형법상의 일부 개념, 예컨대 인과관계의 인정은 사실적인 판단에 근거한다. 그러나 이러한 개념을 포함한 형법상의 대부분의 문제가 규범적 판단에 의한 보충이 이뤄져야 하는 점을 부인할 수 없다. 구체적인 범죄에서 형법이론 및 형사정책적으로 합리적인 결론을 도출하기 위해서는 사실적 판단에 부가하여 규범적·평가적인 판단이 이루어질 필요가 있다. 결과발생의 불가능을 사실상의 결과발생의 불가능으로 이해하면

불능미수의 범위가 너무 확대되기 때문에 '가능미수로서의 장애미수'와 '불능미수'의 구별이 불가능해질 우려가 있으며, 실패한 미수처럼 사실적으로 범죄기수가 불가능한 경우에도 장애미수의 성립을 인정해야 할 경우를 배제할 수 없는 경우가 생긴다.

여기서 규범적인 판단의 의미는 사실적·자연과학적 판단에 배치되는 개념이 아니다. '규범적 판단'이란 사실적 판단만으로 바람직하게 해결될 수 없는 상황에 대하여, 행위자의 행위계획, 범행정황, 구성요건, 보호법익의 특성 등을 종합적으로 고려하여 사실적 판단에 수정을 가하여 판단하는 것을 뜻한다. 여기서 규범적인 판단의 구체적인 기준은 '범죄를 저지른 행위자의 행위가 통찰력 있는 일반인(편견 없는 법관)의 입장에서 판단하여, 행위자의 착오 있는 인식이 아닌 우연한 사정으로 구성요건적 결과발생이 불가능한가'이다. 사실적·자연과학적으로 범죄 행위의 결과발생이 불가능하지만 통찰력 있는 일반인이 판단하기에 결과의 발생이 행위자의 인식이 아닌 우연한 사정에 의해 일어나지 않은 것으로 인정될 때에는 결과 발생의 불가능성을 평가적으로 부정해야 하는 것이다.

3. 결과발생의 불가능 여부에 관한 판단은 사후판단이라는 견해도 주장되고 있다. 여기서 '사후'가 어떠한 의미를 지니는지 명확하지 않다. 그러나 여기서 이 '사후'가 완전한 사후적 관점, 즉 객관적 사후판단을 의미하는 것이라면 타당하지 않다. 가능미수나 불능미수 모두 미수범의 일종이므로 개념적으로 구성요건적 결과의 불발생을 요건으로 한다. 그런데 사후적으로 판단한다면 가능미수나 불능미수 모두 결과발생이 불가능했던 경우라고 볼 수 있으므로, 가능미수와 불능미수를 구별하기 위해서는 실행의 착수시를 기준으로 해야 하는 것이다. 결과발생의 불가능에 대한 판단을 실행의 착수시를 기준으로 할 경우에도 세부적으로는 미묘한 견해 차이가 있다. 즉 객관적 사전(ex ante)판단이라는 점에서는 공통적이나, 실행행위시에 존재하는 사정인 이상 사실상 존재하는 해명가능한 모든 요소들이 고려되어야 하며 행위자나 그의 입장에 서있는 제3자가 인식할 수 있었는가의 여부는 문제되지 않는다는 견해와, 결과발생의 불가능은 일반인을 기준으로 한 행위시의 사실판단이라는 점에서 과학적 전문가의 사후판단에 의해 결과발생이 불가능한 때에도 장애미수가 될 수 있다는 견해, 사후적인 재판관의 관점에서 밝혀 낸 실행 착수 당시의 모든 객관적 정황 속에 행위자의 실행행위를 놓고 여기에 모든 사실적·법률적 경험지식을 적용하여 행위자의 실행행위로부터 그가 의도했던 대로의 구성요건이 실현될 가능성이 있는지 여부를 판단해야 한다는 견해로 나누어진다. 위 견해들은 결과발생이 불가능하다는 범위에 차이가 있다. 생각건대 결과발생의 불가능을 사후적으로 판단하는 견해는 결과발생의 가능성을 모든 경우에 부정하게 될 위험성이 있다. 즉 사후

적이라는 개념이 완전한 사후적 관점으로서 객관적 사후판단을 의미한다면 모든 미수는 불능미수가 될 수 있다. 실행의 착수이후에 밝혀지는 모든 인과적 진행을 고려하게 되면 행위자의 실행행위로부터는 그가 의도했던 구성요건의 실현이 불가능하도록 예정되어 있었기 때문이다. 따라서 결과발생의 불가능에 대한 판단은 행위자의 실행의 착수시를 기준으로 한 사전판단이 되어야 한다.

4. 위험성의 의미에 대해, 구성요건실현의 위험성이라는 견해, 법질서에 대한 신뢰와 법적 안정감을 동요시키는 법적대적 의지의 실행, 구체적인 법익에 대한 잠재적인 위험성 내지 행위자의 위험성, 법익침해의 가능성, 평가상 기수의 가능성으로서 결과발생의 가능성 또는 법익침해의 가능성, 결과가 발생할 위험성(판례) 등으로 이해되고 있다. 중요한 것은 이러한 견해들, 객관설, 주관설을 비롯한 학설들, 즉 (불능)미수범의 처벌근거를 위험성의 판단기준이라고 소개되고 있다는 점이다. 그 이유는 위험성의 개념정의만으로 구체적인 상황에서 위험성이 있는지 여부를 판단하기가 용이하지 않기 때문으로 생각된다.

결과발생이 가능하다는 것은 기수의 가능, 즉 구성요건적 결과의 발생을 의미한다. 그런데 결과발생이 불가능하다면 애초부터 구성요건 실현의 위험성도 없는 것이 논리적이다. 여기서 애초부터 결과발생이 불가능한 불능미수는 개념적으로 보호법익의 객체에 대한 현실적인 위험성은 존재할 수 없는 것이다. 이러한 모순 때문에 위험성은 '구성요건적 결과의 발생'에 대한 현실적인 위험성이 아니며, '법익침해의 잠재적 위험'이라고 할 수 있다. 당해 보호법익의 침해에 대한 일반적·현실적 위험이 인정되면 그것은 가능미수에 해당된다. 형법상 금지되는 행위의 결과반가치는 법익의 침해와 법익침해의 위험으로 파악할 수 있다. 이 중 미수범의 결과반가치는 법익침해의 위험이다. 여기서 결과발생이 가능한 가능미수의 경우는 법익침해의 현실적·현재적 위험성이 인정된다. 결과발생이 불가능한 불능미수의 경우도 결과반가치는 법익침해의 위험이다. 다만 그 정도와 질에 있어 가능미수와 차이가 있을 뿐이다. 불능미수는 구성요건적 결과발생이 불가능한 실행의 수단 또는 대상으로 인하여 법익침해의 위험이 잠재적으로 나타나는 것이다. 불능미수는 가설적 판단, 즉 행위자의 실행행위 당시의 수단 또는 대상의 부적합성이 부정된다면, 법익침해의 위험이 현재화될 수 있는 것이다. 이 점에서 '잠재적' 위험성은 '가상적' 위험성이라고 하겠다.

현재 학설들은 크게 구체적 위험설과 추상적 위험설, 인상설로 대별할 수 있다. 그런데 각각의 견해들은 사실적·자연과학적인 판단에 의하는 결과발생의 불가능 여부 판단에서 발생하는 맹점을 해결하기 위하여 自說을 수정하는 경향을 보이고 있다. 여기서 제27조 위험성에 관한 학설들은 수정된 의미의 견해들이며, 서로 접근해가는 경향을 보인다고 할 수 있다(판례가 들고 있는 '과학적 일반인'이라는 기준을 구체적 위험설을 주장하는 측에서 뿐만 아니라, 추상적 위험설을 주장하는 측에서도 유용한 판단의 척도로 삼고 있는 점이 이를 뒷받침해 준다). 이러한 점에서 위험성에 관한 각 학설의 차이는 크게 나지 않으며, 위험성 판단의 기초와 위험성 판단의 기준을 함께 고려한다면 학설의 차이는 더 줄어들게 된다.

미수범의 처벌근거로 법적대적 인상을 들고 있는 인상설은 객관적 요소와 주관적 요소를 고려한 점에서는 타당하며, 독일에서는 주관주의 형법의 난점을 해결해주고 있음을 부정할 수 없다. 그러나 인상설은 구체적 사안에서 위험성의 정도를 '판단'할 수 있는 척도를 제공하지는 못한다. 위험성 판단의 기준이 매우 유동적이어서 판단의 틀을 제공할 뿐이다. 인상설은 위험성의 판단방법 내지 법적 평화교란의 확정방법을 해결해 주지 못하며, 위험성을 판단하는 구체적 방법을 제시해 주지 못하는 것이다. '인상'이라는 다분히 주관적인 요소를 판단기준으로 삼고 있다. 이러한 맥락에서 일본에서는 인상설이 실제 적용에 있어서는 구체적 위험설과 차이가 없다고 보기도 한다. 그리고 법익평온상태의 교란이라는 제3의 결과반가치를 주장하는 견해는 과연 법익침해의 위험과 구별하여 법익평온상태의 교란이라는 독자적인 개념을 인정할 필요가 있는지 의문이다. 한편 추상적 위험설은 불능미수의 경우 항상 문제되는 것은 경솔하게 착오를 일으킨 행위자인데 이러한 경솔한 행위자의 인식 사실만을 기초로 하여 위험성을 판단하는 것은 타당하지 않으며, 불능미수와 불가벌적인 불능범과의 구별을 모호하게 한다는 문제점이 있다. 또한 추상적 위험설은 결론에 있어 주관적 미수론과 본질적인 차이가 없게 된다. 추상적 위험설은 불능객체에 대한 미수의 경우에는 행위객체의 존재여부 또는 존재론적 사실에 관한 착오가 문제이기 때문에 경험칙에 관한 착오로 판단할 수 없는 문제점이 있어 불능미수의 모든 사례를 합리적으로 해결할 수 없다. 결과발생이 불가능한 모든 경우에 행위자의 인식을 판단의 기초로 하는 추상적 위험설이나 인상설은 '일반인' 또는 '일반에 대한 법동요적 인상'이라는 여과장치를 통하여 위험성을 부정할 수도 있다. 그러나 이는 판단의 주체 측면에서 여과되는 것이며, 판단의 기초 사정으로 경솔한 행위자의 인식만을 고려하였다는 문제점은 여전히 남게 된다. 형법상의 불법 판단은 주관과 객관의 통합체인 행위의 의미를 고려하여 위험성을 판단하여야 하며 주관적·객관적 사정이 모두 고려되어야 하는데, 행위자의 인식만을 기초로 하는 것은 주관쪽으로 편향된 것이다. 따라서 불능미수가 불가벌적인 불능범과 구별되며, 미수범으로서 처벌되어야 한다는 점을 유기적으로 설명하기 위해서는 '행위시의 상황에서는 법익침해의 현실적 위험성이 없었다고 하더라도, 행위수단이나 대상의 착오가 없는 상황이었더라면 결과발생이 가능하였으리라는 조건'에서 처벌되는 미수범의 위험성을 인정하는 것이 타당하며, 이 점에서 구체적 위험설이 적절하다고 하겠다. 또한 구체적 위험설이 추상적 위험설에 비하여 위험성 판단의 요건을 강화하는 견해라고 볼 수 있으므로 위험성 판단기준인 일반적 경험법칙이란 과학적 일반인의 경험법칙으로 봄이 타당하다. 과학적 일반인이란 추상적 위험설에서 말하는 사회의 평균적 일반인보다 관련분야의 전문지식을 이미 갖추고 있는 사람을 뜻한다.

5. 대상판결에서 대법원은 결과발생의 불가능과 위험성을 명확히 구분하고 있지 않으며, 이는 기존의 입장에서 크게 벗어나지 않는다. 다만 판단의 주체를 '법률적 지식을 가진 일반인'으로 명시하여 추상적 위험설에서 한 걸음 더 나아가고 있는 인상을 주고 있다. 그러나 결과발생의 불가능과 위험성은 구별되는 개념이며, 대법원의 견해대로라면 결과발생이 불가능하면 당연히 위험성조차 없게 되는 당연한 귀결이며, 이는 불능미수가 불능범과 달리 처벌되는 미수의 한 형태임을 간과한 것이다.

대상판결에서 ① 결과발생이 불가능한가를 판단하여 보면 소송비용의 청구를 손해배상청구로 행하는 것은 사실적으로나 규범적으로나 구성요건적 결과발생이 불가능하여 결과발생이 불가능하다고 하겠다. 소송비용의 확정은 소송비용액 확정절차를 통하여 해결하여야 하며, 만일 손해배상금 청구의 소가 제기·계속되면 소의 이익이 흠결된 부적법한 소로서 각하를 면할 수 없기 때문이다. 다음으로 ② 위험성의 경우, 행위자가 인식한 사실을 기초로 하여 행위자가 생각한 대로의 사정이 존재하였다면 일반인의 판단에서 결과발생의 가능성이 있는지, 아니면 행위자가 인식한 사실과 일반인이 인식할 수 있었던 사실을 기초로 하여 일반적 경험칙에 비추어 사후적으로 예측하였을 때 결과발생의 가능성이 있는지 살펴보면, 前者의 견해대로라면 법률가가 아닌 사회 일반인의 입장에서는 재산침해의 가능성이 있다는 판단이 가능하며, 後者의 견해에서는 일반인이 인식할 수 있었던 사정이 기초가 되며 손해배상청구를 통해서는 소송비용의 청구가 불가능하다는 것이 과학적 일반인(법률적 지식을 가진 일반인)의 판단이므로 위험성이 없다는 판단이 가능할 것이다. 그렇다면 추상적 위험설을 취하고 있는 것으로 평가되는 대법원의 결론은 다소 이해하기 어려운 측면이 있다고 하겠다.

심화문제

고교동창 출신인 甲, 乙, 丙은 고3시절 일진회를 결성하여, 동급생들을 폭행하고, 돈을 갈취하는 등의 행동으로 나날을 보냈다. 그런데 고교 졸업후 마땅한 일자리도 구하지 못하고 무료한 나날을 보내던 중, 용역회사를 가장한 조직폭력배 거성파의 행동대장 X가 찾아왔다. 甲, 乙, 丙은 X의 지시대로 (주)거성의 연수원에서 조직폭력배 기본교육을 받던 중, X의 제안을 받게 되었다. 상대파 조직인 그라스호퍼파가 급성장하고 있으니, 조직원의 일부를 치라는 것이었다. 그리고 그 결과에 따라 공적을 따져 교육생에서 정식조직원으로 대우하며, 앞길을 보장해준다는 것이었다. 3명은 모두 이 제안을 수용하고, 마음속으로 경쟁심을 불태우기 시작했다. 甲은 그라스호퍼파의 부두목 A, 乙은 행동대장 B, 丙은 여자 선임 행동대원 C를 각각 살해, 강간하기로 하였다.

甲은 A의 집을 찾아가 거실에 휘발유를 뿌리고 라이타로 불을 붙였다. 그런데 거실의 불이 소파와 거실장에 옮겨 붙는 것을 보고는 겁에 질려 현관에 있던 소화기로 불을 끄고는 도주해 버렸다.

乙은 청계천에서 권총을 구하여 B를 살해하기로 마음먹었다. 그리고는 B의 집 옥상에 침입해있다. 안방의 불이 꺼지는 것을 확인한 乙은 준비한 권총에 소음기를 끼우고 안방으로 들어가 누워있는 B를 향해 발사하였다. 그런데 거성파의 습격소식을 들은 B는 이미 자신의 집을 빠져 나온 후였다.

한편 丙은 C를 미행하여 혼자 집에 들어가는 것을 보고, 2시간 정도 기다리다가 열려진 창문을 통해 침입하여 누워있는 C의 엉덩이 부위를 만지며, 속옷을 내리려다 C의 얼굴을 보고 깜짝 놀랐다. 과거 한때 자신과 사귀었던 여자였기 때문이다. 병은 조직보다는 과거의 여자를 버릴 수 없다는 생각에 다시 빠져 나와 버렸다.

甲, 乙, 丙의 형사책임에 근거하여, 이들을 가장 가볍게 처벌받을 수 있게 하는 방법은 무엇인가?

12. 공동정범

도입판례 1

■ **대법원** 1984. 1. 31. **선고** 83도2941 **판결**【강도상해·특수절도】

【판시사항】

가. 공동정범의 성립요건

나. 망을 보기로 한 강도공모자가 타공모자들이 피해자의 집에 침입한 후 망을 보지 않은 경우 공동정범의 성부

【판결요지】

가. 공동정범은 범죄행위시에 그 의사의 연락이 묵시적이거나 간접적이거나를 불문하고 행위자 상호간에 주관적으로 서로 범죄행위를 공동으로 한다는 공동가공의 의사가 있음으로써 성립하는 것이다.

나. 행위자 상호간에 범죄의 실행을 공모하였다면 다른 공모자가 이미 실행에 착수한 이후에는 그 공모관계에서 이탈하였다고 하더라도 공동정범의 책임을 면할 수 없는 것이므로 피고인 등이 금품을 강취할 것을 공모하고 피고인은 집 밖에서 망을 보기로 하였으나, 다른 공모자들이 피해자의 집에 침입한 후 담배를 사기 위해서 망을 보지 않았다고 하더라도, 피고인은 판시 강도상해죄의 공동정범의 죄책을 면할 수가 없다.

【참조조문】

가. 형법 제30조 / 나. 형법 제30조, 제337조

【전　문】

【피 고 인】 피고인

【상 고 인】 피고인

【변 호 인】 변호사 김광정

【원심판결】 대구고등법원 1983.10.25. 선고 83노1166 판결

【주 문】

상고를 기각한다.

상고 이후의 미결구금일수중 20일을 본형에 산입한다.

【이 유】

피고인 및 피고인의 변호인 변호사 김광정의 각 상고이유를 함께 모아 판단한다.

원심이 유지한 제1심판결 거시의 증거를 종합하면, 제1심판시의 3 강도상해의 범죄사실을 인정하기에 넉넉하고 이에 소론 심리미진에 의한 사실오인의 위법이 있다고 할 수 없다.

이른바 공동정범은 범죄행위시에 그 의사의 연락이 묵시적이거나 간접적이거나를 불문하고 행위자 상호간에 주관적으로 서로 범죄행위를 공동으로 한다는 공동가공의 의사가 있음으로써 성립하는 것이며 범죄의 실행을 공모하였다면 다른 공모자가 이미 실행행위에 착수한 이후에는 그 공모관계에서 이탈하였다고 하더라도 공동정범의 책임을 면할 수 없는 것이므로 설사 소론 주장과 같이 피고인이 원심 공동피고인 1, 2, 공소외 1, 2등과 합동하여 부산직할시 영도구 대교동 2가 52 소재 피해자 1, 2부부의 집밖에서 금품을 강취할 것을 공모하고 피고인은 집밖에서 망을 보기로 하였으나 상피고인들이 위 피해자 1의 집에 침입한 후 담배생각이 나서 담배를 사기 위하여 망을 보지 않았다고 하더라도 피고인은 판시 강도상해죄의 죄책을 면할 수가 없다고 할 것이니 소론 논지는 독자적 견해로서 그 이유가 없다.

그러므로 상고를 기각하고, 형법 제57조에 의하여 이 판결선고전의 당심구금일수중 20일을 원심선고형에 산입하기로 하여 관여 법관의 일치한 의견으로 주문과 같이 판결한다.

대법관 이일규(재판장) 이성렬 전상석 이회창

쟁 점

- 공동정범의 공동
- 파수(把守)행위의 형사책임
- 공모관계의 이탈

연 구

1. 공동정범에서 공동은 무엇을 공동으로 함을 의미하는가?

2. 망을 보는 행위, 이른바 파수행위의 형사책임은 항상 동일하게 볼 수 있는가?

3. 공동범행의 공모자가 실행의 착수 이후 이탈한 경우 형사책임은 어떻게 되는가? 만일 실행의 착수 이전에 이탈한 경우는 그 결과가 달라지는가?

4. 대상판결에서 망을 본 피고인에게 중지미수 규정을 적용할 수는 없는가?

5. 피고인의 형사책임은 무엇이며, 그 근거는 어떻게 이해하여야 하는가?

참고자료

■ 관련 판례

1. 결과적 가중범에서의 행위공동(대판 2000.5.12, 2000도745)

결과적 가중범인 상해치사죄의 공동정범은 폭행 기타의 신체침해 행위를 공동으로 할 의사가 있으면 성립되고 결과를 공동으로 할 의사는 필요 없으며, 여러 사람이 상해의 범의로 범행 중 한 사람이 중한 상해를 가하여 피해자가 사망에 이르게 된 경우 나머지 사람들은 사망의 결과를 예견할 수 없는 때가 아닌 한 상해치사의 죄책을 면할 수 없다.

2. 공모공동정범(대판 1983.3.8, 82도3248)

공모공동정범은 공동범행의 인식으로 범죄를 실행하는 것으로 공동의사주체로서의 집단 전체의 하나의 범죄행위의 실행이 있음으로써 성립하고 공모자 모두가 그 실행행위를 분담하여 이를 실행할 필요가 없고 실행행위를 분담하지 않아도 공모에 의하여 수인간에 공동의사주체가 형성되어 범죄의 실행행위가 있으면 실행행위를 분담하지 않았다고 하더라도 공동의 사주체로서 정범의 죄책을 면할 수 없다.

3. 주모자의 공모관계의 이탈 (대판 2008.4.10, 2008도1274)

공모공동정범에 있어서 공모자 중의 1인이 다른 공모자가 실행행위에 이르기 전에 그 공모관계에서 이탈한 때에는 그 이후의 다른 공모자의 행위에 관하여는 공동정범으로서의 책임은 지지 않는다 할 것이나, 공모관계에서의 이탈은 공모자가 공모에 의하여 담당한 기능적 행위지배를 해소하는 것이 필요하므로 공모자가 공모에 주도적으로 참여하여 다른 공모자의 실행에 영향을 미친 때에는 범행을 저지하기 위하여 적극적으로 노력하는 등 실행에 미친 영향력을 제거하지 아니하는 한 공모관계에서 이탈하였다고 할 수 없다.

다른 3명의 공모자들과 강도 모의를 하면서 삽을 들고 사람을 때리는 시늉을 하는 등 그 모의를 주도한 피고인이 함께 범행 대상을 물색하다가 다른 공모자들이 강도의 대상을 지목하고 뒤쫓아 가자 단지 "어?"라고만 하고 비대한 체격 때문에 뒤따라가지 못한 채 범행현장에서 200m 정도 떨어진 곳에 앉아 있었으나 위 공모자들이 피해자를 쫓아가 강도상해의 범행을 한 사안에서, 피고인에게 공동가공의 의사와 공동의사에 기한 기능적 행위지배를 통한 범죄의 실행사실이 인정되므로 강도상해죄의 공모관계에 있고, 다른 공모자가 강도상해죄의 실행에 착수하기까지 범행을 만류하는 등으로 그 공모관계에서 이탈하였다고 볼 수 없으므로 강도상해죄의 공동정범으로서의 죄책을 진다

4. 공모공동정범의 실행의 착수 전 공모관계의 이탈 (대판 1986.1.21, 85도2371)

공모공동정범에 있어서 그 공모자중의 1인이 다른 공모자가 실행행위에 이르기 전에 그 공모관계에서 이탈한 때에는 그 이후의 다른 공모자의 행위에 관하여 공동정범으로서의 책임은 지지 않는다고 할 것이고 그 이탈의 표시는 반드시 명시적임을 요하지 않는다

■ 참고문헌

최준혁, "다수인의 범행가담과 중지미수", 형사법연구 제31호, 한국형사법학회, 2007.

한정환, "공동정범, 공모공동정범의 성립요건", 형사법연구 제21권 제1호, 한국형사법학회, 2009.

학습과제

승계적 공동정범의 개념과 사례를 정리해 보시오.

솔루션

1. 형법은 통상 단독으로 정범의 실행행위에 나아가는 경우를 예정하고 있다. 그러나 실제 사안에서는 오히려 2인 이상의 다수인에 범죄에 가담하는 경우가 많다. 여기서 2인 이상이 범죄에 가담하는 경우를 공범이라고 일컫는 것이 일반적이다. 그러나 협의의 공범인 교사나 방조범과의 구별상 다수인이 범죄에 참가하는 형태를 공범으로 지칭하기 보다는 다수인의 범죄가담형태로 명명하는 것이 타당하다. 즉 범죄 가담형태에는 단독범과 다수인의 참가형태로 나뉘며, 정범형태로는 공동정범, 간접정범, 동시범이 있으며, 공범형태로는 교사범과 방조범이 있는 것이다.

2. 공동정범은 2인 이상이 공동하여 죄를 범한 때에 성립한다. 여기서 무엇을 공동으로 하는가에 대해 오랫동안 공동정범의 본질로서 논의되어 왔다. 특정한 범죄를 공동으로 행하는 것이라는 범죄공동설과 이를 수정한 고의공동설, 그리고 공동은 자연적 의미의 행위를 공동으로 하여 범죄를 수행하는 것이라는 행위공동설과 이를 수정한 구성요건적 공동설 등이 주장되어 왔다. 이러한 견해의 차이는 공동정범의 인정범위에 있지만(범죄공동설 〈 행위공동설), '공동'의 해석문제를 공동정범의 '본질'로 이해하였다는 점에서는 공통적이다.
   그러나 이러한 논의는 공동정범의 본질은 다수인이 범죄에 가담하였음에도 이들 모두를 공범이 아닌 정범으로 처벌하기 위한 조건이 무엇인지에 있다는 점을 간과한 실효성 없는 논쟁이라고 할 것이다. 연혁적으로도 범죄공동설과 행위공동설은 광의의 공범에 관한 본질론으로 시작하였다는 점에 비추어 볼 때, 공동정범의 본질은 기능적 행위지배 속에서 공동의 의미(공동의 객체)보다는 일부실행·전부책임의 원칙에 따라 협의의 공범과 구별되는 공동의 방법에 초점을 맞추어 귀책근거를 밝히는 쪽으로 진행되어야 한다.

3. 파수(把守)행위, 즉 망을 보는 행위는 통상 방조범으로 처벌될 가능성이 높다. 망보기를 통해 정범의 범죄실행을 용이하게 한 것으로 평가할 수 있는 것이다. 그러나 망을 보는 행위가 항상 방조범이 되는 것은 아니다. 이는 정범과 공범의 구별 문제와 연장선상에 있는 논의이다. 정범과 공범의 구별에 대해, 주관설은 범행에 대한 행위자의 주관적 태도에 초점을 맞추어 정범의사에 의해 구분하는 의사설과 자기의 이익에 의해 구분하는 이익설로, 객관설은 외부세계에 나타난 객관적 사실을 기초로 하면서 구성요건적 행위의 실행여부에 따라 구분하는 형식적 객관설과 행위가담 또는 법익침해의 위험성 정도에 따라 구분하는 실질적 객관설, 정범과 공범의 구별은 주관과 객관의 의미 통일체로 구성된 행위지

배에서 찾는 행위지배설이 대립되었다.

정범과 공범의 구별은 정범개념의 다양성에 기초를 두어야 하며, 정범은 사태의 중심인물로서 적합한 수단을 계획적으로 조종할 의사를 가지고 구성요건실현의 경과를 자신의 수중에 두어 장악하고 있는 자(In den Händen - Halten)이며, 공범은 행위지배없이 사태의 부수인물로서 구성요건실현을 조력하는데 그치는 자로 이해할 수 있다. 그리고 이를 위한 구체적 판단요소는 ① 범죄계획상 행위자의 역할 및 지위, ② 주관적 표지로서 행위자의 의사(조종의사), ③ 객관적 표지로서 행위기여가 고려될 수 있을 것이다. 그 결과 행위지배는 직접정범의 경우에는 실행지배, 간접정범의 경우에는 우월적 의사지배, 공동정범의 경우에는 기능적 행위지배로 구체화되는 것이다(다만 신분범과 자수범에 대해서는 행위지배로 설명하기 어려운 점이 현실적으로 존재한다).

이러한 맥락에서 망을 본 가담자의 형사책임도 구성요건실현의 경과를 장악하고 있을 경우 공동정범이 될 것이며, 부수적으로 조력하는데 그치는 경우에는 방조범이 될 뿐이다.

4. '공범'관계 이탈의 개념은 일반적으로 '공모관계의 이탈'로 기술되고 있는 개념과 구분하여야 한다. '공모'관계의 이탈은 실행의 착수 이전에 공동정범의 주관적 요건인 공동가공의사를 철회한 것으로(공모공동정범에 특유한 개념으로 이해하는 견해도 있음), 광의의 개념으로서 '공범'관계의 이탈에는 이러한 '공모'관계의 이탈과 실행의 착수 이후 '공범'관계의 이탈이 모두 포함된다. 이들 양자의 차이는 실행의 착수 전후에 있다고 하겠다. 따라서 '공범'관계의 이탈은 실행의 착수 이전 공모관계의 이탈과 실행의 착수이후 공범관계의 이탈로 구분할 수 있으며, 이는 공모공동정범과 각각 구별되어야 한다(공모의 개념이 중의적이므로 공모관계의 이탈에서 공모는 주관적 범행결의로 이해하여야 한다. 이러한 점은 공모공동정범에 대한 대법원의 판결에서 "2인 이상이 공모하여 어느 범죄에 공동·가공하여 그 범죄를 실현하려는 의사의 결합만 있으면 되는 것으로서, 비록 전체의 모의과정이 없었다고 하더라도 수인 사이에 순차적으로 또는 암묵적으로 상통하여 그 의사의 결합이 이루어지면 공모관계가 성립하고, 이러한 공모가 이루어진 이상 실행행위에 직접 관여하지 아니한 자라도"라는 표현에서 비근하게 발견된다). 공모공동정범은 공모 후 이탈의 의사표시 없이 실행분담만 하지 않은 경우로 공동가공의사는 지속적으로 있는 정범의 인정여부 문제로 공범관계의 이탈과는 완전히 이질적인 개념이다. 이와 달리 '공모'관계의 이탈은 실행의 착수 이전에 공동정범의 주관적 요건인 공동가공의사를 번복하여 철회한 것으로 공동정범이 되지 않으며(예비·음모로 처벌되거나 방조범이 될 여지는 있음), 공동정범의 실행의 착수 이후 공범관계의 이탈은 중지미수의 여

부가 문제된다.

대법원은 '공모관계의 이탈'이라는 개념을 공모공동정범과 실행행위까지 나아간 통상의 공동정범에서 혼용하고 있어(2008도1274), '공모'의 개념을 주관적 구성요건으로 이해하지 않고, 공범이라는 포괄적 개념으로 이해하고 있는 듯하다.

한편 공모관계의 이탈을 인정할 것인가의 판단에 대해서는, 이탈의 주관적 요건으로 이탈의 의사표시가 필요한가에 대해 표시 필요설(판례는 묵시적 의사표시를 요함)과 불요설, 다른 가담자의 승인이 필요한가에 대해서도 필요설과 불요설이 대립되며. 객관적 요건으로 예비단계에서 자신이 이미 투입한 행위기여의 결과발생에 대한 인과성을 제거해야 하는가에 대해 인과성 제거필요설, 불요설, 주모자와 평균적 일원 구분설(판례)이 대립되고 있다.

이와 달리 공범의 실행의 착수 이후 이탈은 다른 가담자에 의해 범행이 완성된 경우에는 공동정범이 성립하며, 기수에 이르지 못한 경우에는 자의성에 따라 중지미수의 성립문제로 귀결된다.

5. 대상 판결의 경우, 망을 보는 행위는 기능적 행위지배에 따라 실행행위의 분담 즉, 실행의 착수에 들어간 것으로 볼 수 있다. 그렇다면 공모(범행결의)에만 가담하고 실행행위가 결여된 공모공동정범으로 이해하기는 어려우며, 실행의 착수 이후 공범관계의 이탈의 전형적인 모습(중지미수)과는 다소 차이가 있으나, 파수행위자가 종국적으로 범행을 중단한 것이 아니라, 담배를 사러가기 위해 범행 현장을 이탈하여 역할분담에서 격리된 것은 범행결의의 단절로 볼 수 있으며, 실행의 착수 이후 이탈의 문제로 파악될 수 있을 것이다(물론 기수의 결과가 발생하였으므로 중지미수의 성립가능성은 없다).

한편 대법원은 참고 판례인 2008도1274판결에서 종래 판결과 달리 공모관계에서의 이탈은 공모자가 공모에 의하여 담당한 '기능적 행위지배'를 해소하는 것이 필요하므로 공모자가 공모에 주도적으로 참여하여 다른 공모자의 실행에 영향을 미친 때에는 범행을 저지하기 위하여 적극적으로 노력하는 등 실행에 미친 영향력의 제거가 요구된다고 판시하여, 기능적 행위지배설의 입장에서 주모자와 평균적 일원을 구분하여 공동의 실행분담 제거를 판단하고 있는 듯한 모습을 보였다. 이러한 경향은 2010도6924 등 이후 판례에도 이어지고 있다.

도입판례 2

■ **대법원** 2009. 2. 12. **선고** 2008도6551 **판결** 【증권거래법위반】 [미간행]

【판시사항】

[1] 공모공동정범의 성립 요건 및 피고인이 공모사실과 범의를 부인하는 경우 그 증명방법

[2] 타인의 시세조종을 통한 주가조작 범행과 관련하여, 자기 명의의 증권계좌와 자금을 교부하였을 뿐만 아니라 적극적으로 투자자 등을 유치·관리한 사람에게 증권거래법 제188조의4 위반죄의 공모공동정범의 죄책을 인정한 사례

[3] 하나의 죄에 대하여 징역형과 벌금형을 병과하는 경우, 징역형만 작량감경할 수 있는지 여부(소극)

【참조조문】

[1] 형법 제13조, 제30조, 형사소송법 제307조 / [2] 증권거래법 제188조의4, 제207조의2, 제214조, 형법 제30조 / [3] 형법 제53조, 제55조 제1항 제6호

【참조판례】

[1] 대법원 2006. 2. 23. 선고 2005도8645 판결(공2006상, 537), 대법원 2008. 4. 24. 선고 2007도11258 판결 / [3] 대법원 2008. 7. 10. 선고 2008도3258 판결

【전 문】

【피 고 인】 피고인 1외 4인

【상 고 인】 피고인들

【변 호 인】 법무법인 바른 담당변호사 한명수외 2인

【원심판결】 서울고법 2008. 7. 11. 선고 2008노579 판결

【주 문】

원심판결을 파기하고, 사건을 서울고등법원으로 환송한다.

【이 유】

상고이유(상고이유서 제출기간이 지난 후에 제출된 각 상고이유보충서는 상고이유를 보충하는 범위 내에서)를 판단한다.

1. 피고인 2, 5의 법리오해 등 주장에 관하여

2인 이상이 공동으로 가공하여 범죄를 행하는 공동정범에 있어서 공모나 모의는 반드시 직접, 명시적으로 이루어질 필요는 없고 순차적, 암묵적으로 상통하여 이루어질 수도 있으나, 어느 경우에도 범죄에 공동가공하여 이를 공동으로 실현하려는 의사의 결합이 있어야 하고, 피고인이 공모의 점과 함께 범의를 부인하는 경우에는 이러한 주관적 요소로 되는 사실은 사물의 성질상 범의와 상당한 관련성이 있는 간접사실 또는 정황사실을 증명하는 방법에 의하여 이를 입증할 수밖에 없다(대법원 2006. 2. 23. 선고 2005도8645 판결 등 참조). 한편, 형법 제30조의 공동정범은 공동가공의 의사와 그 공동의사에 기한 기능적 행위지배를 통한 범죄실행이라는 주관적·객관적 요건을 충족함으로써 성립하는바, 공모자 중 일부가 구성요건적 행위 중 일부를 직접 분담하여 실행하지 않은 경우라 할지라도 전체 범죄에 있어서 그가 차지하는 지위, 역할이나 범죄 경과에 대한 지배 내지 장악력 등을 종합해 볼 때, 단순한 공모자에 그치는 것이 아니라 범죄에 대한 본질적 기여를 통한 기능적 행위지배가 존재하는 것으로 인정된다면, 이른바 공모공동정범으로서의 죄책을 면할 수 없는 것이다(대법원 2007. 4. 26. 선고 2007도235 판결 등 참조).

원심이 인용한 제1심 채택의 증거들을 기록과 위 법리에 비추어 살펴보면, 위 피고인들은 공소외인등이 시세조종의 방법으로 주가조작을 하는 데 사용하도록 자신 및 지인들의 증권계좌와 자금을 교부하였을 뿐만 아니라, 적극적으로 투자자들을 유치하여 관리함으로써 그들 명의의 증권계좌와 자금이 공소외인등의 주가조작 범행에 사용되도록 한 사실을 알 수 있으므로, 위 피고인들이 미필적으로나마 공소외인등의 주가조작 범행을 인식하면서 그 범행에 공동가공하려는 의사를 가지고 투자자 유치 등의 행위를 분담함으로써 기능적 행위지배를 통한 범죄실행에 나아갔다고 할 것이다.

원심이 같은 취지에서 피고인들이 공소외인등과 공모하여 이 사건 주가조작 범행을 저질렀다는 공소사실을 유죄로 인정한 것은 정당하고, 거기에 상고이유로 주장하는 바와 같은 공모나 범의, 공모공동정범의 성립에 관한 법리오해나 채증법칙 위반 등의 위법이 없다.

2. 피고인 1, 3, 4의 법리오해 등 주장에 관하여

위 피고인들은 모두 제1심판결에 대하여 양형부당만을 사유로 항소하였으므로 위 피고인들이 상고심에 이르러서야 비로소 내세우는 법리오해 또는 채증법칙 위반 등의 주장은 적법한 상고이유가 될 수 없을 뿐만 아니라, 원심판결 이유를 기록에 비추어 검토하여 보더라도 원심이 제1심 채택 증거들에 의하여 위 피고인들에 대한 공소사실을 모두 유죄로 인정한 조치는 정당하고, 거기에 상고이유로 주장하는 바와 같은 공모나 범의, 공모공동정범의 성립에 관한 법리오해나 채증법칙 위반 등의 위법이 없다.

3. 직권판단

하나의 죄에 대하여 징역형과 벌금형을 병과하는 경우, 특별한 규정이 없는 한 징역형에만 작량감경을 하고 벌금형에는 작량감경을 하지 않는 것은 위법하다(대법원 1997. 8. 26. 선고 96도3466 판결, 대법원 2008. 7. 10. 선고 2008도3258 판결 등 참조).

원심판결의 적용법조란 기재에 의하면, 원심은 포괄일죄인 피고인들의 증권거래법위반의 범행에 대해 징역형과 벌금형을 병과하여 처벌하기로 한 다음, 작량감경을 하면서 징역형에 대한 작량감경규정인 형법 제55조 제1항 제3호만 기재하고 벌금형에 대한 작량감경규정인 형법 제55조 제1항 제6호는 기재하지 않았으며, 달리 그 판결 이유를 검토하여 보아도 벌금형에 대하여 작량감경하였다는 점을 인정할 근거가 없으므로, 원심은 징역형에 대해서만 작량감경하고 벌금형에 대하여는 작량감경을 하지 않은 것으로 볼 수밖에 없다.

따라서 원심판결에는 작량감경에 관한 법리를 오해한 위법이 있고, 이는 판결

결과에 영향을 미쳤음이 분명하다.

4. 결 론

그러므로 피고인들의 나머지 상고이유에 대하여 살펴볼 필요 없이 원심판결을 파기하고, 사건을 다시 심리·판단하도록 원심법원에 환송하기로 하여 관여 대법관의 일치된 의견으로 주문과 같이 판결한다.

대법관 김지형(재판장) 고현철 전수안 차한성(주심)

쟁 점

- 공모공동정범의 성립요건
- 기능적 행위지배
- 작량감경

연 구

1. 공모공동정범의 개념은 무엇이며, 인정하여야 할 필요성은 어디에 있는가?

2. '기능적 행위지배'는 어떠한 개념인가?

3. 단순한 공모와 기능적 행위지배는 구별되는가? 구별된다면 후자가 전자를 제한하여 공동정범이 인정되는 범위를 한정한다고 볼 수 있는가?

4. 대상판결에서 공모공동정범을 인정하지 않을 경우 피고인의 형사책임은 어떻게 달라지는가?

참고자료

■ 관련 판례

1. 공동가공의 의사(대판 1998.9.22, 98도1832)

밀항단속법 제3조 제1항에서 규율하는 밀항행위는 여권위조행위와는 전혀 별개의 행위로서 밀항에 반드시 위조여권이 필요한 것도 아니고 위조여권을 반드시 밀항행위에만 사용할 수 있는 것도 아니라는 이유로, 여권위조행위에 가담한 것만으로는 공동가공의 의사로 밀항행위에까지 가담하였다고 볼 수 없다.

2. 기능적 행위지배(대판 2004.6.24, 2002도995)

공동정범이 성립하기 위하여는 주관적 요건인 공동가공의 의사와 객관적 요건으로서 그 공동의사에 기한 기능적 행위지배를 통하여 범죄를 실행하였을 것이 필요하고, 여기서 공동가공의 의사란 타인의 범행을 인식하면서도 이를 제지함이 없이 용인하는 것만으로는 부족하고 공동의 의사로 특정한 범죄행위를 하기 위하여 일체가 되어 서로 다른 사람의 행위를 이용하여 자기의 의사를 실행에 옮기는 것을 내용으로 하는 것이어야 하는 바, 기록에 의하여 드러난 사정들, 즉, 피고인들이 원심공동피고인의 퇴원 조치 요구를 극구 거절하고, 나아가 꼭 퇴원을 하고 싶으면 차라리 피해자를 데리고 몰래 도망치라고까지 말하였던 점, 퇴원 당시 피해자는 인공호흡 조절수보다 자가호흡수가 많았으므로 일단 자발호흡이 가능하였던 것으로 보이고, 수축기 혈압도 150/80으로 당장의 생명유지에 지장은 없었던 것으로 보이는 점, 피해자의 동맥혈 가스 분석 등에 기초한 폐의 환기기능을 고려할 때 인공호흡기의 제거나 산소 공급의 중단이 즉각적인 호흡기능의 정지를 유발할 가능성이 적었을 것으로 보이는 점 등에 비추어 보면, 피고인들은 피해자의 처 원심공동피고인의 간청에 못 이겨 피해자의 퇴원에 필요한 조치를 취하기는 하였으나, 당시 인공호흡장치의 제거만으로 즉시 사망의 결과가 발생할 것으로 생각하지는 아니하였던 것으로 보이고(피해자가 실제로 인공호흡장치를 제거한지 5분 정도 후에 사망하였다는 것만으로 그러한 결과가 사전에 당연히 예견되는 것이었다고 단정하기는 어렵다.), 결국 피고인들의 이 사건 범행은, 피해자의 담당 의사로서 피해자의 퇴원을 허용하는 행위를 통하여 피해자의 생사를, 민법상 부양의무자요 제1차적 보증인의 지위에 있는 원심공동피고인의 추후 의무 이행 여부에 맡긴 데 불과한 것이라 하겠고, 그 후 피해자의 사망이라는 결과나 그에 이르는 사태의 핵심적 경과를 피고인들이 계획적으로 조종하거나 저지·촉진하는 등으로 지배하고 있었다고 보기는 어렵다. 따라서 피고인들에게는 앞에서 본 공동정범의 객관적 요건인 이른바 기능적 행위지배가 흠결되어 있다고 보는 것이 옳다.

3. 공모공동정범에서의 기능적 행위지배 (대판 2007.10.26, 2007도4702)

형법 제30조의 공동정범은 공동가공의 의사와 그 공동의사에 기한 기능적 행위지배를 통한 범죄 실행이라는 주관적·객관적 요건을 충족함으로써 성립하는바, 공모자 중 구성요건 행위 일부를 직접 분담하여 실행하지 않은 자라도 공동정범으로서의 죄책을 질 수도 있는 것이기는 하나, 이를 위해서는 전체 범죄에 있어서 그가 차지하는 지위, 역할이나 범죄 경과에 대한 지배 내지 장악력 등을 종합해 볼 때, 단순한 공모자에 그치는 것이 아니라 범죄에 대한 본질적 기여를 통한 기능적 행위지배가 존재하는 것으로 인정되는 경우여야 한다.

■ 참고문헌

이용식, "공모공동정범의 실행의 착수와 공모공동정범", 형사판례연구 (8), 한국형사판례연구회, 박영사, 2000.

최호진, "기능적 행위지배와 공모공동정범", 법학논고 제32집, 경북대학교 법학연구원, 2010. 2.

하태훈, "기능적 범행지배의 의미", 형사판례연구 (12), 한국형사판례연구회, 박영사, 2004.

한정환, "공동정범, 공모공동정범의 성립요건", 형사법연구 제21권 제1호, 한국형사법학회, 2009.

학습과제

1. 공모공동정범에 관한 학설들을 살펴보고, 각각의 타당성을 검토해 보시오.

2. 합동범의 개념을 살펴보고, 이를 인정한 판례의 사안을 찾아보시오.

솔루션

1. 공모공동정범이란 범죄 공모에만 가담하고 실행행위를 함께 하지 않은 자도 공동정범으로 인정한다는 이론으로, 공동정범의 객관적 성립요건인 실행행위를 분담하지 않은 자에게도 공동정범의 성립을 인정할 수 있는가가 문제된다. 공모공동정범에 대해 대부분의 학설이 죄형법정주의, 개인책임의 원칙 위배 우려로 인정에 난색을 표하지만, 판례가 적극적이고 확고하게 인정해 온 것은 실행행위에 가담하지 않은 자를 교사나 방조로 처벌하기 위해서는 정범의 범죄성립 판단에 더하여 공범 종속성에 따라 이들의 공범 성립여부를 판단하여야 하는 2단계 판단의 어려움 내지 불편에 기인하는 것으로 보인다.

2. 대법원은 종래 공동의사주체 개념을 통해 공모공동정범을 무제한적으로 인정하거나(82도3248 판결), 간접정범과 유사한 이론구성을 통해 공모공동정범에 제한을 가하지 않아 오다가(87도2368 판결), 92도3204 판결에서 '기능적 행위지배' 개념을 언급하여 행위지배설의 원칙적 입장에서 공모공동정범의 성립에 제한을 가하는 듯한 인상을 주었다. 이후 소위 보라매병원 사건인 2002도995 판결에서 단순한 '기능적 행위지배' 개념의 언급을 넘어 실질적으로 판단하고, 이후 참고판결인 2007도4702 판결에서 보듯이 행위지배설에 입각한 기능적 행위지배여부를 판단함으로써 공모공동정범의 제한을 위한 방향으로 옮겨가고 있는 것으로 판단할 수 있다. 이는 학설의 지속적인 비판을 수용한 것으로 바람직한 방향이라고 할 것이다.

   대상판결에서도 '형법 제30조의 공동정범은 공동가공의 의사와 그 공동의사에 기한 기능적 행위지배를 통한 범죄실행이라는 주관적·객관적 요건을 충족함으로써 성립하는바, 공모자 중 일부가 구성요건적 행위 중 일부를 직접 분담하여 실행하지 않은 경우라 할지라도 전체 범죄에 있어서 그가 차지하는 지위, 역할이나 범죄 경과에 대한 지배 내지 장악력 등을 종합해 볼 때, 단순한 공모자에 그치는 것이 아니라 범죄에 대한 본질적 기여를 통한 기능적 행위지배가 존재하는 것으로 인정된다면, 이른바 공모공동정범으로서의 죄책을 면할 수 없는 것'이라는 판시를 통해 공모공동정범의 제한적 인정이라는 흐름의 연장선상에 놓여 있다고 하겠다. 그런데 대법원이 이러한 입장을 향후 지속한다면 과연 공모공동정범이라는 개념을 독립적으로 인정할 필요가 있는지에 대한 고민이 필요하다고 하지 않을 수 없다.

3. 행위지배설의 핵심개념인 기능적 행위지배란 조종의사라는 주관적 표지와 행위기여라는 객관적 표지로 구성되는데, '구성요건에 해당하는 사건진행의 장악,

사태의 핵심형상을 지배하는 것'으로 표현되며, 이는 '구성요건실현을 자신의 의사에 따라 저지하거나 중단시키거나 진행할 수 있으며, 행위수행의 방법을 결정할 수 있는 것'으로 이해하는 것이 일반적이다. 이러한 기능적 행위지배는 범행계획에 따른 역할의 분배 및 행위자의 지위, 행위자의 조종의사, 행위자의 행위수행의 전체범행에 대한 기여의 종류 및 정도 등을 종합적으로 고려하여 판단된다. 대법원도 2002도995 판결에서 '사태의 핵심적 경과를 피고인들이 계획적으로 조종하거나 저지·촉진하는 등으로 지배하고 있었는가'라는 개념으로 이해하고 있다. 이러한 대법원의 이해는 기능적 행위지배에 대한 일반적인 이해와 크게 차이가 없다고 볼 수 있다.

4. 대상판결의 피고인들은 '공소외인 등이 시세조종의 방법으로 주가조작을 하는 데 사용하도록 자신 및 지인들의 증권계좌와 자금을 교부하였을 뿐만 아니라, 적극적으로 투자자들을 유치하여 관리함으로써 그들 명의의 증권계좌와 자금이 공소외인 등의 주가조작 범행에 사용'되도록 하였다. 이러한 사실관계에 대해 대법원은 타인의 시세조종을 통한 주가조작 범행에 자기 명의의 증권계좌와 자금을 교부하고 적극적으로 투자자 등을 유치·관리한 행위는 직접적으로 증권거래법 제188조의4 위반죄에는 해당하지 않으나, 공모공동정범에 해당되는 것으로 논리를 펼치고 있다. 피고인들은 공소외인 등의 주가조작 범행을 인식하여 공동가공의사가 인정되고, 사태의 조종의사를 가지고 투자자 유치 등의 행위를 촉진, 지배하여 실행행위를 분담함으로써 기능적 행위지배 또한 인정되는 것으로 볼 수 있다. 이 점에서 대법원의 공모공동정범 인정론의 관점에서 판단한다면 적절한 판단이라고 할 수 있다. 그러나 근본적으로 방조범이 아니라, 공모공동정범으로 해결하는 것이 타당한지, 대상판결에서 피고인들의 행위 정도라면 공모공동정범으로서의 행위가담이 아니라, 통상적인 공동정범에서의 행위분담으로 논리를 구성할 수는 없는 것인지에 대한 판단이 이뤄져야 할 것이다.

심화문제

청와대에 근무하던 고용노동비서관 A는 2008년 7월 M은행 협력업체인 SJ두마음 대표로 있던 X가 대통령 비난 동영상을 블로그에 올렸다는 제보를 접수하였다. 이에 A와 공직윤리지원실의 팀장 B, 팀원 C의 신상정보와 통화내역 등을 불법적으로 사찰하고, M은행 관계자들의 사무실을 찾아가 압력을 행사해 결국 X가 회사를 그만두고 회사 지분을 내놓도록 하였다. 이를 위해 B와 C는 2008년 9월 SJ두마음 사무실을 찾아 대표 사무실의 책장을 넘겨보고 서랍을 열거나 직원들에게 회사 자료를 요구해 제출받았다. 그리고 이 과정에서 경찰청에서 파견된 K는 A등의 조사에 필요한 개인정보를 넘겨 주었다.

이 사건이 외부로 알려지자, C는 컴퓨터 하드디스크 기록삭제 장치인 디가우저를 이용하여 사찰 관련 기록을 삭제하기로 마음먹었다. 이에 C는 B에게 사무실로 찾아가 구두로 보고하였으나, B는 그냥 "나가보라"고만 하였으며, C는 계획한 대로 하드디스크를 삭제하였다.

1. A, B, C 및 K의 형사책임은?

2. 재판부가 K에게 집행유예를 선고하려고 하나, 2년 전에도 피고소인에게 고소인의 신상정보를 무단으로 넘겨준 혐의로 징역 1년에 집행유예 2년 6월을 선고받은 것으로 밝혀졌다. K에게 집행유예를 선고하는 것이 가능한가?

13. 교 사 범

도입판례 1

■ **대법원** 1991. 5. 14. **선고** 91도542 **판결** 【특정범죄가중처벌등에관한법률위반,특수절도교사】

【판시사항】

가. 피교사자가 이미 범죄의 결의를 가지고 있을 때에도 교사범이 성립할 수 있는지 여부(소극)

나. 교사의 수단·방법과 범행의 특정 정도

다. 절도범들로부터 19회에 걸쳐 장물을 취득하여 온 자가 절도범들에게 도라이바 1개를 사주면서 "열심히 일을 하라(도둑질을 하라)"고 말한 것이 절도의 교사가 된다고 본 사례

라. 정범의 범죄습벽과 함께 교사행위가 원인이 되어 정범이 범죄를 실행한 경우의 교사범의 성립 여부(적극)

【판결요지】

가. 교사범이란 타인(정범)으로 하여금 범죄를 결의하게 하여 그 죄를 범하게 한 때에 성립하는 것이고 피교사자는 교사범의 교사에 의하여 범죄실행을 결의하여야 하는 것이므로, 피교사자가 이미 범죄의 결의를 가지고 있을 때에는 교사범이 성립할 여지가 없다.

나. 막연히 "범죄를 하라"거나 "절도를 하라"고 하는 등의 행위만으로는 교사행위가 되기에 부족하다 하겠으나, 타인으로 하여금 일정한 범죄를 실행할 결의를 생기게 하는 행위를 하면 되는 것으로서 교사의 수단방법에 제한이 없다 할 것이므로, 교사범이 성립하기 위하여는 범행의 일시, 장소, 방법 등의 세부적인 사항까지를 특정하여 교사할 필요는 없는 것이고, 정범으로 하여금 일정한 범죄의 실행을 결의할 정도에 이르게 하면 교사범이 성립된다.

다. 피고인이 갑, 을, 병이 절취하여 온 장물을 상습으로 19회에 걸쳐 시가의

3분의1 내지 4분의 1의 가격으로 매수하여 취득하여 오다가, 갑, 을에게 일제 도라이바 1개를 사주면서 "병이 구속되어 도망다니려면 돈도 필요할텐데 열심히 일을 하라(도둑질을 하라)"고 말하였다면, 그 취지는 종전에 병과 같이 하던 범위의 절도를 다시 계속하면 그 장물은 매수하여 주겠다는 것으로서 절도의 교사가 있었다고 보아야 한다.

라. 교사범의 교사가 정범이 죄를 범한 유일한 조건일 필요는 없으므로, 교사행위에 의하여 정범이 실행을 결의하게 된 이상 비록 정범에게 범죄의 습벽이 있어 그 습벽과 함께 교사행위가 원인이 되어 정범이 범죄를 실행한 경우에도 교사범의 성립에 영향이 없다.

【참조조문】

가.나.다.라. 형법 제31조 / 다. 형법 제331조

【전 문】

【피 고 인】 피고인

【상 고 인】 피고인

【변 호 인】 변호사 이세중

【원심판결】 서울고등법원 1991.2.1. 선고 90노3952 판결

【주 문】

상고를 기각한다.

상고 후의 구금일수 중 80일을 본형에 산입한다.

【이 유】

피고인과 국선변호인의 상고이유를 함께 본다.

채증법칙위배, 심리미진을 주장하는 부분에 대하여 제1심과 원심의 공동피고인(이하 공동피고인이라 한다) 1, 2, 3의 제1심법정에서의 진술과 제1심판결이 들고 있는 여러 증거들을 합하여 보면, 피고인에 대한 이 사건 범죄사실을 모두

인정할 수 있다는 원심의 설시이유를 수긍할 수 있고, 거기에 채증법칙을 어기거나 심리를 미진한 위법이 있다고 할 수 없다.

그리고 이 사건에서 피고인의 교사로 인하여 절도를 하였다는 1이나 2가원심에서는, 제1심까지의 진술과는 달리 피고인으로부터 드라이버를 받은 일 없고, 절도교사를 당한 것이 아니라고 진술하였다거나, 그 드라이버가 증거로 제출된 바 없었다고 하여도, 기록을 살펴보면 이것만 가지고 원심의 사실인정이 위법하다고 할 수 없는 것이고, 법률심인 당심에서는 새로운 증거를 조사하여 줄 것을 신청할 수 없는 것이다.

또 원심이 압수된 돋보기 1개와 합성루비 1개(증 제13, 14호)를 증거의 하나로 삼은 것이 위법하다고 할 수 없고, 이들을 증거로 하지 않더라도 원심과 같은 사실인정을 하는데 장애가 되지는 아니하며, 원심이 피고인에게 장물인 정에 대한 인식이 있었다고 인정한 점에도 위법이 없다. 따라서 논지는 이유가 없다.

절도교사에 대한 법리오해를 주장하는 부분에 대하여 교사범이란 타인(정범)으로 하여금 범죄를 결의하게 하여 그 죄를 범하게 한 때에 성립하는 것이고 피교사자는 교사범의 교사에 의하여 범죄실행을 결의하여야 하는 것이므로, 피교사자가 이미 범죄의 결의를 가지고 있을 때에는 교사범이 성립할 여지가 없고, 또 막연히 "범죄를 하라" 거나 "절도를 하라"고 하는 등의 행위만으로는 부족하다 하겠으나, 그렇다고 하더라도 타인으로 하여금 일정한 범죄를 실행할 결의를 생기게 하는 행위를 하면 되는 것으로서 교사의 수단방법에 제한이 없다 할 것이며, 교사범의 교사가 정범이 그 죄를 범한 유일한 조건일 필요도 없다.

기록을 살펴보면 이 사건의 경우 피교사자인 공동피고인 1, 2가피고인의 절도교사행위 이전에 이미 판시2의 바 (1), (2)항의 절도의 결의를 하고 있었다고 인정되지는 아니한다.

그리고 피고인이 공동피도인 1, 2, 3등이 절취하여 온 장물을 판시와 같이 상습으로 19회에 걸쳐 시가의 3분의1 내지 4분의 1의 가격으로 매수하여 취득하여 오다가, 공동피고인 1, 2에게 일제 드라이버 1개를 사주면서"공동피고인 3이구속되어 도망 다니려면 돈도 필요할텐데 열심히 일을 하라(도둑질을 하라)"고 말하였다면, 그 취지는 종전에 공동피고인 3과같이 하던 범위의 절도를 다시 계속하여 하라, 그러면 그 장물은 매수하여 주겠다는 것으로서 절도의 교사가 있었다고 보아야 할 것이고, 구체적으로 언제, 누구의 집에서, 무엇을 어떠한 방법으로 절도하라고 특정하여 말하지 아니 하였다고 하여 이와 같은 피고인의 말이 너무 막연해서 교사행위가 아니라거나 절도교사죄가 성립하지 않는다고 할 수는 없다.

이와 같이 교사범이 성립하기 위하여는 범행의 일시, 장소, 방법 등의 세부적인 사항까지를 특정하여 교사할 필요는 없는 것이고, 정범으로 하여금 일정한 범죄의 실행을 결의할 정도에 이르게 하면 교사범이 성립된다 할 것이다.

또한 교사범의 교사가 정범이 죄를 범한 유일한 조건일 필요는 없으므로, 교사행위에 의하여 정범이 실행을 결의하게 된 이상 비록 정범에게 범죄의 습벽이 있어 그 습벽과 함께 교사행위가 원인이 되어 정범이 범죄를 실행한 경우에도 교사범의 성립에 영향이 없다 할 것이다.

따라서 공동피고인 1, 2가절도의 습벽이 있었고 피고인의 교사 이전에도 다른 절도행위를 여러 차례 한 바 있었다고 하여도, 피고인이 이들에게 드라이버를 사주면서 절도를 하라고 교사하여 판시 2의 바 (1), (2)항의 절도를 한 것인 이상, 피고인이 단순히 그 절도의 동기를 부여한 것이라고만 할 수 없다.

원심판결에 교사범에 관한 법리를 오해한 위법이 있다고 할 수 없고, 논지도 이유 없다.

그러므로 상고를 기각하고, 상고 후의 구금일수 중 일부를 본형에 산입하기로 하여 관여 법관의 일치된 의견으로 주문과 같이 판결한다.

대법관 이회창(재판장) 이재성 배만운 김석수

쟁 점

- 교사의 고의
- 교사행위의 특정성

연 구

1. 교사범의 성립요건은 무엇인가?

2. 교사범이 공모공동정범, 특수교사와 다른 점은 무엇인가?

3. 대상판결의 피고인에게 교사의 고의를 인정할 수 있는가?

4. 교사의 특정성은 무엇이며, 대법원이 피고인에게 교사의 특정성을 인정한 것은 타당한가?

5. 대상판결의 피고인을 특수절도의 공동정범으로 판단할 수는 없는가?

참고자료

■ 관련 판례

상해의 교사(대판 1997.6.24, 97도1075)

피고인이 피해자를 정신차릴 정도로 때려주라고 교사하였다면 이는 상해에 대한 교사로 봄이 상당하다.

■ 참고문헌

김정환, "형법 제31조 제1항 '교사'의 해석", 형사법연구 제26호, 한국형사법학회, 2006.

이상돈, "교사범", 고시계, 고시계사, 2003. 3.

학습과제

1. 간접교사 및 재교사의 개념을 정리해 보시오.

2. 특수교사가 인정된 판례의 사안을 찾아보시오.

솔루션

1. 형법 제31조 제1항은 '타인을 교사하여 죄를 범하게 한 자'를 교사범으로 규정하고 있다. 교사범이란 범행결의가 없는 타인에게 범행결의를 일으켜 범죄를 범하게 하는 공범을 의미한다. 이러한 교사범은 다수인의 범죄참가형태라는 점에서는 공동정범, 간접정범과 같이 분류될 수 있으나, 행위지배의 측면에서 직접지배는 물론 기능적 행위지배도 인정되지 않아 공동정범과 구별된다. 공모공동정범과는 실행행위를 직접 분담하지 않는다는 점에서는 공통점이 있으나, 근본적으로 공범과 정범이라는 점에서 차이가 있다. 한편 특수교사의 경우 자기의 지휘·감독을 받는 자를 교사하여 범죄를 실행케 한 경우로, 피교사자의 대상에서 차이가 나며 공모공동정범론을 부정할 경우 조직범죄에 대응키 위한 형사정책적 고려로 행위불법의 가중형태로 볼 수 있다. 형법 제34조 제2항의 특수교사·방조 규정의 성격에 대해서는 특수공범설, 특수간접정범설, 결합설이 대립되고 있으나, 이는 조문의 위치가 간접정범의 같은 조에 위치하고 있는 불합리와 간접정범의 피이용자와 특수교사의 피이용자의 차이에 따른 처벌의 불균형(피지휘·감독자가 처벌되지 않거나 과실범으로 처벌되는 자인 경우에는 특수교사가 아닌 간접정범으로 가볍게 처벌) 관점에서 본다면 결합설로 이해할 수밖에 없을 것이다.

2. 교사범은 범행결의가 없는 정범을 교사하여 범죄를 실행하는 것이므로, 교사행위를 통해 정범의 불법을 생성해 냈다는 점에서 교사범의 독자적 불법과 정범에 의해 실행된 범죄라는 정범의 불법에 종속되는 불법으로 귀속된다. 이러한 측면에서 교사범의 성립요건은 교사자의 교사행위, 교사자의 고의, 피교사자의 범행결의 및 실행행위로 이해할 수 있다. 여기서 교사행위는 범죄실행의 의사가 없는 자에게 정범이 되도록 하는 일체의 행위를 말하며, 수단과 방법에는 제한이 없다. 교사행위는 주로 정범의 범행결의를 유발하면 족하므로 유일한 조건일 필요는 없다. 다음으로 교사자의 고의는 피교사자에게 범행결의를 유발하여 기수에까지 나아가게 하는 고의를 의미하며, 자신의 교사행위에 대한 고의, 즉 피교사자에게 범행결의를 일으킨다는 점에 대한 인식과 의욕으로 교사의 고의와, 피교사자가 정범으로서 특정 구성요건을 실현한다는 점에 대한 인식과 의욕으로서 정범의 고의라는 이중의 고의가 되어야 한다. 다음으로 피교사자의 범죄실행행위 요건은 먼저 범행결의가 인정되어야 한다. 즉 교사자의 교사행위와 인과관계 있는 범행결의가 생겨야 하고, 그 다음단계로 피교사자가 구성요건에 해당하고 위법한 행위를 실행하여야 한다(제한적 종속형식). 이때 피교사자의 실행행위는 실행의 착수단계에는 반드시 이르러야 하며, 교사행위

와 실행행위 사이에 인과관계가 인정되어야 한다.

3. 교사자의 고의는 이중의 고의이며, 구체적이고 특정된 고의여야 한다. 따라서 막연하고 추상적인 범죄에 대한 고의가 아니라, 일정한 범죄의 실행에 대한 고의여야 한다. 즉 범행의 일시, 장소, 방법 등 세부적인 사항까지 특정할 필요는 없으나, 정범으로 하여금 일정한 범죄의 불법내용 및 공격의 방향을 지정하는 정도가 되어야 하는 것이다. 이 점에서 과거 대법원이 91도542 판결에서 막연히 '범죄를 하라'거나 '절도를 하라'고 한 행위에 대해서 교사를 인정하지 않은 점은 이해할 수 있다. 피교사자가 특정되거나 범할 범죄를 구체적으로 특정하지 않은 경우 교사를 인정할 수 없기 때문이다. 그런데 대상판결에서는 교사를 인정하고 있다. 이는 '교사범이 성립하기 위하여는 범행의 일시, 장소, 방법 등의 세부적인 사항까지 특정하여 교사할 필요는 없는 것이고, 정범으로 하여금 일정한 범죄의 실행을 결의할 정도에 이르게 하면 교사범이 성립된다'라는 판시에서 알 수 있듯이 이미 19회나 절도전력이 있는 자들에게 '병이 구속되어 도망다니려면 돈도 필요할 텐데 열심히 일을 하라'고 한 것은 막연한 범죄 내지 절도의 교사가 아니라 종래의 범행과 마찬가지로 자신들이 장물을 매수하여 줄테니 종전의 절도를 계속하라는 취지로 이해할 수 있으며 교사의 특정성이 인정될 수 있다는 판단에 따른 것이라고 하겠다.

4. 대상판결은 교사범과 관련된 논점, 교사의 개념, 교사의 고의, 특정성, 방법 등을 정연하게 판시하였다는 점에서 의미가 있다. 즉 교사행위에 의해 정범에게 범행결의가 유발되어야 하므로 이미 범행결의가 있는 경우에는 교사범이 성립될 수 없으며, 교사는 정범이 일정한 범죄의 실행을 결의할 정도로 특정되면 족하며, 교사가 정범의 범죄실행에 유일한 조건일 필요는 없다는 점을 명시한 것이다. 다만 교사행위와 정범의 범죄실행의 인과관계에 대해 대상판결은 교사자들이 '일을 열심히 하라'고 한 것 때문에 공판절차로 나아가게 된 2회의 절도범행을 실행하였느냐에 대해, '교사범의 교사가 정범이 죄를 범한 유일한 조건일 필요는 없으므로, 교사행위에 의하여 정범이 범죄실행을 결의하게 된 이상 비록 정범에게 범죄의 습벽이 있어 그 습벽과 함께 교사행위가 원인이 되어 정범이 범죄를 실행한 경우에도 교사범의 성립에 영향이 없다'라고 막연히 추상적으로 판단한 점은 아쉬운 점이라고 하겠다. 교사가 정범의 유일한 조건일 필요는 없다는 우회적 표현을 통해 인과관계의 판단을 비껴가고 있기 때문이다.

도입판례 2

■ **대법원** 2002. 10. 25. **선고** 2002도4089 **판결** 【살인·상해치사·총포·도검·화약류등단속법위반·범인은닉·범인도피·폭력행위등처벌에관한법률위반·협박(인정된 죄명 : 협박미수)·도로교통법위반(무면허운전)】

【판시사항】

[1] 상해 또는 중상해를 교사하였는데 피교사자가 살인을 실행한 경우 교사자의 죄책

[2] 살인죄에 있어서 범의의 인정 기준

【판결요지】

[1] 교사자가 피교사자에 대하여 상해 또는 중상해를 교사하였는데 피교사자가 이를 넘어 살인을 실행한 경우에, 일반적으로 교사자는 상해죄 또는 중상해죄의 죄책을 지게 되는 것이지만 이 경우에 교사자에게 피해자의 사망이라는 결과에 대하여 과실 내지 예견가능성이 있는 때에는 상해치사죄의 죄책을 지울 수 있다.

[2] 살인죄의 범의는 자기의 행위로 인하여 피해자가 사망할 수도 있다는 사실을 인식, 예견하는 것으로 족하지 피해자의 사망을 희망하거나 목적으로 할 필요는 없고, 확정적인 고의가 아닌 미필적 고의로도 족하다.

【참조조문】

[1] 형법 제31조 제1항, 제259조 제1항 / [2] 형법 제13조, 제250조 제1항

【참조판례】

[1] 대법원 1993. 10. 8. 선고 93도1873 판결(공1993하, 3117), 대법원 1997. 6. 24. 선고 97도1075 판결(공1997하, 2220) /[2] 대법원 1988. 2. 9. 선고 87도2564 판결(공1988, 548), 대법원 1994. 3. 22. 선고 93도3612 판결(공1994상, 1373), 대법원 1994. 12. 22. 선고 94도2511 판결(공1995상, 733), 대법원 1998. 3. 24. 선고 97도3231 판결 대법원 1998. 6. 9. 선고 98도980 판결(공1998하, 1932),, 대법원 1998. 6. 9. 선고 98도980 판결(공1998하, 1932), 대법원 2000. 8. 18.

선고 2000도2231 판결(공2000하, 2038), 대법원 2001. 3. 9. 선고 2000도5590 판결(공2001상, 910), 대법원 2001. 9. 28. 선고 2001도3997 판결(공2001하, 2405)

【전 문】

【피 고 인】 피고인 1외 5인

【상 고 인】 피고인들

【변 호 인】 변호사 노영록 외 1인

【원심판결】 서울고법 2002. 7. 12. 선고 2002노735 판결

【주 문】

상고를 모두 기각한다. 피고인 1, 2, 3, 4, 5에 대한 상고 후의 구금일수 중 64일씩을 각 본형에 산입한다.

【이 유】

상고이유를 판단한다.

1. 피고인 1, 2에 대하여

교사자가 피교사자에 대하여 상해 또는 중상해를 교사하였는데 피교사자가 이를 넘어 살인을 실행한 경우에, 일반적으로 교사자는 상해죄 또는 중상해죄의 죄책을 지게 되는 것이지만 이 경우에 교사자에게 피해자의 사망이라는 결과에 대하여 과실 내지 예견가능성이 있는 때에는 상해치사죄의 죄책을 지울 수 있는 것이다(대법원 1993. 10. 8. 선고 93도1873 판결 등 참조).

원심이 제1심판결 적시의 각 증거를 인용하여, 피고인 1가 상 피고인 3, 4, 5및 원심 공동피고인 7에게 피고인과 사업관계로 다툼이 있었던 피해자를 혼내주되, 평생 후회하면서 살도록 허리 아래 부분을 찌르고, 특히 허벅지나 종아리를 찔러 병신을 만들라는 취지로 이야기 하면서 차량과 칼 구입비 명목으로 경비 90만 원 정도를 주어 범행에 이르게 한 사실, 피고인 2는 위와 같이 1가 상 피고인들에게 범행을 지시할 때 그들에게 연락하여 모이도록 하였으며, “피고인 1을 좀 도와 주어라” 등의 말을 하였고, 그 결과 상피고인들이 공소사실 기재와 같이

피해자의 종아리 부위 등을 20여 회나 칼로 찔러 살해한 사실을 인정한 다음, 그 당시 상황으로 보아 피고인 2역시 공모관계에 있고, 피고인 1와 2는 피해자가 죽을 수도 있다는 점을 예견할 가능성이 있었다고 판단하여, 상해치사죄로 의율한 조치는 위 법리에 따른 것으로 정당하고, 거기에 상고이유에서 주장하는 바와 같은 상해치사죄 또는 공동정범에 관한 법리오해의 위법이 있다고 할 수 없다.

한편, 피고인 1는 원심의 양형이 무거워 부당하다는 취지의 주장도 하나, 10년 미만의 징역형이 선고된 경우에 그와 같은 주장은 적법한 상고이유가 될 수 없는 것이다.

2. 피고인 3, 4, 5에 대하여

살인죄의 범의는 자기의 행위로 인하여 피해자가 사망할 수도 있다는 사실을 인식, 예견하는 것으로 족하지 피해자의 사망을 희망하거나 목적으로 할 필요는 없고, 확정적인 고의가 아닌 미필적 고의로도 족한 것인바(대법원 1998. 3. 24. 선고 97도3231 판결 등 참조), 사실관계가 원심이 유지한 제1심판결이 적법하게 확정한 바와 같다면, 피해자에 대한 가해행위를 직접 실행한 피고인 3, 4이 피해자의 머리나 가슴 등 치명적인 부위가 아닌 허벅지나 종아리 부위 등을 주로 찔렀다고 하더라도 칼로 피해자를 20여 회나 힘껏 찔러 그로 인하여 피해자가 과다실혈로 사망하세 된 이상 피고인 3, 4이 자기들의 가해행위로 인하여 피해자가 사망할 수도 있다는 사실을 인식하지 못하였다고는 볼 수 없고, 오히려 살인의 미필적 고의가 있었다고 볼 수 있을 뿐만 아니라 범행장소에서 위 피고인들을 지휘하던 피고인 5으로서도 집단적인 보복을 할 목적으로 칼을 가지고 피해자의 집으로 들어간 피고인 3, 4이 피해자를 살해할 수도 있다는 사실을 예견할 수 없었다고는 보여지지 아니하므로, 피고인 3, 4은 물론 피고인 5에게도 살인의 범의가 있었다고 본 원심의 판단은 정당하고, 거기에 상고이유에서 주장하는 바와 같은 살인죄의 고의에 관한 법리오해나 사실오인 등의 위법이 있다고 할 수 없다.

그리고 기록에 의하여 이 사건 양형의 조건이 될만한 모든 사정들을 살펴보면,

원심이 피고인 3, 4, 5에 대하여 각 징역 12년을 선고한 것은 상고이유가 들고 있는 정상을 참작하더라도 적정한 것으로 수긍이 가고, 그 형의 양정이 심히 부당하다고 인정할 현저한 사유가 있다고 볼 수 없으므로, 이 점을 비난하는 상고이유의 주장 역시 받아들일 수 없다.

3. 피고인 6에 대하여

기록에 의하면, 위 피고인이 공소사실 기재와 같은 내용으로 신체상의 위해를 가할 듯한 취지의 언사를 사용하여 피해자 박창수를 협박하였다고 인정·판단한 원심의 조치는 정당한 것으로 수긍이 되고, 거기에 상고이유에서 주장하는 바와 같은 채증법칙 위배로 인한 사실오인이나 협박죄에 관한 법리오해 등의 위법이 있다고 할 수 없다.

4. 그러므로 상고를 모두 기각하고, 피고인 1, 2, 3, 4, 5에 대한 상고 후의 구금일수 중 64일씩을 각 본형에 산입하기로 관여 대법관의 의견이 일치되어 주문과 같이 판결한다.

대법관　조무제(재판장)　유지담　강신욱(주심)　손지열

쟁 점

- 교사의 착오

연 구

1. 교사의 착오의 개념은 무엇이며, 어떻게 분류할 수 있는가?

2. 교사의 착오의 분류에 따라 형사책임은 어떻게 달라지는가?

3. 참고 판례 2(91도3192)와 같이 피교사자 착오를 일으킨 경우, 착오론에 따른 구체적인 해결방법은 무엇인가?

참고자료

■ 관련 판례

1. 피교사자의 초과실행과 착오 (대판 1993.10.8, 93도1873)

교사자가 피교사자에 대하여 상해 또는 중상해를 교사하였는데 피교사자가 이를 넘어 살인을 실행한 경우 일반적으로 교사자는 상해죄 또는 중상해죄의 교사범이 되지만 이 경우 교사자에게 피해자의 사망이라는 결과에 대하여 과실 내지 예견가능성이 있는 때에는 상해치사죄의 교사범으로서의 죄책을 지울 수 있다.

2. 피교사자의 대상의 착오 (대판 1992.2.25, 91도3192)

피고인이 1989.6.9.경 피고인 1의 집으로 전화를 하여 그에게 " 공소외 1이라는 애가 행패를 부려서 망신을 당했는데 나이먹고 챙피해 죽겠다. 네가 알아서 **혼을 내주어라**"고 말함으로써 공소외 1측한테 상해를 가할 것을 교사하였는데, 피고인들 사이에서는 공소외 1이 자신이 두목으로 받드는 피해자 의 사주를 받고 피고인 2 등에게 행패를 부린 것으로 인식되고 있어서, 위 피고인의 위와 같은 교사의 취지는 공소외 1이 속해 있고 피해자 를 정점으로 하는 패거리들에 대하여 효과적인 보복조치를 취하라는 뜻이고, 피고인 1도 그와 같은 뜻으로 알아듣고 공소외 1이의 선배인 위 피해자에게 상해를 가하도록 그 휘하 조직원인 공소외 2에게 지시한 것이어서, 피고인 2가 위와 같이 교사할 때에는 공소외 1이 소속된 집단에 속해 있는 위 피해자가 공격의 대상이 될 수 있다는 것을 알고 이를 용인한 것이므로, 위 피고인의 교사행위와 위 피해자의 사망 사이에는 인과관계가 있다고 판단하고 있는바, 위에서 본 증거들을 살펴보면 인과관계에 관한 원심의 위와 같은 인정판단은 정당한 것으로 수긍이 가고, 사실관계가 위와 같다면 소론과 같이 피교사자인 피고인 1이나 그의 지시를 받은 공소외 2가 피고인 2의 교사행위와는 상관없이 위 피해자에 대하여 상해의 범의를 가지고 개입함으로써 인과관계가 중단된 것으로는 보기 어렵다고 할 것이다.

또한 위에서 본 증거들에 의하면, 피고인 2가 피고인 1에게 위와 같이 보복조치를 취하도록 교사함에 있어서 피해자에게 상해의 결과가 발생 할 수 있음을 인식하고도 이를 용인하였음을 인정하기에 충분하고, 이 사건과 같은 조직폭력배들에 의한 보복폭행의 경우 그로 인한 상해의 결과 피해자가 사망에 이르게 될 수 있음은 교사자인 피고인 2 로서도 이를 예견할 수 있었다고 보여지므로, 위 피고인에게 소론과 같이 상해치사죄의 범의가 없었다고는 볼 수 없을 뿐만 아니라, 소론이 지적하는 바와 같이 위 피고인의 교사행위 이전에 피교사자인 피고인 1이나 그의 지시에 따라서 상해치사죄를 실행한 공소외 3 등이 이미 범행의 결의를 하고 있었다고도 보여지지 아니하고, 또 원심은 피고인 1을 이 사건 상해치사죄의 공동정범으로 처벌하고 있을 뿐 교사범으로 처벌한 것이 아니므로 피고인 2의 교사행위가 소론과 같이 이른바 간접교사나 재교사에 해당한다고도 볼 수 없다.

■ 참고문헌

신양균, "정범의 객체의 착오와 교사자의 책임", 형사법연구 제25호, 한국형사법학회, 2006.

홍영기, "객체의 착오, 방법의 착오에서 고의의 특정 - 간접정범과 교사범에서 피이용자, 피교사자의 객체 혼동의 예", 형사법연구 제26호, 한국형사법학회, 2006.

학습과제

1. 실패한 교사의 개념을 정리해 보시오.

2. 피교사자가 교사한 범죄보다 과소실행한 경우, 교사자의 형사책임을 생각해 보시오.

솔루션

1. 교사의 착오는 교사자가 인식한 사실과 피교사자가 실행한 범죄 사이에 불일치가 발생한 경우를 의미하는 것으로 볼 수 있다. 이러한 교사의 착오는 다양하게 분류할 수 있으나, ① 피교사자에 대한 착오와 ② 피교사자의 실행행위에 대한 착오로 분류할 수 있을 것이다. 전자는 피교사자를 책임능력자로 생각하고 교사하였으나 책임무능력자인 경우와 그 반대의 경우가 될 수 있으며, 후자는 교사자의 교사내용과 달리 피교사자가 실행행위로 나아간 경우, 즉 i) 실행행위시에 구체적 사실에 대해 객체의 착오나 방법의 착오를 일으킨 경우, ii) 피교사자가 교사자의 교사내용과 본질적으로 다른 범죄를 실행한 질적 불일치의 경우, iii) 교사받은 내용보다 과소실행하거나 초과실행하는 양적 불일치의 경우로 구분할 수 있다.

2. 교사의 착오 해결은 착오 유형에 따라 결론이 달라질 수밖에 없다. 먼저 피교사자에 대한 착오로, 피교사자의 책임능력은 교사자의 고의의 대상이 아니므로 피교사자를 책임능력자로 알았으나 책임무능력자였던 경우에는 교사범의 성립에 영향이 없으며, 책임무능력자로 알았으나 실제로는 책임능력자였던 경우에도 교사범이 성립한다. 다만 후자의 경우에는 간접정범의 고의가 인정될 수 있으나 의사지배가 결여되어 협의의 공범성립여부가 문제될 것이다(제한적 종속형식).

   다음으로 피교사자의 실행행위에 대한 착오(ex. 甲을 살해하도록 교사하였으나 방법의 착오로 乙을 살해)는, 먼저 ① 피교사자의 실행행위와 교사내용이 동일한 구성요건 안에서 착오가 발생한 경우로, 이때에는 구성요건착오론의 일반적 해결에 따라 해결하여야 한다. 따라서 피교사자가 i) 방법의 착오를 일으킨 경우에는 교사자에게도 방법의 착오가 된다는데 견해가 일치하며(甲에 대한 살인미수죄의 교사범과 乙에 대한 과실치사죄의 교사범의 상상적 경합), 피교사자가 ii) 객체의 착오를 일으킨 경우에는 교사자에게도 객체의 착오가 된다는 견해(乙에 대한 살인죄의 교사범), 방법의 착오가 된다는 견해(甲에 대한 살인미수죄의 교사범과 乙에 대한 과실치사죄의 교사범의 상상적 경합), 인과과정의 착오 공식을 적용하거나 객관적 귀속을 전제로 고의귀속을 긍정하는 견해(불일치가 중요하지 않으므로 乙에 대한 살인죄의 교사범)가 대립되고 있다.

   다음으로 ② 피교사자의 실행행위와 교사내용이 다른 구성요건에서 발생한 경우는 첫 번째로 i) 과소실행의 경우인데, 이때에는 교사받은 범죄와 동질의 범죄를 과소실행한 양적 과소실행일 때에는 교사자는 피교사자의 실행 범위내에서 책임을 진다(다만 강도를 교사받고 절도를 행한 경우처럼 예비·음모규정이 있는 경우에는 절도교사범과 강도예비음모죄가 상상적 경합이 된다). 반면 교사받은 범죄와 죄질이 전혀 다른 범죄를 실행한 질적 과소실행일 때에는 피교사자는 교사범으로 책임을 지지 않고 교사한 범죄의 예비음모에 준하여 처벌된다.

두 번째로 ii) 초과실행의 경우로, 양적 초과실행의 경우 죄질이 부합하는 교사한 범죄의 범위 내에서만 교사범으로서의 책임을 진다(절도를 교사하였는데 강도를 실행한 경우 절도죄의 교사범이 됨). 반면 질적 초과실행의 경우에는 실행한 범죄는 물론 교사한 범죄에 대해서도 교사범이 성립하지 않고 교사한 범죄의 예비음모에 준하여 처벌될 뿐이다(절도를 교사하였으나 살인을 범한 경우 절도의 예비음모에 준하여 처벌되나 예비음모처벌규정이 없으므로 무죄가 된다).

세 번째로 피교사자가 결과적 가중범을 범한 경우 교사자에게 과실이 있어야 결과적 가중범의 형사책임을 진다. 따라서 상해를 교사하였으나 피교사자가 상해치사죄를 범한 경우 중한 결과에 대한 예견가능성이 있었던 경우에만 상해치사죄의 교사범이 되며 그렇지 않은 경우 상해죄의 교사범이 될 뿐이다(기본범죄의 교사범과 중한 결과에 대한 과실범의 상상적 경합을 인정하는 소수 견해도 있음).

3. 대상판결의 경우, 피고인은 상해죄 내지 중상해죄를 교사하였으나 피교사자인 상피고인들이 살인죄에 이른 경우로, 이는 착오의 유형 중 양적 초과실행으로 교사자인 피고인에게는 초과부분에 대하여는 책임을 지지 않는 것이 원칙이다. 그러나 조직폭력의 집단에 속하는 자들에게 상해 내지 중상해를 교사하는 순간 중한 결과인 상해치사를 예견할 수 있었으므로 피교사자가 결과적 가중범을 실행한 경우로 결과적 가중범인 상해치사죄의 교사범의 책임을 지는 것이 타당하다고 하겠다.

14. 방 조 범

도입판례 1

■ **대법원** 2006. 1. 12. **선고** 2004도6557 **판결**【사기·사기방조】

【판시사항】

[1] 통원치료와 대비되는 개념으로서의 입원치료의 의미와 입원 여부의 판단 방법

[2] 환자가 입원수속을 밟은 후 고정된 병실을 배정받아 치료를 받는 형식을 취하였고 병원에 6시간 이상 체류하였다고 하더라도, 실제 치료를 받은 시간과 치료의 내용이나 목적 등을 종합하여, 치료의 실질이 입원치료가 아닌 통원치료에 해당한다고 한 원심의 판단을 수긍한 사례

[3] 의사인 피고인이 입원치료를 받을 필요가 없는 환자들이 보험금 수령을 위하여 입원치료를 받으려고 하는 사실을 알면서도 입원을 허가하여 형식상으로 입원치료를 받도록 한 후 입원확인서를 발급하여 준 사안에서, 사기방조죄가 성립한다고 한 원심의 판단을 수긍한 사례

【판결요지】

[1] 입원이라 함은 환자의 질병에 대한 저항력이 매우 낮거나 투여되는 약물이 가져오는 부작용 혹은 부수효과와 관련하여 의료진의 지속적인 관찰이 필요한 경우, 영양상태 및 섭취음식물에 대한 관리가 필요한 경우, 약물투여·처치 등이 계속적으로 이루어질 필요가 있어 환자의 통원이 오히려 치료에 불편함을 끼치는 경우 또는 환자의 상태가 통원을 감당할 수 없는 상태에 있는 경우나 감염의 위험이 있는 경우 등에 환자가 병원 내에 체류하면서 치료를 받는 것으로서, 보건복지부 고시인 '요양급여의 적용기준 및 방법에 관한 세부사항' 등의 제반 규정에 따라 환자가 6시간 이상 입원실에 체류하면서 의료진의 관찰 및 관리하에 치료를 받는 것을 의미한다고 할 것이나, 입원실 체류시간만을 기준으로 입원 여부를 판단할 수는 없고, 환자의 증상, 진단 및 치료

내용과 경위, 환자들의 행동 등을 종합하여 판단하여야 한다.

[2] 환자가 입원수속을 밟은 후 고정된 병실을 배정받아 치료를 받는 형식을 취하였고 병원에 6시간 이상 체류하였다고 하더라도, 실제 치료를 받은 시간과 치료의 내용이나 목적 등을 종합하여, 치료의 실질이 입원치료가 아닌 통원치료에 해당한다고 한 원심의 판단을 수긍한 사례.

[3] 의사인 피고인이 입원치료를 받을 필요가 없는 환자들이 보험금 수령을 위하여 입원치료를 받으려고 하는 사실을 알면서도 입원을 허가하여 형식상으로 입원치료를 받도록 한 후 입원확인서를 발급하여 준 사안에서, 사기방조죄가 성립한다고 한 원심의 판단을 수긍한 사례.

【참조조문】

[1] 형법 제347조 / [2] 형법 제347조 / [3] 형법 제32조, 제347조

【전　문】

【피 고 인】 피고인 1외 4인

【상 고 인】 피고인들

【변 호 인】 변호사 배만운

【원심판결】 서울중앙지법 2004. 9. 3. 선고 2004노1478 판결

【주　문】

상고를 모두 기각한다.

【이　유】

1. 피고인 2, 3, 4, 5의 상고에 대하여

원심은, 그 채택 증거들에 의하여 인정되는 다음과 같은 사정, 즉 피고인 2의 경우 (병원명 생략)내과에서 정기적으로 근육주사를 2대 맞고 1-2시간 동안 링거 주사액을 투여 받는 등의 치료를 받아 치료시간 자체가 6시간이 되지 아니할 뿐만 아니라, 근육주사만 맞은 날도 있고 입원기간 중 1주일에 3-4회 정도 자신의 점포에 가서 일을 하거나 씽크대 배달업무를 계속 수행하고, 장애자인 둘째 아들

을 차에 태우고 야외로 나가기도 하였으며, 입원기간 대부분 집에서 잠을 잔 점, 피고인 3의 경우 (병원명 생략)내과에서 근육주사를 2회 맞고 링거주사액을 3시간 투여 받은 후 혈관레이저치료를 1시간 받아 치료시간 자체가 6시간이 되지 아니할 뿐만 아니라, 입원기간 중 (병원명 생략)내과가 소재한 부천시 원미구에서 멀리 떨어진 충북 진천군까지 외출하기도 하였고, 입원기간 중 하루도 병원에서 잠을 자지 아니한 점, 피고인 5의 경우 (병원명 생략)내과에서 근육주사를 맞고 링거주사액을 투여 받고 치료약을 복용한 것 이외에는 병원에 머무르면서 의사 등 의료진의 지속적인 관찰을 받지 아니한 채 자유롭게 외출을 하는 등 방치된 점, 위 피고인들이 입원기간 중 받은 치료의 주된 부분은 링거주사와 근육주사인데 이는 통원치료를 하면서도 충분히 맞을 수 있는 것으로 보이는 점, 위 피고인들에게 근육주사와 링거주사 등을 투여한 후 이들을 병원에 남게 하여 그 경과를 관찰할 필요성이 있었다고도 보이지 않는 점, 위 피고인들이 입원기간 중 전혀 혹은 대부분 병원에서 잠을 자지 아니하고 자주 외출한 것에 대하여 아무런 통제를 하지 않은 것으로 보아 피고인 1에게는 당초부터 위 피고인들을 병원에 장시간 머물게 하면서 그 경과를 관찰할 의사가 없었다고 보이는 점, 피고인 1은 위 피고인들이 의료보험이나 의료보호의 혜택을 받지 않고 일반으로 치료받게 함으로써 그에 해당하는 입원비를 수령하였을 뿐만 아니라, 피고인 2에 대하여는 국민건강보험공단에게 의료수가를 청구하지도 않아 정상적인 입원치료를 한 것으로 보이지 않는 점 등에 비추어, 위 피고인들이 형식상으로는 (병원명 생략)내과에서 입원수속을 밟고 치료를 받았다 하더라도 그 치료의 실질은 통원치료에 해당한다고 보아야 할 것이라는 이유로, 피고인 2, 4는 공모하여 피고인 2가 (병원명 생략)내과에서 입원치료를 받은 것처럼 보험회사를 기망하여 보험금을 편취하고, 피고인 3, 공소외 1도 자신들이 (병원명 생략)내과에서 입원치료를 받은 것처럼 보험회사를 기망하여 보험금을 편취하였다는 공소사실을 유죄로 인정한 제1심판결을 유지하였는바, 기록에 비추어 살펴보면, 이러한 원심의 조치는 옳고, 거기에 채증법칙을 위배하여 사실을 오인하거나 사기죄에 관한 법리를 오해한 위법이 있다고 할 수 없다.

2. 피고인 1의 상고에 대하여

가. 입원이라 함은 환자의 질병에 대한 저항력이 매우 낮거나 투여되는 약물이

가져오는 부작용 혹은 부수효과와 관련하여 의료진의 지속적인 관찰이 필요한 경우, 영양상태 및 섭취음식물에 대한 관리가 필요한 경우, 약물투여·처치 등이 계속적으로 이루어질 필요가 있어 환자의 통원이 오히려 치료에 불편함을 끼치는 경우 또는 환자의 상태가 통원을 감당할 수 없는 상태에 있는 경우나 감염의 위험이 있는 경우 등에 환자가 병원 내에 체류하면서 치료를 받는 것으로서, 보건복지부 고시인 '요양급여의 적용기준 및 방법에 관한 세부사항' 등의 제반 규정에 따라 환자가 6시간 이상 입원실에 체류하면서 의료진의 관찰 및 관리하에 치료를 받는 것을 의미한다고 할 것이나, 입원실 체류시간만을 기준으로 입원 여부를 판단할 수는 없고, 환자의 증상, 진단 및 치료 내용과 경위, 환자들의 행동 등을 종합하여 판단하여야 할 것이다.

원심판결의 설시에 다소 미흡한 점은 있으나, 원심이 환자가 입원수속을 밟은 후 고정된 병실을 배정받아 치료를 받는 형식을 취하였고 병원에 6시간 이상 체류하였다고 하더라도 실제 치료를 받은 시간은 일부분에 불과하고 나머지 시간동안 의료진의 관찰이나 감독을 전혀 받지 아니한 채 단순히 병원에 머무르기만 하였으며, 환자가 받은 치료의 내용이나 목적이 통원치료로도 충분히 달성될 수 있을 때에는 이를 입원치료가 아닌 통원치료로 보아야 함을 전제로, 피고인 2, 3, 5, 원심 공동피고인및 공소외 2에 대한 치료의 실질은 입원치료가 아니라 통원치료에 해당한다고 판단한 것은 수긍이 가고, 거기에 채증법칙을 위배하여 사실을 오인하거나 입원의 개념에 관한 법리를 오해한 위법이 있다고 할 수 없다.

한편, 피고인 1에 대한 사기방조의 점에 대한 공소사실은, 건강보험계약을 체결하면서 입원치료의 경우 다액의 보험금이 지급되는 특약에 가입한 피고인 2, 3, 5, 원심 공동피고인및 공소외 2의 경우 의료진의 지속적인 관리와 관찰을 받을 필요가 없어 통원치료만으로도 충분히 치료의 목적을 달성할 수 있음에도, 입원을 허가하여 형식상으로 입원치료를 받도록 한 후 입원확인서를 발급하여 보험회사로부터 보험금을 편취하는 것을 용이하게 하였다는 것이므로, 피고인 1이 피고인 2, 3, 5, 원심 공동피고인및 공소외 2에게 입원 환자들에게만 시행하는 치료를 일부 행하였다고 하여 특약에 기한 보험금 지급의 근거가 되는 입원확인서가 허위로 발급된 것이 아니라고 할 수는 없다.

이 부분 상고이유 주장은 이유 없다.

나. 원심은, 채택 증거들에 의하여 인정되는 다음과 같은 사정, 즉 피고인 1이 원심 공동피고인에게 입원 당시 보험가입 여부에 대한 질문을 하였고, 피고인 3에게는 '링거주사의 경우 입원치료를 받아야 보험혜택을 받을 수 있다.'고 말하기도 한 점, 환자들이 (병원명 생략)내과에서 입원확인서를 발급받아 이를 보험회사에 제출하면 4-5일 정도 지나 보험회사 직원이 조사를 하기 위해 병원에 와서 원장인 피고인 1등을 만나곤 하였던 점에 비추어, 피고인 1은 자신이 발급한 입원확인서가 환자들의 보험회사에 대한 보험금청구에 사용된다는 것을 알았다고 봄이 상당하므로, 사무장인 제1심 공동피고인 공경현과 공모하여 허위의 입원확인서를 발급해 주는 방법으로 피고인 2, 4, 3, 5, 원심 공동피고인및 공소외 2로 하여금 보험금을 편취하는 것을 용이하게 하여 이를 방조하였음을 충분히 인정할 수 있다는 이유로, 피고인 1에 대한 사기방조의 공소사실을 유죄로 인정한 제1심판결을 유지하였는바, 기록에 비추어 살펴보면, 이러한 원심의 조치는 옳고, 거기에 채증법칙을 위배하여 사실을 오인하거나 심리를 미진한 위법 또는 사기방조죄의 범의에 관한 법리를 오해한 위법 등이 있다고 할 수 없다.

다. 또 원심은, 채택 증거들을 종합하여 판시와 같은 사실을 인정한 다음, 피고인 3, 5가 (병원명 생략)내과에서 실질적으로 통원치료를 받았을 뿐임에도 피고인 1이 원무과 직원으로 하여금 입원치료를 받은 것처럼 허위 사실을 기재한 요양급여비용 청구서를 작성하게 한 후 이를 국민건강보험공단에 발송하여 입원치료에 대한 요양급여비용을 지급받은 이상 사기죄가 성립한다고 봄이 상당하다는 이유로, 피고인 1에 대한 공소사실 중 사기의 점을 유죄로 인정한 제1심판결을 유지하였는바, 기록에 비추어 살펴보면, 이러한 원심의 조치도 옳고, 거기에 채증법칙을 위배하여 사실을 오인하거나 사기죄에 관한 법리를 오해한 위법이 있다고 할 수 없다.

3. 그러므로 피고인들의 상고를 모두 기각하기로 하여 관여 법관의 일치된

의견으로 주문과 같이 판결한다.

대법관 김지형(재판장) 강신욱 고현철(주심) 양승태

쟁 점

- 방조행위의 개념
- 보험사기죄의 방조
- 입원의 개념과 판단기준

연 구

1. 방조범의 성립요건은 무엇인가?

2. 방조행위의 개념은 어떻게 이해하여야 하는가?

3. 보건복지부 고시인 '요양급여의 적용기준 및 방법에 관한 세부사항' 등의 제반 규정에 의사의 입원 판단이 구속되어야 하는가?

4. 각 행위자들의 형사책임은 무엇인가?

5. 대법원의 판단과 달리, 병원의 사무장이 주도적으로 입원확인서를 발급하였으며, 의사인 피고인은 이러한 상황을 방치하였다면 형사책임이 어떻게 달라지는가?

참고자료

■ 관련 판례

1. 방조범의 고의(대판 2003.4.8, 2003도382)

방조는 정범이 범행을 한다는 것을 알면서 그 실행행위를 용이하게 하는 종범의 행위이므로 종범은 정범의 실행을 방조한다는 방조의 고의와 정범의 행위가 구성요건에 해당한다는 점에 대한 정범의 고의가 있어야 한다.

2. 부작위에 의한 방조 (대판 1997.3.14, 96도1639)

입찰사건에 관한 제반 업무를 주된 업무로 하는 피고인들이 자신이 맡고 있는 입찰사건의 입찰보증금이 계속적으로 횡령되고 있는 사실을 알았다면 담당 공무원으로서는 이를 제지하고 즉시 상관에게 보고하는 등의 방법으로 그러한 사무원의 횡령행위를 방지해야 할 법적인 작위의무를 지는 것이 당연하다고 할 것이고, 비록 피고인들의 그와 같은 행위가 배당불능이라는 최악의 사태를 막기 위한 동기에서 비롯된 것이라고 하더라도 자신의 작위의무를 이행함으로써 결과 발생을 쉽게 방지할 수 있는 피고인들이 위 원심 공동피고인의 새로운 횡령범행을 방조 용인한 것을 작위에 의한 법익 침해와 동등한 형법적 가치가 있는 것이 아니라고 볼 수는 없다.

■ 참고문헌

김정환, "정범행위에 대한 방조자의 고의", 형사법연구 제19권 제2호, 한국형사법학회, 2007.

이승준, "보험사기의 경향과 형사법적 대응방안", 형사법의 신동향 통권 제34호, 대검찰청, 2012.

전지연, "부작위범에서 정범과 공범의 구별", 형사판례연구 (13), 한국형사판례연구회, 박영사, 2005.

황만성, "형법상 사기죄 관련규정의 제·개정방안", 형사정책연구 20권 1호, 2009.

학습과제

1. 방조범의 성립이 인정된 경우와 부정된 판례의 사안들을 정리해 보시오.

2. 보험사기죄와 보험범죄의 개념에 대해 살펴보시오.

솔루션

1. 형법 제32조는 '종범'이라는 표제하에 "타인의 범죄를 방조한 자는 종범으로 처벌한다."고만 규정하고 있고, 방조행위를 구체적으로 규정하고 있지 않다. 그러나 방조범은 정범의 실행행위를 도와 준 자를 의미하며, 방조행위는 일반적으로 정범의 행위를 가능하게 하거나 강화하는 것, 또는 확실하게 하는 등의 행위로 이해되고 있다. 방조범은 피방조자가 범죄를 실행한다는 사실을 알면서 그 실행행위를 조장 내지 용이하게 하는 자로 정의할 수 있을 것이다. 방조행위에는 정범의 실행행위를 용이 내지 조장하는 직, 간접의 모든 행위가 포함되며, 직접적인 행위에는 유형적·물질적 방조행위와 무형적(정신적) 방조행위, 부작위에 의한 방조행위 등이 포함되며, 간접적인 행위로는 방조의 방조, 교사의 방조, 방조의 교사가 포함된다.

2. 이러한 방조범은 방조자의 고의(방조행위에 대한 고의와 정범의 구성요건적 결과 실현을 인식하는 정범의 고의), 방조자의 방조행위(방조행위와 피방조자의 실행행위 사이의 인과관계), 피방조자의 실행행위가 있어야 성립된다. 대상판결의 경우 의사인 피고인이 입원이 아님에도 입원보험금을 청구하는 보험사기를 실행하려는 환자들에게 입원확인서의 발급을 통해 사기를 방조하였는가가 문제된다.

3. 입원의 사전적 정의는 환자가 병을 고치기 위하여 일정한 기간 동안 병원에 들어가 머무는 것을 의미한다. 의학적으로 입원은 환자의 질병의 종류와 상태에 따라 투여되는 약물 내지 시술(수술)의 부작용 혹은 부수효과와 관련하여 의료진의 지속적인 경과 관찰이 필요한 경우, 섭식에 대한 관리가 필요한 경우, 약물투여·처치 등이 지속적으로 의료기관 내에서 행해질 필요가 있는 경우, 환자의 상태가 통원을 감당할 수 없는 상태인 경우, 통원치료시 감염 내지 타인에게 전염시킬 위험이 있는 경우 등으로, 환자가 병원 내에 체류하면서 치료를 받는 것을 의미한다고 하겠다.

   그런데 의료법과 시행령, 시행규칙 등에서는 입원의 정의 및 기준을 명시하고 있지 않고, 국민건강보험법과 국민건강보험 요양급여의 기준에 관한 규칙에서 요양급여의 내용으로 입원을 규정하면서 보건복지부 고시인「요양급여의 적용기준및방법에관한세부사항」규정으로 입원은 환자가 최소한 6시간 이상 병원에 체류하면서 의료진의 관찰 및 관리하에 치료를 받는 것으로 분류하고 있다.

   입원은 환자의 질병종류와 상태, 행해지는 수술, 처치, 시술의 지연출혈 등의 위험성과 조치 후의 경과 관찰 필요, 안정 필요성 등을 의학적 지식과 법칙에 따라 의료진이 전적으로 판단하여야 할 문제이다. 국민건강보험법과 보건복지부 고시에서 요양급여의 내용으로 입원을 규정하고 있는 것은 의료기관이 국민건강보험에 급여청구를 하거나, 환자가 급여청구를 하는 경우에 구속되는 기초적인 기준이 되는 것이지 이들 규정에 따라 6시간을 입원실에 체류하였는가가 절대적인 요소는 아니라 할 것이다. 이러한 관점에서 환자들의 입원 보험금 청구를 보험사기로 쉽게 인정하고, 입원확인서를 발급해준 의사를 방조범으로 처단함에는 신중한 자세가 필요하다고 하겠다.

4. 그러나 대상판결에서 대법원이 판단한 사실관계에 따르면, 피고인 2, 3, 5는 입원치료를 받을 필요가 없음에도 입원보험금의 수령을 위하여 입원 수속을 밟고 병실을 배정받아 치료를 받는 형식으로 실질은 통원치료이나 형식은 입원치료를 받은 것처럼하여 보험회사를 기망하여 보험금을 편취하였으므로 사기죄가 성립하고, 피고인 2, 4는 공모하여 피고인 2가 입원치료를 받은 것처럼 보험회사를 기망하여 보험금을 편취하는데 가담하였으므로 공동정범이 될 것이다. 의사인 피고인 1의 경우, 보험회사 직원이 입원확인서 발급 후 조사를 위해 자신을 방문하는 사실을 알고 있었다는 점 등에서 이들의 보험금 편취를 용이하게 하려는 의도에서 기망행위를 방조한 것으로 사기죄의 방조범으로서의 책임을 진다. 또한 피고인 3, 4가 실질적으로는 통원치료임에도 입원치료를 받은 것처럼 허위사실을 기재한 요양급여비용 청구서를 작성·제출하여 요양급여비용을 지급받았으므로 별개의 사기죄가 성립한다.

6. 한편 방조의 방법에는 제한이 없으므로 적극적인 작위에 의한 방조 외에, 부작위에 의한 방조가 성립하는지 문제된다. 통상 부작위에 의한 교사는 부정하나, 부작위에 의한 방조는 긍정하는 것이 일반적이다. 부작위로써 타인의 작위범죄에 가담하는 경우 보증인지위가 인정될 경우 부작위에 의한 방조가 인정될 수 있다. 그리고 부작위로써 타인의 부작위범죄에 가담하는 경우, 부진정부작위범의 경우 정범과 공범이 구별되지 않는 단일정범개념이 전제되어 있으므로 부작위로 타인의 부작위범에 가담하는 경우 모두 정범이 된다는 견해도 있으나, 모두 정범으로 볼 수는 없으며 행위 기여에 따라 공동정범으로 평가될 수 없는 정도일 때에는 방조를 인정하여야 한다.

부작위에 의한 방조가 성립되기 위해서는 방조자에게 보증인지위가 인정되어야 한다. 만일 대상판결에서 병원의 사무장이 단독으로 입원확인서 발급을 피고인들과 공모하고 담당의사의 확인란에 날인하였다면 피고인 1의 경우 부작위에 의한 방조가 문제될 수 있다. 사기죄에 대한 부작위에 의한 방조의 경우 부진정부작위범으로 보증인지위가 인정되어야만 가능하다. 보증인지위의 경우, 의사는 입원확인서의 용도를 확인하고 환자에게 직접 발급하여야 할 의무가 있는 자로서 보증인지위가 인정될 수 있으나, 방조의 고의, 즉 정범의 범죄실행에 대한 고의와 방조행위에 대한 고의를 인정할 수 없어 부작위에 의한 방조는 인정될 수 없을 것이다(다만 과거에도 수차례 입원확인서 발급으로 보험회사에서 실제 조사를 나와 의사에게 확인한 바가 있다면 그 때에는 미필적 고의가 인정될 수 있을 것이다). 편면적 방조의 경우에도 정범의 방조자의 방조를 인식하지 못하였으나, 방조자는 정범의 고의가 인정되어야 하므로 부작위에 의한 편면적 방조의 가능성도 없다. 다만 의료법상의 책임은 별개 문제이다.

도입판례 2

■ **대법원** 1983. 4. 12. **선고** 82도43 **판결**【병역법위반등범죄처벌에관한특별조치법위반방조】

【판시사항】

가. 부당한 병무행정의 시정을 촉구하기 위하여 조직된 단체의 구성원으로서 한 행위의 위법여부

나. 입영기피를 결심한 자에 대하여 "잘 되겠지, 몸조심하라"하고 악수를 나누는 행위가 입영기피의 방조행위에 해당하는지 여부

【판결요지】

가. 병역의무의 거부를 목적으로 조직된 단체가 아니고 대통령긴급조치(1979. 12.8 폐지) 제9호 위반의 수형자라는 이해관계를 공통으로 하여 부당한 병무행정의 시정을 촉구하기 위하여 조직된 단체라고 보여지는 병역문제중앙대책위원회의 위원인 피고인이 동 위원회의 활동으로서 대통령긴급조치 제9호 위반의 수형자에 대한 당국의 입영조치를 반대한다는 내용의 성명서에 동조하고 결의문을 작성배포한 행위 그 자체를 놓고 범죄행위를 구성하는 위법한 행위라고 할 수는 없다.

나. 이미 스스로 입영기피를 결심하고 집을 나서는 공소외 (갑)에게 피고인이 이별을 안타까워 하는 뜻에서 잘 되겠지 몸조심하라 하고 악수를 나눈 행위는 입영기피의 범죄의사를 강화시킨 방조행위에 해당한다고 볼 수 없다.

【참조조문】

가. 병역법 제82조 / 나. 형법 제32조, 병역법 제82조

【전 문】

【피 고 인】 피고인 1 외 1인

【상 고 인】 검사(피고인 1에 대하여) 및 피고인 2

【변 호 인】 변호사 정덕균

【원심판결】 광주고등법원 1981.10.16. 선고 79노429 판결

【주 문】

원심판결중 피고인 2에 대한 부분을 파기하여 그 부분 사건을 광주고등법원에 환송하고, 검사의 피고인 1에 대한 상고를 기각한다.

【이 유】

1. 피고인 2 및 그 국선변호인의 상고이유를 함께 판단한다.

가. 원심판결 이유에 의하면, 원심은 거시증거를 종합하여 피고인 2가 판시와 같이 병역문제중앙대책위원회(위원장 공소외 1)의 위원으로 가입하고 공소외 1 등과 함께 전남병무청에 항의하는 광주거주 대통령긴급조치 제9호 위반의 수형자로서 이 사건 본범인 공소외 2(이하, 공소외인이라고 한다)등을 도와주자고 논의하여 판시와 같은 결의문을 작성 배포하는 등 일련의 행동을 한 사실을 인정한 다음 그 사실중 위 공소외인이 입영일시로 지정된 1979.3.5.08:00를 지나 동일 10:00경 집을 나서면서 당분간 피해있을 터이니 잘들 해보라고 하자 위 공소외인에 대하여 잘 되겠지 몸조심 하라하고 악수를 하면서 격려한 행위는 단순한 행정시책의 시정을 위한 진정운동의 범주를 벗어나 이미 입영기피의 범죄실행에 착수한 위 공소외인에 대하여 그 범죄가 구체화되는 과정에 개입하여 그 범죄의사를 강화시킨 무형의 방조(정신적 방조)행위에 해당된다고 판단하여 동 피고인에 대한 이건 공소사실을 유죄로 인정한 제1심 판결을 유지하고 있다.

나. 기록에 의하여 살피건대, 병무청은 1974.9.1자로 제정실시 하고 있는 병무행정세부시행 규정에 의하여 6월 이상의 수형자와 누범자는 현역병 입영대상에서 제외하되 다만 병무사법으로 인한 수형자는 입영조치토록 하였다가 그 후 1975.7.11자로 그 일부를 개정하여 학원소요사태와 관련되어 형사처벌을 받은 자로서 6월 이상 3년 미만의 수형자는 병무사범에 준하여 입영조치토록 함으로써 대통령긴급조치 제9호 위반의 6월 이상 3년 미만의 수형자도 현역병입영 대상에 포함되게 된 사실, 이에 대통령긴급조치 제9호 위반의 수형자들인 공소외 1, 3 등이 주동이 되어 이러한 병무행정의 부당성을 시정하기 위하여는 어떤 단체를 조직할 필요가 있다고 논의되어 판시와 같은 병역문제중앙대책위원회를

조직하고 동 위원회의 활동으로써 신성한 병역의무를 정치적으로 악용하는 대통령긴급조치 제9호 위반의 수형자에 대한 당국의 입영조치를 반대한다는 내용의 판시와 같은 성명서 등을 작성 배포한 사실, 동 피고인 또한 동 위원회의 위원으로 가입하여 동 위원회의 활동으로써 판시와 같은 결의문을 작성배포하는 등 일련의 행동을 한 사실을 인정할 수 있는바, 위 병역문제중앙대책위원회가 병역의무의 거부를 목적으로 조직된 단체가 아니고 대통령긴급조치 제9호 위반의 수형자라는 입장에서 이해관계를 공통으로 하여 부당한 병무행정의 시정을 촉구하기 위하여 조직된 단체라고 보여지는 이상 (동 위원회 위원장이던 공소외 1이 범죄단체조직죄로 기소되어 당원으로부터 같은 취지에서 무죄판결을 선고받음 당원 1982.2.9 선고 81도3050 판결)동 위원회의 위원인 동 피고인이 동 위원회의 활동으로써 판시와 같은 성명서에 동조하고 결의문을 작성배포한 행위 그 자체를 놓고 범죄행위를 구성하는 위법한 행위라고 할 수는 없다 고 할 것이고 한편 기록에 의하면 위 공소외인이 현역병 입영기피를 한 것은 스스로의 결의에 의한 것으로 보여지는바(기록에 의하면 현역병입영명령을 받은 후 위 행동에 같이 참여하였던 공소외 4, 5는 그 입영일자에 현역병으로 입영한 사실이 엿보인다).

그렇다면, 이미 스스로 입영기피를 결심하고 집을 나서는 위 공소외인에 대하여 이별을 안타까와 하는 뜻에서 잘되겠지 몸조심하라 하고 악수를 나눈 동 피고인의 행위를 입영기피의 범죄의사를 강화시킨 방조행위에 해당한다고 볼 수도 없으니 필경 원심은 채증법칙 위배로 인한 사실오인이나 방조범에 대한 법리오해의 위법을 범하였다고 할 것이고 이는 판결결과에 영향을 미쳤다 할 것이니 나머지 상고이유에 대한 판단을 거칠 필요없이 이 점에서 원심판결은 그 파기를 면치 못한다.

2. 검사의 피고인 1에 대한 상고이유를 판단한다.

원심판결 이유에 의하면, 원심은 피고인 1이 판시와 같이 병역문제중앙대책위원회의 위원과 호남지구 병역문제대책위원회의 지부장으로서 대통령긴급조치 제9호 위반의 수형자들에 대한 입영명령을 정치적 보복행위이므로 당국의 그와 같은 처사를 반대한다는 내용의 성명서 등의 발표에 동조하고 현역병입영명령의 부당성을 지적하는 판시와 같은 내용의 진정서 제출 등의 방법에 의하여 그 시정을 촉구하는 일련의 행동을 한 사실은 인정되나 동 피고인의 위와 같은 행위는 대통령긴급조치 제9호 위반의 수형자들에 대한 현역병입영조치를 시정하도록 병무행정당국에 건의 촉구함에 그 목적이 있는 것이지 위 공소외인의 입영기피를 방조하려는 의도에서 비롯된 것은 아니라 할 것이고 달리 동 피고인에게 위 공소외인의 입영기피 방조사실을 인정할 아무런 증거도 없다 하여 무죄를 선고하고 있는바, 기록과 대조하여 살펴보면 동 피고인의 판시와 같은 일련의 행동은 병역문제중앙대책위원회와 호남지구 병역문제대책위원회의 활동으로써 이루어진 것이므로 원심의 위와 같은 판단은 피고인 최상일에 대한 파기 이유에서 보는 바와 같은 이유로 정당하다고 시인되고 거기에 소론과 같은 방조범에 대한 법리오해의 잘못을 찾아볼 수 없다. 논지 이유없다.

3. 그러므로 원심판결중 피고인 2에 대한 부분을 파기하여 그 부분사건을 다시 심리판단케 하기 위하여 광주고등법원에 환송하기로 하고 검사의 피고인 2에 대한 상고를 기각하기로 하여 관여법관의 일치된 의견으로 주문과 같이 판결한다.

대법관 김덕주(재판장) 정태균 윤일영 오성환

쟁 점

- 방조행위의 유형
- 정신적(무형적) 방조행위
- 방조행위의 인과관계

연 구

1. 방조행위의 유형에는 제한이 없는가?

2. 정신적 방조행위의 개념은 무엇인가? 사회생활상 용인되는 일반적인 감정이나 의견의 표시를 방조범의 성립영역에서 제외하기 위해서는 어떻게 하여야 하는가?

3. 방조행위의 무한한 확장을 위해 인과관계 판단을 요구할 필요가 있는가? 인과관계를 요구할 경우 어떠한 기준에 의하여야 하는가?

4. "잘 되겠지, 몸조심하라"는 언어적 행위가 인과관계 있는 방조행위로 인정될 수 있는가?

5. 참고판결(92도1148)은 유서대필을 자살의 방조행위로 판단하고 있는데, 정범구속적 방조행위가 아니라, 독립된 구성요건에 대해 총칙상의 방조행위로 인정하여 인과관계를 판단하는 것이 타당한가?

참고자료

■ 관련 판례

1. 언어방조와 정신적 방조행위(대판 1995.9.29, 95도456)

주식의 입·출고 절차 등 주식의 관리에 관한 일체의 절차를 정확하게 알고 있는 증권회사의 중견직원인 피고인들이 제1심 공동피고인 에게 피해자의 주식을 인출하여 오면 관리하여 주겠다고 하고, 나아가서 부정한 방법으로 인출해 온 주식을 피고인들이 관리하는 증권계좌에 입고하여 관리운용하여 주었다면, 이러한 피고인들의 행위는 정범인 위 제1심 공동피고인의 일련의 부정한 주식 인출절차에 관련된 출고전표인 사문서의 위조, 동행사, 사기 등 상호 연관된 일련의 이 사건 범행 전부에 대하여 방조행위가 된다.

2. 유서대필과 방조행위(대판 1992.7.24, 92도1148)

피고인은 공소외 1이 공소장에 기재된 상황에서 분신자살을 하겠다는 생각을 갖고 있음을 알고 그 실행을 용이하게 도와주겠다는 의도로 1991. 4. 27.경부터 같은 해 5. 8.까지의 어느 날에 서울 어느 곳에서 리포트 용지에 검은 색 사인펜으로 공소장에 기재된 내용의 유서 2장을 작성하여 줌으로써 그 유서내용에 의하여 공소외 1에게 그의 분신자살이 조국과 민족을 위한 행위로 미화될 것이며 사후의 장례의식을 포함한 모든 문제도 서준식, 김선택 등 전국민족민주운동연합 (약칭전민련 ; 이하 전민련이라고 한다)에서 책임진다는 것을 암시하는 방법으로 분신자살의 실행을 용이하게 도와주어 공소외 1의 자살을 방조하였다는 내용이므로, 이는 결국 적극적, 정신적 방법으로 자살하려는 사람에게 자살의 동인과 명분을 주어 자살을 용이하게 실행하도록 하였다는 것으로서 자살방조죄에 해당되는 공소임이 명백하여 공소장에 자살방조죄가 될 만한 사실이 포함되지 아니하였다고는 볼 수 없고, … 위와 같은 증거들 및 인정사실에 의하면, 피고인은 제1심이 인정한 바와 같이 공소외 1이 자살하려는 정을 알고 이 사건 유서를 대필해 준 사실과 그후 그 사실을 은폐하려 한 사실을 인정할 수 있다.

3. 간첩방조 (대판 1967.1.31, 66도1661)

피고인이 공소외 1에게 2일간의 숙식을 제공한것이 동인의 간첩활동을 용이하게 할 의사로 한것이라고 볼수있는 증거는 하나도 없고, 오히려 피고인은 동인이 북괴간첩이라는 정을 알고, 당국에 자수하라고 열심히 권고하였고 동인이 이에 불응하자 피고인이 당국에 고발까지 하려던 사실을 엿볼수 있고, 또 동인이 피고인을 찾아온 것이 소론과 같이 간첩활동의 거점내지 신변의 안전을 얻고자 함에 있었다고 볼수 있는 증거는 하나도 없으므로, 원판결이 피고인이 공소외 1에게 위에서 본바와 같이 2일간의 숙식을 제공한 사실만가지고서는, 피고인에게 간첩방조죄가 성립하기에는 부족하다고 보고, 간첩방조죄에 대한 증거가 없다고하여 무죄를 선고하였음은 적법하며, 논지이유 없다.

■ 참고문헌

김봉수, "방조에서의 『결과』 개념과 인과관계 판단 - 공범의 처벌근거를 통한 방조의 결과개념 도출", 형사법연구 제20권 제2호, 한국형사법학회, 2008.

박상기, "방조행위와 인과관계", 형사판례의 연구 I (이재상 교수 화갑기념논문집), 박영사, 2003.

이승준, "무형적 방조행위의 한계", 형사정책연구 통권 제73호, 한국형사정책연구원, 2008. 3.

이용식, "무형적·정신적 방조행위의 인과관계", 형사판례연구(9), 박영사, 2001.

______, "일상적, 중립적 행위와 방조 - 방조행위의 개념적 의미내용과 방조의 불법귀속의 이해구조", 서울대학교 法學 제48권 제1호, 서울대학교 법학연구소, 2007.

학습과제

정신적 방조행위로 판단한 판례들을 정리해 보시오.

솔루션

1. 방조행위의 유형에는 제한이 없다는 것이 일반적이다. 대법원은 확고하게 "형법상 방조행위는 정범의 실행행위를 용이하게 하는 직접, 간접의 모든 행위를 가리키는 것으로서 그 방조는 유형적·물질적인 방조뿐만 아니라 정범에게 범행의 결의를 강화하도록 하는 것과 같은 무형적·정신적 방조행위까지도 이에 해당한다."고 판시하여(95도456 등) 유형적·물질적 방조행위뿐만 아니라 정신적(무형적) 방조행위도 인정하고 있다. 학설도 무형적 방조, 이른바 정신적 방조란 '범죄를 실행하고자 하는 정범의 범행결의를 강화하거나 고무시킴으로써 정범의 범죄 실행을 용이하게 하는 행위'라고 일반적으로 이해하고 있다. 즉 정범의 실행행위를 용이하게 하는 직접, 간접의 모든 행위가 방조행위가 될 수 있으며, 따라서 유형적·물질적인 방조뿐만 아니라 정범에게 범행의 결의를 강화하도록 하는 것과 같은 무형적·정신적 방조행위까지 가벌적이라고 하는 것이다.

   이러한 정신적 방조행위는 방조행위를 하는 자가 자신의 행위는 정범의 범죄실행에 대한 방조행위가 아니라는 착오에 빠지기 쉽다. 유형적 수단을 제공하거나, 물질적 기여를 하는 경우에는 방조행위자가 방조행위라는 점을 쉽게 인식할 수 있으나, 언어방조를 비롯한 무형적 방조행위의 경우 그렇지 못하기 때문이다. 또한 방조행위들이 외부적으로 드러나지 않으므로 판단하기가 용이하지 않으며, 외부적으로 드러날 경우 방조행위를 넘어 교사행위로까지 나아가더라도 그 한계가 명확하지 않다.

2. 이와 같은 정신적 방조행위의 가벌성을 무한히 인정할 경우, 단순한 감정의 표시나 의견의 진술, 정범의 실행행위와 무관한 행위의 기여 등도 모두 처벌의 영역으로 들어와 심정형법화의 위험이 있다. 여기서 정신적 방조행위의 포섭한계를 명확히 하여 처벌의 무분별한 확대를 막기 위해서는 정신적 방조행위의 방조행위성과 정범의 실행행위에 대한 인과관계라는 두 가지 판단기준을 활용할 수 있다.

   먼저 실행행위의 개념을 차용한 방조행위성은 정범의 범죄실행에 대한 정보제공행위와 범죄실행에 대한 직접적인 정서적 격려·안정행위, 그리고 이 양자가 결합된 행위로서 이뤄진 경우에 인정할 수 있을 것이다. 범죄실행에 유익한 정보를 제공함으로써 정범의 인식적 측면에 기여하거나, 정범의 범죄실행 결의를 더욱 강하게 조장하거나, 이미 이뤄진 결의에 대한 부담을 완화하여 의지적 측면에 기여하는 행위에 방조행위성이 인정되는 것이다. 행위개념의 한계설정 기능이 형법적 고찰의 대상이 되지 않는 현상들을 형법의 고려 대상에서 제외하듯이 방조행위성 판단을 통해 형법적 고찰의 대상이 되지 않는 단순한 감정의 표시나 의견의 진술은 무형적 방조행위로부터 분리해 낼 수 있는 것이다. 처벌되는 범죄의 출발점으로서의 행위는 자유의사를 지닌 인간의 행위이다. 사람의 의사에 의하여 지배하거나 지배가능한 태도가 행위이며, 사회생활상 독립된 의미와 중요성을 가진 외부적 행태이다. 그렇다면 방조범의 단순한 의사, 의견, 감정 등이 내심적 태도로 그치는 경우에는 행위에서 제외되지만, 신체적 움직임에 의해 외부적으로 발현된 경우 행위로서 인정될 수 있다. 그러나 이러한 행위들이 정범의 범죄실행에 대한 정보를 제공하거나, 정범의 범죄실행에 대해 정서적으로 격려 또는 안정을 가져오는 것으로서의 사회생활상 의미성이 인정되지 않는다면 방조행위성은 부정되며, 처벌되는 방조행위가 성립되지 않는 것이다. 여기서 사회생활상의 의미성이란 형법규범이 보호하려는 법익과 의무에 대한 침해의 객관적 성향이 존재함을 의미한다고 볼 수 있다.

3. 이와 함께 정신적 방조행위가 방조범으로 처벌되는지를 판단하기 위해서는 정범의 범행결의를 강화시키거나 용이하게 한다는 '가능성'의 존재로는 부족하고, 방조자의 행위가 정범의 범행결의를 유지하고 강화하는 데 실질적으로 기여했는지 방조행위의 인과관계가 필수적으로 요구되는지 검토되어야 한다. 방조의 미수와 미수의 방조로부터 처벌되는 정신적 방조행위를 구별하기 위해서는 방조행위의 인과관계 검토가 요구되는 것이다.

대법원은 방조행위에 대하여 '형법상 방조행위는 정범의 실행행위를 용이하게 하는 직접, 간접의 모든 행위를 가리키는 것'이라고 하여 방조행위를 매우 포괄적으로 이해하고 있다. 따라서 방조자의 방조행위가 있을 경우 방조행위의 인과관계에 대하여 상세하게 검토하지 않게 되며, 방조행위가 존재하면 정범의 범죄실행결의나 실행행위에 영향을 미치는 것에 관계없이 방조범을 인정하게 된다(66도470 등). 다만 간첩죄와 관련하여 간첩의 심부름으로 안부편지나 사진을 전달한 행위는 간첩으로서의 임무수행과 관련이 없다고 하여 방조행위로 인정하지 않았고(66도470), 간첩인 줄 알면서 숙식을 제공한 경우에도 간첩의 활동을 용이하게 한 것이 아니라고 하여 방조범의 성립을 부정하였다(65도388 및 66도1661 등). 그러나 방조행위는 정범의 실행행위를 전제로 하여 정범의 범죄실행 결의나 실행행위에 객관적 관련성을 지녀야 하므로, 방조행위에 대해서도 인과관계 판단이 필요하다(필요설). 정범의 범행결의를 강화시키거나 용이하게 한다는 '가능성'이 존재한다는 이유만으로 종범을 인정하여서는 안되기 때문이다.

이러한 인과관계 판단의 기준 중, ① 불요설은 방조행위가 정범의 범죄실현을 촉진하는데 적합한지 여부만을 기준으로 하여 연관성 정도의 영향만을 요구하는 것은 방조범을 위험범으로 변질시킬 우려가 있으며, ② 객관적 귀속이

정범의 결과귀속을 위한 기준에 지나지 않으므로 종범의 방조행위가 정범의 범죄행위 또는 그 결과와 합법칙적 관련을 가질 경우 위험감소의 경우도 처벌된다는 결과야기설은 절도범에게 열쇠를 주었으나 문이 열려 있어 사용하지 않은 경우처럼 정범의 범죄실현에 유용하지 않으며 그의 범죄실행에 아무런 도움도 되지 않아 결과발생을 가능하게 했거나 용이 또는 강화시켰거나 성공을 확실하게 하는 행위의 방조행위로 볼 수 없어 방조범으로 처벌할 수 없는 경우를 해결할 수 없는 문제점이 있다. 따라서 '촉진'이라는 모호한 개념을 원용하지 않고 방조행위에 대한 가벌성의 무분별한 확대를 막기 위해서는 ③ 위험증대를 결과와 관련하여 인과적으로 파악하여, 방조행위의 인과관계는 정범의 구성요건적 결과발생에 대한 기회를 현실적으로 증대시켰을 경우에 인정된다고 볼 수 있을 것이다.

4. 대법원은 대상판결에서 "이미 스스로 입영기피를 결심하고 집을 나서는 위 공소외인에 대하여 이별을 안타까워하는 뜻에서 잘되겠지 몸조심하라 하고 악수를 나눈 동 피고인의 행위를 입영기피의 범죄의사를 강화시킨 방조행위에 해당한다고 볼 수도 없으니"라고 판시하였다. 안타까움의 표현에 지나지 않는 격려행위는 입영기피의 범죄의사를 강화시킨 방조행위에 해당하지 않는다고 본 것으로 해석할 수 있다.

   본 사건에서 쟁점이 된 피고인의 격려행위는 정신적(무형적) 방조행위의 방조행위성의 문제라고 할 수 있다. 방조행위성은 범죄실행에 유익한 정보를 제공함으로써 정범의 인식적 측면에 기여하거나, 정범의 범죄실행 결의를 더욱 강하게 조장하거나, 이미 이뤄진 결의에 대한 부담을 완화하여 의지적 측면에 기여하는 행위가 있어야 인정된다. 신체적 움직임에 의해 외부적으로 발현된 경우 행위로서 정범의 범죄실행에 대한 정보를 제공하거나, 정범의 범죄실행에 대해 정서적으로 격려 또는 안정을 가져오는 것으로 사회생활상 의미성이 인정되어야 하는 것이다. 그런데 입영기피자에게 "잘 되겠지, 몸조심 하라"고 말한 것만으로는 구체적인 도피장소와 도피방법 등의 정보를 제공한 것으로 볼 수도 없으며, 그의 범행결의를 강화 내지 확실히 하였다고 보기도 어려워, 단순한 감정의 표시를 넘어서는 사회생활상의 의미성이 인정되지 않아 방조행위성을 인정하기 어렵다. 본 판례는 방조행위로 인정하지 않은 결론은 타당하나, 방조행위성과 인과관계의 구분 및 방조행위성의 인정 여부에 대한 설시가 없다는 점은 보완되어야 할 부분이다.

5. 참고 판결(92도1148)에서 대법원은 유서를 대필한 행위로 인하여 결과적으로 유서내용에 의하여 암시하는 방법으로 분신자살의 실행을 용이하게 도와준 것

으로서 자살방조행위에 해당됨을 인정하였다. '정신적 방법으로 자살하려는 사람에게 자살의 동인과 명분을 주어 자살을 용이하게 실행'하도록 하였다는 것이다. 그러나 자살방조죄는 정범종속적 방조행위가 아니라 형법각칙상의 독립된 구성요건이므로, 방조행위의 인과관계 논의영역에서 탈락된다. 만일 자살방조가 정범종속적 방조행위에 속한다면 유서의 대필행위는 피고인의 신체적 움직임으로 외계의 변화를 일으킨 유형적 방조행위로 볼 수 있으며, 이 경우 유형적 방조행위인 유서 대필행위에 대한 인과관계 판단이 선행되어야 하며, 여기에 인과관계가 인정되지 않을 경우 무형적 방조행위로서의 인과관계에 대한 판단이 이루어져야 한다. 그러나 본 판례는 정범종속적 방조행위와 정범으로서의 방조행위에 착오를 일으킴으로써 방조행위의 인과관계 검토 과정의 첫 단계부터 오류를 범하였다는 비판을 면키 어렵다.

15. 간접정범

도입판례 1

■ **대법원** 1970. 9. 22. **선고** 70도1638 **판결** 【중상해,군무이탈】

【판시사항】

피고인이 피해자를 협박하여 그로 하여금 자상케 한 경우에 피고인에게 상해의 결과에 대한 인식이 있고 또 그 협박의 정도가 피해자의 의사결정의 자유를 상실케 함에 족한 것인 이상 피고인에게 대하여 상해죄를 구성한다.

【판결요지】

피고인이 피해자를 협박하여 그로 하여금 자상케 한 경우에 피고인에게 상해의 결과에 대한 인식이 있고 또 그 협박의 정도가 피해자의 의사결정의 자유를 상실케 함에 족한 것인 이상 피고인에 대하여 상해죄를 구성한다.

【참조조문】

형법 제257조

【전　문】

【피고인, 상고인】 피고인

【원심판결】 육군고등 1970. 6. 23. 선고 70노437 판결

【주　문】

상고를 기각한다.

상고후의 미결구금일수중 60일을 본형에 산입한다.

【이　유】

변호인의 상고이유에 대하여,

1심 및 2심 판결에 의하여 확정된 사실에 의하면 피고인은 동거한 사실이 있는

피해자인 공소외인 여인에게 피고인을 탈영병이라고 헌병대에 신고한 이유와 다른 남자와 정을 통한 사실들을 추궁한 바, 이를 부인하자 하숙집 뒷산으로 데리고 가 계속 부정을 추궁하면서 상대 남자를 말하자 대답을 하지 못하고 당황하던 동 여인에게 소지중인 면도칼 1개를 주면서 “네가 네 코를 자르지 않을 때는 돌로서 죽인다”는 등 위협을 가해 자신의 생명에 위험을 느낀 동 여인은 자신의 생명을 보존하기 위하여 위 면도칼로 콧등을 길이 2.5센치, 깊이 0.56센치 절단하므로서 동 여인에게 전치 3개월을 요하는 상처를 입혀 안면부 불구가 되게 하였다는 것으로서 이와 같이 피고인에게 피해자 여인의 상해결과에 대한 인식이 있고 또 그 여인에게 대한 협박정도가 그의 의사결정의 자유를 상실케 함에 족한 것인 이상, 피고인에게 중상해 사실을 인정하고 피해자 여인의 자상행위로 인정하지 아니한 원판결 판단에 소론 위법이 있다는 논지는 이유없다.

따라서 군법회의법 제437조, 형법 제57조에 의하여 관여법관의 일치된 의견으로 주문과 같이 판결한다.

대법원판사 양회경(재판장) 홍순엽 이영섭 주재황 민문기

쟁 점

- 간접정범의 피이용자
- 자상행위의 교사

연 구

1. 간접정범을 통해 정범의 범위를 확대하여야 하는 필요성은 무엇인가?

2. 간접정범의 성립요건은 무엇인가?

3. 간접정범의 피이용자는 어느 범위에서 인정될 수 있는가?

4. 상고이유에서 피고인의 주장은 무엇인가?

5. 피고인의 형사책임은 무엇인가?

참고자료

■ 관련 판례

간접정범의 본질(대판 1983.6.14, 83도515 전원합의체 다수의견)

형법 제34조 제1항이 정하는 소위 간접정범은 어느 행위로 인하여 처벌되지 아니하는 자 또는 과실범으로 처벌되는 자를 교사 또는 방조하여 범죄행위의 결과를 발생케 하는 것으로 이 어느 행위로 인하여 처벌되지 아니하는 자는 시비를 판별할 능력이 없거나 강제에 의하여 의사의 자유를 억압당하고 있는 자, 구성요건적 범의가 없는 자와 목적범이거나 신분범일 때 그 목적이나 신분이 없는 자, 형법상 정당방위, 정당행위, 긴급피난 또는 자구행위로 인정되어 위법성이 없는 자 등을 말하는 것으로 이와 같은 책임무능력자, 범죄사실의 인식이 없는 자, 의사의 자유를 억압당하고 있는 자, 목적범, 신분범인 경우 그 목적 또는 신분이 없는 자 위법성이 조각되는 자 등을 마치 도구나 손발과 같이 이용하여 간접으로 죄의 구성요소를 실행한 자를 간접정범으로 처벌하는 것이므로 형법 제104조의 2 제2항의 외국인이나 외국단체 등은 도시 이 죄의 주체도 아니어서 범죄의 대상이나 수단 또는 도구나 손발 자체는 될 수 있을지언정 이를 간접정범에서의 도구나 손발처럼 이용하는 것은 원천적으로 불가능하다 하겠으므로 이 외국인이나 외국단체는 위 전단의 그 어떤 경우에도 해당하지 아니함이 명백하여 이 규정을 들어 간접정범을 정한 취지라고 해석할 학리적 이유가 없다.

■ 참고문헌

권오걸, "형법 제34조의 해석론의 관점에서 본 간접정범의 정범성과 성립범위", 형사법연구 제19호, 2003.

학습과제

간접정범이 판례상 인정된 사안들을 정리해 보시오.

솔루션

1. 간접정범은 정범에서 요구되는 실행행위를 직접 실행하지 않고, 중간 매개체인 피이용자를 통해 자신의 목적을 달성한다는 점에 본질이 있다. 여기서 간접정범의 처벌이 교사 또는 방조의 예에 의하므로 공범으로 보아야 한다거나, 공범의 특수형태로서 준도구성을 가진 공범형 간접정범으로 우월적 의사지배가 불필요하다는 견해 등이 주장되고 있다. 그러나 간접정범은 처벌되지 않거나 과실범으로 처벌되는 자를 도구로서 적극 이용한다는 점에서 범죄 수행의 전체과정을 장악하여 지배하는 자로서 정범임을 부정할 수 없다. 실행행위에 나아가지 않는데서 오는 처벌의 공백을 막고, 우월적 의사라는 행위지배의 정범표지가 인정된다는 관점에서 정범임을 인정하여야 하는 것이다.

2. 간접정범은 이용자, 피이용자가 존재하여야 하며, 피이용자는 어느 행위로 처벌되지 않거나 과실범으로 처벌되어야 하며, 이러한 피이용자를 이용자가 우월적 의사를 통해 지배하여 이용함으로써 범죄행위의 결과를 발생시켜야 성립한다.

3. 간접정범의 전제조건으로서 피이용자는 어느 행위로 처벌되지 않거나, 과실범으로 처벌받는 자여야 한다. 먼저 어느 행위로 처벌받지 않는 자는 범죄성립요건이 결여되어 처벌받지 않는 자이며, 범죄성립요건은 충족되고 처벌조건이 충족되지 않는 경우는 우월적 의사지배를 인정할 수 없으므로 제외된다. 다음으로 과실범으로 처벌받는 자는 행위자의 행위가 과실행위로서 범죄를 성립시키는 경우이다.

   이러한 일반적인 기준에서 과연 구체적으로 어느 범위까지 피이용자가 인정될 수 있는지가 피이용자 요건의 핵심이다. 피이용자 요건은 첫번째로 피이용자의 행위가 구성요건요소를 충족시키지 못하는 경우가 있다. 여기에는 피이용자의 행위가 자상, 자살처럼 객관적 구성요건요소에 해당하지 않는 경우, 피이용자의 고의가 조각되는 경우, 목적 없는 고의 있는 도구(판례), 신분 없는 고의 있는 도구(판례) 등이 있으며, 다음으로 피이용자의 행위가 정당방위 등으로 위법성이 조각되는 경우가 있으며, 마지막으로 피이용자가 미성년자인 경우와 같이 책임이 조각되는 경우가 있다(미성년자의 경우 이용자의 우월적 의사지배가 인정될 수 있는 상황이어야 하며, 그렇지 못할 경우 교사범이나 방조범을 인정하는 것이 타당하다). 두 번째로 피이용자가 과실범으로 처벌되는 경우로, 이 경우에는 우월적 의사지배가 쉽게 인정되므로 적극적 요소로서 별 의미가 없다.

   대법원은 국가모독죄에 대한 간접정범 인정여부와 관련한 참고판례 83도515

판결에서 간접정범의 피이용자에 대해 명시적으로 판단하였다. 여기서 대법원은 대상판결처럼 구성요건을 충족시키지 못하는 경우를 포함하여, "시비를 판별할 능력이 없거나 강제에 의하여 의사의 자유를 억압당하고 있는 자, 구성요건적 범의가 없는 자와 목적범이거나 신분범일 때 그 목적이나 신분이 없는 자, 형법상 정당방위, 정당행위, 긴급피난 또는 자구행위로 인정되어 위법성이 없는 자 등을 말하는 것으로 이와 같은 책임무능력자, 범죄사실의 인식이 없는 자, 의사의 자유를 억압당하고 있는 자, 목적범, 신분범인 경우 그 목적 또는 신분이 없는 자 위법성이 조각되는 자 등"이라고 하여, 구성요건해당성, 위법성이 없는 경우는 물론, 책임조각사유가 있는 경우에도 간접정범을 인정하였다. 이러한 견해는 공범 종속성에 대한 제한적 종속형식을 취하고 있는 통설과 달리 극단적 종속형식을 취한 것으로 판단된다. 제한적 종속형식에 의하면 피이용자의 책임이 조각되는 경우 간접정범의 성립가능성과 함께 공범의 성립가능성도 여전히 존재하기 때문이다(이 경우 정범우위의 원칙에 따라 간접정범 여부를 먼저 판단한다).

4. 피고인의 상고이유는 피해자의 안면부 콧등의 절단은 피해자 스스로 한 자상이므로 자신은 무죄라는 것이다. 이처럼 상해에 대해 책임을 부담하지 않은 경우, 강요죄만 성립할 것이다. 그러나 피해자 스스로 불구에 이르는 상해를 가한 것은 본인의 의사에 의한 것이 아니라, 피고인의 우월적 의사에 의한 것이므로 중상해의 간접정범을 인정하는 것이 타당하다고 하겠다. 다만 대법원은 대상판결에서 '협박정도가 그의 의사결정의 자유를 상실케 함에 족한 것인 이상 피고인에게 중상해 사실을 인정하고'라는 판단을 하고 있는데, 이는 이후 83도515 판결처럼 책임조각사유로서 강요된 행위의 경우에도 간접정범을 인정한다는 취지에서 판단한 것인지는 명확하지 않다.

도입판례 2

■ **대법원** 2008. 9. 11. **선고** 2007도7204 **판결** 【특정범죄가중처벌등에관한법률위반(알선수재)·정치자금법위반】

【판시사항】

[1] 공무원이 담당·처리하는 사무에 관한 청탁 또는 알선과 관련하여 정치자금을 기부받은 경우, 위 청탁·알선행위가 정치자금을 받은 자의 직무 범위에 속하거나 정치자금법에 따라 기부행위가 이루어졌다는 사정 등으로 정치자금법 제32조 제3호 위반죄의 죄책을 면하는지 여부(소극)

[2] 국회의원이 사실상 지배·장악하거나 지정한 후원회에 기부된 후원금을 국회의원 본인이 기부받은 것으로 볼 수 있는지 여부(적극)

[3] 간접정범이 성립하기 위하여 타인의 의사를 부당하게 억압할 것을 요하는지 여부(소극)

[4] 정유회사 경영자의 청탁으로 국회의원이 위 경영자와 지역구 지방자치단체장 사이에 정유공장의 지역구 유치와 관련한 간담회를 주선하고 위 경영자는 정유회사 소속 직원들로 하여금 위 국회의원이 사실상 지배·장악하고 있던 후원회에 후원금을 기부하게 한 사안에서, 국회의원에게는 정치자금법 제32조 제3호 위반죄가, 경영자에게는 정치자금법 위반죄의 간접정범이 성립한다고 한 사례

【판결요지】

[1] 공무원이 담당·처리하는 사무에 관하여 청탁 또는 알선하는 일과 관련하여서는 정치자금을 기부하거나 기부받을 수 없으므로 그와 관련하여 정치자금을 기부하거나 기부받은 이상 정치자금법 제32조 제3호 위반죄가 성립하고, 그 청탁 또는 알선행위가 당해 정치자금을 받은 자의 직무활동 범위에 속한다거나 나아가 그 청탁 또는 알선의 내용이 위법 또는 부당한 것이 아니라는 사정 또는 그에 관한 정치자금 기부행위가 정치자금법이 정한 절차와 한도 범위 내에서 이루어졌다는 사정만으로 그 죄책을 면할 수 없다.

[2] 국회의원의 후원회가 정치자금법이 정한 단체의 실질을 갖추지 못한 경우이

거나 단체의 실질은 갖추었더라도 국회의원이 직접 또는 보조자를 통하여 후원회의 후원금 입·출금을 포함한 후원회의 회계를 사실상 지배·장악하여 관리하고 있는 경우에는, 비록 형식적으로는 후원금이 후원회에 기부되었다고 하더라도, 이는 국회의원이 직접 후원금을 기부받은 것과 마찬가지라고 보아야 한다. 또한, 국회의원이 지정한 후원회는 정치자금을 모아 국회의원에게 전달하는 데 그 존립 목적이 있어 정치자금의 최종 귀속자 내지 독립된 제3자라기보다는 국회의원에 대한 정치자금을 관리하고 전달하는 역할을 하는 것에 불과하므로, 후원회가 위 법이 정한 단체의 실질을 갖추었을 뿐 아니라 독자적인 회계처리 등 정상적인 활동을 하고 있는 경우에도, 원래 기부자의 후원회에 대한 후원금 기부사실을 알지 못하였다는 등의 특별한 사정이 없는 한, 국회의원이 후원회로부터 기부받은 후원금액은 원래의 기부자로부터 직접 기부받은 것과 동일하게 보아야 한다.

[3] 처벌되지 아니하는 타인의 행위를 적극적으로 유발하고 이를 이용하여 자신의 범죄를 실현한 자는 형법 제34조 제1항이 정하는 간접정범의 죄책을 지게 되고, 그 과정에서 타인의 의사를 부당하게 억압하여야만 간접정범에 해당하는 것은 아니다.

[4] 정유회사 경영자의 청탁으로 국회의원이 위 경영자와 지역구 지방자치단체장 사이에 정유공장의 지역구 유치와 관련한 간담회를 주선하고 위 경영자는 정유회사 소속 직원들로 하여금 위 국회의원이 사실상 지배·장악하고 있던 후원회에 후원금을 기부하게 한 사안에서, 국회의원에게는 정치자금법 제32조 제3호 위반죄가, 경영자에게는 정치자금법 위반죄의 간접정범이 성립한다고 한 사례.

【참조조문】

[1] 정치자금법 제32조 제3호, 제45조 제2항 제5호 / [2] 정치자금법 제32조 제3호, 제45조 제2항 제5호 / [3] 형법 제34조 제1항 / [4] 정치자금법 제32조 제3호, 제45조 제2항 제5호, 형법 제34조 제1항

【전 문】

【피 고 인】 피고인 1외 1인

【상 고 인】 검사

【변 호 인】 변호사 황진호외 7인

【원심판결】 대전고법 2007. 8. 22. 선고 2007노129 판결

【주 문】

원심판결을 파기하고, 사건을 대전고등법원에 환송한다.

【이 유】

상고이유를 본다.

1. 정치자금법 위반 부분에 관하여

가. 정치자금법(2006. 3. 2. 법률 제7851호로 개정되기 전의 것을 말하고, 현행 정치자금법에서도 전체적인 취지 및 조문체계는 그대로 유지되고 있으므로, 아래에서는 '정치자금법'이라고만 한다)은 제1장부터 제5장까지 같은 법이 허용하는 정치자금의 종류를 당비, 후원회에 대한 후원금, 기탁금, 국고보조금 등으로 나누어 명시하고 각 정치자금 종류별로 기부 한도와 절차 등에 관하여 상세하게 규정한 다음, 제6장에서 일정한 경우에는 위와 같은 정치자금의 기부가 제한됨을 명시하여, 외국인과 국내·외의 법인 또는 단체의 정치자금 기부는 물론, 국내·외의 법인 또는 단체와 관련된 자금으로 하는 정치자금 기부를 금지하고(제31조), 공직선거에 있어서 특정인을 후보자로 추천하는 일, 지방의회 의장·부의장 등을 선출하는 일, 공무원이 담당·처리하는 사무에 관하여 청탁 또는 알선하는 일, 국가·공공단체 또는 특별법의 규정에 의하여 설립된 법인과의 계약 등 특정행위와 관련한 정치자금 기부를 금지하고 있으며(제32조), 고용관계 등을 이용하여 부당하게 타인의 의사를 억압하는 방법으로 정치자금 기부를 알선하는 행위를 금지하고 있다(제33조).

정치자금법은 정치자금의 적정한 제공을 보장하고 그 수입과 지출내역을 공개하여 투명성을 확보하는 동시에 정치자금과 관련한 부정을 방지함으로써 민주정

치의 건전한 발전에 기여하는 데 그 입법 목적이 있는바, 이러한 입법 목적과 아울러 위에서 본 바와 같은 정치자금법 규정의 내용 및 체계를 종합하면, 정치자금법 제6장의 기부제한에 관한 규정은 그 제1장부터 제5장에서 허용하고 있는 절차와 한도에 따른 정치자금의 기부행위라 하더라도 일정한 경우에는 특별히 이를 허용하지 않는다는 취지이고, 특히 같은 법 제32조는 비록 정치자금의 수수가 위 법이 정한 절차와 한도에 따른 것이라 하더라도 그것이 위 법조항이 정하는 특정행위와 관련하여 이루어지는 경우에는 공직선거, 공무원이 담당·처리하는 사무, 공법인 등의 공정성과 중립성이 훼손되거나 정경유착으로 인한 부정부패를 야기할 위험이 있다고 보아 이를 미연에 방지하기 위하여 그러한 정치자금의 수수를 금지한 것으로 보아야 할 것이다.

따라서 공무원이 담당·처리하는 사무에 관하여 청탁 또는 알선하는 일과 관련하여서는 정치자금을 기부하거나 기부받을 수 없으므로 그와 관련하여 정치자금을 기부하거나 기부받은 이상 정치자금법 제32조 제3호 위반죄가 성립하고, 그 청탁 또는 알선행위가 당해 정치자금을 받은 자의 직무활동 범위에 속한다거나 나아가 그 청탁 또는 알선의 내용이 위법 또는 부당한 것이 아니라는 사정 또는 그에 관한 정치자금 기부행위가 정치자금법이 정한 절차와 한도 범위 내에서 이루어졌다는 사정만으로 그 죄책을 면할 수 없다.

나. 정치자금법은, 국회의원으로 하여금 국회의원에 대한 정치자금 기부를 목적으로 설립·운용되는 단체인 후원회를 지정하도록 하고, 후원회는 회원과 사무소를 기초로 활동한 결과로 모금한 후원금에서 모금에 직접 소요된 경비를 공제한 후 지체없이 국회의원에게 기부하도록 하는 한편, 후원회를 통하지 않고 국회의원이 직접 정치자금을 기부받는 행위를 엄격히 금지하여 이를 형사처벌의 대상으로 삼고 있다.

정치자금법의 입법 목적 및 그 규정내용 등을 종합하면, 국회의원의 후원회가 위 법이 정한 단체로서의 실질을 갖추지 못한 경우이거나 단체로서의 실질은 갖추었더라도 국회의원이 직접 또는 보조자를 통하여 후원회의 후원금 입·출금을 포함한 후원회의 회계를 사실상 지배·장악하여 관리하고 있는 경우에는, 비록 형식적으로는 후원금이 후원회에 기부되었다고 하더라도, 이는 국회의원이 직접 후원금을 기부받은 것과 마찬가지라고 보아야 할 것이다. 또한, 국회의원이 지정한 후원회는 정치자금을 모아 국회의원에게 전달하는 데에 그 존립 목적이 있어 정치자금의 최종 귀속자 내지 독립된 제3자라기보다는 국회의원에 대한 정치자금을 관리하고 전달하는 역할을 하는 것에 불과하므로, 후원회가 위 법이 정한 단체로서의 실질을 갖추었을 뿐 아니라 독자적인 회계처리 등 정상적인 활동을 하고 있는 경우에도, 국회의원이 후원회로부터 기부받은 후원금액은 원래 기부자의 후원회에 대한 후원금 기부사실을 알지 못하였다는 등의 특별한 사정이 없는 한 원래의 기부자로부터 직접 기부받은 것과 동일하게 보아야 한다.

다. 한편, 형법 제34조 제1항은 "어느 행위로 인하여 처벌되지 아니하는 자 또는 과실범으로 처벌되는 자를 교사 또는 방조하여 범죄행위의 결과를 발생하게 한 자는 교사 또는 방조의 예에 의하여 처벌한다."고 규정하고 있으므로, 처벌되지 아니하는 타인의 행위를 적극적으로 유발하고 이를 이용하여 자신의 범죄를 실현한 자는 위 법조항이 정하는 간접정범으로서의 죄책을 지게 되고, 그 과정에서 타인의 의사를 부당하게 억압하여야만 간접정범에 해당하게 되는 것은 아니다.

라. 원심 및 제1심의 적법한 증거조사를 거친 증거들에 의하면, 에쓰오일주식회사의 대표이사 겸 회장인 피고인 2가 위 회사의 제2공장을 서산시에 신설하는 것과 관련하여 그곳 지역구 국회의원인 피고인 1의 주선으로 서산시장 등과의 간담회를 가지고 피고인 1에게 도시계획변경 및 일반지방산업단지지정에 관하여도 서산시장의 협조를 구해 달라고 부탁한 사실, 이와 관련하여 피고인 2는 피고인 1에게 후원금을 제공하기로 마음먹고, 위 회사의 경영진과 조직을 통하여 전국에 산재한 위 회사 지점 및 영업소 직원들에게 피고인 1을 소개하면서 그에 대한 후원금 기부를 권고하고 후원한 직원들의 명단까지 파악하는 등 후원금 기부를 적극적으로 유도하여, 이전에는 피고인 1에 대한 후원금 기부를 생각조차 하지 않던 전국 각지의 위 회사 직원들 중 무려 542명으로 하여금 불과 14일 동안 10만 원씩 모두 5,420만 원의 후원금을 피고인 1의 후원회에 집중적으로 기부하도록 함으로써 피고인 2 및 위 회사 임원 등의 후원금을 합하여 합계 5,560

만 원을 기부한 사실, 피고인 1의 후원회는 형식적으로는 위 피고인과 별도로 구성되어 있기는 하나, 그 활동이 미미하고, 후원금 관리계좌가 위 피고인 명의로 개설되어 있으며, 그 통장 및 도장을 위 피고인의 변호사사무실 여직원 겸 국회의원 정치자금 회계책임자가 위 피고인의 국회의원 정치자금 통장 및 도장과 함께 보관하면서 위 피고인의 국회의원 보좌관 겸 후원회 회계책임자의 구체적 지시·감독 아래 이를 관리하여 왔고, 위 피고인은 그 보좌관 겸 후원회 회계책임자로부터 위 통장의 입·출금 내역 등 관리 상황을 수시로 보고받아 왔으며, 이 사건 후원금 입금에 관하여도 위와 같은 방법으로 보고받고 그 직후 피고인 2에게 직접 감사하다는 취지의 인사말까지 한 사실을 알 수 있다.

위와 같은 사실을 앞서 본 법리에 비추어 살펴보면, 비록 형식적으로는 위 후원금이 후원회에 기부된 것이라고 하더라도 실질적으로는 후원회의 회계를 사실상 지배·장악하고 있던 피고인 1 본인이 바로 후원금을 기부받은 것으로 볼 수 있어 정치자금법 제32조 제3호가 금지하는 공무원이 담당·처리하는 사무에 관하여 청탁 또는 알선하는 일과 관련하여 정치자금을 수수한 것이라 할 것이고, 피고인 2는 자세한 내막을 알지 못하여 정치자금법 위반죄를 구성하지 않는 직원들의 기부행위를 유발하고 이를 이용하여 자신의 범죄를 실현한 것이어서 간접정범으로서의 죄책을 면할 수 없다 할 것이다.

마. 그럼에도 원심은, 피고인 1의 간담회 주선과 서산시장에의 의견제시는 국회의원 본래의 직무범위에 속하여 피고인 2가 피고인 1에게 위와 같은 행위를 부탁하고 그와 관련한 정치자금을 기부하였다고 하더라도 피고인들의 행위가 공무원이 담당·처리하는 사무에 관한 청탁 또는 알선과 관련한 기부행위에 해당한다고 볼 수 없고, 피고인 1이 적극적으로 정치자금의 기부를 요구하거나 피고인들 사이에 그에 관한 사전의 의사연락이 있었다고 볼 만한 증거가 없는 이상 단지 후원회의 인적 구성이나 운영실태가 제1심 판시와 같다는 사정만으로는 피고인 1이 형식상 후원회를 통하여 정치자금을 받았다고 하기 어려우며, 피고인 2가 그 직원들의 의사를 부당하게 억압하는 방법으로 기부를 알선하였다고 볼 증거가 없어 피고인 2에게 간접정범의 죄책을 물을 수도 없다는 이유로, 이 부분

공소사실을 무죄로 판단하고 말았으니, 이러한 원심의 판단에는 정치자금법의 관련 규정 및 간접정법에 관한 법리를 오해하고 채증법칙을 위반하여 사실을 잘못 인정한 위법이 있고, 이는 판결 결과에 영향을 미쳤음이 분명하다. 상고이유 중 이 점을 지적하는 부분은 이유 있다.

다만, 원심판결 중 제1심이 그 이유에서 인정할 증거가 없다고 보아 무죄로 판단한 부분을 유지한 결론은 기록에 비추어 수긍할 수 있어, 이 부분에는 상고이유에서 주장하는 바와 같은 판결 결과에 영향을 미친 위법이 있다고 할 수 없다.

2. 특정범죄가중처벌 등에 관한 법률 위반(알선수재) 부분에 관하여

특정범죄가중처벌 등에 관한 법률 제3조는 “공무원의 직무에 속한 사항의 알선에 관하여 금품이나 이익을 수수·요구 또는 약속한 자는 5년 이하의 징역 또는 1,000만 원 이하의 벌금에 처한다.”고 규정하고 있는바, 국회의원이 공무원의 직무에 속한 사항의 알선에 관한 금품을 수수하면서 후원회를 통하는 방식을 취하였을 때, 국회의원의 후원회가 정치자금법이 정한 단체로서의 실질을 갖추지 못한 경우이거나 단체로서의 실질은 갖추었더라도 국회의원이 직접 또는 보조자를 통하여 후원회의 후원금 입·출금을 포함한 후원회의 회계를 사실상 지배·장악하여 관리하고 있는 경우라면 비록 형식적으로는 후원회 명의로 후원금을 기부받았다고 하더라도 실질적으로는 국회의원이 바로 후원금을 수수한 것과 같이 보아야 할 것임은 앞에서 본 바와 같다.

앞서 본 사실을 위와 같은 법리에 비추어 살펴보면, 피고인 1은 그 보좌관 겸 후원회 회계책임자 등을 통하여 후원회의 회계를 사실상 지배·장악하여 관리하고 있었다고 할 것이므로, 비록 피고인 1이 형식적으로는 후원회를 통하여 이 사건 금원을 기부받았다고 하더라도 실질적으로는 피고인 1 본인이 바로 이 사건 금원을 수수한 것과 같이 보아야 할 것이다.

이와 달리 원심은 이 사건 금원이 후원회에 입금된 이상 피고인 1이 이를 피고인 2로부터 수수하였다고 볼 수 없다는 이유로 이 부분 공소사실을 무죄로 판단

하였는바, 이러한 원심의 판단에는 판결 결과에 영향을 미친 특정범죄가중처벌 등에 관한 법률 위반(알선수재)죄에 있어서의 금품수수에 관한 법리오해의 위법이 있고, 상고이유 중 이 점을 지적하는 부분은 이유 있다. 원심이 인용한 대법원 판결은 구성요건 및 사안을 달리하는 이 사건에 원용되기에 적절한 것이 아니다.

3. 결 론

그러므로 검사의 나머지 상고이유에 대한 판단을 생략한 채 원심판결을 파기하고, 사건을 다시 심리·판단하게 하기 위하여 원심법원에 환송하기로 하여 관여 대법관의 일치된 의견으로 주문과 같이 판결한다.

대법관 고현철(재판장) 김지형 전수안(주심) 차한성

쟁 점

- 이용행위
- 우월적 의사지배

연 구

1. 형법 제34조 제 1항의 '교사 또는 방조'의 의미는 무엇인가?

2. 간접정범의 이용행위를 폭넓게 인정할 경우, 그 실익은 무엇인가?

3. 제34조 제 1항의 '교사 또는 방조'의 의미와 간접정범의 우월적 의사지배 사이에 어떠한 관계가 있는가?

4. 이용자는 피이용자의 의사를 억압하여야만 의사지배가 인정되고 간접정범이 성립하는가?

5. 간접정범의 실행의 착수시기는 언제인가?

6. 회사 경영자라고 하여 피고인이 소속 직원들에 대한 우월적 의사지배를 인정하는 것이 타당한가?

참고자료

■ 관련 판례

1. 허위공문서작성죄의 간접정범(대판 1996.10.11, 95도1706)

경찰서 보안과장인 피고인이 갑의 음주운전을 눈감아주기 위하여 그에 대한 음주운전자 적발보고서를 찢어버리고, 부하로 하여금 일련번호가 동일한 가짜 음주운전 적발보고서에 을에 대한 음주운전 사실을 기재케 하여 그 정을 모르는 담당 경찰관으로 하여금 주취운전자 음주측정처리부에 을에 대한 음주운전 사실을 기재하도록 한 이상, 을이 음주운전으로 인하여 처벌을 받았는지 여부와는 관계없이 허위공문서작성 및 동 행사죄의 간접정범으로서의 죄책을 면할 수 없다.

2. 절도죄의 간접정범(대판 2006.9.28, 2006도2963)

피고인이 축산업협동 공소외 1 조합이 점유하는 타인 소유의 창고의 패널을 점유자인 공소외 1 조합으로부터 명시적인 허락을 받지 않은 채 소유자인 위 타인으로 하여금 취거하게 한 경우 소유자를 도구로 이용한 절도죄의 간접정범이 성립될 수 있지만, 여러 사정에 비추어 피고인에게 공소외 1 조합의 의사에 반하여 위 창고의 패널을 뜯어간다는 범의가 있었다고 단정하기는 어렵다.

■ 참고문헌

김종구, “間接正犯에 있어서 錯誤에 관한 考察”, 법학논총 제16권 제2호, 조선대학교 법학연구원, 2009.

______, “間接正犯의 本質에서 본 正犯 背後의 正犯”, 법학논총 제17권 제2호, 조선대학교 법학연구원, 2010.

김태명, “간접정범 규정의 해석과 허위공문서작성죄의 간접정범”, 형사법연구 제22권, 한국형사법학회, 2004.

이창섭, “형법상 간접정범의 본질에 관한 새로운 관점의 제안”, 형사법연구 제25호, 한국형사법학회, 2006.

학습과제

1. 정범배후의 정범이론의 개념을 정리해 보시오.

2. 간접정범에 대한 착오의 유형과 해결방안을 정리해 보시오.

솔루션

1. 형법은 제34조에서 간접정범이라는 표제로 제1항에서 "어느 행위로 인하여 처벌되지 아니하는 자 또는 과실범으로 처벌되는 자를 교사 또는 방조하여 범죄행위의 결과를 발생하게 한 자는 교사 또는 방조의 예에 의하여 처벌한다"고 하면서 간접정범의 행위를 '교사 또는 방조'로 규정하고 그 처벌을 '교사 또는 방조의 예'에 의한다고 규정하고 있다. 여기서 이용행위인 '교사 또는 방조'와 처벌인 '교사 또는 방조의 예'사이에서 개념정리가 필요하다. 즉 '간접정범의 이용행위=교사 또는 방조'인지 의미가 밝혀져야 하는 것이다. 여기서 대부분의 견해는 간접정범에서의 '교사 또는 방조'는 교사범, 방조범과 달리, '널리 상대방을 이용한다' 또는 '사주한다'는 의미로, 교사·방조를 포함하여 사주, 사역, 위계, 충동 등의 경우에도 모두 이용행위가 된다고 한다. 간접정범에서 이용행위는 간접정범의 본질에서 우월적 의사지배를 인정할 수 있는 근거를 제공해 준다. 즉 주관적으로 이용 내지 사주의사가 존재하여 우월적인 의사지배를 하려는 의사가 있어야 하며, 객관적으로 피이용자의 의사가 지배당하는 상황이 있어야 하는 것이다. 그렇다면 이용행위는 교사범 또는 방조범에서의 교사·방조보다는 광의의 개념으로 우월적 의사를 인정할 수 있는 상황이면 모두 이용행위가 될 수 있다고 보는 것이 타당하다. 형법 제 31조 제1항 및 제32조 제1항의 교사 또는 방조에서 교사자 또는 방조자는 피교사자·방조자라는 정범에 종속되어 있으므로 스스로 범죄의 결과발생을 위한 사태를 장악하여 정범의 지위에 있는 간접정범의 행위로서 '교사 또는 방조'는 '이용 또는 사주'의 의미로 해석할 수 있는 것이다.

2. 이처럼 간접정범의 이용행위를 교사범 또는 방조범의 교사·방조로 한정하지 않고 넓게 인정할 경우, 공범의 종속성에서 제한적 종속형식을 취할 경우 간접정범에서 인정되는 피이용자의 범위가 구성요건해당성 또는 위법성을 충족시키지 못하는 경우로 제한됨으로써 나타나는 정범 처벌의 공백 문제를 완화시켜 주는 효과를 기대할 수 있다. 더욱이 간접정범의 이용행위를 교사·방조에 국한하지 않는 것은 공범의 종속형식에 따라 간접정범과 공범의 성립영역을 도식적으로 구분할 수 있다는 입장과 달리, 간접정범의 정범으로서의 독자성과 우위성을 인정할 수 있는 근거가 될 수 있다.

3. 정범의 본질적 표지가 행위지배라는 입장에 따르면 간접정범의 본질은 피이용자에 대한 이용자의 조종의사의 지배를 '우월적 의사지배'로서 본질적 표지로 인정하게 된다. 피이용자는 이용자의 수중에서 부자유한 도구가 되고, 이용자

는 피이용자에 대해 이처럼 객관적으로 우월한 지위에서 피이용자의 행위까지 범죄실현을 위한 자신의 계획적 조종의사를 통해 지배하여야 하는 것이다. 여기서 이용자는 피이용자의 도구성을 인식하고, 객관적으로 우월한 지위에서 이를 이용하려고 하여야 간접정범이 성립할 수 있다. 여기서 피이용자를 이용하는 과정에서 '타인의 의사를 부당하게 억압하여야만' 간접정범이 인정될 수 있느냐는 의문이 제기될 수 있는데, 간접정범의 의사지배는 자신의 범죄실현을 위한 계획적 조종의사를 피이용자에까지 지배한다는 것이지, 피용자의 의사를 억압하는 것은 아니라는 점에서 대상판결에서 의사의 억압을 요하지 않는다고 판시한 점은 타당하다고 하겠다. 만일 의사를 억압할 경우에는 간접정범이 아니라 강요된 행위를 인정할 수 있는 여지가 생긴다고 하겠다.

4. 간접정범의 경우에도 미수가 인정될 수 있다. 다만 그 실행의 착수시기에 대해서는 견해가 대립되고 있다. 먼저 피이용자의 행위에 초점을 맞추어 피이용자의 행위가 실행의 착수에 이르렀을 때 간접정범의 실행의 착수가 인정된다는 견해, 다음으로 간접정범에서 피이용자의 행위는 이용자의 이용행위의 결과에 불과하므로 이용자가 피이용자를 도구로 이용하기 시작할 때 실행의 착수가 인정된다는 견해, 그리고 피이용자의 선의·악의를 구분하여 선의의 도구일 경우에는 이용행위를 통해 도구에 영향을 주기 시작한 때, 악의의 도구일 때에는 피이용자가 실행에 착수한 때 간접정범의 실행의 착수가 인정된다는 견해, 또한 보호법익에 대한 위험야기행위가 어느 때에 직접적 위험야기의 단계에 이르는가를 고려하여 개별 구성요건별로 간접정범의 실행의 착수시기를 판단하자는 견해가 있다. 간접정범도 결국에는 피이용자의 실행행위를 통해 인정될 수밖에 없으므로, 피이용자의 실행행위와 결합되었을 때 이용행위가 의미가 있다는 점을 고려한다면 피이용자의 구성요건적 정형성을 갖춘 행위가 개시되었을 때 실행의 착수가 인정된다고 할 것이다. 따라서 대상판결의 경우 피고인 2가 회사 직원들의 정치 후원금 기부를 권고·유도하여 직원들이 10만원씩 기부하기 시작한 시점에 실행의 착수가 인정된다고 하겠다.

5. 대상판결에서 정치자금을 직원들로 하여금 기부토록 한 피고인 2를 간접정범으로 인정한 것은, 정유회사의 대표이사 겸 회장인 피고인이 회사의 제2공장을 서산시에 신설하는 것과 관련하여 지역구 국회의원인 피고인 1의 주선(알선)으로 서산시장 등과의 간담회를 가지고 도시계획변경 및 일반지방산업단지지정에 관하여도 서산시장의 협조를 구해 달라고 부탁(청탁)하고, 이러한 사정으로 피고인 2가 피고인 1에게 후원금을 제공하기로 마음먹고, 위 회사의 경영진과 조직을 통하여 전국에 산재한 위 회사 지점 및 영업소 직원들에게 피고인 1을

소개하면서 과거 기부이력이 없는 직원들로 하여금 후원금 기부를 권고하고 후원한 직원들의 명단까지 파악하는 등 후원금 기부를 적극적으로 유도하여 직원들 중 542명으로 하여금 14일 동안 10만원씩 모두 5,420만원의 후원금을 피고인 1의 후원회에 기부하도록 한 점이 정치자금법 위반의 이용행위였다는 점에 기초하고 있다. 즉 제2공장의 신설과 관련한 알선 등의 자세한 사정을 알지 못하여 정치자금법 위반에 대한 고의가 없는 직원들의 기부행위를 유발하고 이를 이용하여 자신의 범죄를 실현한 것이어서 간접정범이 된다는 것이다.

정치자금법은 정치자금의 적정한 제공을 보장하고 그 수입과 지출내역을 공개하여 투명성을 확보하는 동시에 정치자금과 관련한 부정을 방지함으로써 민주정치의 건전한 발전에 기여하는 데 그 입법 목적이 있으며, 그러한 맥락에서 공무원이 담당·처리하는 사무에 관하여 청탁 또는 알선하는 일과 같은 특정한 행위와 관련된 기부를 금지하고 있다(제32조). 대상판결에서 정유회사의 회장인 피고인이 직원들로 하여금 정치자금을 기부하도록 하면서 후원직원의 명단을 파악하고 기부를 적극적으로 유도하며 임원들까지 기부에 나아간 것이 우월적 의사지배, 나아가 이용행위를 인정할 수 있는가가 검토되어야 한다. 정치자금법 제33조는 "누구든지 업무·고용 그 밖의 관계를 이용하여 부당하게 타인의 의사를 억압하는 방법으로 기부를 알선할 수 없다"고 하여 업무·고용관계에서 우월적 지위에 있는 자에 의한 정치자금의 기부를 금지하고 있다. 회사의 대표이사나 회장이라고 하여 직원들에 대해 항상 의사의 지배 내지 억압을 인정하는 것은 타당하지 않다. 영리조직인 회사의 조직과 생리를 고려하더라도 직원들의 자유롭고 독자적인 판단에 의한 의사를 인정할 수 있기 때문이다. 그러나 간접정범에 있어 이용자의 우월적 의사지배는 의사의 억압까지 요구되는 것은 아니다. 대상판결에서 대표이사이자 회장인 피고인이 적극적으로 국회의원을 소개하고 기부를 유도하였으며 기부한 직원의 명단을 파악하도록 한 것은 직원들에 대한 의사의 억압은 아니라고 할 것이나, 후원금을 기부하지 않을 경우 불이익을 발생할지도 모른다는 피고용자들의 불안을 이용하여 실질적으로는 자신이 기부하여야 할 정치자금을 업무·고용관계에서 객관적으로 열등한 지위에 있는 직원들로 하여금 부자유한 도구로서 기부토록 한 것이며 이들을 통해 정치자금 후원이라는 범죄실현 계획을 조종하고 지배한 것이므로 우월적 의사지배를 인정하기에 충분하며, 그 과정에서 이들을 위계한 것으로 간접정범으로서의 이용행위를 인정할 수 있을 것이다.

도입판례 3

■ **대법원** 1992. 1. 17. **선고** 91도2837 **판결** 【허위공문서작성,동행사】

【판시사항】

공무원 아닌 자가 공문서작성을 보좌하는 공무원과 공모하여 허위의 문서초안을 상사에게 제출하여 결재케 함으로써 허위 공문서를 작성케 한 경우, 간접정범의 공범으로서의 죄책을 지는지 여부(적극)

【판결요지】

공문서의 작성권한이 있는 공무원의 직무를 보좌하는 자가 그 직위를 이용하여 행사할 목적으로 허위의 내용이 기재된 문서 초안을 그 정을 모르는 상사에게 제출하여 결재하도록 하는 등의 방법으로 작성권한이 있는 공무원으로 하여금 허위의 공문서를 작성하게 한 경우에는 간접정범이 성립되고 이와 공모한 자 역시 그 간접정범의 공범으로서의 죄책을 면할 수 없는 것이고, 여기서 말하는 공범은 반드시 공무원의 신분이 있는 자로 한정되는 것은 아니라고 할 것이다.

【참조조문】

형법 제227조 제34조 제1항 제33조

【참조판례】

대법원 1963.6.20. 선고 63도138 판결
1977.12.13. 선고 74도1900 판결(공1978,10519)
1986.8.19. 선고 85도2728 판결(공1986,1258)

【전　문】

【피 고 인】 최남기

【상 고 인】 검사

【원심판결】 광주지방법원 1991.7.11. 선고 91노496 판결

【주 문】

원심판결을 파기하고 사건을 광주지방법원 합의부에 환송한다.

【이 유】

상고이유를 본다.

원심판결 이유에 의하면, 원심은 피고인이 1990.4.7.자 향토예비군훈련을 받은 사실이 없음에도 불구하고 소속 예비군동대 방위병인 공소외 이찬웅에게 위 날짜에 예비군훈련을 받았다는 내용의 확인서를 발급하여 달라고 부탁하자, 동인은 작성권자인 예비군 동대장 전유득에게 그 사실을 보고하여 그로부터 피고인이 예비군훈련에 참가한 여부를 확인한 후 확인서를 발급하도록 지시를 받고서는 미리 예비군 동대장의 직인을 찍어 보관하고 있던 예비군훈련확인서용지에 피고인의 성명등 인적사항과 위 부탁받은 훈련일자 등을 기재하여 피고인에게 교부한 사실을 인정하면서도, 허위 공문서작성죄의 주체는 그 문서작성권한이 있는 공무원이나 그 문서의 전결권을 위임받은 자로 제한되는 것이고 예외적으로 그 문서작성권한이 있는 공무원을 보조하는 지위에 있는 공무원이 허위의 신고나 보고를 하여 작성권한이 있는 공무원으로 하여금 허위의 문서를 작성하게 한 경우에는 허위공문서작성죄의 간접정범이 성립될 수 있으나 공무원이 아니면서 이와 공모한 자에 대하여는 허위공문서작성죄의 본질 및 그 구성요건의 정형성에 비추어 그에 대한 공범은 성립되지 아니한다하여 위 이찬웅의 행위가 허위공문서작성죄의 간접정범에 해당하는지 여부에 관계없이 공무원이 아닌 피고인에 대하여는 위 죄의 공범으로서의 죄책을 물을 수 없다고 판시함으로써, 피고인에 대한 공소사실 중 허위공문서작성 및 동행사 부분에 대하여 무죄를 선고한 제1심 판결을 그대로 유지하였다.

그러나 공문서의 작성권한이 있는 공무원의 직무를 보좌하는 자가 그 직위를 이용하여 행사할 목적으로 허위의 내용이 기재된 문서초안을 그 정을 모르는 상사에게 제출하여 결제하도록 하는 등의 방법으로 작성권한이 있는 공무원으로 하여금 허위의 공문서를 작성하게 한 경우에는 간접정범이 성립되고 이와 공모한 자 역시 그 간접정범의 공범으로서의 죄책을 면할 수 없는 것이고(당원 1977.

12.13. 선고 74도1990 판결, 1986.8.19. 선고 85도2728 판결 각 참조), 여기서 말하는 공범은 반드시 공무원의 신분이 있는 자로 한정되는 것은 아니라고 할 것이다.

원심이 인정한 바에 의하면 방위병인 이찬웅은 공문서작성권한이 있는 공무원을 보좌하는 자신의 직위를 이용하여 정을 모르는 그 작성권자로 하여금 허위의 공문서를 작성하게 함으로써 허위공문서작성죄의 간접정범인 죄책을 지게 되었다 할 것이니 그와 공모한 피고인으로서도 신분이 공무원인지 여부에 관계없이 그 공범으로서의 죄책을 면할 수 없는 것이다.

필경 원심은 허위공문서작성죄의 간접정범의 공범에 관한 법리를 오해함으로써 판결에 영향을 미친 위법을 저지른 것이라 할 것이므로 이를 지적하는 논지는 이유 있다.

이에 원심판결을 파기하여 사건을 원심법원에 환송하기로 관여 법관의 의견이 일치되어 주문과 같이 판결한다.

대법관 박만호(재판장) 박우동 김상원 윤영철

쟁 점

- 허위공문서작성죄의 간접정범
- 간접정범의 공동정범

연 구

1. 자수범의 개념은 무엇인가? 허위공문서작성죄가 자수범은 아닌가?

2. 유형위조와 무형위조의 개념은 무엇인가? 허위공문서작성죄는 어느 유형에 해당되는가?

3. 공무원을 보조하는 지위에 있는 공무원이 작성권한이 있는 공무원으로 하여금 허위의

문서를 작성하게 한 경우에 간접정범을 인정하는 이유는 무엇인가?

4. 대상판결에서 간접정범의 공동정범을 인정하는 논리적 과정은 무엇인가?

참고자료

■ 관련 판례

1. 허위공문서작성죄와 간접정범 (대판 1961.12.14, 4292형상645)

피고인은 4288년 12월 1일경 전주 경찰서장을 거쳐서 전라북도지사에게 피고인의 도민증 발급 신청을 함에 있어서 도민증 용지 한 장에 징집 해당자가 아닌 피고인의 동생 공소외 1의 성명과 생년월일 4272년 12월 17일 낳음이라고 쓴 후 그 사진란에 피고인의 사진을 부쳐서 도민증 발급 신청을 하여서 그 정을 모르는 전주경찰서장 및 전라북도지사로 부터 4288년 12월 31일경 전라북도지사 명의의 위 도민증 한 장을 발급 받어 이를 위조하였다고 함에 있는바 이는 결국 형법 제227조(구형법 제156조)의 범죄의 간접정범으로서 기소된 것으로 볼 것이나 형법은 소위 무형위조에 관하여서는 공문서에 관하여서만 이를 처벌하고 일반 사문서의 무형위조를 인정하지 아니할 뿐 아니라(다만 형법제233조의 경우는 예외) 공문서의 무형위조에 관하여서도 동법 제227조 이외에 특히 공무원에 대하여 허위의 신고를 하고 공정증서 원본 면허장 감찰 또는 여권에 사실 아닌 기재를 하게 할 때에 한하여 동법 제228조의 경우의 처벌규정을 만들고 더구나 위 227조의 경우의 형벌보다 현저히 가볍게 벌하고 있음에 지나지 아니하는 점으로 보면 공무원이 아닌 자가 허위의 공문서 위조의 간접정범이 되는 때에는 동법 제228조의 경우 이외에는 이를 처벌하지 아니하는 취지로 해석함을 상당하다고 할 것이며 이 점에 관하여 위 취지에 저촉되는 본원 4286년 형상 제39호(4288년 2월 25일 선고) 판결 이유는 이를 유지할 필요가 없다 하여 폐기하기로 한다.

이리하여 원심이 피고인에 관한 위 허위 공문서 위조의 간접정범의 점에 관하여 이는 형법 제228조에 정한 경우에 해당하지 아니한다 하여 범죄가 구성되지 아니한다 하여 무죄를 선고한 것은 적법하고 이를 비난하는 논지는 채용할 수 없다.

2. 허위공문서작성과 간접정범 (대판 1977.12.13, 74도1900)

작성권한 있는 공무원의 직무를 보좌하는 자가 그 직위를 이용, 행사할 목적으로 그 초안한 문서에 허위내용을 기입하고 그 정을 모르는 상사에게 제출결재케 하므로서 허위공문서를 작성케 하는 경우에는 허위공문서 작성죄의 간접정범이 성립되고 이와 공모한 자 역시 위 죄책을 면할 수 없다

3. 자수범과 간접정범(대판 1992.11.10, 92도1342)

부정수표단속법의 목적이 부정수표 등의 발행을 단속처벌함에 있고(제1조), 허위신고죄를 규정한 위 법 제4조가 "수표금액의 지급 또는 거래정지처분을 면하게 할 목적"이 아니라 "수표금액의 지급 또는 거래정지처분을 면할 목적"을 요건으로 하고 있는데 수표금액의 지급책임을 부담하는 자 또는 거래정지처분을 당하는 자는 오로지 발행인에 국한되는 점에 비추어 볼 때 발행인 아닌 자는 위 법조가 정한 허위신고죄의 주체가 될 수 없고, 허위신고의 고의 없는 발행인을 이용하여 간접정범의 형태로 허위신고죄를 범할 수도 없다.

■ 참고문헌

김태명, "간접정범 규정의 해석과 허위공문서작성죄의 간접정범", 형사법연구 제22권, 한국형사법학회, 2004.

백원기, "허위공문서작성죄의 간접정범에 대한 공범의 성립여부 - 예비군훈련확인서 허위작성사건", 형사판례연구 (10), 한국형사판례연구회, 2002.

학습과제

간접정범의 공범을 인정한 사례를 찾아보시오.

솔루션

1. 자수범이란 범죄의 실행행위가 행위자의 신체를 통해 이뤄지거나 법률에 의해 행위자의 실행행위가 예정되어 있어서 범죄의 주체와 실행행위가 매우 밀접하게 연결되어 있어 범죄의 실현에 반드시 정범자의 직접적 실행행위를 요하고 타인에 의해서 범할 수 없는 범죄를 뜻한다. 이러한 자수범은 위증죄, 간통죄, 업무상비밀누설죄 등이 그 예로, 그 개념을 부정하는 견해도 있으나, 통상 간접정범의 성립에 대한 한계로서 인정하는 것이 일반적이다. 그리고 위증죄처럼 신분자·비신분자를 묻지 않고 간접정범의 형태로 범할 수 없는 형태를 진정자수범, 업무상비밀누설죄처럼 신분자가 비신분자를 이용한 경우에는 성립할 수 있으나 비신분자가 신분자를 이용한 경우에는 간접정범이 성립되지 않는다는 부진정자수범으로 분류하는 것이 통상적이다. 허위공문서작성죄의 자수성에 대해서는 부진정신분범으로 보는 견해도 있으나, 비신분자가 본 죄의 간접정범이 될 수 없는 것은 공무원이란 신분의 결격 때문이지 자수성에 의한 것이라고 보기는 어렵다고 하겠다.

2. 형법은 문서에 관하여, 허위가 문서의 어느 부분에 해당되어야 하느냐를 놓고 유형위조와 무형위조가 대립되고 있다. 유형위조란 정당한 작성권한 없는 자가 타인 명의의 문서를 작성하는 명의의 위조를 유형위조로서 위조개념에 포섭하는 반면, 무형위조란 문서의 작성명의는 진실하나 작성의 내용에 허위가 포함되어 작성된 내용의 문서를 위조의 개념에 포섭시키고 있다. 우리 형법은 문서의 작성명의에 허위가 있으면 처벌하는 형식주의를 원칙으로 하고 사문서에 대해서 예외적으로 허위진단서작성죄만을 처벌하여 실질주의를 예외적으로 인정하여 유형위조를 '위조'로, 무형위조를 '작성'으로 구별하고 있다. 즉 유형위조는 공문서, 사문서 모두 처벌되나, 무형위조는 허위진단서작성죄처럼 예외적으로만 처벌하고 있다.

   허위공문서작성죄는 공무원이 그 직무에 관해 허위문서를 작성하는 경우이므로 무형위조를 처벌하는 경우에 해당된다.

3. 허위공문서작성죄는 작성할 권한이 있는 공무원이 비신분자를 이용하는 경우에 성립한다는 점에 대해서는 의견이 일치되고 있다. 진성신분범의 논리상 당연하다고 하겠다. 문제는 작성권자 이외의 비신분자가 작성권자를 이용하는 경우이다. 먼저 일반 사인이 신분자인 작성권자를 이용하는 경우, 비신분자인 일반인은 허위공문서작성죄의 간접정범이 될 수 없다(통설). 진정신분범이므로 신분없는 자가 정범이 될 수는 없는 것이다. 대법원도 본래 정을 모르는 공무원

(경찰서장)에게 신청서를 접수하여 도민증을 발급받은 행위가 허위공문서작성죄의 간접정범으로 문제된 참고판례 1의 4292형상645 사안에서, 문서에 관한 죄가 구체적인 사안에 따라서 불합리한 양형의 결과(허위공문서작성죄의 간접정범 〉 공정증서원본부실기재죄의 정범)를 초래한다는 점을 지적하며 전원합의체 판결로 입장을 변경하였다. 즉 기존 판례인 4286형상39 판결에서 “범죄사실의 인식 없는 타인을 이용하여 범죄를 실행하게 한 자는 간접정범으로서 단독으로 그 죄책을 부담하여야 한다”고 하여 비신분자가 신분범인 허위공문서작성죄의 주체가 될 수 있느냐의 문제의 해결보다는 ‘범죄사실의 인식없는 타인을 이용하여 범죄를 실행케 한 자’를 모두 간접정범으로 의율하여 처벌을 확대한 입장(간접정범 전면적용설)에 제동을 건 것이다.

다음으로 작성권한 없는 공무원이 작성권한 있는 공무원을 이용한 경우로, 이는 다시 당해 문서작성과 전혀 무관한 공무원이 신분자인 공무원을 이용한 경우와 공문서작성의 보조자가 작성권자를 이용한 경우로 나누어 볼 수 있다. 전자는 비신분자가 신분자를 이용한 경우와 동일하므로 간접정범을 인정할 수 없을 것이다. 문제는 후자로, 예컨대 허위공문서를 기안·작성하여 이를 모르는 작성권자(상사)의 결재를 받아 공문서를 완성한 경우, 간접정범을 인정하는 견해와 부정하는 견해가 대립되고 있다. 긍정설은 본죄의 본질이 공무원이라는 신분자의 권한남용 방지에 있으며. 공문서 기안을 담당하는 보조공무원은 ‘사실상 또는 실질적’으로 공문서를 작성하고 있으므로 일반 사인과 동일하게 취급할 수 없으며 간접정범이 성립한다고 한다.

4. 대법원은 참고판례인 74도1900 판결에서 보듯이 ‘공문서의 기안을 담당하는 보조공무원’이 허위공문서작성죄의 간접정범이 된다는 전제에서, 그와 공모한 일반 사인도 간접정범의 공동정범이 성립한다고 판단하였으며, 대상판결에서도 이러한 논리를 확인하고 있다.

그러나 연혁적 고려에도 불과하고, 허위공문서작성죄는 작성권한 있는 공무원만이 주체가 될 수 있는 진정신분범이며, 작성권한자란 작성명의인이지 사실상의 작성권자가 아니므로 보조공무원에게 정범정격을 인정할 수 없으며 간접정범도 성립하지 않는다고 하겠다. 그렇다면 대법원이 취하고 있는 논리, 즉 공문서의 기안을 담당하는 보조공무원이 허위공문서작성죄의 간접정범이 된다는 전제에서, 그와 공모한 일반 사인도 간접정범의 공동정범이 성립한다는 것은 그 전제가 잘못된 것으로서 일반 사인에게도 허위공문서작성죄의 공동정범을 인정할 수 없을 것이다. 다만 이러한 경우 위계에 의한 공무집행방해죄로 처벌의 공백을 막을 수 있을 것이다.

심화문제

대학생이던 甲은 겨울방학이 시작되자, 다음 학기 등록금에 보태기 위해 편의점 아르바이트를 알아보기 시작했다. 마침 자신이 거주하는 동네 인근의 편의점에서 아르바이트를 모집하고 있어 채용에 응시하였고, 면접결과 합격하였다. 다음날부터 출근하기 시작한 甲은 먼저 근무하고 있던 여대생 X를 근무교대시간에 만나게 되었고, 청순한 외모에 급격히 호감을 가지기 시작했다. 평상시 뛰어난 외모에 누구에게나 친절하고 상냥하던 X는 甲이 자신에게 호감을 느낀다는 것은 알아차리지 못했으며, 졸업 후 취업이 현실적인 문제라고 생각했기 때문에 연애에 대한 마음이 없었다.

甲은 자신의 마음을 충분히 표현했다고 생각했으나, 을이 몰라주자 X에게 사귀자는 말을 하였고, 을은 자신의 현재 상황을 말하며 거절하였다. 이에 상처를 받은 甲은 자신이 사귀지 못할 바에 다른 사람도 만나지 못하게 해야겠다는 생각으로 친구 乙에게 같은 편의점에서 일하는 X가 자신을 무시하고 매일 괴롭히니 '혼 좀 내주라'고 말했다. 이 말은 들은 乙은 군대시절 자신을 괴롭히던 여자 장교가 생각나 '무슨 말인지 다 알겠으니, 나만 믿어라'라고 말하였다. 다음 날 乙은 밤 11시경 퇴근하고 집으로 가던 乙의 뒤통수를 가격하여 아스팔트 바닥에 넘어지게 하여 식물인간 상태가 되도록 하였다.

한편 甲은 乙의 복수가 부족하다는 생각을 하고, 편의점에 자주 아이스크림을 사러 오던 아이 Y에게 乙의 집을 가르쳐 주면서 유리창을 깨고 자신이 준 비닐봉지(인분이 들어있었음)를 방안으로 던지면 한 달간 아이스크림을 공짜로 주겠다고 하였다. 이에 Y는 甲이 시키는 대로 하였다.

1. 甲과 乙의 형사책임은 무엇인가?

2. 만약 甲이 乙의 연령이 13세라고 생각하였으나, 실제로는 14세인 경우 형사책임이 달라지는가?

16. 공범과 신분

도입판례 1

■ **대법원** 1997. 4. 22. **선고** 95도748 **판결【직무유기】**

【판시사항】

[1] 노동조합의 승인 없이 또는 지시에 반하여 쟁의행위를 하는 일부 조합원의 집단을 비조직 근로자들의 쟁의단으로 볼 수 있는지 여부(소극)

[2] 직무유기죄의 성립요건 및 병가중인 자가 직무유기죄의 주체가 될 수 있는지 여부(소극)

[3] 일부 조합원의 집단에 의한 쟁의행위가 정당행위에 해당하지 아니하고, 병가중의 참가자도 그렇지 아니한 참가자들과의 공범관계가 인정된다고 보아 직무유기죄로 처단한 사례

【판결요지】

[1] 일부 조합원의 집단이 노동조합의 승인 없이 또는 지시에 반하여 쟁의행위를 하는 경우에는 이를 비조직 근로자들의 쟁의단과 같이 볼 수 없다.

[2] 직무유기죄는 구체적으로 그 직무를 수행하여야 할 작위의무가 있는데도 불구하고 이러한 직무를 버린다는 인식하에 그 작위의무를 수행하지 아니함으로써 성립하는 것이고, 또 그 직무를 유기한 때라 함은 공무원이 법령, 내규 등에 의한 추상적인 충근의무를 태만히 하는 일체의 경우를 이르는 것이 아니고, 직장의 무단이탈, 직무의 의식적인 포기 등과 같이 그것이 국가의 기능을 저해하며 국민에게 피해를 야기시킬 가능성이 있는 경우를 말하는 것이므로, 병가중인 자의 경우 구체적인 작위의무 내지 국가기능의 저해에 대한 구체적인 위험성이 있다고 할 수 없어 직무유기죄의 주체로 될 수는 없다.

[3] 노동조합의 승인 없이 또는 지시에 반하여 일부 조합원의 집단에 의하여 이루어진 쟁의행위가 그 경위와 목적, 태양 등에 비추어 정당행위에 해당하지 아니하고, 그 쟁의행위에 참가한 일부 조합원이 병가 중이어서 직무유기죄의 주체

로 될 수는 없다 하더라도 직무유기죄의 주체가 되는 다른 조합원들과의 공범관계가 인정된다는 이유로, 그 쟁의행위에 참가한 조합원들 모두 직무유기죄로 처단되어야 한다고 본 사례(이 사건은 병가중인 철도공무원들이 그렇지 아니한 철도공무원들과 함께 전국철도노동조합의 일부 조합원들로 구성된 임의단체인 전국기관차협의회가 주도한 파업에 참가한 사례임).

【참조조문】

[1] 구 노동조합법(1996. 12. 31. 법률 제5244호 부칙 제3조로 폐지) 제3조(현행 노동조합및근로관계조정법 제2조 참조), 구 노동쟁의조정법(1996. 12. 31. 법률 제5244호 부칙 제3조로 폐지) 제12조(현행 노동조합및근로관계조정법 제37조, 제42조 참조) / [2] 형법 제122조 / [3] 구 노동조합법(1996. 12. 31. 법률 제5244호 부칙 제3조로 폐지) 제2조(현행 노동조합및근로관계조정법 제4조 참조), 구 노동쟁의조정법(1996. 12. 31. 법률 제5244호 부칙 제3조로 폐지) 제12조(현행 노동조합및근로관계조정법 제37조, 제42조 참조), 형법 제33조, 제122조

【참조판례】

[2] 대법원 1966. 3. 15. 선고 65도984 판결(집14-1, 형32), 대법원 1980. 2. 26. 선고 79도31 판결(공1980, 12674), 대법원 1983. 3. 22. 선고 82도3065 판결(공1983, 775), 대법원 1993. 12. 24. 선고 92도3334 판결(공1994상, 582) /[3] 대법원 1991. 5. 24. 선고 91도324 판결(공1991, 1817), 대법원 1996. 1. 26. 선고 95도1959 판결(공1996상, 838), 대법원 1997. 2. 11. 선고 96누2125 판결(공1997상, 776)

【전 문】

【피 고 인】 피고인 1 외 7인

【상 고 인】 피고인들

【변 호 인】 변호사 문재인 외 3인

【원심판결】 부산지법 1995. 2. 27. 선고 94노2630 판결

【주 문】

상고를 모두 기각한다.

【이 유】

변호인의 상고이유를 판단한다.

제1점에 대하여

원심은 일부 조합원의 집단이 노동조합의 승인 없이 또는 지시에 반하여 쟁의행위를 하는 경우에는 이를 비조직 근로자들의 쟁의단과 같이 볼 수 없다고 할 것이고, 이 사건 범행의 경위와 목적, 태양 등을 종합하여 보면 피고인들의 이 사건 직무유기행위에 정당한 이유가 있다고 보기는 어렵다고 판단하고 있는바, 기록과 관계 법령에 비추어 살펴보면 원심의 위 판단은 정당하고(당원 1996. 1. 26. 선고 95도1959 판결 참조), 거기에 소론과 같은 위법이 없으며 소론 판례는 이 사건의 결론과 배치되는 것이 아니므로, 이 점을 다투는 논지는 이유 없다.

제2점에 대하여

원심은 피고인들 중 일부가 당시 병가 중이었다 하더라도 그들이 제출한 진단서 기재의 치료기간에 비하여 극히 짧은 기간 동안만 치료받은 사실과 일부 피고인의 경우에는 병가 중에도 파업 전의 농성에 가담한 사실이 인정되므로, 위 병가도 이 사건 쟁의행위의 일환으로 이루어진 것으로 보인다는 이유로 피고인들의 이 사건 범행에는 아무런 정당한 이유가 없다고 판단하고 있다.

그러나 원심이 인정한 사실만으로 과연 병가가 쟁의행위의 일환으로 이루어진 것으로 단정할 수 있는지 의문이 들 뿐 아니라, 직무유기죄는 구체적으로 그 직무를 수행하여야 할 작위의무가 있는데도 불구하고 이러한 직무를 버린다는 인식하에 그 작위의무를 수행하지 아니함으로써 성립하는 것이고, 또 그 직무를 유기한 때라 함은 공무원이 법령, 내규 등에 의한 추상적인 충근의무를 태만히 하는 일체의 경우를 이르는 것이 아니고, 직장의 무단이탈, 직무의 의식적인 포기 등과 같이 그것이 국가의 기능을 저해하며 국민에게 피해를 야기시킬 가능성이 있는 경우를 말하는 것이므로(당원 1983. 3. 22. 선고 82도3065 판결 참조), 병가중인 자의 경우 구체적인 작위의무 내지 국가기능의 저해에 대한 구체적인 위험성이 있다고 할 수 없어 본죄의 주체로 될 수는 없다고 할 것이니, 이 점에 관한 원심의 판단은 채증법칙에 위배하고 직무유기죄에 관한 법리를 오해한 위법이 있다고 할 것이다.

다만 신분이 없는 자라 하더라도 신분이 있는 자의 행위에 가공하는 경우 본죄의 공동정범이 성립하는 것이고, 이 사건 기록상 병가중인 피고인들과 나머지 피고인들 사이에 직무유기의 공범관계가 인정되는 터이므로 병가중인 피고인들도 어차피 직무유기죄의 공동정범으로 처벌받아야 할 것이니, 원심의 앞서 본 위법은 판결의 결과에 영향이 없는 것으로서 이 점을 다투는 상고이유는 결국 이유 없게 된다 할 것이다.

그러므로 상고를 모두 기각하기로 관여 법관의 의견이 일치되어 주문과 같이 판결한다.

대법관 최종영(재판장) 정귀호 이돈희(주심) 이임수

쟁 점

- 형법 제33조의 해석
- 신분범
- 진정신분범에 가공한 비신분자의 죄책

연 구

1. 신분범의 개념은 무엇이며, 그 종류는 어떻게 나뉘는가?

2. 형법 제33조의 신분관계는 무엇을 의미하는가?

3. 형법 제33조가 적용되는 영역은 어디까지인가?

4. 판례와 학설의 신분범에 대한 형법 제33조의 해석상 차이는 무엇인가?

5. 판례와 학설에 따른 피고인의 형사책임은 각각 무엇인가?

참고자료

■ 관련 판례

1. 신분(대판 1994.12.23, 93도1002)

형법 제33조 소정의 이른바 신분관계라 함은 남녀의 성별, 내·외국인의 구별, 친족관계, 공무원인 자격과 같은 관계뿐만 아니라 널리 일정한 범죄행위에 관련된 범인의 인적관계인 특수한 지위 또는 상태를 지칭하는 것이다. 형법 제152조 제1항과 제2항은 위증을 한 범인이 형사사건의 피고인 등을 '모해할 목적'을 가지고 있었는가 아니면 그러한 목적이 없었는가 하는 범인의 특수한 상태의 차이에 따라 범인에게 과할 형의 경중을 구별하고 있으므로, 이는 바로 형법 제33조 단서 소정의 "신분관계로 인하여 형의 경중이 있는 경우"에 해당한다고 봄이 상당하다.

2. 진정신분범과 비신분자의 가공(대판 1992.12.24, 92도2346)

공소외 정영환(제1심 공동피고인)과 공모하여 군형법 제41조 위반죄를 범하였다는 것이므로, 가사 피고인들이 같은 법 제1조 제1항 소정의 군인이거나 제3항, 제5항 소정의 군무원 등 군인에 준하는 자에 해당되지 아니한다 할지라도 위 공소외인이 이 사건 공소사실 범행 당시 그와 같은 신분을 가지고 있었다고 인정되면 형법 제8조, 군형법 제4조의 규정에 따라 형법 제33조가 적용되어 공범으로서의 죄책을 면할 수 없을 것이다. 따라서 원심판결에는 소론과 같이 신분범과의 공범에 관한 법리오해의 위법을 범하였다는 비난을 받아 마땅하다. 그런데 위 정영환이 과연 군인으로서의 신분을 가지고 있었던 것인가 하는점에 관하여 의문이 있다. … 기록에 의하면, 위 정영환은 1990.7.10. 의정부시 소재 육군 제306보충대에 입영하였다가 7.12. 국군창동병원에서 실시된 신체검사결과 귀향조치된 사실을 알 수 있다. 따라서 위 정영환은 위 보충대에 입영함으로써 군인으로서의 신분을 취득하였다가 귀향조치를 받음으로 인하여 현역입영대상자의 신분으로 복귀하였다고 할 수 있다.

3. 허위공문서작성죄의 교사범(대판 1983.12.13, 83도1458)

피고인이 건축물조사 및 가옥대장 정리업무를 담당하는 지방행정서기를 교사하여 무허가 건물을 허가받은 건축물인 것처럼 가옥대장 등에 등재케하여 허위공문서 등을 작성케 한 사실이 인정된다면, 허위공문서작성죄의 교사범으로 처단한 것은 정당하다.

■ 참고문헌

김성돈, "소극적 신분과 공범", 성균관법학 제19권 제3호, 성균관대학교 법학연구소, 2007.

천진호, "'공범과 신분' 규정에 대한 입법론적 검토", 형사법연구 제22호 특집호, 2004.

한상훈, "신분범과 공범 : 형법 제33조의 시론적 해석론", 형사법연구 제19호, 2003.

학습과제

1. 공범과 신분에 대한 독일형법의 규정을 비교분석해 보시오.

2. 형법 제33조의 입법적 공백을 막기 위한 개선안에 대해 생각해 보시오.

3. 대상판결 사안의 역(逆)의 경우, 신분자가 비신분자의 범죄에 가담한 경우 형사책임은 어떻게 되는지 생각해 보시오.

솔루션

1. 신분범이란 일정한 신분을 가진 자만이 행위주체가 되는 범죄를 말한다. 이러한 신분범은 신분자만이 범죄를 범할 수 있는 진정신분범과 신분자가 행위를 하면 형벌이 가중 또는 감경되는 부진정신분범으로 구성된다.

2. 형법 제33조는 "신분관계로 인하여 성립될 범죄에 가공한 행위는 신분관계가 없는 자에게도 전3조의 규정을 적용한다. 단 신분관계로 인하여 형의 경중이 있는 경우에는 중한 형으로 벌하지 아니한다"고 하여 공범과 신분의 문제를 불충분하게 규정하고 있다.

   여기서 신분관계를 이해하기 위해서는 신분범의 신분에 대한 이해가 선행되어야 한다. 신분이란 행위자의 일신전속적 속성, 즉 어느 정도 계속성을 지닌 일신전속적 지위, 상태, 관계를 의미하는 것으로 객관적 행위자관련적 요소만을 신분이라고 할 것이다. 따라서 고의, 목적과 같은 행위관련적 요소 내지 주관적 요소는 신분이라고 볼 수 없다. 신분은 불법의 연대성과 책임의 개별성을 고려하여 위법신분, 책임신분, 처벌조각적 신분으로 분류하거나, 이러한 실질적 분류와 달리 신분이 범죄의 구성요건인지를 중심으로 구성적 신분, 가감적 신분, 소극적 신분으로 분류되고 있다. 형법은 제33조에서 '신분관계로 인하여 성립될 범죄', '신분관계로 인하여 형의 경중이 있는 경우'로 규정하고 있으므로 형식적 분류가 현행 형법의 태도에 보다 부합한다고 하겠다. 이렇게 이해할 경우 신분관계란 구성요건을 실행하는 행위자의 일신전속적 지위, 상태, 관계로 인하여 범죄성립이나 형의 가중에 영향을 주는 사회적 관계라고 할 것이다. 대법원은 참고판례인 93도1002 판결에서 '널리 일정한 범죄행위에 관련된 범인의 인적 관계인 특수한 지위 또는 상태'라고 개념정의하여 유사한 입장에 서 있으나, 특이하게도 '모해의 목적'도 이러한 신분관계에 포함되는 것이라고 판단하여 공범불처벌이라는 공백을 막기 위해 신분관계의 개념을 무리하게 확장하였다.

3. 형법은 구성적 신분에 대하여는 비신분자가 신분자에게 가공한 경우만을 규정하고 있고, 가감적 신분에 대하여는 명확히 규정하고 있지 않다. 또한 비신분자의 행위에 신분자가 가담한 경우에 대해서는 규율 자체를 하고 있지 않다. 이러한 경우 공범 종속성의 일반원칙을 적용하여 해결하여야 하는가의 해석문제가 발생한다. 형법 제33조가 적용되는 명확한 영역은 진정신분범에 있어 비신분자가 신분자에게 가공한 경우, 부진정신분범에 있어 비신분자가 신분자에 가공한 경우라고 할 수 있다. 나머지 경우는 해석에 의해 이론적으로 해결하거나 종속

성의 원칙에 의해 해결하여야 한다.

먼저 진정신분범에 있어 신분자가 비신분자에 가공한 경우(공무원이 비공무원인 아내를 교사하여 뇌물을 수수한 경우), 제33조 본문의 신분은 구성요건요소로 비신분자인 정범은 구성요건해당성이 없으므로 제33조 본문은 적용될 수 없으며, 이론적으로 해결하여야 한다. 따라서 신분 없는 고의있는 도구일 경우 의사지배가 인정된다면 간접정범이 성립하게 된다(공무원은 수뢰죄의 간접정범, 아내는 수뢰죄의 방조범이 된다. 반면 의사지배 내지 비신분자의 도구성을 부정하는 소수 견해에 따르면 공무원은 수뢰죄의 교사범, 아내는 수뢰죄의 방조범이 된다). 다음으로 부진정신분범에서 신분자가 비신분자에 가공한 경우(甲이 친구 乙을 교사하여 자신의 아버지를 살해하게 한 경우) 제33조 단서는 이 경우 적용된다는 것이 일반적이다(甲은 존속살해죄의 교사범, 乙은 보통살인죄의 정범이 된다. 반면 공범종속성의 원칙을 긍정하는 소수의 견해에 따르면 甲은 보통살인죄의 교사범, 乙은 보통살인죄의 정범이 된다).

4. 형법 제33조의 해석에 대해, 학설과 판례는 확연한 차이를 나타내고 있다. 먼저 다수설은 제33조의 본문은 진성신분범의 성립과 처벌에 관한 규정이며, 단서는 부진정신분범의 성립과 처벌에 관한 규정으로 이해한다. 본문의 '신분관계로 인하여 성립할 범죄'는 진정신분범, 단서의 '신분관계로 인하여 형의 경중이 있는 경우'란 부진정신분범을 의미하기 때문이라고 한다. 반면 소수설은 본문은 진정신분범과 부진정신분범 모두에 관한 규정이며, 단서는 부진정신분범의 처벌에 관한 규정이라고 이해한다.

   판례는 위의 학설 중 소수설과 같은 입장에서 비신분자가 부진정신분범에 가공한 경우, 제33조의 본문이 먼저 적용되어 비신분자도 부진정신분범이 성립하지만 처벌은 중한 죄가 가인 아닌 비신분범의 형이 적용된다고 한다.

5. 대상판결에서 문제된 쟁점은 병가중인 철도공무원들이 그렇지 않은 철도공무원들과 함께 노동조합의 승인 없이 또는 지시에 반하여 전국철도노동조합의 일부 조합원들로 구성된 임의단체인 전국기관차협의회가 주도한 파업에 참가한 것이다. 즉 병가중인 철도공무원들에게도 철도공무원으로서 그 직무를 수행하여야 할 작위의무가 있는데도 불구하고 이러한 직무를 버린다는 인식하에 그 작위의무를 수행하지 아니하여 직무유기죄가 성립하는가가 문제되는 것이다.

   직무유기란 공무원이 직무의 의식적인 방임 내지 포기, 직장의 무단이탈 등 정당한 사유없이 직무를 수행하지 않아 국가기능을 저해하는 것이다. 여기서 보호의 정도에 대해서 구체적 위험설과 추상적 위험설이 대립되고 있다. 대법원은 대상판결에서 "추상적인 충근의무를 태만히 하는 일체의 경우를 이르는 것이 아니고, 직장의 무단이탈, 직무의 의식적인 포기 등과 같이 그것이 국가의 기능을 저해하며 국민에게 피해를 야기시킬 가능성이 있는 경우를 말하는 것이므로, 병가중인 자의 경우 구체적인 작위의무 내지 국가기능의 저해에 대한 구체적인 위험성이 있다고 할 수 없어 직무유기죄의 주체로 될 수는 없다"고 하여 구체적 위험설을 명문으로 인정하였다. 즉 구체적 위험설을 취하면서 병가중인 철도공무원들은 진정신분범인 직무유기죄의 주체가 될 수 없다는 것이다. 그렇지만 이들은 "신분이 없는 자라 하더라도 신분이 있는 자의 행위에 가공하는 경우 본죄의 공동정범이 성립하는 것이고, 이 사건 기록상 병가중인 피고인들과 나머지 피고인들 사이에 직무유기의 공범관계가 인정되는 터이므로 병가중인 피고인들도 어차피 직무유기죄의 공동정범으로 처벌받아야 할 것"이라고 하여 비신분자가 진정신분범에 가공하여 직무유기죄의 공동정범이 성립하는 것으로 이해하고 있다.

학설이 판례와 대립하는 영역은 부진정신분범이므로 진정신분범인 직무유기죄에 대해서는 대법원의 결론과 차이가 나지는 않는다. 다만 직무유기죄를 통한 국가기능의 보호정도를 추상적 위험으로 이해한다면 대법원처럼 병가중인 공무원을 직무유기죄의 주체에서 제외하고, 공범과 신분의 문제로 해결하는 우회적 구성을 피할 수 있을 것이다.

도입판례 2

■ **대법원** 1986. 10. 28. **선고** 86도1517 **판결** 【업무상배임】

【판시사항】

비신분자가 신분자와 공모하여 업무상 배임죄를 범한 경우의 적용법조

【판결요지】

은행원이 아닌 자가 은행원들과 공모하여 업무상 배임죄를 저질렀다 하여도, 이는 업무상 타인의 사무를 처리하는 신분관계로 인하여 형의 경중이 있는 경우이므로, 그러한 신분관계가 없는 자에 대하여서는 형법 제33조 단서에 의하여 형법 제355조 제2항에 따라 처단하여야 한다.

【참조조문】

형법 제33조, 제355조 제2항, 제356조

【참조판례】

대법원 1961.10.5 선고 4294형상396 판결

【전 문】

【피 고 인】 피고인 1외 1인

【상 고 인】 피고인들

【변 호 인】 변호사 이익우(피고인 1에 대하여)백창은(피고인 2에 대하여)

【원심판결】 서울형사지방법원 1986.6.27 선고 86노1328,84노6608(병합) 판결

【주 문】

피고인 2에 대한 원심판결 및 제1심 판결을 모두 파기한다.

피고인 2를 징역 1년에 처한다.

제1심 판결선고전의 구금일수중 65일을 위 형에 산입한다.

피고인 1의 상고를 기각한다.

【이 유】

1. 피고인 1의 변호인의 상고이유와 피고인 2의 변호인의 상고이유제1점을 함께 본다.

기록에 의하여 원심이 유지한 제1심 판결거시의 증거들을 살펴보면, 피고인들의 본건 각 업무상배임 범죄사실을 인정하기에 충분하고, 거기에 소론과 같은 채증법칙 위반이나 심리미진, 배임죄의 법리를 오해한 위법은 찾아 볼 수 없다. 논지는 이유없다.

2. 피고인 2의 변호인의 상고이유 제2점을 본다.

피고인 2가 은행원들인 피고인 1, 원심공동피고인 1, 2, 3 등과 공모하여 본건 업무상 배임죄를 저질렀다 하여도, 이는 업무상 타인의 사무를 처리하는 신분관계로 인하여 형의 경중이 있는 경우이므로, 그러한 신분관계가 없는 피고인 윤병혁에 대하여는 형법 제33조 단서에 의하여 형법 제355조제2항에 따라 처단하여야 할 것이다.

그런데 원심이 유지한 제1심 판결은 동 피고인에 대하여 형법 제356조, 제355조 제2항, 제30조만을 적용하고 있으니, 이는 동 피고인에 대하여 형법 제356조의 소정형중 징역형을 선택한 형기범위내에서 처단한 것이라고 볼 수밖에 없어, 1심 판결이나 원심판결은 모두 법률적용을 그르친 위법을 저질렀다 아니할 수 없으므로, 이 점을 지적하는 논지는 이유있다.

3. 그러므로 피고인 1의 상고는 이유없어 기각하고, 피고인 2에 대한 원심판결은 파기하기로 하는 바, 소송기록과 1심 및 원심이 조사한 증거에 의하면, 당원이 재판하기에 충분하다고 보여지므로 당원이 직접 판결하기로 한다.

피고인 2의 변호인의 항소이유 첫째점의 요지는, 동 피고인은 1심 판시 범행을 한일이 없음에 도, 1심이 동 피고인을 유죄로 인정하였으니, 이는 사실을 오인한 위법을 범하였다는 것이고, 그 둘째점의 요지는, 1심이 동 피고인에게 선고한 형은 너무 무거워서 부당하다는 것이나, 1심이 적법하게 조사채택한 증거들을 살펴보면, 동 피고인에 대한 1심판시 범죄사실을 충분히 인정할 수 있으므로, 위 항소이유 첫째점은 이유없다.

그런데 항소이유 둘째점을 판단하기에 앞서 직권으로 보건대, 동 피고인은 본건 피해자인 한국상업은행의 직원이 아니어서, 동 은행의 사무를 처리하는 업무에 종사하는 자가 아님이 분명한 바, 동 피고인이 은행원들인 피고인 1, 원심공동피고인 1, 2, 3등과 공모하여 본건 업무상 배임죄를 저질렀다 하더라도, 그러한 업무에 종사하는 신분관계가 없는 동 피고인에 대하여는 형법 제33조 단서에 의하여 형법 제355조 제2항의 소정형으로 처벌하여야 할 것임에도 불구하고, 1심은 동 피고인을 형법 제356조의 소정형 중 징역형을 선택하여 그 형기 범위내에서 처벌하고 있으니, 1심 판결은 법률적용을 그르쳐 판결에 영향을 미친 위법을 저질렀음이 분명하여 파기를 면할 수 없다.

그러므로 1심판결을 파기하고, 당원이 직접 판결하기로 한다.

당원이 인정하는 동 피고인의 범죄사실과 그에 대한 증거는 1심판결 설시와같으므로 이를 인용한다.

법률에 비추건대, 동 피고인의 판시 각 소위는 형법 제356조, 제355조 제2항, 제30조에 해당하나,동 피고인에게는 업무상 타인의 사무를 처리하는 신분이 없으므로 형법 제33조 단서에 의하여 형법 제355조 제2항의 형으로 처벌하기로 하여 그 소정형 중 징역형을 각 선택하고, 이상은 형법 제37조 전단의 경합범이고, 또 이미 확정판결이 있었던 판시 첫머리의 부정수표단속법위반죄와는 같은 조 후단의 경합범이므로 형법 제39조 제1항에 의하여 아직 판결을 받지 아니한 판시 각 죄에 대하여 따로 형을 정하기로 하여 형법 제38조 제1항 제2호, 제50조에 의하여 범정이 무거운 판시 제1의 죄에 정한 형에 경합범가중을 한 형기범위내에서 피고인을 징역 1년에 처하고, 형법 제57조에 따라 제1심 판결선고 전의 구금일수중 65일을 위 형에 산입하기로 하여 관여법관의 일치된 의견으로 주문과 같이 판결한다.

대법관 황선당(재판장) 윤일영 이명희 최재호

쟁 점

- 부진정신분범
- 비신분자가 부진정신분범에 가공한 경우의 죄책

연 구

1. 업무상배임죄의 법적 성격은 무엇인가?

2. 판례와 학설의 부진정신분범에 대한 형법 제33조의 해석상 차이는 무엇인가?

3. 판례와 학설에 따른 피고인의 형사책임은 각각 무엇인가?

4. 대상판결의 역(逆)의 경우처럼, 신분자가 비신분자의 범죄에 가담한 경우 형사책임은 어떻게 되는가?

참고자료

■ 관련 판례

이중의 신분과 공범(대판 1989.10.10. 87도1901)

군의 재무회계규칙상 전도자금출납원은 부면장으로, 세입세출외 현금출납원은 총무계장으로 지정되어 있고, 실제로도 예산이 군에서 영달되어 면소속 금고인 단위농협에 예치되면 회계사무보조가 지출결의서를 기안작성하여 소정의 결의를 받아 전도자금은 부면장이, 세입세출외 현금의 경우는 총무계장이 각 지출원으로서 출금전표를 끊어주어 이를 단위농협에 제시하여 현금을 인출하여 왔다면, 회계사무보조와 총무계장은 전도자금에 대하여는 이를 업무상 직접 점유보관하는 자라고 할 수 없고, 면장도 수입지출의 명령과 회계감독을 하는 지위에 있었음에 그치고 전도자금을 직접 점유보관하는 자라고 할 수 없으니 위 전도자금에 대한 **업무상횡령죄**의 주체가 될 수 없다.

면의 예산과는 별도로 면장이 면민들로부터 모금하여 그 개인명으로 예금하여 보관하고 있던 체육대회성금의 업무상 점유보관자는 면장뿐이므로 면의 총무계장이 면장과 공모하여 업무상횡령죄를 저질렀다 하여도 업무상 보관책임있는 신분관계가 없는 총무계장에 대하여는 형법 제33조 단서에 의하여 형법 제355조 제2항에 따라 처단하여야 한다.

■ 참고문헌

김성돈, “소극적 신분과 공범”, 성균관법학 제19권 제3호, 성균관대학교 법학연구소, 2007.

백원기, “신분과 공범의 성립”, 형사판례연구 (6), 한국형사판례연구회, 박영사, 1998.

신양균, “배임행위의 거래상대방의 형사책임”, 형사판례연구 (15), 박영사, 2007.

학습과제

소극적 신분과 신분자의 형사책임에 대해 생각해 보시오.

솔루션

1. 신분범이란 일정한 신분을 가진 자만이 행위주체가 되는 범죄를 말한다. 이러한 신분범은 신분자만이 범죄를 범할 수 있는 진정신분범과 신분자가 행위를 하면 형벌이 가중 또는 감경되는 부진정신분범으로 구성되는데, 업무상배임죄는 배임죄에 대하여 업무자라는 신분으로 인해 형이 가중되는 가중적 구성요건으로 부진정신분범에 해당된다. 즉 타인의 사무처리자로서의 신분(구성적 신분)에 더하여 업무자로서의 신분(가중적 신분)이라는 이중적 신분이 요구되는 형태이다.

2. 형법 제33조의 해석에 대해, 학설과 판례가 확연한 차이가 나는 영역이 바로 부진정신분범이다. 다수설은 본문의 '신분관계로 인하여 성립할 범죄'는 진정신분범, 단서의 '신분관계로 인하여 형의 경중이 있는 경우'란 부진정신분범을 의미하는 것으로 이해하므로, 제33조의 본문은 진정신분범의 성립과 처벌에 관한 규정이며, 단서는 부진정신분범의 성립과 처벌에 관한 규정으로 판단한다. 반면 소수설은 본문은 진정신분범과 부진정신분범 모두에 관한 규정이며, 단서는 부진정신분범의 처벌에 관한 규정이라고 이해한다.
   판례는 위의 학설 중 소수설과 같은 입장에서 비신분자가 부진정신분범에 가공한 경우, 제33조의 본문이 먼저 적용되어 비신분자도 부진정신분범이 성립하지만 처벌은 중한 죄가 아닌 비신분범의 형이 적용된다고 한다.

3. 대상판결에서 피고인 2는 피해자인 한국상업은행의 직원이 아닌 자로 직원인 피고인 1등과 공모하여 범행을 범하였다. 이에 대해 대법원은 "본건 피해자인 한국상업은행의 직원이 아니어서, 동 은행의 사무를 처리하는 업무에 종사하는 자가 아님이 분명한바, 동 피고인이 은행원들인 피고인 1, 원심공동피고인 1, 2, 3등과 공모하여 본건 업무상 배임죄를 저질렀다 하더라도, 그러한 업무에 종사하는 신분관계가 없는 동 피고인에 대하여는 형법 제33조 단서에 의하여 형법 제355조 제2항의 소정형으로 처벌하여야 할 것"이라고 하여, 부진정신분범에 가공한 비신분자에 대한 전형적인 판시, 즉 '성립되는 범죄'는 제356조의 업무상 배임죄이나, 책임개별화원칙에 따라 '처벌되는 형'은 제355조 제2항의 배임죄가 된다는 점을 다시 한 번 확인하였다. 반면 다수설에 따르면 제33조 본문에 따라 배임죄가 성립되고 그에 의해 처벌된다.

4. 형법 제33조는 비신분자가 신분자에게 가공한 경우만을 명확히 규정하고 있고, 신분자가 비신분자에 가공한 경우는 규율여부가 불명확하다. 여기서 비신분자의 행위에 가담한 경우, 가공행위의 평가가 문제된다. 대상판결의 경우, 다수인

의 범죄참가형태 중 공동정범에 해당하는 경우로 통상 이 경우 신분자와 비신분자가 공동정범의 성립요건을 갖춘 경우 특별히 문제되지 않는다. 신분자가 비신분자의 행위에 가담하였는지 비신분자가 신분자의 행위에 가담하였는지의 구별이 무의미하기 때문이다.

반면 협의의 공범의 경우, 예컨대 甲이 친구 乙에게 직계존속인 아버지 X의 살해를 교사한 경우가 문제된다. 이에 대해서는, 이 경우에도 제33조 단서가 적용되어 甲은 존속살해죄의 교사범, 乙은 보통살인죄가 성립한다는 견해가 일반적이다. 제33조 단서는 가감적 신분에 대해 공범 사이에 개별적으로 작용함을 규정하고 있으므로 종속성 완화의 효과는 각각 적용되어야 하기 때문이다. 반면 제33조는 신분자가 정범이고 비신분자가 가담하는 경우에 한하여 적용되는 규정이므로 그 반대의 경우에는 본문과 단서 모두 적용되어서는 안되며 공범 종속성의 일반원칙(제31조 제1항)에 따라 甲은 乙의 보통살인죄라는 불법에 종속되므로 보통살인죄의 교사범이 된다는 견해도 주장되고 있다.

심화문제

치과의사인 甲은 서울에서 운영난을 겪다가 영월로 내려와 자신의 병원이 잘되자, 새로운 치과의사를 채용하기로 하였다. 그러나 병원이 시골에 있어 젊은 의사들이 오지 않으려고 하자, 서울에서 운영하던 자신의 병원에 있다가 일을 그만두고 치과기공소에서 일하고 있던 乙을 불러 충치치료 등 가벼운 진료행위를 할 것을 제안하였다.

3년 정도 치과에서 일하면서 어깨너머로 진료행위를 보아왔고, 손재주가 좋았던 乙은 몇 시간 만에 환자들에게 치료를 해 줄 수 있는 수준이 되었다. 이에 甲은 자신이 서울에서 모시고 온 새로운 의사선생님이라며 환자들에게 소개하고 다음날부터 환자들을 진료하게 하였다.

한편 갑은 자신이 은행지점장으로 있던 동생 병이 전화가 와, “실적 때문에 급하니 형이 좀 도와달라”며 대출이자와 비용은 자신이 부담할테니 허위의 대출에 명의를 빌려달라는 부탁에 승낙을 하고, 30억원의 대출계약에 다음 날 서류를 작성해 주었다.

甲과 乙, 丙의 형사책임은 무엇인가?

17. 죄 수 론

도입판례 1

■ **대법원** 2008. 3. 27. **선고** 2007**도**9328 **판결** 【사기{인정된죄명:특정경제범죄가중처벌등에관한법률위반(사기)}·부정수표단속법위반】

【판시사항】

[1] 채무의 담보로 근저당권설정등기 의무를 지고 있는 자가 제3자 명의로 근저당권설정등기를 마친 경우, 배임죄가 성립하는지 여부(적극)

[2] 피해자에게 근저당권을 설정해 주겠다고 기망하여 금원을 편취한 다음 목적 부동산에 대하여 제3자에게 근저당권을 설정하여 준 배임행위가 사기죄의 불가벌적 사후행위인지 여부(소극)

【판결요지】

[1] 채무의 담보로 근저당권설정등기를 하여 줄 임무가 있음에도 불구하고 이를 이행하지 않고 임의로 제3자 명의로 근저당권설정등기를 마치는 행위는 배임죄를 구성한다.

[2] 부동산에 피해자 명의의 근저당권을 설정하여 줄 의사가 없음에도 피해자를 속이고 근저당권설정을 약정하여 금원을 편취한 경우라 할지라도, 이러한 약정은 사기 등을 이유로 취소되지 않는 한 여전히 유효하여 피해자 명의의 근저당권설정등기를 하여 줄 임무가 발생하는 것이고, 그럼에도 불구하고 임무에 위배하여 그 부동산에 관하여 제3자 명의로 근저당권설정등기를 마친 경우, 이러한 배임행위는 금원을 편취한 사기죄와는 전혀 다른 새로운 보호법익을 침해하는 행위로서 사기 범행의 불가벌적 사후행위가 되는 것이 아니라 별죄를 구성한다.

【참조조문】

[1] 형법 제355조 제2항 / [2] 형법 제347조, 제355조 제2항

【참조판례】

[1] 대법원 1990. 4. 24. 선고 89도2281 판결(공1990, 1194), 대법원 1993. 9. 28. 선고 93도2206 판결(공1993하, 3024)

【전　문】

【피 고 인】 피고인

【상 고 인】 피고인 및 검사

【변 호 인】 변호사 조홍은

【원심판결】 서울고법 2007. 10. 26. 선고 2007노1530, 1720(병합) 판결

【주　문】

원심판결을 파기하고, 사건을 서울고등법원으로 환송한다.

【이　유】

상고이유를 판단한다.

1. 피고인의 상고이유에 대하여

원심판결 및 원심이 인용한 제1심판결의 채용 증거들을 기록에 비추어 살펴보면, 피고인에게 편취 범의가 있다고 보아 판시 사기죄를 유죄로 인정한 원심의 판단은 정당하다. 원심판결에는 채증법칙을 위반한 위법이 없으므로, 사실심인 원심의 전권사항에 속하는 증거의 취사선택이나 사실의 인정을 탓하는 취지의 상고이유의 주장은 적법한 상고이유가 될 수 없거나 받아들일 수 없다.

2. 검사의 상고이유에 대하여

원심은, 이 사건 공소사실 중 배임의 점에 관하여, 판시 증거에 의하여 피고인이 피해자에게 금원 편취의 목적으로 부동산에 근저당권을 설정하여 주겠다고 속이고 피해자로부터 7억 원을 교부받고서도 피해자 명의의 근저당권을 설정하여 주지 아니하고, 농협중앙회로부터 2억 3천만 원을 차용하면서 농협중앙회 명의의 근저당권을 설정하여 준 사실을 인정한 다음, 이러한 경우에 피고인이 부동산에 피해자 명의의 근저당권을 설정하여 주기로 한 약정은 금원 편취의

수단에 불과하여 피고인이 피해자로부터 금원을 수수하는 순간 사기 범행은 완성되는 것이고, 그 이후에 피해자 명의의 근저당권이 설정되지 아니하였다는 등의 사정은 처음부터 사기 범행에 예정된 당연히 수반되는 결과로 일종의 불가벌적 사후행위라고 할 것으로서 사기 범행에 대한 가벌적 평가에 포함되어 사기죄와 별도로 별죄를 구성하지 아니한다고 봄이 상당하다고 보아 배임의 점에 대하여 무죄를 선고하였다.

그러나 채무의 담보로 근저당권설정등기를 하여 줄 임무가 있음에도 불구하고 이를 이행하지 않고 임의로 제3자 명의로 근저당권설정등기를 마치는 행위는 배임죄를 구성하는 것인바(대법원 1971. 11. 15. 선고 71도1544 판결, 1993. 9. 28. 선고 93도2206 판결 등 참조), 부동산에 피해자 명의의 근저당권을 설정하여 줄 의사가 없음에도 피해자를 속이고 근저당권 설정을 약정하여 금원을 편취한 경우라 할지라도, 이러한 약정은 사기 등을 이유로 취소되지 않는 한 여전히 유효하여 피해자 명의의 근저당권설정등기를 하여 줄 임무가 발생하는 것이고, 그럼에도 불구하고 임무에 위배하여 그 부동산에 관하여 제3자 명의로 근저당권설정등기를 마친 경우, 이러한 배임행위는 금원을 편취한 사기죄와는 전혀 다른 새로운 보호법익을 침해하는 행위로서 사기 범행의 불가벌적 사후행위가 되는 것이 아니라 별죄를 구성한다고 보아야 한다.

그렇다면 위 배임죄를 무죄로 판단한 원심판결에는 사기죄의 불가벌적 사후행위에 관한 법리를 오해함으로써 판결에 영향을 미친 위법이 있다고 할 것이므로, 이 점을 지적하는 검사의 상고이유의 주장은 이유 있다.

따라서 원심판결 중 배임의 점에 대하여 무죄를 선고한 부분은 위법하여 파기되어야 할 것인데, 이 부분은 원심판결 중 유죄 부분과 형법 제37조 전단의 경합범 관계에 있어 하나의 형이 선고되어야 할 것이므로 결국 원심판결 전부를 파기할 수밖에 없다.

3. 결 론

그러므로 원심판결을 파기하고, 사건을 다시 심리·판단하게 하기 위하여 원심법원으로 환송하기로 하여, 관여 법관의 일치된 의견으로 주문과 같이 판결한다.

대법관 김영란(재판장) 김황식 이홍훈(주심) 안대희

쟁 점

- 배임행위
- 일죄(법조경합)
- 불가벌적 사후행위

연 구

1. 피고인의 입장에서 죄수판단의 중요성은 어디에 있는가?

2. 죄수는 어떻게 나뉘며, 그 판단의 기준은 무엇인가?

3. 법조경합의 유형에는 무엇이 있는가?

4. 피고인의 배임행위는 무엇인가?

5. 피고인의 제3자에 대한 근저당권 설정행위를 불가벌적 사후행위로 판단할 수는 없는가?

참고자료

■ 관련 판례

1. 죄수결정의 표준(대판 1968.12.24, 68도1510)

예금통장과 인장을 절취한 행위와 예금환급금수령증을 위조한 행위는 각각 별개의 범죄구성요건을 충족하는 각 독립된 행위라 할 것이므로 이를 경합범으로 인정 처단한 것은 정당하다.

2. 특별관계(대판 2005.2.17, 2004도6940)

법조경합의 한 형태인 특별관계란 어느 구성요건이 다른 구성요건의 모든 요소를 포함하는 이외에 다른 요소를 구비하여야 성립하는 경우로서 특별관계에 있어서는 특별법의 구성요건을 충족하는 행위는 일반법의 구성요건을 충족하지만 반대로 일반법의 구성요건을 충족하는 행위는 특별법의 구성요건을 충족하지 못한다. … 살피건대, 구 정치자금에관한법률 제30조 제2항 제5호, 제13조 제3호의 규정이 형법 제132조의 규정에 대하여 특별관계에 있는가의 여부는 앞서 본 법리에 따라 양 법규의 구성요건의 비교로부터 논리적으로 결정되어야 할 것인바, 구 정치자금에관한법률은 정치자금의 적정한 제공을 보장하고 그 수입과 지출상황을 공개함으로써 민주정치의 건전한 발전에 기여함에 그 입법목적이 있고(제1조), 같은 법 제13조 제3호는 공무원이 담당·처리하는 사무에 관하여 청탁 또는 알선하는 일과 관련하여 정치자금을 기부하거나 받는 것을 금지하여 정치자금과 관련한 부정을 방지하기 위한 규정이므로 뇌물죄의 한 태양으로서 직무집행의 공정과 이에 대한 사회의 신뢰 및 직무행위의 불가매수성을 그 직접적 보호법익으로 하고 있는 알선수뢰죄와는 그 보호법익을 달리하고 있을 뿐 아니라, 알선수뢰죄는 공무원이 그 지위를 이용하는 것을 구성요건으로 하고 나아가 뇌물을 수수한 경우뿐만 아니라 요구, 약속한 경우도 포함하여 그 행위 주체, 행위의 내용 및 방법 등 구체적인 구성요건에 있어서 위 구 정치자금에관한법률위반죄와 많은 차이가 있어 구 정치자금에관한법률 제30조 제2항 제5호, 제13조 제3호의 구성요건이 알선수뢰죄의 구성요건의 모든 요소를 포함하는 외에 다른 요소를 구비하는 경우에 해당하지 않으므로, 위 구 정치자금에관한법률 규정이 형법 제132조의 규정에 대하여 특별관계에 있다고는 볼 수 없다.

3. 보충관계(대판 1965.9.28, 65도695)

살해의 목적으로 동일인에게 일시 장소를 달리하고 수차에 걸쳐 단순한 예비행위를 하거나 또는 공격을 가하였으나 미수에 그치다가 드디어 그 목적을 달성한 경우에 그 예비행위 내지 공격행위가 동일한 의사발동에서 나왔고 그 사이에 범의의 갱신이 없는한 각 행위가 같은 일시 장소에서 행하여 졌거나 또는 다른 장소에서 행하여 졌거나를 막론하고 또 그 방법이 동일하거나 여부를 가릴 것 없이 그 살해의 목적을 달성할 때까지의 행위는 모두 실행행위의 일부로서 이를 포괄적으로 보고 단순한 한 개의 살인기수죄로 처단할 것이지 살인예비 내지 미수죄와 동 기수죄의 경합죄로 처단 할 수 없는 것이다.

4. 흡수관계(대판 2010.2.25, 2010도93)

횡령죄는 타인의 재물을 보관하는 자가 그 재물을 횡령하는 경우에 성립하는 범죄이고, 횡령죄의 구성요건으로서의 횡령행위란 불법영득의사를 실현하는 일체의 행위를 말하는 것이어서 타인의 재물을 점유하는 자가 그 점유를 자기를 위한 점유로 바꾸려고 하는 의사를 가지고 그러한 영득의 의사가 외부에 인식될 수 있는 객관적 행위를 하였을 때에는 그 재물 전체에 대한 횡령죄가 성립되고, 일단 횡령을 한 이후에 다시 그 재물을 처분하는 것은 불가벌적 사후행위에 해당하여 처벌할 수 없다. 따라서 이 사건에 있어서와 같이, 공소외 2 등을 위하여 이 사건 임야를 보관하고 있는 피고인 1이 공소외 2 등으로부터 그 반환요구를 받고도 이를 거부하였다면 이는 객관적으로 불법영득의 의사를 외부에 발현시키는 행위로서 이때에 이미 횡령죄는 완성되었다고 할 것이므로, 그 횡령행위의 완성 후에 타인에게 근저당권설정등기를 경료해 준 행위는 공소외 2 등에 대한 새로운 법익침해를 수반하지 않는 이른바 불가벌적 사후행위로서 별도의 횡령죄를 구성하지 않는다고 할 것이다.

■ 참고문헌

김성돈, "형법상 죄수론의 구조", 형사법연구 제9권, 한국형사법학회, 1996.
______, "법조경합의 유형과 그 판단방법", 법조 54권 1호, 법조협회, 2005.
이승준, "배임죄 행위주체 해석의 방향 -동산 이중양도를 중심으로-", 인권과 정의 통권 제422호, 2011.12.

학습과제

1. 대법원이 간통죄에 대해서는 행위표준설(83도2474), 강간죄에 대해서는 구성요건표준설(70도1516)을 취하고 있는 이유를 생각해보시오.

2. 보충관계를 인정한 판례의 사안들을 정리해 보시오.

솔루션

1. 죄수란 행위자가 범한 범죄의 개수를 의미하는 것으로, 범죄구성요건에 해당하고 범죄성립요건을 충족한 행위가 몇 개인가를 의미한다. 이러한 죄수의 결정은 법관의 입장에서는 판결주문과 이유의 기재내용과 형태, 형의 가중 등에 있어서 중요하지만, 피고인의 입장에서 볼 때 더욱 절실한 문제라고 할 수 있다. 피고인의 최종 관심사는 구체적으로 어떠한 범죄가 성립하느냐보다는 성립된 범죄들로 인해 어느 정도의 형벌이 선고되느냐에 있기 때문이다. 결국 피고인의 최대 관심사인 선고형이 나오기 위해서는 결국 일죄인지 수죄인지 판단되어야 하며, 수죄의 경우 병과될 것인지 가중될 것인지 결정되어야 하는 것이다. 나아가 확정판결이 있은 후 기판력의 범위에까지 영향을 준다는 점에서 피고인에게 죄수문제란 결과적으로 가장 중요한 문제일 수 있다.

2. 죄수는 통상 일죄와 수죄로 나뉜다. 일죄는 범죄인이 범한 범죄의 개수와 일죄가 문제되며, 수죄는 수개의 범죄가 성립하는 경우, 각 범죄간의 경합문제가 주요 논의 대상이다. 형법은 피고인의 현실적 관심사인 죄수를 결정하는 표준에 대해서 규정을 두고 있지 않고, 수개 죄의 경합 문제에 대해 상상적 경합과 실체적 경합을 규정하고 있을 뿐이다.

   여기서 일죄와 수죄를 구분하는 기준에 대해, 행위자가 행한 행위의 개수를 법적·사회적 의미에 따라 판단하는 행위표준설(법적·사회적 의미의 행위개념 기준설), 행위자의 범죄의사의 수를 기준으로 죄수를 결정하는 의사표준설, 범죄행위로 침해된 보호법익을 기준으로 죄수를 결정하는 법익표준설, 행위자의 행위가 법률상의 구성요건을 충족시키는 횟수를 기준으로 해서 죄수를 결정해야 한다는 구성요건표준설, 범죄자의 의사·행위·결과·법익침해·구성요건의 충족횟수 등을 종합적으로 고려하여 구체적인 경우에 합목적적으로 죄수를 결정해야 한다는 총합설 등이 주장되고 있다. 대법원은 원칙적으로 구성요건표준설을 취하고 있다(2000도4880; 68도1510 등). 다만 사안에 따라 구성요건에 더하여 보호법익을 고려하기도 한다(2000도1899).

   하나의 범죄행위는 주관적 요소와 객관적 요소의 결합에 의해 이뤄지므로, 어느 하나만을 기준으로 하는 의사표준설이나 법익표준설은 따르기 어렵다. 행위표준설의 경우 형법 제40조의 한 개의 행위가 수 개의 죄에 해당하는 경우를 설명하기 어려우며, '수 개의 죄'라는 문언과 배치되는 문제점이 있다. 따라서 범죄의 구조와 현행 형법의 태도와 가장 부합하는 것은 구성요건 표준설이라고 하겠다.

3. 일죄에는 단순일죄와 포괄일죄가 있으며, 단순일죄의 대표적인 유형인 법조경합은 다시 특별관계, 보충관계, 흡수관계로 구분된다. 법조경합은 외관상으로는 수개의 구성요건이 경합하는 것처럼 보이나, 실제로는 수개의 '범죄'간의 경합은 일어나지 않고, 법률구성요건(법조문)이 경합하고 있는 경우로, 이러한 법조경합을 일죄로 인정하는 것은 행위자의 불법을 이중으로 평가하는 것을 막기 위해서이다.

법조경합을 구체적으로 살펴보면, 먼저 특별관계는 어떤 법률이 다른 법률과 동일한 요소를 지니면서도 부가적으로 다른 요소를 지니고 있는 경우에 인정된다. 이 경우 부가적으로 다른 요소를 지녀 다른 법률을 포괄하는 법률을 특별법률이라고 하며, 그와 중첩되는 법률을 일반법률이라고 한다. 특별관계에서는 '특별법은 일반법에 우선한다'는 원칙이 적용된다. 특별관계는 기본구성요건과 가중(감경)구성요건, 결합범, 결과적 가중범에서 인정될 수 있다.

다음으로 보충관계는 다른 법률을 적용할 수 없는 경우에 한해 보충적으로 적용될 수 있는 경우를 말하며, '기본법은 보충법에 우선한다'는 원칙이 적용된다. 보충관계는 법률의 규정으로부터 직접 보충관계가 인정되는 명시적 보충관계와 묵시적 보충관계가 있다. 전자는 일반이적죄(형법 제99조), 일반건조물방화죄(제166조 제1항), 일반물건방화죄(제167조 제1항) 등이 있으며, 후자는 기수와 예비, 미수처럼 범죄실현의 앞단계(미수)의 범죄가 같은 법익에 대한 다음 단계의 침해(기수)가 있으면 독자적인 의미가 상실되는 불가벌적 사전행위와 과실범과 고의범, 협의의 공범과 정범의 관계처럼 동일한 법익에 대한 침해행위에 경중이 있어 가벼운 침해방법은 무거운 침해방법에 대해 보충관계에 놓이는 경우가 있다.

마지막으로 흡수관계는 한 개 또는 수 개의 행위로 구성요건을 실현하였지만, 그 행위의 불법내용과 책임내용을 포함하고 있는 다른 구성요건이 있다면 그 다른 구성요건상의 형벌은 거기에 포섭될 수 있는 행위에 대해서 미치는 것으로 '전부법은 부분법을 폐지한다'는 원칙이 적용된다. 여기에는 불가벌적(전형적) 수반행위와 불가벌적 사후행위가 있다. 전자는 살인죄와 의복에 대한 손괴죄, 사문서위조와 인장위조행위처럼 구체적인 사건에서 구성요건의 동시충족의 양태가 생기는 것이 일반적인 것으로 파악되는 경우를 말하며, 후자는 그 자체로는 구성요건에 해당하고 위법, 유책한 행위이지만 앞서 행해진 범죄행위에 대한 평가와 그에 대한 처벌만으로 후에 이뤄진 행위에 대한 처벌이 더 이상 요구되지 않는 경우를 뜻한다. 여기에는 절도범이 재물을 손괴한 경우, 장물인 자기앞수표를 취득한 후 이를 현금대신 교부한 경우처럼 사후행위가 이미 주된 범죄에서 완전히 평가된 경우이다. 이러한 흡수관계는 특별관계와 보충관계가 인정되지 않는 경우에 보충적으로 인정된다.

4. 불가벌적 사후행위는 주로 범죄에 의해 획득한 위법한 이익을 확보하거나 사용·처분하려는 사후행위가 별죄를 구성하느냐의 문제로, 사후행위가 주된 행위와 다른 새로운 보호법익을 침해하거나 그 양을 초과하지 않아서 이미 범해진 선행범죄에 의해 완전히 평가되었다면 별죄를 구성하지 않게 된다. 따라서 불가벌적 사후행위가 인정되기 위해서는 사후행위가 범죄의 구성요건에 해당해야 하고, 선행범죄와 보호법익을 같이하고 침해의 양을 초과하지 않아야 한다.
대법원은 통상 불가벌적 사후행위로 참고판결에서 보는 것처럼, 열차승차권을 절취한 자가 그 승차권을 자기의 것인 양 속이면서 환불을 받은 경우(75도1996), 장물보관의뢰를 받은 자가 그 정을 알면서 보관하고 있다가 임의로 처분한 경우(2003도8219), 명의수탁자가 보관중이던 토지를 명의신탁자의 승낙없이 제3자에게 근저당권 설정등기를 경료해 준 후 다시 다른 사람에게 매도한 경우(99도2651) 등의 사안에서 불가벌적 사후행위를 인정하였다. 그러나 대상판결의 경우 이러한 기존의 입장과 상당한 차이를 보이고 있다.

5. 대상판결에서 피고인의 행위가 불가벌적 사후행위가 될 것인지 아니면 별죄가 될 것인지는 불가벌적 사후행위의 요건, 즉 사후행위가 범죄 구성요건에 해당하고, 선행범죄와 다른 보호법익을 침해하거나 침해의 양을 초과하는지에 따라 달려있다.
대상판결의 피고인은 근저당권 설정에 대한 의사 없이 피해자를 기망하여 근저당권 설정약정을 하고 금원을 편취하였다(선행범죄). 그리고 피해자가 아닌 제3자(금융기관) 명의로 근저당권 설정등기를 경료하였나(사후행위). 여기에서 사후행위가 선행범죄인 사기죄와 달리 타인의 사무처리자의 지위에서 근저당설정등기의무를 해태하고 타인에게 설정하는 등의 배임행위를 함으로써 새로운 법익을 침해한 것이어서 별죄가 성립한다는 논리가 가능할 수 있다. 대법원의 견해가 이러한 입장에 서 있다. 그러나 이러한 논리에는 문제가 있다. 사후행위가 배임죄가 성립하는지에 대한 진지한 검토가 없었기 때문이다. 채무의 담보로 근저당권설정등기를 하여 줄 임무가 있음에도 불구하고 이를 이행하지 않고 임의로 제3자 명의로 근저당권설정등기를 마치는 행위는 배임죄를 구성한다는 과거의 71도1544 판결 등을 맹목적으로 답습할 것이 아니라, 대상판결에서 피고인의 사후행위가 배임죄가 되는지 정밀한 분석이 필요하다.
형법 제355조 제2항은 배임죄의 주체로 타인의 사무를 처리하는 자라고 규정하고 있다. 여기서 타인이란 자연인, 법인, 권리능력 없는 사단을 모두 포함한다. 다만 자신의 사무를 처리하는 경우는 당연히 제외된다. 그런데 타인의 사무를 처리하는 자는 타인이 처리해야 할 사무를 그를 위하여 처리하는 것이며, 사무의 본질적 내용이 자기의 사무임과 '동시에' 타인의 사무인 경우에는 타인의 사무가 된다고 한다. 통상 배임행위는 처리하는 사무의 내용, 성질 등 구체적 상황에 비추어 법률의 규정, 계약의 내용 혹은 신의칙상 당연히 할 것으로 기대되는 행위를 하지 않거나 당연히 하지 않아야 할 것으로 기대하는 행위를 함으로써 본인과 사이의 신임관계를 저버리는 일체의 행위로, 타인의 사무를 처리하는 자로서의 임무에 위배되는 행위로 사무의 성질과 내용 및 행위시의 상황 등을 구체적으로 검토하여 신의칙에 비추어 판단한다고 한다. 여기서 배임행위는 법률상 유효한가의 여부는 묻지 않는다.

대상판결에서 피고인에게 불가벌적 사후행위가 아니라 별죄인 배임죄를 인정하고 있는 것은 피해자에 대해 근저당권 설정등기를 경료하여 줄 사무를 처리하는 자의 지위에 있으면서 피해자에 대해서는 근저당권 등기를 하지 않고 (사기죄 성립), 다른 제3자에게 근저당권 설정등기라는 새로운 법익을 침해한 배임행위로 나아갔다는 판단에 기인하는 것 같다. 그런데 배임죄의 주체에서 타인의 사무처리자는 타인이 처리해야 할 사무를 그를 위해 처리하는 자여야 한다. 그런데 통설과 판례는 여기에 더하여 타인의 재산을 보호할 사무임과 동시에 자기의 사무로서의 성질을 가지는 때에도 타인을 위한 사무가 본질적 내용을 이루는 때에는 타인의 사무처리자가 된다고 한다. 그러나 '타인의 사무'와 '타인을 위한 사무'는 문언의 의미상 명확히 구분된다. 타인의 사무임과 동시에 자기의 사무라는 구성은 기교적 구성에 지나지 않는다. '본질적 내용'이라는 불명확한 개념으로 타인의 사무처리자의 외연을 부당하게 확대할 뿐이다. 근저당권 설정의무는 피고인의 사무이지 피해자의 사무가 아니다. 부동산 이중매매에서 등기협력의무가 자기의 사무임과 동시에 타인의 사무라고 이해하는 대법원의 견해가 매도인이 매매의 목적인 재산권을 매수인에게 이전하여야 할 의무가 있으며, 거기에는 등기·등록에 협력하고 인도하여야 하는 내용까지 포함되나 이는 매수인의 대금지급의무와 동시이행의 관계에 있는 것이며, 중도금을 지급받은 이후부터 매도인의 재산권 이전의무가 타인인 매수인의 타인의 사무로 전환된다고 볼 수 없는 것이라는 맹점을 지닌 것과 같은 맥락이다. 그리고 타인의 사무처리자는 그 타인과 신임관계에 놓여 있어야 한다. 대상판결에서 피고인은 처음부터 사취의 의사로 재산상의 이익을 편취한 것이며, 피해자와 신임관계가 발생하였다고 볼 수 없다. 그렇다면 배임죄의 타인의 사무처리자라는 주체가 될 수 없는 것이다. 나아가 근저당권 설정행위는 채권자보호를 위한 채무자 자신의 사무이지 타인의 사무는 아니다. '타인의 재산을 보호할 사무임과 동시에 자기의 사무'가 아니라 자기의 사무에 속하는 것이므로 사후행위인 근저당권 설정행위에 대해 배임죄를 인정할 수 없는 것이다. 더욱이 대법원은 편취의 의사로 근저당권설정계약을 하였다고 하더라도 "사기 등을 이유로 취소되지 않는 한 여전히 약정이 유효하여 피해자 명의의 근저당권설정등기를 하여 줄 임무가 발생하는 것"이라고 하여 민법상 사기에 의한 취소가 되지 않아 타인의 사무를 처리할 임무가 발생한다고 하나 이는 '타인과의 대내관계에서 신의성실의 원칙에 비추어 그 사무를 처리할 신임관계'와 사기의 의해 취소되지 않은 근저당설정계약과 혼동을 일으킨 것이라고 하겠다. 그렇다면 결국 대법원은 범죄 구성요건에 해당하지 않는 사후행위를 별죄로 인정한 점에 오류를 범하였다고 하지 않을 수 없다. 선행범죄가 사기죄인 경우, 횡령죄와 달리 후행 배임행위가 별죄가 된다는 것은 명의수탁자가 보관중이던 토지를 명의신탁자의 승낙없이 제3자에게 근저당권 설정등기를 경료해 준 후 다시 다른 사람에게 매도한 경우(99도2651)에 불가벌적 사후행위를 인정한 기존의 판례에 비춰서도 이해하기 어렵다고 하겠다.

도입판례 2

■ **대법원** 1983. 4. 26. **선고** 83도323 **판결** 【폭력행위등처벌에관한법률위반】

【판시사항】

가. 감금행위가 강간미수죄의 수단인 경우에 감금죄의 성부 및 죄수

나. 강간의 목적으로 피해자를 차에 태워 주행, 외포케한 행위가 감금죄와 강간죄의 실행의 착수에 해당하는지 여부(적극)

다. 상상적 경합관계에 있는 1죄에 관하여 고소취하가 있는 경우 타죄에 대한 처벌

【판결요지】

가. 강간죄의 성립에 언제나 직접적으로 또 필요한 수단으로서 감금행위를 수반하는 것은 아니므로 감금행위가 강간미수죄의 수단이 되었다 하여 감금행위는 강간미수죄에 흡수되어 범죄를 구성하지 않는다고 할 수는 없는 것이고, 그때에는 감금죄와 강간미수죄는 일개의 행위에 의하여 실현된 경우로서 형법 제40조의 상상적 경합관계에 있다.

나. 피고인이 피해자가 자동차에서 내릴 수 없는 상태에 있음을 이용하여 강간하려고 결의하고, 주행중인 자동차에서 탈출불가능하게 하여 외포케 하고 50킬로미터를 운행하여 여관 앞까지 강제연행한 후 강간하려다 미수에 그친 경우 위 협박은 감금죄의 실행의 착수임과 동시에 강간미수죄의 실행의 착수라고 할 것이다.

다. 형법 제40조의 소위 상상적 경합은 1개의 행위가 수개의 죄에 해당하는 경우에는 과형상 1죄로서 처벌한다는 것이고, 또 가장 중한 죄에 정한 형으로 처벌한다는 것은 경한 죄는 중한 죄에 정한 형으로 처단된다는 것이지, 경한 죄는 그 처벌을 면한다는 것은 아니므로, 이 사건에서 중한 강간미수죄가 친고죄로서 고소가 취소되었다 하더라도 경한 감금죄(폭력행위등처벌에 관한 법률 위반)에 대하여는 아무런 영향을 미치지 않는다.

【참조조문】

가. 형법 제40조, 제276조, 제297조 / 나. 제25조, 제276조, 제297조 / 다. 제40조, 제306조, 형사소송법 제232조

【전 문】

【피 고 인】 피고인

【상 고 인】 검사

【원심판결】 대전지방법원 1982.12.22 선고 82노934 판결

【주 문】

원심판결을 파기하고, 사건을 대전지방법원 합의부에 환송한다.

【이 유】

검사의 상고이유를 판단한다.

(1) 원심판결 이유에 의하면, 원심은 피고인은 1980.7.10.10:22경 화물차동차에 조개를 싣고 충남 홍성군 금마면으로 운행도중에 피해자 (17세)가 예산읍 신래원리까지 태워달라고 부탁하여 피해자를 운전석 옆에 태우고 가다가 피해자를 강간할 마음이 생겨 목적지로 데려다 주지 아니하고 하차 요구를 거절한 채 계속 운행하면서 같은달 11. 00:50경 강제로 주행을 하고, 01:00경에는 강간을 하려다 뜻을 이루지 못한 채 강간할 의사를 버리지 않고 계속하여 피해자를 강제로 그 차에 태워 공주군 산성동 소재 동진장여관 앞길까지 운행하여 동 여관 방실에서 강간하려 하였으나 피해자가 화장실에 들어가 문을 잠그고 소리질러 그 목적을 이루지 못하고 미수에 그친 사실을 인정한 다음 위 감금의 소위는 강간의 수단에 지나지 아니하므로 강간미수죄에 대한 고소가 취소된 이상, 그 수단에 지나지 않는 감금은 별개의 범죄를 구성하지 아니한다 하여 무죄를 선고하였다.

(2) 원심의 위 인정 판시는 모호한 점이 있으나, 그 판시 취지가 이 사건 감금행위는 강간미수죄에 흡수되어 범죄를 구성하지 않는다는 취지라고 한다면, 강간죄의 성립에 언제나 직접적으로 또 필요한 수단으로서 감금행위를 수반하는 것

은 아니므로 이 사건에서 감금행위가 강간미수죄의 수단이 되었다 하여 감금행위는 강간미수죄에 흡수되어 범죄를 구성하지 않는다고 할 수는 없는 것이고, 원심인정의 위 사실관계에서 보면, 피고인이 피해자가 자동차에서 내릴 수 없는 상태를 이용하여 강간하려고 결의하고, 주행중인 자동차에서 탈출불가능하게 하여 외포케 하고 50킬로미터를 운행하여, 여관앞까지 강제로 연행하여 강간하려다 미수에 그친 경우 위 협박은 감금죄의 실행의 착수임과 동시에 강간미수죄의 실행의 착수라고 할 것이고, 감금과 강간미수의 두 행위가 시간적, 장소적으로 중복될 뿐 아니라 감금행위 그 자체가 강간의 수단인 협박행위를 이루고 있는 경우로서 이 사건 감금과 강간미수죄는 일개의 행위에 의하여 실현된 경우로서 형법 제40조의 상상적 경합이라고 해석함이 상당할 것이므로 위 감금행위가 강간미수죄에 흡수되어 범죄를 구성하지 않는다는 원심판단에는 의율착오의 위법이 있다 할 것이고, 또 달리 원심의 위 판시 취지가 강간미수죄와 감금죄를 상상적 경합관계로 인정한 것으로 보아도 형법 제40조의 소위 상상적 경합은 1개의 행위가 수개의 죄에 해당하는 경우에는 과형상 1죄로서 처벌한다는 것이고, 또 가장 중한 죄에 정한 형으로 처벌한다는 것은 가벼운 죄는 중한 죄에 정한 형으로 처단된다는 것이지, 가벼운 죄는 그 처벌을 면한다는 것은 아니므로 이 사건에서 중한 강간미수죄가 친고죄로서 고소가 취소되었다 하더라도 가벼운 감금죄(폭력행위등처벌에 관한 법률위반)에 대하여는 아무런 영향을 미치지 않으므로 원심은 당연히 공소제기된 감금죄에 관하여 심리판단하여야 할 것인데도 위 강간미수죄에 관한 고소의 취소가 있었다는 이유로 감금죄에 대하여 무죄를 선고한 원심판결에는 형법 제40조의 해석을 잘못한 위법이 있고 이는 판결의 결과에 영향을 미쳤음이 뚜렷하므로 원심판결은 파기를 면할 수 없다. 논지는 결국 이유있다.

그러므로 원심판결을 파기하여 사건을 원심법원에 환송하기로 관여법관의 의견이 일치되어 주문과 같이 판결한다.

대법관 김중서(재판장) 강우영 이정우 신정철

쟁 점

- 수죄
- 상상적 경합과 실체적 경합
- 실행의 착수
- 고소취하

연 구

1. 상상적 경합범은 실체적 경합범과 어떠한 차이가 있는가?

2. 감금을 강간죄의 행위로 모두 포함하여 평가할 수는 없는가?

3. A행위가 B죄의 수단으로 행해진 경우, 일률적으로 상상적 경합관계로 판단할 수 있는가?

4. 실행의 착수를 중복하여 인정할 수 있는가?

5. 상상적 경합관계에서 고소취소의 효과를 대법원과 달리 파악한다면 피고인의 형사책임이 달라지는가?

참고자료

■ 관련 판례

1. 상상적 경합(대판 1991.6.25, 91도643)

피고인이 여관에서 종업원을 칼로 찔러 상해를 가하고 객실로 끌고 들어가는 등 폭행·협박을 하고 있던 중, 마침 다른 방에서 나오던 여관의 주인도 같은 방에 밀어 넣은 후, 주인으로부터 금품을 강취하고, 1층 안내실에서 종업원 소유의 현금을 꺼내 갔다면, 여관 종업원과 주인에 대한 각 강도행위가 각별로 강도죄를 구성하되 피고인이 피해자인 종업원과 주인을 폭행·협박한 행위는 법률상 1개의 행위로 평가되는 것이 상당하므로 위 2죄는 상상적 경합범관계에 있다고 할 것이다.

2. 연결효과에 의한 상상적 경합(대판 1983.7.26, 83도1378)

허위공문서작성죄와 동행사죄가 수뢰후부정처사죄와 각 상상적 경합관계에 있을 때에는 허위공문서작성죄와 동행사죄는 실체적 경합관계에 있다고 할지라도 상상적 경합관계에 있는 수뢰후부정처사죄와 대비하여 가장 중한 죄에 정한 형으로 처단하면 족하다.

3. 실체적 경합(대판 1992.7.28, 92도917)

절도범인이 체포를 면탈할 목적으로 경찰관에게 폭행 협박을 가한 때에는 준강도죄와 공무집행방해죄를 구성하고 양죄는 상상적 경합관계에 있으나, 강도범인이 체포를 면탈할 목적으로 경찰관에게 폭행을 가한 때에는 강도죄와 공무집행방해죄는 실체적 경합관계에 있고 상상적 경합관계에 있는 것이 아니다.

■ 참고문헌

김성돈, "계속범과 그 도중에 범한 다른 범죄와의 경합문제", 성균관법학 제7호, 1996.

학습과제

1. 실체적 경합관계를 인정한 판례의 사안들을 정리해 보시오.

2. 연결효과에 의한 상상적 경합의 개념과 인정 사례들을 정리해 보시오.

솔루션

1. 상상적 경합과 실체적 경합 모두 수죄에 속한다. 상상적 경합은 한 개의 행위가 관념적으로 경합되어 수 개의 범죄가 되는 경우로, 처벌에 있어 가장 중한 형으로 처벌되고 소송법상 관련사건(형사소송법 제11조) 등에서 한 개의 사건으로 처리되기 때문에 과형상 일죄 내지 소송법상 일죄로 이해된다. 따라서 상상적 경합의 경우 수 개의 범죄 중 가장 중한 범죄에 정한 형(법정형)으로 처벌되며, 어느 죄에 대해 확정판결이 있는 경우에 다른 죄에 대하여도 기판력이 발생하므로 그 죄에 대해서는 면소판결이 이뤄져야 한다. 반면 실체적 경합은 수 개의 행위가 실체적으로 관련되어 수 개의 범죄가 성립하는 경우이다.

2. 대상판결에서 피고인의 감금행위가 상상적 경합이 아닌 법조경합관계에 있다고 판단하기 위해서는 강간행위에 감금행위가 모두 포함될 수 있는가의 문제를 살펴보아야 한다. 체포·감금의 수단으로 폭행·협박이 이루어지는 경우 체포·감금에 전형적으로 수반되는 경한 법익침해로서 법조경합관계가 된다. 그런데 강간죄와 감금죄의 경우, 강간죄의 성립에 언제나 직접적으로 또 필요한 수단으로서 감금행위를 수반하는 것은 아니므로 강간행위가 감금행위를 모두 포함한다고 볼 수 없다. 더욱이 대상판결처럼 피고인이 피해자가 자동차에서 내릴 수 없는 주행중인 자동차에서 탈출불가능하게 하여 외포케 하고 50킬로미터를 운행한 것은 통상 강간행위에 수반될 수 있는 피해자의 신체적 활동의 자유를 제한하는 정도를 현저히 넘어선 것으로써 별개의 법익을 침해하는 구성요건의 충족이라고 판단하지 않을 수 없다.

3. 상상적 경합이 성립하기 위해서는 행위의 단일성 및 동일성이 있는 1개의 행위에 의해 둘 이상의 구성요건을 실현하여야 하며, 이렇게 실현된 구성요건들이 법조경합관계에 있지 않아야 한다. 여기서 1개의 행위를 판단함에는 단일성과 동일성 모두가 필요한데, 단일성은 죄수 개념에서 활용되었던 행위 개수의 판단이 그대로 적용된다. 따라서 구성요건의 개수에 따라 행위가 1개인지 판단된다. 다음으로 행위의 동일성은 모욕죄와 폭행죄의 관계에서처럼 따귀를 때리는 행위가 하나의 행위이지만 완전 동일한 경우를 의미한다. 그런데 여기에서 더 나아가 통설과 판례는 이러한 '완전 동일성'뿐만 아니라 강도의 수단으로 피해자를 감금하는 경우처럼 구성요건의 행위들 사이에 부분적으로 합치가 있는 '부분적 동일성'에 까지 확대하고 있다. 따라서 고의와 과실범 사이, 부작위범 사이에서도 행위의 동일성이 인정되어 상상적 경합관계가 될 수 있다.

이러한 상상적 경합의 요건을 토대로 상상적 경합의 유형을 상정해보면, 한 개의 자연적 행위에 의해 두 개 이상의 범죄가 성립하는 경우, 두 개 이상의 실행행위에 부분적으로 공통관계(동일성)가 존재하여 두 개 이상의 범죄가 성립하는 경우, 계속범의 도중에 다른 범죄를 실행한 경우가 있을 수 있다.

대상판결에서 강간의 수단으로 행해진 감금의 경우, 실현된 구성요건의 행위 사이에 부분적 합치가 있는 경우로 행위의 부분적 동일성이 인정될 수 있는가가 문제된다. 실행행위의 부분적 동일성은 자연적 행위로 판단하여서는 안되며, 법적·구성요건적 평가를 통해 결정될 수밖에 없다. 자연적 행위는 전부 동일하든지, 전혀 동일하지 않든지의 2가지 경우밖에 상정할 수 없기 때문이다. 따라서 강간의 수단으로 행해진 감금의 경우에도 자연적 관찰방법에 의한다면 강간의 수단에 포함시켜 평가하는 것은 불가능하다. 그러나 법적·구성요건적 평가를 거친다면 감금이 강간죄의 구성요건을 기준으로 볼 때 부분적으로 폭행 또는 협박과 동일하다고 볼 여지가 있다. 이 점에서 실행의 착수도 부분적 동일성이 인정되는 한도 내에서는 중첩적으로 판단될 수 있다.

4. 그런데 대상 판결처럼 감금이 강간의 수단이 되는 경우, 즉 A행위가 B행위의 수단이 되는 경우를 일률적으로 상상적 경합관계라고 판단할 수는 없다. 사안에 따라서 A행위가 B행위에 완전히 포함되는 것으로 평가되는 경우에는 법조경합관계가 될 수 있으며, 행위의 단일성 내지 동일성이 약하여 실체적 경합관계에 놓일 수도 있다. 대법원도 무면허 운전 중에 행위자가 업무상과실치사상의 죄를 범한 경우 양자간에 실체적 경합관계를 인정하고 있다(72도2001).

5. 상상적 경합은 실질은 수죄이나 과형상, 소송법상으로 일죄로 취급되는 것이므로, 중한 죄에 대하여 고소가 취소되면 상상적 경합관계에 있는 경한 죄도 그 처벌을 면한다는 것은 아니다. 따라서 중한 강간미수죄가 친고죄로서 고소가 취소되었다 하더라도 경한 감금죄(폭력행위등처벌에 관한 법률 위반)에 대하여는 영향이 없다. 만일 중한 죄에 대한 고소취소가 경한 죄에까지 영향을 미친다면 경한 죄에 대해서도 불기소 또는 공소기각판결을 선고하여야 할 것이다. 그러나 대상판결의 경우 명예훼손죄와 모욕죄의 경우처럼 모두 친고죄가 아니라, 일죄의 일부만이 친고죄인 경우이므로 고소불가분의 원칙상 친고죄(강간미수)의 고소취소는 비친고죄(감금)에 영향을 미치지 않는다.

18. 형벌론

도입판례 1

■ **대법원** 2003. 6. 13. **선고** 2003도924 **판결**【성폭력범죄의처벌및피해자보호등에관한법률위반(강간등살인)·성폭력범죄의처벌및피해자보호등에관한법률위반(특수강도강간등)·강도상해·강도·특수절도(일부 인정된 범죄 : 야간주거침입절도)·야간주거침입절도·절도】

【판시사항】

[1] 사형의 선고가 허용되기 위한 요건

[2] 사형의 선택 여부를 결정함에 있어서 필수적 양형자료 및 필요한 양형심리의 방법

[3] 사형을 선택함에 있어서 양형조건에 대한 필요한 조사 및 심리를 다하지 아니한 채 형의 양정을 하였음을 이유로 원심판결을 파기한 사례

【판결요지】

[1] 사형은 인간의 생명 자체를 영원히 박탈하는 냉엄한 궁극의 형벌로서 문명국가의 이성적인 사법제도가 상정할 수 있는 극히 예외적인 형벌이라는 점을 감안할 때, 사형의 선고는 범행에 대한 책임의 정도와 형벌의 목적에 비추어 그것이 정당화될 수 있는 특별한 사정이 있다고 누구라도 인정할 만한 객관적인 사정이 분명히 있는 경우에만 허용되어야 하고, 따라서 사형을 선고함에 있어서는 범인의 연령, 직업과 경력, 성행, 지능, 교육 정도, 성장과정, 가족관계, 전과의 유무, 피해자와의 관계, 범행의 동기, 사전계획의 유무, 준비의 정도, 수단과 방법, 잔인하고 포악한 정도, 결과의 중대성, 피해자의 수와 피해감정, 범행 후의 심정과 태도, 반성과 가책의 유무, 피해회복의 정도, 재범의 우려 등 양형의 조건이 되는 모든 사항을 철저히 심리하여 위와 같은 특별한 사정이 있음을 명확하게 밝힌 후 비로소 사형의 선택 여부를 결정하여야 한다.

[2] 사형의 선택 여부를 결정하기 위하여는 법원으로서는 마땅히 기록에 나타난

양형조건들을 평면적으로만 참작하는 것에서 더 나아가, 피고인의 주관적인 양형요소인 성행과 환경, 지능, 재범의 위험성, 개선교화 가능성 등을 심사할 수 있는 객관적인 자료를 확보하여 이를 통하여 사형선택 여부를 심사하여야 할 것은 물론이고, 피고인이 범행을 결의하고 준비하며 실행할 당시를 전후한 피고인의 정신상태나 심리상태의 변화 등에 대하여서도 정신의학이나 심리학 등 관련 분야의 전문적인 의견을 들어 보는 등 깊이 있는 심리를 하여 본 다음에 그 결과를 종합하여 양형에 나아가야 한다.

[3] 사형을 선택함에 있어서 양형조건에 대한 필요한 조사 및 심리를 다하지 아니한 채 형의 양정을 하였음을 이유로 원심판결을 파기한 사례.

【참조조문】

[1] 형법 제41조, 제51조 / [2] 형법 제41조, 제51조 / [3] 형법 제41조, 제51조, 형사소송법 제383조 제4호, 제391조

【참조판례】

[1] 대법원 1985. 6. 11. 선고 85도926 판결(공1985, 1038), 대법원 1987. 10. 13. 선고 87도1240 판결(공1987, 1742), 대법원 1992. 8. 14. 선고 92도1086 판결(공1992, 2709), 대법원 1995. 1. 13. 선고 94도2662 판결(공1995상, 940), 대법원 1998. 5. 12. 선고 98도305 판결, 대법원 2000. 7. 6. 선고 2000도1507 판결(공2000하, 1907), 대법원 2000. 7. 6. 선고 2000도1507 판결(공2000하, 1907), 대법원 2001. 3. 9. 선고 2000도5736 판결(공2001상, 913), 대법원 2002. 2. 8. 선고 2001도6425 판결(공2002상, 726) /[2] 대법원 1999. 6. 11. 선고 99도763 판결(공1999하, 1454)

【전　문】

【피 고 인】 피고인

【상 고 인】 피고인

【변 호 인】 변호사 송호신

【원심판결】 부산고법 2003. 1. 29. 선고 2002노830 판결

【주 문】

원심판결을 파기하고, 사건을 부산고등법원으로 환송한다.

【이 유】

상고이유를 본다.

1. 원심판결의 요지

원심판결 이유에 의하면, 원심은 피고인의 연령, 불우한 성장배경과 생활환경, 반성태도 등 피고인에 대한 형을 정함에 참작할 사유가 없다고 할 수는 없다고 판단하면서도, 한편 피고인이 특수강도죄 및 특정범죄가중처벌등에관한법률위반(절도)죄 등으로 인한 형의 집행을 마치고 출소한 후 누범기간 내에 이 사건 각 범행을 저지른 점, 피고인은 유흥비 등을 마련할 목적으로 타인의 재물을 절취하거나 연약한 부녀자들을 상대로 흉기 등을 이용하여 손쉽게 금품을 강취하였고 나아가 자신의 가학적이고도 변태적인 성욕을 만족시키기 위하여 피해자들을 강간하였으며 또한 강간과정에서 일부 피해자들이 자신의 얼굴을 보았다는 이유로 신고를 두려워한 나머지 살인에 이르게 되었던 것으로서 그 범행동기에 있어서 비난 가능성이 높은 점, 이 사건 각 범행은 피고인이 약 7개월 여의 단기간 동안에 강간등살인(미수) 3회, 특수강도강간 3회, 강도상해 5회, 강도 2회 등을 저지른 사건으로서, 피고인의 범행수법을 살펴보면, 피고인은 주로 야간에 술에 만취하여 피고인에게 물리적으로 거의 저항할 수 없는 상태에 있는 부녀자들을 상대로 강도범행 등을 자행하기로 마음먹고 범행에 사용할 도구인 망치를 오토바이 안장 속에 넣어 둔 채, 오토바이를 타고 다니면서 범행대상을 물색하는 등 그 범행이 대담하고 용의주도하며, 피해자를 주먹과 발로 무자비하게 때리고 짓밟은 후 실신한 채 신음소리를 내면서 죽어 가는 피해자를 강간하거나 피해자의 머리를 망치로 내려친 후 불이 환하게 켜져 있는 방안에서 피를 흘리면서 실신한 채 신음소리를 내면서 죽어 가는 피해자를 강간하였을 뿐만 아니라, 피해자들이 피고인의 얼굴을 보았다고 여겨지는 경우에는 그 피해자들이 경찰에 신고할 것을 두려워한 나머지 조금이라도 신음소리를 내 아직 완전히 사망하지

않았다고 생각되면 실신한 피해자들의 얼굴을 축구공을 차듯이 힘껏 걷어차고 복부와 가슴 등을 마구 짓밟아 무참히 살해하는 등 이는 너무나도 잔인하여 인간의 탈을 쓰고서는 도저히 할 수 없는 범행들이라는 점, 피고인의 이 사건 각 범행으로, 피해자 1은 복부 등의 가격으로 인한 복부동맥손상에 의한 실혈로 사망하였으며, 피해자 2는 피고인의 망치로 인한 가격 등으로 좌측측두골함몰골절로 사망하였고, 피고인이 사망한 것으로 오인하고 현장을 떠나는 바람에 생명을 건지긴 하였으나 피해자 3은 중상을 입었으며, 피고인으로부터 특수강도강간 범행을 당한 충격으로 피해자 4는 심한 기억상실증에 걸리는 등 그 범행들의 결과가 너무나도 중대하고 참혹하다는 점, 이로 인하여 피해자들 본인은 물론이고 피해자들의 가족이나 유족들이 평생 씻을 수 없는 정신적, 육체적 고통을 받았을 것으로 보이는 점, 그럼에도 불구하고 아무런 피해변상조치도 이루어지지 아니한 점, 특히 피고인은 경찰에 검거되지 않았다면 위와 같은 범행을 계속하여 저질렀을 것이라고 그 스스로 진술하고 있어 재범의 위험성도 상당히 높은 점 등을 종합적으로 고찰하여 보면, 피고인의 죄책이 심히 중대하고 죄형의 균형이나 범죄의 일반예방적 견지에서도 피고인에 대하여 극형이 불가피하다고 인정하여 피고인에 대하여 사형을 선고한 제1심의 판단을 그대로 유지하였다.

2. 이 법원의 판단

사형은 인간의 생명 자체를 영원히 박탈하는 냉엄한 궁극의 형벌로서 문명국가의 이성적인 사법제도가 상정할 수 있는 극히 예외적인 형벌이라는 점을 감안할 때, 사형의 선고는 범행에 대한 책임의 정도와 형벌의 목적에 비추어 그것이 정당화될 수 있는 특별한 사정이 있다고 누구라도 인정할 만한 객관적인 사정이 분명히 있는 경우에만 허용되어야 하고, 따라서 사형을 선고함에 있어서는 범인의 연령, 직업과 경력, 성행, 지능, 교육 정도, 성장과정, 가족관계, 전과의 유무, 피해자와의 관계, 범행의 동기, 사전계획의 유무, 준비의 정도, 수단과 방법, 잔인하고 포악한 정도, 결과의 중대성, 피해자의 수와 피해감정, 범행 후의 심정과 태도, 반성과 가책의 유무, 피해회복의 정도, 재범의 우려 등 양형의 조건이 되는 모든 사항을 철저히 심리하여 위와 같은 특별한 사정이 있음을 명확하게 밝힌 후 비로소 사형의 선택 여부를 결정하여야 할 것이고(대법원 2002. 2. 8. 선고 2001도6425 판결 참조), 이를 위하여는 법원으로서는 마땅히 기록에 나타난 양형조건들을 평면적으로만 참작하는 것에서 더 나아가, 피고인의 주관적인 양형요소인 성행과 환경, 지능, 재범의 위험성, 개선교화 가능성 등을 심사할 수 있는 객관적인 자료를 확보하여 이를 통하여 사형선택 여부를 심사하여야 할 것은 물론이고, 피고인이 범행을 결의하고 준비하며 실행할 당시를 전후한 피고인의 정신상태나 심리상태의 변화 등에 대하여서도 정신의학이나 심리학 등 관련 분야의 전문적인 의견을 들어보는 등 깊이 있는 심리를 하여 본 다음에 그 결과를 종합하여 양형에 나아가야 할 것이다(대법원 1999. 6. 11. 선고 99도763 판결 참조).

그런데 돌이켜 이 사건에 관하여 살피건대, 피고인은 제1심 및 원심법원에 제출한 반성문이나 항소이유서 등에서 자신의 환경에 대한 극심한 고통 속에서 번민하다가 일종의 범죄에 대한 환영과 망상에 사로잡혀 충동을 억제하지 못하고 이 사건 일련의 범죄를 저질렀다는 취지로 주장하면서 자신의 성장과정과 현재 상태에 대한 심리가 필요함을 호소하고 있는 데다가, 피고인이 저지른 이 사건 범행내용에 비추어 피고인이 어떤 성적 충동과 환상에 빠진 상태에서 충동조절능력에 장애가 있었던 것은 아닌가 하는 의심을 가질 수도 있을 것이고, 또한 기록에 의하면, 피고인은 특정범죄가중처벌등에관한법률위반(절도)등의 죄에 대한 형의 집행을 마치고 교도소를 출소한 1999. 12. 21.부터 1년간은 포항에서 부친과 같이 생활하였고 2001. 1.경부터는 울산에서 자신의 자형과 같이 생활하면서 자형의 일을 도와 생업에 종사하던 끝에 2001. 11.경 최초로 특수절도 등 범행을 저지르기까지 근 2년간에는 종교에 귀의한 상태에서 다른 범죄를 저지르거나 하는 등의 별다른 문제없이 정상적인 생활을 해 왔는데, 피고인이 2001. 12. 14. 교통사고를 당하여 2002. 3. 4.까지 뇌좌상 등으로 울산병원, 태화병원 등지에서 입원치료를 받고 퇴원한 바로 그 직후인 같은 달 중순 이 사건 명동다방 여종업원 강도강간 범행을 비로소 저지르기 시작하여 검거되기까지 불과 석달 정도의 기간 사이에 일련의 연속적인 이 사건 범죄들을 저지르게 되었으며 시간이 흐를수록 점차 더 그 범행의 수법이 대담·흉포하게 되어 왔음을 알 수 있는바, 사정이 그러하다면 정상적인 생활을 해 왔던 피고인이 갑자기 어떤 연유로 이처럼 끔직한 범행들을 단기간에 걸쳐 연속적으로 저질렀고 또한 시간이 갈수록 더욱 대담·흉포한 범행을 하게 되었던 것인지에 관하여 피고인의 이 사건 일련의 범행 전후에 걸친 정신상태나 심리적 상태의 변화를 전문가의 의견을 들어보는 등 객관적 조사를 해 볼 필요도 있다고 판단되며, 피고인의 교통사고로 인한 병력이 이 사건 범행을 저지르기에 이른 피고인의 심리상태나 정신상태에 어떤 영향을 끼친 것은 아닐까 하는 의심을 할 여지도 없지 않다고 할 것이다.

여기에 피고인이 20대의 젊은 나이이고 수사기관 이래 그 범행을 순순히 자백하면서 잘못을 뉘우치고 있는 태도를 보이고 있는 점과 피고인의 성장환경 등을 더하여 보면, 원심으로서는 피고인의 주관적인 양형요소인 성행과 환경, 지능, 재범의 위험성, 개선교화 가능성 등을 심사할 수 있는 객관적인 자료를 확보하여 이를 통하여 사형선택 여부를 심사하였어야 할 것임은 물론, 앞서 지적한 바와 같이 이 사건 범행 전후에 걸친 정신상태나 심리적 상태에 관하여 전문가의 의견을 들어보는 등으로 피고인에게 사형을 선고하는 것이 정당화될 수 있는 특별한 사정이 있는지 여부를 깊이 있고 철저하게 심리하여 명확하게 밝혀 보았어야 한다고 할 것이다.

그럼에도 불구하고, 피고인의 어머니의 증언을 듣는 외에는 달리 피고인의 양형조건에 대한 조사나 심리를 별도로 해 봄이 없이 수사기록에 나타난 양형자료만을 토대로 하여 간이한 심리만을 끝으로 피고인에게 사형을 선고해버린 제1심을 유지한 원심판결에는 사형의 양정에 관한 법리를 오해하여 형의 양정에 관한 필요한 심리를 다하지 아니한 위법이 있다고 할 것이고 나아가 그러한 심리미진상태에서 이루어진 원심의 형의 양정에는 심히 부당하다고 인정할 현저한 사유가 있는 때에 해당한다고 할 것이므로 이를 지적하는 상고이유의 주장은 이유 있다.

3. 결 론

그러므로 원심판결을 파기하고, 사건을 다시 심리·판단하게 하기 위하여 원심법원에 환송하기로 하여 관여 법관의 일치된 의견으로 주문과 같이 판결한다.

대법관 조무제(재판장) 유지담 이규홍(주심) 손지열

쟁 점

- 사형제도
- 사형존폐론

연 구

1. 헌법이 보장하고 있는 인간의 존엄과 생명을 형법이 사형으로서 박탈할 수 있는가?

2. 우리나라는 사형폐지국인가? 존치국인가?

3. 사형존치론의 주요논거는 무엇이며, 타당성이 있는가?

4. 사형폐지론의 주요논거는 무엇이며, 타당성이 있는가?

5. 대상판결에서 피고인에게 사형이 선고된 양형의 이유는 무엇인가?

6. 사형폐지의 현실적 대안은 무엇인가?

참고자료

■ 관련 판례

사형선고의 요건(대판 2002.2.8, 2001도6425)

우리 법이 사형제도를 두고 있지만, 사형은 사람의 목숨을 빼앗는 마지막 형벌이므로, 사형의 선고는 범행에 대한 책임의 정도와 형벌의 목적에 비추어 그것이 정당화될 수 있는 특별한 사정이 있는 경우에만 허용되어야 하고, 따라서 사형을 선고함에 있어서는 범인의 연령, 직업과 경력, 성행, 지능, 교육정도, 성장과정, 가족관계, 전과의 유무, 피해자와의 관계, 범행의 동기, 사전계획의 유무, 준비의 정도, 수단과 방법, 잔인하고 포악한 정도, 결과의 중대성, 피해자의 수와 피해감정, 범행 후의 심정과 태도, 반성과 가책의 유무, 피해회복의 정도, 재범의 우려 등 양형의 조건이 되는 모든 사항을 참작하여 위와 같은 특별한 사정이 있음을 명확하게 밝혀야 한다.

■ 참고문헌

차형근, "사형제도의 존폐와 그 대안 - 절대적 종신형제도의 도입여부", 형사법연구 제22호, 2004.

이승준, "사형폐지와 '새로운' 상대적 종신형의 채택", 법학연구 제17권 제3호, 연세대학교 법학연구소, 2007.

허일태, "사형의 대체형벌로서 절대적 종신형의 검토", 형사정책 제12권 제2호, 2000.

학습과제

1. 사형폐지국과 사형존치국을 일별해 보시오.

2. 사형폐지에 대한 국민의 법감정과의 괴리를 극복할 수 있는 방법을 생각해 보시오.

솔루션

1. 현행 형법은 제41조에서 형벌의 종류로 사형을 규정하고 있다. 우리나라에서 근대사법제도가 시작된 후 최초의 사형선고는 녹두장군 전봉준에 대한 것이었다. 우리나라의 사형선고와 집행은 1998년 이전까지 광범위하게 이루어졌으나, 이후에는 사형집행이 이루어지고 있지 않으며, 1심 사형선고건수도 1998년부터 2002년까지 76건으로 0.08%에 불과하여 사형 선고를 자제하는 경향을 보이고 있다. 이러한 상황의 변화로 우리나라의 경우 1997년 12월 사형집행 이후 2012년 현재까지 사형집행이 이뤄지지 않아, 10년간 사형집행이 없어 사실상 사형폐지국의 대열로 분류되고 있다.

2. 사형존치론자들은 논자에 따라 다양하나, 대체적인 논거로 사형제도는 흉악범죄를 예방하고 억제하는데 효과적인 일반예방수단이며, 중범죄자를 사회로부터 완전히 격리시킴으로써 사회보호에 적합하며, 사형을 통하여 범죄자에 대한 가장 적절한 응보를 가할 수 있으며 이것이 정의관념에 부합되며, 국민 여론상 사형을 존치하는 것이 타당하다는 점을 들고 있다.
   구체적으로 살펴보면, 먼저 사형제도의 존속이 강력범죄에 대한 예방효과가 있다고 한다. 사형은 가장 강하고도 엄격한 형벌로서 사회 공동체 내의 구성원들로 하여금 강력범죄에 대한 위하력을 가진다는 것이다. 따라서 사회 공동체의 보호를 위해서 한 번에 사형을 폐지하는 것은 형사정책적 공백을 드러내게 되므로 이를 방지하기 위해서 책임주의와 일치하는 범위내에서 사형의 존속이 필요하다고 한다. 다음으로 국민 일반이 가지는 인과응보의 관념 및 정의감정이 논거로 제시되고 있다. 아직도 국민의 대다수는 흉악범에 대하여는 사형을 과하는 것이 가장 정의관념에 부합하는 것이며, 사형을 폐지할 경우 이러한 국민의 법감정 및 법의식이 용인할 수 없다는 것이다. 사형제도를 존속시키자는 것이 국민여론이며, 사형을 통해서 흉악범죄자를 사회로부터 완전히 격리하는 것이 국민의 정의관념에 일치하는 것이라고 한다. 이러한 논거 외에도 인간은 사회적 동물로서 자유롭고 평화로운 공동체 생활의 유지를 위하여 자신의 자유와 권리를 양보하고 법규범과 국가를 형성하였다는 사회계약상의 논거가 제시되기도 한다. 국민은 대등한 인격자로서 사회계약에 참여하였으며 시민은 국가에 생명박탈의 권리를 사회계약으로서 양도하고, 이에 근거하여 국가는 시민을 사형에 처할 권리를 가지게 된다는 것이다.

3. 사형폐지론은 다음과 같은 내용을 주요 주장으로 삼고 있다. 우선 인도주의적 관점에서, 인간의 생명은 존엄하며 무한한 가치를 지니는 것으로 형벌권을 위

임받은 국가라 할지라도 감히 생명권을 박탈할 수 없으며, 다른 인간에게 생명을 부여할 수 없는 인간이 심판으로 생명을 박탈하는 것은 인도주의에 반한다고 한다. 사형은 다른 형벌과는 달리 범죄인의 부분적 이익을 박탈하는 것이 아니라 그 존재의 기초를 말살하고 모든 이익을 박탈하는 것이므로 인간의 존엄과 가치를 인정하는 자유사회에서는 허용될 수 없다고 한다. 또한 생명권이 헌법에 명시적으로 규정되어 있지는 않지만, 타 헌법규정과의 해석을 통해 제한이 불가능한 절대적 기본권으로 볼 수 있으며, 상대적 기본권으로 취급한다고 하더라도 사형은 생명권의 본질적 내용을 침해하여 위헌이라고 한다. 다음으로 사형의 오판가능성이다. 증거재판과 법률전문가에 의한 재판이라 할지라고 오판의 가능성을 배제할 수 없으며, 오판으로 사형이 한번 집행되면 생명은 회복할 수 없다는 것이다. 그리고 형사정책적으로도 사형제도의 존속이 범죄예방에 그다지 효과가 없다고 주장한다. 통계적인 연구결과에 따르면 사형제도가 일반인의 흉악범죄예방과 연관성이 낮다는 것이다. 또한 사형은 범죄인에 대한 형벌의 교화 및 재사회화 목적을 포기한 것이라고 한다. 또한 사형폐지론의 논거로 사형의 정치적 악용가능성을 들고 있다. 과거 독재정권과 같은 사법후진국에서 빈발하는 경우로 정권장악을 위해서나, 정권유지를 위해 정치범들에 대한 사법정의에 반하는 사형집행이 이루어진다는 것이다.

주목할 점은 이러한 사형폐지론을 주장하는 견해는 대부분 사형폐지로 인한 사회적 충격을 완화하기 위하여 과도기적 조치로 사형선고의 요건을 엄격하게 요구하거나, 사형선고에 한하여 3심제의 예외를 인정하거나, 사형판결에 대하여 사면제도를 적극 활용하기 위한 심사기구를 구성하거나, 사형판결을 즉시 집행하지 않고 일정기간 유예하자는 주장을 펼치고 있다는 것이다.

4. 사형제도를 폐지할 경우 그 대안으로서 절대적 종신형이 타당한지 여부는 우선적으로 범죄자의 인권에 보다 적합한가라는 관점에서 검토되어야 한다. 사형선고를 받아 마땅한 흉악범죄자들에게 사형을 선고하지 않는 것만으로도 인권측면에서 진일보한 것으로 볼 수 있다. 인간 존엄성의 기본인 생명권을 보장해주기 때문이다. 그러나 헌법 제10조는 인간으로서의 존엄과 가치, 행복을 추구할 권리를 모든 국민에게 보장하고 있다. 절대적 종신형을 선고받은 범죄자의 경우도 예외는 아니다. 절대적 종신형 수형자가 법률에 의하여 신체적 자유를 박탈당하였지만 이를 이유로 그의 모든 인격이 박탈당하여서는 안된다. 자연사할 때까지 구금생활을 통해 수형자의 인간성의 파괴가 일어나고 인격적 존재로서의 가치가 부정된다면 이는 헌법 제10조의 인간의 존엄을 침해하는 것이다. 물론 여기에도 헌법 제37조 제2항에 의한 제한이 적용된다. 그러나 제37조 제2항도 기본권의 본질적 내용의 침해를 금지하고 있으므로 절대적 종신형은 자유

로운 자기결정권과 행복추구권을 영구히 완전 박탈함으로써 기본권의 본질적 내용을 침해한다고 볼 수 있다. 우리 헌법 제37조 제2항은 모든 국민의 자유와 권리의 본질적 내용 침해금지를 규정하고 있으며, 형의 집행 및 수용자의 처우에 관한 법률 제1조는 수형자를 교정교화하여 사회에 복귀하도록 함을 규정하고 있는데, 이는 우리 헌법과 헌법의 이념을 실현하는 하위규범인 형의 집행 및 수용자의 처우에 관한 법률이 자유형 수형자의 사회복귀와 그로 인한 자유회복을 상정하고 있는 것으로 볼 수 있다. 그렇다면 수형자로 하여금 다시금 자유를 향유할 수 있는 권리를 영원히 박탈하는 절대적 종신형은 인간의 존엄과 가치를 침해하는 것으로 자유의 본질적 내용을 침해하는 것이라고 할 수 있다. 절대적 종신형은 '끝없는 공포의 연속(Schrecken ohne Ende)'이라는 점에서 '공포와 함께 끝(Ende mit Schrecken)'인 사형집행보다 더 잔인하고 가혹한 형벌이 될 수 있는 것이다.

5. 대상판결의 피고인에 대한 사형이 선고된 것은, 피고인의 연령이 20대이며 불우한 성장배경과 생활환경에도 불구하고, 누범기간 내에 각 범행이 이루어진 점, 범행동기의 비난가능성이 높은 점, 범행수법이 잔인하고 그 결과가 너무나 중대하고 참혹한 점, 피해자 및 피해자의 가족이나 유족들에게 중대한 정신적·육체적 고통이 발생했을 것으로 보임에도 피해변상 등의 조치가 이뤄지지 않은 점, 경찰에 검거되지 않았으면 유사범행을 계속 저질렀을 것이 예상되는 점 등에 비춰 피고인의 죄책이 심히 중대하고 죄형의 균형이나 범죄의 일반예방적 관점에서 극형이 불가피하다고 인정되었기 때문이다.

6. 절대적 종신형이 수형자의 자유향유의 권리를 영원히 박탈함으로써 인간 존엄성을 침해한다면 종신형 수형자에게 어떠한 방식으로 자유를 회복할 수 있도록 하여야 하는가의 문제가 대두된다. 예컨대 절대적 종신형을 유지하고 사면제도를 활용할 수도 있을 것이다. 그러나 정치적 판단에 의한 사면, 여론에 의한 사면의 위험성이 상존하여 형사정책적 판단과 무관하게 종신형 수형자가 사회로 복귀할 가능성이 크다. 또한 절대적 종신형의 개념 정의에 있어 사면도 허용되지 않는 것으로 파악함이 적절하다. 그렇다면 가장 근본적인 방법은 절대적 종신형이 아니라 입법적 결단을 통해 '새로운' 상대적 종신형을 채택하는 것이다.

현재 상대적 종신형으로 무기징역형이 있으나, 법률상의 감경이 가능하며, 일률적으로 20년 이상의 수형생활을 하고 개전의 정의 있으면 '행정처분'인 가석방에 의해 사회로 복귀한다는 문제점이 있다. 여기서 평균 기대수명을 고려한 잔여수명을 기준으로 가석방에 필요한 기간을 설정할 필요가 있다. 일률적으로 10년이나 15년의 시간을 규정할 경우, 수형자의 보복범죄 및 재범의 위험성을 저하시킨다고 보기 어려우므로 평균수명을 기준으로한 잔여수명의 2/3이상이 경과됨을 그 요건으로 하는 것이 타당하다. 유의할 점은 잔여수명의 어느 정도를 복역하여야 하는 지는 사회적 합의가 필요한 부분이라는 것이다. 현재 대다수의 국민들은 사형폐지에 따른 막연한 두려움과, 범죄의 기법과 횟수(특히 살인죄)에 대한 극도의 혐오감으로 절대적 종신형을 지지하는 경향이 강하므로 이러한 현상을 반영한다면 잔여수명의 1/2 이상은 수용하기 어려울 것이며, 2/3 이상으로 보는 것이 적절할 것이다. 현재 우리나라의 40대 및 50대 흉악범죄율을 고려한다면 위의 요건이 타당해 보인다. 장기 수용자의 출소 후 재범율이 낮아진다는 것은 교정시설에서의 효율적인 교정교화가 효과적이라는 것이며, 사형선고를 받은 흉악범죄자들의 경우 잔여수명의 2/3 이상을 경과한 장시간 동안 교정교화를 통해 재범도 예방가능함을 의미한다고 볼 수 있다. 다음으로 현재 무기징역형은 국가의 은혜적인 측면인 가석방이라는 행정처분에 의해 석방이 이루어진다. 여기서 새롭게 채택해야할 상대적 종신형은 무기징역과 종신형이라는 점에서 유사하나 행정처분인 가석방에 의해서가 아니라 형법의 규정에 의해 수형자의 사회복귀가 보장되어야 한다. 독일도 형법 제57조 a에서 종신자유형에 있어서의 잔형의 집행유예를 필요적 규정으로 명문화하고 있다. 현재 무기징역형의 문제점을 보완하고 사형선고가 요구되는 범죄자에 대해 적절한 제재수단이 됨과 동시에, 수형자의 인간존엄성을 보장하기 위해서는 국가의 시혜적 조치가 아니라 형법에 명문으로 규정함으로써 사회복귀를 통한 자유회복의 법적 권리를 보장해 주어야 하며, 이를 위해서는 형의 집행 및 수용자의 처우에 관한 법률 및 사면법의 개정도 따라야 한다.

이처럼 '새로운' 상대적 종신형은 현재 상대적 종신형으로 받아들여지고 있는 무기징역형이 사면 또는 감형이 인정되는 것과는 달리 이들을 인정하지 않는 개념이다. '새로운' 상대적 종신형을 선고받은 자가 사회로 다시 복귀하여 자유를 향유할 수 있는 유일한 방법은 형법상의 가석방규정을 통한 것이다. '새로운' 상대적 종신형은 사면·감형을 인정하지 않는다는 점에서는 절대적 종신형과 동일하지만, 행정처분이 아닌 수형자의 권리로서 형법에서 규정한 가석방제도를 통해 사회복귀의 가능성을 보장하고 있다는 점에 특징이 있는 것이다.

도입판례 2

■ **대법원** 2007. 2. 22. **선고** 2006도8555 **판결** 【폭력행위등처벌에관한법률위반(집단·흉기등상해)】

【판시사항】

하나의 자유형 중 일부에 대해서는 실형을, 나머지에 대해서는 집행유예를 선고하는 것이 가능한지 여부(소극)

【판결요지】

집행유예의 요건에 관한 형법 제62조 제1항이 '형'의 집행을 유예할 수 있다고만 규정하고 있다고 하더라도, 이는 같은 조 제2항이 그 형의 '일부'에 대하여 집행을 유예할 수 있는 때를 형을 '병과'할 경우로 한정하고 있는 점에 비추어 보면, 조문의 체계적 해석상 하나의 형의 전부에 대한 집행유예에 관한 규정이라 할 것이고, 또한 하나의 자유형에 대한 일부집행유예에 관하여는 그 요건, 효력 및 일부 실형에 대한 집행의 시기와 절차, 방법 등을 입법에 의해 명확하게 할 필요가 있어, 그 인정을 위해서는 별도의 근거 규정이 필요하므로 하나의 자유형 중 일부에 대해서는 실형을, 나머지에 대해서는 집행유예를 선고하는 것은 허용되지 않는다.

【참조조문】

형법 제62조 제1항, 제2항

【전　문】

【피 고 인】 피고인

【상 고 인】 피고인 및 검사

【변 호 인】 변호사 김명철

【원심판결】 서울동부지법 2006. 11. 9. 선고 2006노892 판결

【주　문】

원심판결을 파기하고, 사건을 서울동부지방법원 합의부로 환송한다.

【이　유】

상고이유를 판단한다.

집행유예의 요건에 관한 형법 제62조 제1항 본문은 "3년 이하의 징역 또는 금고의 형을 선고할 경우에 제51조의 사항을 참작하여 그 정상에 참작할 만한 사유가 있는 때에는 1년 이상 5년 이하의 기간 '형'의 집행을 유예할 수 있다."고 규정하고, 같은 조 제2항은 "형을 '병과'할 경우에는 그 형의 '일부'에 대하여 집행을 유예할 수 있다."고 규정하고 있는바, 비록 형법 제62조 제1항이 '형'의 집행을 유예할 수 있다고만 규정하고 있다고 하더라도, 이는 같은 조 제2항이 그 형의 '일부'에 대하여 집행을 유예할 수 있는 때를 형을 '병과'할 경우로 한정하고 있는 점에 비추어 보면, 조문의 체계적 해석상 하나의 형의 전부에 대한 집행유예에 관한 규정이라 할 것이다.

또한, 하나의 자유형에 대한 일부집행유예에 관하여는 그 요건, 효력 및 일부 실형에 대한 집행의 시기와 절차, 방법 등을 입법에 의해 명확하게 할 필요가 있으므로, 그 인정을 위해서는 별도의 근거 규정이 필요하다고 할 것이다.

원심은 이와 달리 형법 제62조 제1항이 일부집행유예를 인정하고 있다고 보아 대법원 2002. 2. 26. 선고 2000도4637 판결을 원용하여 피고인에 대하여 하나의 징역형 중 일부에 대한 집행유예를 선고하였으나, 위 판결은 형법 제37조 후단의 경합범 관계에 있는 각 죄에 대하여 두 개의 자유형을 선고하는 경우 그 중 하나의 자유형에 대한 집행유예를 인정한 것으로서, 하나의 자유형 중 일부에 대하여 집행유예를 선고한 이 사건과 사안을 달리하여 원용하기 부적절하다.

따라서 원심의 조치에는 집행유예에 관한 법리오해의 위법이 있고, 이는 판결 결과에 영향을 미쳤다고 할 것이므로 이 점을 지적하는 검사의 상고이유의 주장은 이유 있다.

한편, 피고인의 상고이유에는 원심을 유지하여 달라는 주장 외에 별다른 주장이 들어 있지 않으므로 이는 적법한 상고이유가 될 수 없고, 따라서 상고이유서 제출기간 경과 후에 제출된 국선변호인의 상고이유보충서는 상고이유를 보충한다고 볼 수 없으므로, 피고인의 상고이유에 대하여는 판단하지 아니한다.

그러므로 원심판결을 파기하고, 사건을 다시 심리·판단하게 하기 위하여 원심법원으로 환송하기로 하여 관여 대법관의 일치된 의견으로 주문과 같이 판결한다.

대법관 전수안(재판장) 고현철 양승태(주심) 김지형

쟁 점

- 일부집행유예의 개념
- 경합범과 일부집행유예

연 구

1. 집행유예의 형사정책적 필요는 무엇인가?

2. 일부집행유예의 개념과 유형은 무엇인가?

3. 일부집행유예에 대한 각국의 입법의 어떠한가?

4. 형법 제62조 제2항이 원칙적 규정이고, 제1항이 예외적 규정으로 이해할 수 있는가? 2항의 '형을 병과할 경우에는'을 예시적으로 이해할 수 있는가?

5. 경합범의 경우, 일부집행유예가 가능한가?

6. 현행법상 벌금형에 대한 일부집행유예는 불가능한가?

참고자료

■ 관련 판례

1. 단일형에 대한 일부집행유예 (서울 동부지법 2006.11.9, 2006노892)

형법 제62조 제1항은, "3년 이하의 징역 또는 금고의 형을 선고할 경우에 제51조의 사항을 참작하여 그 정상에 참작할 만한 사유가 있는 때에는 1년 이상 5년 이하의 기간 형의 집행을 유예할 수 있다."고 규정하고 있다. 본조는 '형'의 집행을 유예할 수 있다고 규정하고 있을 뿐이어서 문리해석상 본조의 '형'이 '선고형 전부'만을 지칭하고 '선고형 일부'는 배제하는 것으로 해석할 근거는 없다. 오히려, 단지 '형'이라고만 규정할 뿐 선고형의 '전부' 혹은 '일부'에 관한 제한이 없기 때문에 선고형의 '전부 또는 일부'라고 해석하는 것이 본조의 문리에 충실한 해석방법일 것이다.

형법 62조 제2항은, "형을 병과할 경우에는 그 형의 일부에 대하여 집행을 유예할 수 있다."고 규정하고 있다. 형의 병과는 징역형, 벌금형, 자격정지형 등과 같이 이종(이종)의 형을 동시에 부과하는 것을 말한다. 위 조항을 근거로 이종의 형을 병과하는 경우 그 중 종류가 다른 일부의 형에 대하여 집행을 유예하는 것은 가능하되 단일 형종의 일부에 대하여 집행을 유예하는 것은 허용되지 않는다는 주장이 있기도 하나, 위 조항은 문언대로 이종의 형을 병과하는 경우에 관한 것으로서 단일 형종의 일부에 관한 규정이 아니다.

형법 제37조 후단의 경합범 관계에 있는 죄에 대하여는 형법 제39조 제1항에 의하여 따로 형을 선고하여야 하는바, 하나의 판결로 두 개의 자유형을 선고하는 경우 각각의 자유형에 관하여 형법 제62조 제1항에 정한 집행유예의 요건에 해당하면 그 각 자유형에 대하여 각각 집행유예를 선고할 수 있는 것이므로, 두 개의 자유형 중 하나의 자유형에 대하여 실형을 선고하면서 다른 자유형에 대하여 집행유예를 선고하는 것이 가능하다. 즉 하나의 주문 안에 자유형의 집행유예와 자유형의 실형이 병존하는 것이 허용된다. 결론적으로, 단일 형종의 일부에 대한 집행유예는 형법 제62조 제1항에 의하여 허용되고 현행 형법의 해석상 자유형의 실형과 자유형의 집행유예가 병존할 수 있으며 일부집행유예가 형법의 다른 어떤 규정과도 저촉된다고 볼 수 없다. … 피고인에 대한 1년 6월의 징역형 중 1년의 형에 한하여 3년간 그 형의 집행을 유예하기로 한다.

2. 경합범에 대한 일부집행유예 (대판 2002.2.26, 2000도4637)

형법 제37조 후단의 경합범 관계에 있는 죄에 대하여 형법 제39조 제1항에 의하여 따로 형을 선고하여야 하기 때문에 하나의 판결로 두 개의 자유형을 선고하는 경우 그 두 개의 자유형은 각각 별개의 형이므로 형법 제62조 제1항에 정한 집행유예의 요건에 해당하면 그 각 자유형에 대하여 각각 집행유예를 선고할 수 있는 것이고, 또 그 두 개의 자유형 중 하나의 자유형에 대하여 실형을 선고하면서 다른 자유형에 대하여 집행유예를 선고하는 것도 우리 형법상 이러한 조치를 금하는 명문의 규정이 없는 이상 허용되는 것으로 보아야 할 것이다. 다만 우리 형법이 집행유예기간의 시기(시기)에 관하여 명문의 규정을 두고 있지는 않지만 형사소송법 제459조가 "재판은 이 법률에 특별한 규정이 없으면 확정한 후에 집행한다."고 규정한 취지나 집행유예 제도의 본질 등에 비추어 보면 집행유예를 함에 있어 그 집행유예기간의 시기는 집행유예를 선고한 판결 확정일로 하여야 하고 법원이 판결 확정일 이후의 시점을 임의로 선택할 수는 없다

3. 집행유예 중의 집행유예(대판 2007.2.8, 2006도6196)

집행유예 기간 중에 범한 죄에 대하여 형을 선고할 때에 위 단서 소정의 요건에 해당하는 경우란, 이미 집행유예가 실효 또는 취소된 경우와, 그 선고 시점에 미처 유예기간이 경과하지 아니하여 형 선고의 효력이 실효되지 아니한 채로 남아 있는 경우로 국한된다고 해석할 수 밖에 없다. 이에 반하여 집행유예가 실효 또는 취소됨이 없이 유예기간을 경과한 때에는, 형의 선고가 이미 그 효력을 잃게 되어 '금고 이상의 형을 선고'한 경우에 해당한다고 보기 어려울 뿐 아니라, 집행의 가능성이 더 이상 존재하지 아니하여 집행종료나 집행면제의 개념도 상정하기 어려우므로 위 단서 소정의 요건에의 해당 여부를 논할 수 없다 할 것이다. 이 점은 이 사건과 같이 집행유예 기간 중에 범한 죄에 대한 기소 후 그 재판 도중에 유예기간이 경과한 경우라 하여 달리 볼 것은 아니다.

■ 참고문헌

손동권, "집행유예의 요건과 예외", 비교형사법연구 제8권 제1호, 한국비교형사법학회, 2006.

서보학, "집행유예제도 : 입법론적 비판과 대안",「형사정책」제13권 제1호, 2001.

이승준, "형의 일부집행유예", 외법논집, 한국외대 법학연구소, 2007.

이승호, "현행 형법의 집행유예제도에 대한 해석론", 일감법학 제12권, 건국대학교 법학연구소, 2007.

이천현, "하나의 자유형에 대한 일부집행유예", 형사판례연구(16), 한국형사

판례연구회, 박영사, 2008.

학습과제

1. 집행유예 중의 집행유예에 대해 정리해 보시오.

2. 벌금형의 사회봉사 대체라는 변화된 흐름과 연관지어 일부집행유예의 이점에 대해 생각해 보시오.

3. 집행유예 취소의 문제점에 대해 생각해 보시오.

솔루션

1. 집행유예제도는 단기구금으로 인한 하위문화의 접촉 및 악풍감염의 폐해를 방지하고 범죄자를 사회로 조기에 복귀시킨다는 점에서 본래적 기능을 다하고 있으며, 현대적 의미의 형사정책으로 받아들여지고 있다. 현대 형법에 있어 집행유예제도는 교정시설의 과밀화를 완화하고 범죄인의 조기사회복귀의 기틀을 제공한다는 점에서 매우 중요한 형사정책적 개선의 결과로 여겨지고 있다. 과거에는 집행유예와 결부되는 사회내프로그램의 부실과 부족으로 인하여 '위하'라는 형벌의 기본적 기능조차 달성하지 못한다는 비판이 있었으나, 최근에는 보호관찰, 사회봉사, 수강명령과 같은 부가적인 장치의 확대로 인하여 그 실효성에 대한 신뢰와 활용도가 높아지고 있다.

2. 우리 형법도 제62조에서 이러한 집행유예를 규정하고 있다. 그런데 형법 제62조에 집행유예가 명시되어 있기는 하나, 모호한 규정으로 인하여 집행유예 전반의 문제를 규율하지는 못하며, 이로 인하여 적용 및 해석상의 문제가 적지 않게 발생하고 있다. 형의 일부에 대한 집행유예도 이러한 영역에 속한다. 집행유예 선고의 적극적 요건인 3년 이하의 징역 또는 금고에 해당되기만 하면 선고 기간의 일부에 대해서만 집행유예를 선고할 수 있는지 문제되는 것이다.

   일부집행유예는 일반적으로 법원이 피고인에게 형을 선고하면서 형의 일부에 대해서만 집행을 유예하는 제도로 이해되고 있으며, 하나의 형의 일부에 대한 집행유예의 문제로 이해하는 견해도 있다. 그런데 일부집행유예의 허용여부를 판단하기 위해서는 일부집행유예의 명확한 개념 정의부터 선행되어야 한다. 이를 토대로 어느 범위까지 일부집행유예를 허용할 것인가가 결정될 수 있기 때문이다. 생각건대 일부집행유예는 협의의 일부집행유예와 광의의 일부집행유예로 구분하는 것이 현행 조문의 보다 명확한 해석에 적합하게 보인다. 먼저 협의의 일부집행유예는 하나의 단일형에 대하여 집행의 일부를 유예하는 것을 말하며, 광의의 일부집행유예는 첫 번째로 하나의 판결에 동종형이 2개 이상이 선고된 경우 그 동종형 각각에 대한 일부의 집행유예, 두 번째 이종의 형이 선고되었으나 그 이종의 형 각각에 대한 일부의 집행유예 및 세 번째 이종의 형 중 하나에 대한 일부의 집행유예를 의미하는 것으로 볼 수 있다[반면 '하나의 형'의 종류에 대해, 1죄나 경합범(제37조 전단, 제38조 1항 1호 내지 2호)에 대하여 하나의 징역(금고)을 선고할 때 형기 일부에 대해 집행을 유예하는 경우, 형법 각칙에 1죄에 대해 형의 병과를 규정하고 있는 죄에 대해 병과형을 선고할 때 그 형의 일부에 대해 집행을 유예하는 경우, 형법 제37조 전단 및 38조 1항 3호에 의해 경합범에 대해 이종의 형을 병과하면서 그 형의 일부에 대해 집행을 유예하는 경우, 형법 제37조 후단 및 39조 1항에 의해 두 개 이상의 범죄에 대해 하나의 판결로 두 개 이상의 형을 선고하면서 그 중 일부 자유형에 대해 집행을 유예하는 경우로 구분하는 견해도 있다]. 이러한 개념정의의 실익은 형법 제62조 제1항과 제2항의 해석문제, 경합범규정인 형법 제37조 및 제39조 제1항과의 관계에 대한 합리적인 문제해결의 기초를 제공하는 데에 있다.

3. 비교법적으로 보면 독일의 경우 "형의 집행유예는 형의 일부에 제한될 수 없다"라고 하여 명문으로 부인하고 있으나(독일형법 제56조 제4항 참조), 미국과 영국의 영미법계 국가와 오스트리아 등의 경우 이를 허용하고 있다. 美國의 경우 split sentence(shock probation)라고 하여 Florida주와 Ohio주 등에서 허용하고 있다(MPC와 주법으로는 Califonia Statutes, Florida Statutes 등). 90일에서 120일 정도의 단기구금이 집행된 후 잔여형기에 대해 집행이 유예된다. 英國의 경우 1983년 partly suspended sentence라고 하여 일부집행유예제도가 시작되었으며, 1987년 그 범위가 task penalty를 제외한 모든 판결로 확대되었다. 1년 이하의 징역형에 대하여는 전부 또는 일부에 대한 집행유예가 가능하며, 1년 초과 3년 이하의 징역형에 대하여는 형기의 1/3에 대해서만 일부집행유예판결이 가능하나, 3년을 초과하는 경우 일부집행유예가 불가능하다. 한편 벌금형에 대해서는 일부집행유예판결이 가능하다. 오스트리아의 경우 3년 이하의 자유형뿐만 아니라 벌금형에 대해서도 일부집행유예를 인정하고 있다(오스트리아 형법 제43조 a 참조)

여기서 형의 일부에 대한 집행유예의 허용문제는 각국의 형사정책적 상황에 따른 판단에 의해 결정됨을 알 수 있다. 형벌의 종류와 집행은 그 나라의 사법현실과 국민의 법의식 등이 종합적으로 고려된 판단에 의해 결정되기 때문이다. 우리나라의 경우 1997년과 2004년 교정기관의 과밀수용해소와 위하효과 등을 둘러싸고 논의가 진행된 바 있다. 최근에는 사회지도층 등 특정계층을 대상으로 한 활용을 놓고 새롭게 관심의 대상이 되고 있다.

4. 법문의 문리해석상 제62조 제1항은 3년 이하의 징역 또는 금고의 '형'을 선고할 때라고 규정하고 있으며, 이는 하나의 '선고형 전부', 예컨대 징역 1년, 징역 2년 등의 독자적 형태를 뜻하는 것이다. '징역 1년 6월중 1년'과 같은 경우는 여기에 해당되지 않는 것이다. 제62조 후단의 '형'을 단독으로 해석하기 보다는 전단의 '형'과 연결시켜 해석하는 것이 충실한 문리해석이며, 이렇게 되면 후단의 '형'은 하나의 '선고형 전부'를 의미하는 것이 된다.

5. 형법 제62조 제2항의 형을 '병과'할 경우에는 부분의 의미를 살펴보면, 먼저 '병

과'의 사전적 의미는 '동시에 둘 이상의 형에 처하는 일(자유형과 벌금형을 아울러 과하는 따위)'이다. 일부 하급심 판례는 제62조 제2항의 '병과'는 형법 제38조 제1항 제2호 단서에서 보듯 종류가 같은 여러 개의 형을 함께 선고하는 경우까지 포함하는 개념이지, 개별 형벌 법규나 형법 제38조 제1항 제3호 등에 의하여 서로 다른 종류의 형들이 함께 부과되는 경우만을 뜻하는 것은 아니라고 한다. 그러나 병과는 사전적 의미에서 알 수 있듯이 둘 이상의 형이 함께 부과되는 경우이므로 제62조 제2항을 자유형에 대한 일부집행유예 허용의 근거규정으로 보는 것은 타당하지 않다. 이 경우 경합범관계에 있는 징역형이 병과되거나, 징역형과 금고형이 병과될 경우 광의의 일부집행유예로서 각각 별개의 형에 대한 집행유예의 허용문제이므로 제62조 제2항의 문리해석의 결과 각각에 대한 집행의 유예가 가능하다고 하겠다. 하나의 주문 안에 실형과 집행유예의 선고가 가능하다고 하나, 이는 경합범의 관계에 있는 특수한 경우로 불합리한 판결을 방지하기 위함이지 하나의 자유형에 대해 실형과 집행유예를 허용한다는 의미는 아니다.

6. 벌금형보다 중형인 자유형에 대해서 집행유예를 인정하면서 벌금형에 대해서 집행유예를 인정하지 않는 것은 불합리하며, 집행유예제도를 벌금형에 대하여 특별히 부정할 만한 이유가 없다는 논거로 벌금형의 집행유예를 인정하는 것이 타당하다는 견해가 있다. 독일형법은 형법 각칙상 법정형으로 벌금형이 규정되어 있지 않더라도 6월 이하의 자유형에 처할 경우에는, 행위자의 행위나 성격에 비추어 자유형을 선고하는 것이 불가피한 특별한 정황이 인정되지 않는 경우에는 벌금형을 선고하도록 하고 있다(독일형법 제47조 제2항 참조). 우리 형법은 이러한 전환규정을 두고 있지 않다. 그러나 벌금형도 벌금을 완납하지 못하면 노역장유치의 환형처분을 받게 되며, 이 경우에는 단기자유형의 폐해가 발생함을 부인할 수 없다. 이러한 경우에는 죄질이나 형벌책임, 사회적 처벌요구가 낮은 벌금형 선고를 받은 자가, 단기자유형에 대한 집행유예를 선고받은 자보다 더 불리한 경우에 처할 수 있는 것이다. 또한 일수벌금형제도가 시행되지 않고 있는 현실에서 경제적 능력의 차이에 따른 벌금형 선고의 사법불평등 초래 위험은 더욱 크다. 더욱이 경제상황이 좋지 않은 시기에는 벌금형의 선고가 단기자유형에 대한 집행유예의 선고보다 일반 국민들에게 더 위하력을 가질 수도 있다. 그리고 범죄인의 경제적 능력을 고려하고 있지 않는 현재의 벌금형이 형벌의 일신전속성을 완화시킬 가능성이 높은 상황에서 과도한 벌금으로 인하여 범죄인뿐만 아니라 가족과 같이 그 주변인에게도 형벌 아닌 형벌의 효과를 발생시킬 수 있다. 이러한 상황이라면 입법적 결단을 통해 벌금형에 대하여도 집행유예를 가능케 하는 것이 보다 적절하다고 할 것이다.

도입판례 3

■ **대법원** 1997. 6. 13. **선고** 97도703 **판결** 【국가보안법위반·집회및시위에관한법률위반·공직선거및선거부정방지법위반】

【판시사항】

개정 형법 시행 이전에 죄를 범한 자에 대하여 개정 형법에 따라 보호관찰을 명할 수 있는지 여부(적극)

【판결요지】

개정 형법 제62조의2 제1항에 의하면 형의 집행을 유예를 하는 경우에는 보호관찰을 받을 것을 명할 수 있고, 같은 조 제2항에 의하면 제1항의 규정에 의한 보호관찰의 기간은 집행을 유예한 기간으로 하고, 다만 법원은 유예기간의 범위 내에서 보호관찰의 기간을 정할 수 있다고 규정되어 있는바, 위 조항에서 말하는 보호관찰은 형벌이 아니라 보안처분의 성격을 갖는 것으로서, 과거의 불법에 대한 책임에 기초하고 있는 제재가 아니라 장래의 위험성으로부터 행위자를 보호하고 사회를 방위하기 위한 합목적적인 조치이므로, 그에 관하여 반드시 행위 이전에 규정되어 있어야 하는 것은 아니며, 재판시의 규정에 의하여 보호관찰을 받을 것을 명할 수 있다고 보아야 할 것이고, 이와 같은 해석이 형벌불소급의 원칙 내지 죄형법정주의에 위배되는 것이라고 볼 수 없다.

【참조조문】

형법 제1조, 제62조의2, 부칙(1995. 12. 29.) 제2조, 헌법 제12조 제1항, 제13조 제1항

【전 문】

【피 고 인】 피고인

【상 고 인】 피고인

【원심판결】 서울고법 1997. 2. 18. 선고 96노1890 판결

【주　문】

상고를 기각한다.

【이　유】

상고이유를 본다.

1. 피고인은 검사 작성의 피고인에 대한 각 피의자신문조서에 대하여 그 성립 및 임의성을 모두 인정하였음이 기록상 분명하므로, 원심이 위 각 피의자신문조서의 증거능력을 인정하여 이를 증거로 채용한 조치는 정당하고, 원심의 증거판단에 소론과 같은 위법이 있다고 할 수 없다.

2. 원심은, 피고인이 북한공산집단의 활동을 찬양·고무·선전·동조하여 국가의 존립·안전이나 자유민주주의적 기본질서를 위협하는 내용이 담겨 있는 판시의 서적 등 표현물을 각 취득·소지한 사실을 인정하고, 피고인이 위 서적 등 표현물이 위와 같이 이적성을 담고 있는 것임을 인식하면서도 이를 취득·소지한 점에다가, 피고인이 학생운동을 함께 하였던 친구들이 수사기관에 연행되었다는 소식을 듣고 서둘러 위 서적 등 표현물을 소각한 점 등으로 볼 때, 피고인에게는 위 서적 등 표현물의 취득 및 소지행위가 북한공산집단의 활동에 대한 찬양·고무·선전·동조행위가 될지도 모른다는 미필적 인식과 아울러 그와 같은 목적이 있었다고 인정된다고 하여 피고인의 위 행위를 국가보안법 제7조 제5항, 제1항에 따라 처벌하였다.

원심이 인용한 제1심의 채용 증거들과 기록에 의하여 살펴보면 원심의 위와 같은 사실인정 및 판단은 모두 정당하고, 원심판결에 소론과 같은 채증법칙 위반 또는 위 국가보안법위반죄에 관한 법리오해의 위법이 있다고 할 수 없다.

3. 원심이 적법하게 채용한 증거들에 의하면, 피고인이 1995. 6. 27.에 실시된 성남시장 선거에서 후보자로 출마한 공소외 1의 선거를 위한 기초조사 등을 하여 주는 과정에서 정식 용역대금 이외의 금원을 교부받고, 또한 위 공소외 1의 선거운동을 돕고 있는 공소외 한숙자로부터 식사를 제공받아, 위 공소외 1이 후보자

로 출마한 성남시장 선거에 관하여 기부를 받았다고 한 판시 공직선거및선거부정방지법위반에 관한 범죄사실을 넉넉히 인정할 수 있으므로, 원심판결에 채증법칙을 위반하여 사실을 잘못 인정하였다는 등 소론과 같은 위법이 있다고 할 수 없다.

4. 기록에 의하여 살펴보면, 피고인이 1993. 12. 11. 옥외집회를 하여 당초 신고한 집회의 일시의 범위를 현저히 일탈하는 행위를 함과 동시에 일몰시간 후 옥외집회를 한 사실 및 1994. 3. 19. 옥외집회를 하여 일몰시간 후 옥외집회를 한 사실을 인정하여 피고인에 대한 집회및시위에관한법률위반의 공소사실을 유죄로 인정한 제1심판결을 유지한 원심의 조치는 정당하고, 거기에 소론과 같은 위법이 있다고 할 수 없다.

5. 기록에 의하면, 원심은 피고인이 1995. 6.부터 1995. 11. 15.까지 사이에 범한 이 사건 판시 제1, 2의 범죄사실(국가보안법위반, 공직선거및선거부정방지법위반)을 유죄로 인정하여 피고인에게 징역 1년 6월에 집행유예 3년의 형을 선고하면서, 1995. 12. 29. 법률 제5057호로 개정·신설되어 1997. 1. 1.부터 시행된 개정 형법 제62조의2 제1항, 제2항을 적용하여 보호관찰을 받을 것을 명하였음을 알 수 있다.

개정 형법 제62조의2 제1항에 의하면 형의 집행을 유예를 하는 경우에는 보호관찰을 받을 것을 명할 수 있고, 같은 조 제2항에 의하면 제1항의 규정에 의한 보호관찰의 기간은 집행을 유예한 기간으로 하고, 다만 법원은 유예기간의 범위 내에서 보호관찰의 기간을 정할 수 있다고 규정되어 있는바, 위 조항에서 말하는 보호관찰은 형벌이 아니라 보안처분의 성격을 갖는 것으로서, 과거의 불법에 대한 책임에 기초하고 있는 제재가 아니라 장래의 위험성으로부터 행위자를 보호하고 사회를 방위하기 위한 합목적적인 조치이므로, 그에 관하여 반드시 행위 이전에 규정되어 있어야 하는 것은 아니며, 재판시의 규정에 의하여 보호관찰을 받을 것을 명할 수 있다고 보아야 할 것이고, 이와 같은 해석이 형벌불소급의 원칙 내지 죄형법정주의에 위배되는 것이라고 볼 수 없다.

따라서 피고인에 대하여 집행유예를 선고하면서 보호관찰을 받을 것을 명한 원심의 조치는 위에서 본 바와 같은 법리에 따른 것으로 정당하고, 거기에 논지가 지적하는 바와 같이 형벌불소급의 원칙 내지 죄형법정주의에 관한 법리오해의 위법이 있다고 할 수 없다. 그리고 논지가 지적하는 바와 같이 원심이 피고인에 대하여 명한 보호관찰의 특별준수사항에 국가보안법 및 집회및시위에관한법률 위반 소지가 있는 활동을 하지 말라는 내용이 포함되어 있다고 하더라도 그것이 헌법상 집회·결사의 자유를 침해하는 것이라고 볼 수도 없다.

6. 징역 10년 미만의 형이 선고된 이 사건에 있어서 원심의 형이 너무 과중하여 부당하다는 주장은 적법한 상고이유가 될 수 없다. 논지는 모두 받아들일 수 없다.

그러므로 상고를 기각하기로 하여 관여 법관의 일치된 의견으로 주문과 같이 판결한다.

대법관 송진훈(재판장) 지창권 신성택(주심)

쟁 점

- 보안처분
- 보호관찰
- 소급효금지의 원칙

연 구

1. 보안처분에는 어떠한 것이 있으며, 형벌과의 본질적 차이는 무엇인가?

2. 보호관찰의 법적 성질은 무엇인가?

3. 소급효금지의 원칙을 보호관찰에도 적용하여야 하는가?

4. 참고판례의 전자감시제도가 피처분자에게 있어 평등 원칙, 과잉금지의 원칙, 일사부재리

의 원칙에 반하는 것은 아닌가?

참고자료

■ 관련 판례

1. 보안처분의 법적 성격(대판 1983.6.28, 83도1070)

생래적 또는 습성적으로 동종 또는 유사한 죄를 반복할 위험성이 있는 실형전과자에 대한 앞으로의 범죄예방 및 교화조치로서 하는 보호처분을 형벌과 별도로 이와 병행하여 한다하여 일사부재리의 원칙 또는 법률불소급의 원칙에 위배된다고 할 수 없다.

2. 치료감호(대판 2005.9.30, 2005도4208, 2005감도16)

원심판결이 선고된 뒤인 2005. 8. 4. 법률 제7656호로 공포, 시행된 '사회보호법 폐지법률'에 의하여 사회보호법이 폐지되면서 같은 날 법률 제7655호로 공포, 시행된 '치료감호법'은 제2조 제1항에서 치료감호대상자에 관하여 규정하는 한편 그 부칙 제6조에서는 치료감호법 시행 당시 사회보호법에 따라 치료감호가 청구되어 재판계속중인 사건은 치료감호법에 따라 치료감호가 청구되어 재판계속중인 것으로 본다고 규정하고 있는바, 원심이 유지한 제1심판결이 채용한 증거들을 기록에 비추어 살펴보면, 피고인이 이 사건 범행 당시에는 물론 현재까지도 정신분열병으로 인한 심신미약 상태에 있어 치료감호시설에서의 치료가 필요하고, 적절한 정신과적 치료를 받지 아니하는 경우 다시 강제추행이나 상해 등의 범행을 저지를 개연성이 높다고 할 것이므로 재범의 위험성이 있다고 하지 않을 수 없다.

3. 보안관찰(대판 1997.7.25, 97누2696)

보안관찰법상의 보안관찰처분은 처분대상자가 이미 실행한 행위에 대한 책임을 물어 과하는 제재조치가 아니라 장래에 그 법 소정의 특정범죄를 범할 위험성을 미리 예방하여 국가의 안전과 사회의 안녕을 유지하는 한편 처분대상자의 건전한 사회복귀를 촉진토록 하는 것을 본질로 하는 예방조치이므로, 이와 같은 보안관찰처분의 성격상 보안관찰처분에 필요한 같은 법 제4조 제1항 소정의 보안관찰 해당 범죄를 다시 범할 위험성이란 장래에 죄를 다시 범할 개연성이 될 수박에 없고, 그 유무도 처분대상자의 전력이나 성격, 환경 등 제반 사정을 종합하여 판단할 수밖에 없다 할 것이다. 원심판결 이유에 의하면, 원심은 그 거시 증거에 의하여, 원고가 수감생활을 하는 중에 행형법상의 징벌을 받은 사실이 없고, 사상전향서를 제출한 뒤 인쇄기술을 습득하여 인쇄기능사 자격을 취득하였으며, 가석방 출소 후 인쇄업 및 출판업을 경영하면서 상당한 수입을 얻고 있을 뿐만 아니라 결혼을 하여 아들 둘을 두고 안정된 생활을 하고 있으며, 이미 그 보안관찰 해당 범죄에 대하여 사면을 받았고 종전의 보안관찰처분기간 동안에도 보안관찰법 소정의 신고의무를 모두 이행한 사실 등을 인정한 뒤, 이와 같은 사정에 비추어 보면 원고의 보안관찰 해당 범죄와 수감생활 중의 일부 과격한 주장·행동 및 관련범죄자의 재범 등의 사정만으로 원고에게 보안관찰 해당 범죄를 다시 범할 위험성이 있다고 인정하기 어렵다.

4. 전자감시제도(대판 2009.5.14, 2009도1947, 2009전도5)

특정 성폭력범죄자에 대한 위치추적 전자장치 부착에 관한 법률에 의한 전자감시제도는 성폭력범죄자의 재범 방지와 성행교정을 통한 재사회화를 위하여 그의 행적을 추적하여 위치를 확인할 수 있는 전자장치를 신체에 부착하게 하는 부가적인 조치를 취함으로써 성폭력범죄로부터 국민을 보호함을 목적으로 하여, 징역형을 종료한 이후에도 성폭력범죄를 다시 범할 위험성이 있다고 인정되는 자에 대하여 일정한 요건 아래 검사의 청구에 의해 성폭력범죄사건의 판결과 동시에, 10년의 범위 내에서 부착기간을 정하여 선고되는 법원의 부착명령에 의해 이루어지는 점에서 일종의 보안처분으로 볼 수 있고, 이러한 보안처분은 범죄행위를 한 자에 대한 응보를 주된 목적으로 그 책임을 추궁하는 사후적 처분인 형벌과 구별되어 그 본질을 달리하는 것으로서 형벌에 관한 일사부재리의 원칙이 그대로 적용되지 않으며, 성폭력범죄사건의 양형은 부착명령의 요건에 대한 심사, 그에 따른 부착명령의 선고 여부와 선고되는 부착기간의 결정 등과는 구별된다. 따라서 위 법률 제9조 제5항은 전자감시제도가 보안처분으로서 형벌과는 그 목적이나 심사대상 등을 달리하므로 이를 징역형의 대체수단으로 취급하여 함부로 형량을 감경하여서는 아니 된다는 당연한 법리를 주의적·선언적으로 규정한 것에 불과한 것이어서, 위 조항이 평등 원칙, 과잉금지의 원칙, 일사부재리의 원칙 등에 위배된다고 볼 수는 없다.

■ 참고문헌

김혜정, "보호관찰과 형벌불소급의 원칙", 이재상교수화갑기념논문집 Ⅰ, 박영사, 2003.

______, "보안처분에서 무죄추정원칙의 인정여부", 형사법연구 제19호, 한

국형사법학회, 2003.
신동운, "보호관찰의 법적 성질과 소급효문제", 고시연구, 고시계사, 1998.6.

학습과제

1. 특정 성범죄자에 대한 전자감시, 성충동 약물치료 등 보안처분 확대의 위험성에 대해 생각해 보시오.

2. 보안관찰의 실제 사례를 찾아보시오.

솔루션

1. 보안처분은 사회방위를 위하여 감호, 거세 등 행위자에 대해 직접적인 자유의 제한을 가하는 형사제제수단으로 이해하는 견해도 있으나, 통상 형벌로는 행위자의 사회복귀와 범죄예방이 형벌만으로는 부족하거나 행위자의 특수한 위험성으로 인해 형벌 본래의 목적을 달성할 수 없는 경우 형벌을 대체하거나 보완하기 위해 부과되는 형사제재로 이해하는 것이 일반적이다. 형벌은 과거의 범죄행위에 대해 엄격한 책임주의를 전제로 하나, 보안처분은 행위자의 장래 위험성 등 사회적 위험성을 전제로 특별예방의 관점에서 합목적성에 목표를 두고 비례의 원칙이 지도원리가 된다는 점에 차이가 있다. 보안처분은 본질상 범죄인의 사회적 위험성에 초점이 맞추어 지므로 과도한 제재로 나아갈 위험성을 내포하고 있어, 인권보호의 관점에서 신중한 처분이 필요하다.

   이러한 보안처분에는 대인적 보안처분에서 자유를 박탈하는 보안처분으로, 보호감호처분, 치료감호처분, 금단치료처분, 노동교화처분 등이 있으며, 자유를 제한하는 보안처분으로 보호관찰, 선행보증, 단종(斷種)·거세(去勢), 직업금지, 거주제한, 국외추방, 주점출입금지, 운전면허박탈 등이 있으며, 대물적 보안처분에 몰수와 영업소의 폐쇄 및 법인의 해산, 영업허가의 취소, 영업정지 등이 있다. 우리 헌법은 제12조 제1항에서 보안처분 법정주의를 선언하고 있으며, 위와 같은 보안처분 중 현행법상 인정되는 보안처분으로는 형법상의 보호관찰·사회봉사명령·수강명령, 치료감호법상의 치료감호·보호관찰, 소년법상의 보호처분, 보안관찰법에 의한 보안관찰, 국가보안법상의 공소보류자에 대한 감시·보도, 마약류관리에 관한 법률상의 치료보호, 특정 범죄자에 대한 위치추적 전자장치부착에 관한 법률상의 위치추적 전자장치, 성폭력범죄자의 성충동 약물치료에 관한 법률상의 성충동 약물치료 등이 있다.

2. 대인적 보안처분 중 자유를 제한하는 보호관찰은 범죄인을 사회내에서의 생활을 유지하게 하면서 보호관찰기관의 지도와 감독 또는 생활보도를 받게 함으로써 개선과 교화, 사회복귀를 도모하는 제도이다. 우리나라에서 보호관찰은 대륙법계의 제도를 받아들여 형법, 보호관찰 등에 관한 법률, 치료감호법, 소년법 등에서 규정하고 있다. 이 중 형법상의 보호관찰의 법적 성격에 대해 견해가 대립되는데, 보호관찰은 미래의 범죄에 대한 예방을 목적으로 부과되는 것이므로 현행법상 모든 보호관찰은 형벌이 아니라 보안처분이라는 보안처분설과, 형벌을 보완하는 일체의 형사제재수단이 모두 형벌도 보안처분도 아닌 제3의 독자적 형사제재수단으로 이해하는 견해, 법관이 그 내용을 다양하게 형성해 나갈 수 있는 재판의 일종으로 보는 견해 등이 있다.

이에 대해 대법원은 대상판결에서 "위 조항에서 말하는 보호관찰은 형벌이 아니라 보안처분의 성격을 갖는 것으로서, 과거의 불법에 대한 책임에 기초하고 있는 제재가 아니라 장래의 위험성으로부터 행위자를 보호하고 사회를 방위하기 위한 합목적적인 조치"라고 하여 형법상의 보호관찰이 보안처분임을 명확히 하였다. 생각건대 형법상의 보호관찰의 법적 성격이 문제되는 것은 현행법이 성격이 다른 보호관찰을 동일한 개념으로 형법을 포함한 개별 법률에서 규정하고 있기 때문이다. 보호관찰제도의 연혁과 성인 범죄자에 대한 전면확대를 골자로 형법 개정이 이뤄진 경위 등을 고려한다면 보호관찰의 법적 성격은 각각의 개별법률 내지 규정이 추구하고 있는 목적과 방향에 따라 판단할 수밖에 없다. 이러한 관점에서 형법상의 보호관찰도 선고유예, 집행유예, 가석방 등의 조건으로 부과되는데, 형의 유예의 경우 보호관찰은 범죄인을 감시, 감독함으로써 일정 부분 사회방위 기능을 하나 본래 부과될 형을 대신하여 부과되는 처분으로서 변형된 형벌로서의 성격도 지니고 있다. 따라서 형벌과 보안처분으로서의 성격을 모두 가지고 있는 제3의 제재라고 볼 것이다. 이와 달리 가석방시의 보호관찰은 행정처분인 보호관찰에 부수하는 처분이므로 형집행 방법의 변형에 불과하다고 하겠다.

3. 1995년 개정 형법은 그 주요한 내용 중의 하나가 성인에 대한 전면적 보호관찰제도의 도입이었다. 신설된 보호관찰제도는 1997년 1월 1일부터 시행되었으며, 이를 위해 1996년 12월 보호관찰 등에 관한 법률도 전면개정되었다.

대상판결에서 피고인의 경우, 1995년 6월에 공직선거 및 선거부정방지법 위반행위가 있었으며, 11월에 국가보안법위반행위를 하였다. 이에 대해 항소심법원은 집행유예를 선고하면서 1997년 1월 1일부터 시행된 개정형법상의 보호관찰을 명하였다. 이러한 법원의 판결에 피고인이 형벌불소급원칙의 위배를 이유로 불복상고하였다.

보호관찰제도에 대해 형벌불소급의 원칙이 적용되느냐의 문제도 결국 그 법적 성격의 연장선상에 있는 문제이다. 즉 형벌로 파악할 경우 소급효금지원칙이 적용되나, 보안처분으로 볼 경우에는 소급효금지원칙이 적용되지 않을 개연성이 높기 때문이다(독일 형법 제2조 제6항 참고). 대상판결은 보호관찰은 형벌이 아니라 "장래의 위험성으로부터 행위자를 보호하고 사회를 방위하기 위한 합목적적 조치이므로, 그에 관하여 반드시 행위 이전에 규정되어 있어야 하는 것은 아니며, 재판시의 규정에 의하여 보호관찰을 받을 것을 명할 수 있다"고 하여 보안처분의 성격을 지니고 있으므로 소급효금지의 원칙이 적용되지 않는다고 판단하고 있다. 그러나 범죄자의 인권의 핵심이 소급효금지원칙임을 부인할 수 없으며, 국민의 입장에서는 자유를 제한하는 보호관찰 역시 형벌에 준하는 정도의 기본권과 인권의 제한이 가해진다는 점을 중시한다면 실정법적 근거에 대한 중점적 분석없이 보호관찰에 대해 소급효를 인정하는 대법원의 태도는 아쉽다고 하지 않을 수 없다.

판 례 색 인

〈저 자 약 력〉

저자 : 이 승 준

- 연세대학교 법학사
- 연세대학교 법학석사
- 연세대학교 법학박사

- 한국형사법학회 회원
- 한국형사정책학회 회원
- 한국형사판례연구회 회원
- 각종 시험 출제·채점위원

(전) 서울여자대학교 강사
연세대학교 법학연구소 전문연구원
치안정책연구소(경찰대학 부설) 연구위원
대전대학교 전임강사

(현) 충북대학교 법학전문대학원 조교수

〈주요 저서 및 논문〉

- 판례형법총론, 두남사
- 배임죄 행위주체 해석의 방향 －동산 이중양도를 중심으로－
- 인터넷상의 무단 개인정보 탐지 및 공개행위(이른바 ‘사이버 킬’)와 수사기관의 公報에 대한 小考
- 무형적 방조행위의 한계 외 다수

로스쿨 **형법세미나 I**

저 자 이 승 준 2012년 6월 13일 초판 인쇄
발행인 양 진 수 2012년 6월 20일 초판 발행
발행처 진 원 사

서울시 서초구 서초3동 1714-32 형덕빌딩 1층
전화 : 02) 916-1850 / **팩스** : 02) 916-3442
신고번호 제321-2512007002호
http://www.jinwonsa.co.kr
http://www.lawbookstore.co.kr

ISBN : 978-89-6346-202-8 94360
ISBN : 978-89-6346-044-4 94360(세트)

정가 28,000 원